Wunder, Lösung und System

Insa Sparrer

Lösungsfokussierte
Systemische Strukturaufstellungen für
Therapie und Organisationsberatung

Zweite, korrigierte und überarbeitete Auflage

2002

Carl-Auer-Systeme im Internet: **www.carl-auer.de**
Bitte fordern Sie unser Gesamtverzeichnis an:

Carl-Auer-Systeme Verlag
Weberstr. 2
69120 Heidelberg

Satz u. Grafik: Drißner-Design u. DTP, Meßstetten
Umschlaggestaltung: WSP Design, Heidelberg
unter Verwendung des Werkes „Gruppenbildende Jünglinge" (1928) von Oskar Schlemmer

Printed in the Netherlands
Druck und Bindung: Koninklijke Wöhrmann, Zutphen

Zweite, korrigierte und überarbeitete Auflage 2002
ISBN 3-89670-287-4

Die Deutsche Bibliothek - CIP-Einheitsaufnahme

Ein Titeldatensatz für diese Publikation ist bei Der Deutschen Bibliothek erhältlich.

Zeichnungen auf S. 18 bzw. S. 446: Insa Sparrer

Carl-Auer-Systeme

Inhalt

Geleitwort

Es wird gesagt, dass die Naturwissenschaften mit dem Skalpell der Rationalität den Gedanken, Wunder im Naturgeschehen zu sehen, für immer eliminiert haben. Ich behaupte: Ganz im Gegenteil! Die Naturwissenschaften haben dem Wunder eine neue Tiefe gegeben. Für den, der auszog, nicht das Gruseln, sondern das Staunen zu lernen, ist Insa Sparrers wunderbares Wunderbuch eine empfehlenswerte Lektüre.

Heinz von Foerster
Pescadero, CA, USA
25. Oktober 2000

Vorwort

Systemische Therapie befasst sich mit einer großen Bandbreite menschlicher Wirklichkeit. Von der Mikroebene kooperativer Beziehungsgestaltung bis hin zu Perspektiven, die viele Generationen übergreifen und den Menschen im Schnittpunkt von tiefen Bindungen und Loyalitäten sehen. Ist es nicht faszinierend, wie viele Wege immer wieder gesucht und (er)funden werden können (und müssen), damit wir uns dem annähern können, was menschliches Leiden ausmacht, und auf welchen Wegen wir helfen können, Impulse zu konstruktiven Veränderungen zu geben? Das Buch von Insa Sparrer bietet in diesem Zusammenhang etwas Besonderes: Es wird zum einen eine kreative und originelle Differenzierung systemischer Praxis vorgelegt, die durchaus den Status eines eigenen Modells beanspruchen kann, zum anderen geschieht dies nicht in der Abgrenzung, sondern in der Integration, in der Verbindung. Ich denke, dies ist die sinnvollste Form, über den „Gegenstand" der Psychologie zu sprechen (und zu schreiben): indem Perspektiven integriert werden, zusammengefügt und indem Vielfalt ganz bewusst als Qualität angenommen wird. Das Wort „Gegenstand" impliziert ein Bild: Etwas steht uns entgegen, präsentiert sich uns als zu erkennendes Objekt. Doch der Gegenstand der Psychologie kann nicht „gefunden" oder „entdeckt" werden, denn es gibt nicht ein irgendwie Gegebenes, das als solcher identifiziert werden könnte.[1]

Vielmehr erfordert jedes Sprechen über seelische Zusammenhänge ein „anthropologisches Vorverständnis", d. h. ein Menschenmodell, eine Antwort auf die Frage: „Was ist der Mensch?" Keine psychologische Theorie ist formulierbar ohne einen Kern von An-

1 Herzog, W. (1984): Modell und Theorie in der Psychologie. Göttingen (Hogrefe), S. 92

nahmen über das „Wesen“ des Menschen, sozusagen die Prämissen jeder Theorie vom Menschen. Diese Voraussetzungen werden gewählt und festgelegt in einem mehr oder weniger expliziten Entscheidungsprozess. Dieser Prozess beinhaltet gleichzeitig eine Aussage über den Beobachter selbst: Ich kann nicht ein Menschenbild haben, das nichts mit meinem Bild von mir selbst zu tun hat. Das macht die Psychologie zu einer besonderen Wissenschaft, und die Psychotherapie zu einer ganz besonderen Profession: Der Beobachter der menschlichen Psyche, der Seelenkundler, ist immer auch Beobachter seiner selbst – und das Modell, das er von der Seele hat, ist damit auch gleichzeitig eines, das er von sich selbst hat. Wie er über die Seele spricht, spricht er auch über sich selbst.

In diesem Sinn empfinde ich gerade das letzte Kapitel dieses spannenden Buches von Insa Sparrer als sehr wichtig. Sie verweist darauf, dass eine systemisch-lösungsfokussierte Sicht auch eine Art von Lebensform ist. Die in diesem Buch geäußerten Gedanken können uns nicht unberührt lassen – die Entwicklung unseres Menschenbildes beinhaltet immer auch eine Entwicklung und Veränderung unserer selbst. Systemische Therapie und systemische Theoriebildung sind schon lange mit diesen Gedanken vertraut: Immer wieder werden der eigene Standort und das eigene Menschenbild reflektiert, in einem Prozess kontinuierlicher Selbstreferenz werden die eigenen Prämissen kritisch hinterfragt. Die Vielfalt der Perspektiven, die Vielfalt der Zugänge, die Möglichkeit, dass alles „auch ganz anders sein“ könnte – all dies sind vertraute Kennzeichen des Querdenkens, von dem Blick, der mehr auf die Möglichkeiten gerichtet ist, auf das, was sein könnte, als auf das, was „ist“. Und doch ist auch die systemische Therapie nicht gefeit gegen Prozesse der Dogmatisierung, gegen Richtungskämpfe, gegen die Auseinandersetzung um die Frage, ob ein Vorgehen nun systemisch „ist“ oder nicht. So stehen sich systemisch-phänomenologische und systemisch konstruktivistische Zugänge in der Diskussion nicht selten eskalierend und konträr gegenüber. Die einen in der Gefahr, von „Wahrheiten“ zu sprechen, die anderen in der Gefahr, die „reine Lehre“ zu verteidigen, und beide Seiten in der Gefahr, in eine „unsystemische“ Kultur gegenseitiger Entwertung zu geraten. Plötzlich findet sich das Feld in ähnlich quälenden Sprachspielen wieder, wie sie auch in anderen Bereichen unserer Gesellschaft gespielt werden: „Das ist nicht wissenschaftlich!“ – wurde der Systemischen Therapie schließlich erst vor kurzem bescheinigt. „Wissenschaftlich", „systemisch" – Worte degenerieren zu „Orden", die nach dem Belieben derjenigen, die im Besitze der Definitionsmacht sind, zu- oder aberkannt werden.

Das ist unbefriedigend, und ich bin froh, dass es Bücher gibt wie das vorliegende. Da geht es gerade nicht um „sprachliche Orden", sondern um Orientierung und Integration. Systemische und lösungsorientierte Therapie, (Struktur-)Aufstellungsarbeit und das Vorgehen von Virginia Satir, verbales und nichtverbales Vorgehen – all dies zeigt sich in diesem Buch nicht nur als lehr- und lernbar, sondern vor allem als auf eine kohärente logische Struktur reduzierbar, die die verschiedenen Weisen zu denken, die verschiedenen Zugänge zu menschlichen „Wirk-lichkeiten" in beeindruckender Weise integriert. Systemisch-phänomenologische und systemisch-konstruktivistische Zugänge müssen keine Widersprüche sein, man muss nicht das „richtige Parteibuch" besitzen, um dazuzugehören.

Vielmehr zeigen sich vor dem Hintergrund der eben angestellten Überlegungen alle therapeutischen Zugänge, die wir finden, als *Beschreibungen*, die Reduktion von Weltkomplexität bieten. Der Autorin des vorliegenden Buches ist es gelungen, eine Beschreibung anzubieten, die diese Komplexität komplex erhält – und sie dennoch auf eine Weise in Worte fasst, dass sich für viele LeserInnen – so auch für mich – Widersprüche und Spannungen auflösen. Systematisch und sorgfältig – und dabei gleichzeitig gut lesbar, lebendig und spannend – führt dieses Buch in eine komplexe Welt ein, eine Welt, in der sich die konsequent auf die konkreten Zielen des jeweiligen Klienten bezogene lösungsorientierte Therapie und die jeweils einen großen Bogen über Generationen hinweg spannende Aufstellungsarbeit miteinander verbinden. Systemisch-konstruktivistische und systemisch-phänomenologische Beschreibungen menschlicher Lebenszusammenhänge reichen sich in diesem Buch die Hand. Was aus so einer „Hochzeit" herauskommt, können alle die ermessen, die die Autorin, eine seit Jahren in beiden Bereichen ausgewiesene Meisterin ihres Faches, bei ihrer praktischen Tätigkeit erlebten: ein großer Reichtum von Optionen, von therapeutischen Möglichkeiten, die für eine große Zahl von Problemstellungen, für die Menschen therapeutische Unterstützung suchen, passend ist.

Was hoffe ich von diesem Buch? Dass es Leser und Leserin nach der Lektüre ein wenig leichter wird, darauf zu verzichten, sich mit

Namen zu schmücken. Wer nun sagt, er/sie arbeite „nach Insa Sparrer", hat dieses Buch nicht verstanden. (Ebenso wird es nicht verstanden, wenn die Quellen nicht mit der gleichen Sorgfalt angegeben werden, wie das hier geschieht.) Es geht darum, die Vielfalt der Perspektiven zu nutzen, nicht in der Abgrenzung, sondern darum, in einem schöpferischen kreativen Prozess die einzige Perspektive zu entwickeln, die man entwickeln kann: die eigene. Einer meiner gestalttherapeutischen Lehrer, Alfred Dürkop, pflegte zu sagen: „Es ist allemal besser, ein Original zu sein – und sei es ein kleines, als ein Abziehbild – und sei es ein großes!" Ich hoffe, dass die kreative Originalität, mit der dieses Buch geschrieben wurde, vielen LeserInnen hilft, in ihrer eigenen Arbeit ein wenig hilfreicher, systemischer, lösungsorientierter zu werden als bisher. Das wäre ein gutes Ziel – und seine Verwirklichung wäre ein „Wunder".

Arist von Schlippe
1. Vorsitzender der Systemischen Gesellschaft
Osnabrück, im Februar 2001

Vorwort

Genial. Schon die von dir und Matthias entwickelte Systemische Strukturaufstellungsarbeit (SySt) hat mir sehr geholfen, das, was ich bei unserer gemeinsamen Lehrerin Virginia Satir gelernt habe, mit dem zu verbinden, was ich an der Arbeit von Bert Hellinger faszinierend finde. Eure anregenden Kurse zu besuchen war ein großes Vergnügen und hat mir die Arbeit mit Systemen und ihren „aufgestellten" lebendigen Metaphern nach langer und ziemlich ausschließlicher Beschäftigung mit dem NLP wieder sehr nahe gebracht. Das alleine habe ich schon als ein großes Geschenk erlebt.

Deine Integrationsleistung bei der Erweiterung eurer Aufstellungsarbeit zur Lösungsfokussierten Systemischen Strukturaufstellungsarbeit (LFSySt) steigert den Wert dieses Geschenkes noch einmal um ein Vielfaches. Deine beeindruckenden Demonstrationen zum lösungsgeometrischen Interview und anderen lösungsfokussierten Interventionen und Aufstellungen, die ich in euren Kursen miterleben durfte, hatten mir ja schon aufs Angenehmste vor Augen geführt, dass es da noch einmal etwas entscheidendes Neues für mich zu lernen gibt. Dein Buch habe ich sehr gerne durchgearbeitet, und es hat mein Erlebnis des Staunens und Wunderns bei der praktischen Erfahrung deiner Arbeit vertieft – was ja bei der kognitiven Einsortierung und theoretischen Einarbeitung von Wundern nicht selbstverständlich ist.

Über deine innovative und lebendige Arbeit habe ich mich auch deshalb sehr gefreut, weil ich in der Art, wie du die de-shazersche Wunderfrage im Repräsentantensystem anwendest, in Systemen etwas verwirklicht sehe, was ich bei der Entwicklung des PeneTRANCE-Modells im NLP für Einzelklienten im Sinn hatte, sie nämlich fragend in den Zustand der Zielerreichung hineinzuhypnotisieren.

Auf die Idee, das auch mit einem ganzen System zu tun, bin ich nicht gekommen. Und das dann auch noch im Repräsentantensystem zu machen finde ich einfach genial. Ich bin dir dankbar für diese Art, mich in das Wunder der Wunderfrage eingeweiht zu haben: Deine Demonstration ihrer enormen Wirksamkeit im Repräsentantensystem fand ich ausgesprochen überzeugend.

Die Wunderfrage im Verlauf einer Aufstellung im Repräsentantensystem zu stellen ist aber nicht nur deshalb wie eine Offenbarung für mich, weil ich in ihr etwas wiederfinde, was mir am NLP – so wie ich es vertrete – wichtig ist, sondern weil du es mit deiner Wunder-Integrationsarbeit geschafft hast, durch den dritten, den Wunderpol, die Pole der satirschen und der hellingerschen systemischen Arbeit noch weiter in mir zu versöhnen. Hätte sie dir bei deinen Demonstrationen zusehen können, Virginia wäre bestimmt entzückt gewesen. (Und falls sie sich da, wo sie jetzt ist, auch mit der Arbeit von Hellinger beschäftigt, fällt ihr das nach einem Blick in Matthias' und deine Seminare bestimmt umso leichter.)

Dein Buch hat mir noch einmal sehr geholfen nachzuvollziehen, was ich dich in der praktischen Anwendung schon so brillant und mit lebendiger Leichtigkeit habe umsetzen sehen. Ich wünsche ihm viele aufmerksame Leser – aus der systemischen, der Aufstellungswelt und aus anderen therapeutischen Welten. Und auch aus der des NLP. Viele NLPler werden es mit großem Gewinn lesen. Nicht nur, weil sie sich wundern werden, während sie (vielleicht erstmalig) einen Zugang zur Aufstellungswelt bekommen, sondern weil es auf sehr überzeugende Art die Wirksamkeit der Wunderfrage deutlich macht und ihnen bei der Einordnung des Phänomens Aufstellungen hilft. Deine nachvollziehbaren handlungsleitenden Ausführungen zur Anwendung der Wunderfrage in Aufstellungen kann ihnen auch helfen, den im NLP verbreiteten „Zielefetischismus" etwas zu balancieren: Dieses Buch hilft, wieder ein gutes Stück weiter wegzukommen vom Machbarkeitswahn – hin zu einer Haltung, aus der heraus man Wundern nicht unnötig im Wege steht.

Thies Stahl
Quickborn, im Januar 2001

Zur Einstimmung

Lernen Sie, wieder zu staunen
über das Alltägliche und das Überraschende.

Erleichtern Sie sich den Weg
zum Ziel durch das **Wunder** des plötzlichen Wandels.

Freuen Sie sich auf **Lösungen,**
auch wenn dies erfordert, sich von dem einen oder
anderen (lieb gewonnenen) Problem zu lösen.

Entdecken Sie neue Kontexte,
die das gegenwärtige **System** grundlegend ändern.

I. Einleitung

In diesem Buch geht es um Wunder, und zwar um solche, die erreichbar sind. Es geht auch um die Fähigkeit, sich immer wieder aufs Neue zu wundern und für Lösungen offen zu sein. Auf welche Weise wir Lösungen finden und erfinden können, zeigt der erste Teil dieses Buches. Wie wir diesen Lösungen begegnen, mit ihnen in Kontakt treten und sie erleben können, erfahren Sie in den folgenden Teilen.

Der Begriff „Wunder" bezieht sich in diesem Buch auf die Methode der Wunderfrage, das Kernstück der *solution focused therapy*. In den Siebzigerjahren entwickelten Steve de Shazer und Insoo Kim Berg zusammen mit ihrem Team an ihrem Institut, dem BFTC in Milwaukee, die **lösungsfokussierte Kurztherapie** (*solution focused therapy*, im Folgenden mit „SFT" abgekürzt), die durch eine radikale Hinwendung zu Lösungen gekennzeichnet ist. Diese Methode legt ihren Schwerpunkt auf Zukunfts- und Ressourcenorientierung sowie auf Handlungen anstatt auf innere Prozesse. Sie ist eine Gesprächsmethode, bei der die Gesprächsführung eine hypnotherapeutische Tranceinduktion zur Erfahrung von Lösungen ist. Dies bedeutet, dass die SFT zwar als Gespräch verläuft, ihr Ziel jedoch in der *Vermittlung* von lösenden Erfahrungen liegt.

Überraschenderweise wird bei diesem Ansatz auf eine Problemanalyse gänzlich verzichtet, so weit, dass die Therapeutin das Problem der KlientInnen nicht einmal kennen muss. Wie ist das möglich? Wie kann ein solches Vorgehen zu langfristigen stabilen Verbesserungen führen? In diesem Buch gebe ich Antworten auf diese und weitere Fragen und zeige u. a. auf, in welcher Weise selbst bei ständigem Fokussieren der Lösung auch das Problem nicht zu kurz kommt und auch der Nutzen des Problems berücksichtigt wird.

Die Aufstellungsmethode, die viele von Ihnen aus den **Familienaufstellungen** Bert Hellingers kennen werden, wird in diesem Buch mit dem lösungsfokussierten Ansatz der Schule von Milwaukee kombiniert. Bert Hellinger entwickelte vor etwa zwanzig Jahren seine Form des Familien-Stellens. Typisch für seine Methode ist, dass mithilfe von RepräsentantInnen Personen des Familiensystems im Raum gestellt werden, sodass die räumliche Anordnung ein externes Bild des internen Bildes der Aufstellerin wiedergibt. Im Mittelpunkt dieser Methode stehen die Externalisierung eines internen Bildes, die Verwendung von Repräsentanten und die Vermittlung einer Erfahrung des mithilfe von Umstellungen und Ritualen gewonnenen Lösungsbildes von der Familie. Die Aufstellungsmethode ist in erster Linie nonverbal. Sie fokussiert auf die Körperempfindungen der Repräsentanten und das Erleben von verbalen wie auch nonverbalen Ritualen.

Der Ansatz der Aufstellungsmethode ist im Unterschied zum lösungsfokussierten Vorgehen eher problemorientiert: Man interessiert sich für belastende familiäre Ereignisse, wie Todesfälle, Scheidungen, Familiengeheimnisse, fragt nach ausgeschlossenen Familienangehörigen, untersucht, ob es „Identifikationen“ und Übernahme von Schuld gibt, prüft, ob jemand dabei ist, einem Angehörigen in den Tod zu folgen.

Durch all diese Fragen werden implizite Thesen nahe gelegt, wie etwa: „Ausgeschlossene müssen immer schädliche Wirkungen auf das System haben“, anstelle etwa von: „In der Regel ist es, wenn Störungen vorliegen, sinnvoll, nach der Möglichkeit der Aufhebung von Ausschluss Ausschau zu halten.“ Das Vorgehen lässt so den Eindruck entstehen, dass vor einer Lösung auf jeden Fall vergangene Belastungen aufgedeckt werden müssen.

Die seit 1989 von Matthias Varga von Kibéd und mir entwickelten **Systemischen Strukturaufstellungen (SySt)** bauen auf der Grundlage des Familien-Stellens auf und verdanken Bert Hellingers Einsichten über Ordnungen und Dynamiken in Systemen Entscheidendes. Andererseits sind die SySt von vielen Vorgehensweisen von Virginia Satir, von ihrem Menschenbild und ihrer therapeutischen Haltung geprägt und schließlich konstruktivistischen Ansätzen, wie dem der Heidelberger Schule (H. Stierlin, G. Weber, G. Schmidt) in theoretischen Ansätzen verpflichtet. SySt sind ein Verfahren, Grundprinzipien des Systemverständnisses von der Familie auf andere

Systeme zu übertragen und zu erweitern, z. B. auf Konfliktparteien, Organisationen, Körpersysteme, Wertesysteme, innere Anteile, Drehbücher. Sie unterscheiden sich vom Familien-Stellen dadurch, dass gleichzeitig auf unterschiedlichen Systemebenen gearbeitet werden kann, der Prozessarbeit das Primat gegeben sowie vorwiegend syntaktisch gearbeitet wird, wodurch weitgehend von Interpretationen abgesehen werden kann, was auch verdecktes Arbeiten ermöglicht. Es können auch abstrakte Systemelemente und außer *Repräsentanten* zusätzlich noch *Orte* und *freie Elemente* aufgestellt werden (hierzu ausführlich III.1.1.2.3). Durch diese Erweiterungen können auch zeitliche und räumliche Aspekte berücksichtigt werden.

Die hier im Buch dargestellten **Lösungsfokussierten Systemischen Strukturaufstellungen** (LFSySt) bauen auf der Grammatik der SySt auf und integrieren auf verschiedene Weise die lösungsfokussierte Kurztherapie:

- durch iterative Anwendung von SFT und SySt,
- durch Aufstellung spezifischer Teile der SFT (die SFT als Aufstellung),
- durch einen lösungsfokussierten Dialog mit Repräsentanten (die Aufstellung als lösungsfokussiertes Interview).

Aufstellungsarbeit und lösungsfokussierte Kurztherapie sind zwei Verfahren der systemischen Therapie, die zwei **gegensätzlichen Richtungen** angehören, dem systemisch-konstruktivistischen und dem systemisch-phänomenologischen Ansatz. Auf den ersten Blick scheinen diese beiden Formen in verschiedenen Hinsichten unvereinbar zu sein:

- Die Aufstellungsarbeit befasst sich mit mehreren früheren Generationen.
- Die lösungsfokussierte Kurztherapie sieht von jeglicher Problemanalyse ab.
- Im Mittelpunkt der Aufstellungsarbeit steht die Auflösung von Verstrickungen und die Aussöhnung mit der Vergangenheit.
- Im Mittelpunkt der SFT steht die Suche nach Lösungen.
- Die Leiterin einer Aufstellung nimmt starken Einfluss auf das Aufstellungsgeschehen durch Umstellungen und Anwendung von Ritualarbeit.

- Die Leiterin eines lösungsfokussierten Gesprächs hält sich inhaltlich völlig zurück und stellt nur lösungsfokussierte Fragen.
- Beim Aufstellungsverfahren werden Systeme durch räumliche Anordnungen von Personen simuliert und die Körperempfindungen der Darsteller verwendet, um Einsichten in die Strukturdynamik des Klientensystems zu gewinnen.
- Das lösungsfokussierte Vorgehen ist primär verbal und verwendet keine Repräsentanten.

Mit den LFSySt habe ich versucht, eine konstruktive Verbindung beider Verfahren zu entwickeln. Die LFSySt integrieren die **Vorzüge von beiden Methoden** und lassen sie zu einem neuen Ganzen verschmelzen:

- So ermöglichen z. B. die Zielannäherungs- sowie die Zwölf- und Neunfelderaufstellung durch die Verwendung einer Zeitlinie eine Verbindung von kontinuierlichem und plötzlichem Wandel. Sie stellen dadurch eine Methode transkontinuierlicher Veränderung dar. Das Erlebnis der Lösung in einer Aufstellung verbindet sich hier mit der kontinuierlichen Umsetzung des Lösungsprozesses im Alltag.
- Durch die Einbeziehung des Konzepts der Loyalität gelingt es, trotz des stringenten lösungsfokussierten Vorgehens auch der Aussöhnung mit der Vergangenheit einen Platz einzuräumen.
- Die Zwölf- und Neunfelderaufstellung ermöglicht Dialoge mit internen Anteilen wie auch externen Systemteilen, wie Personen, Gruppen, Bereichen.
- Mit dem lösungsgeometrischen Interview wird es möglich, noch weitere Aspekte von Ausschluss aufzuzeigen und einzubeziehen, wie: ausgeschlossene Themen, vernachlässigte Werte, verdrängte Emotionen und übersehene Konsequenzen. Die LFSySt erlauben den TeilnehmerInnen nicht nur stimmige körperliche Erfahrungen in Bezug auf fremde Systeme, sondern geben auch sprachlichen Zugang zu verschiedenen inhaltlichen Informationen über das repräsentierte System.

Die LFSySt stellen eine neuartige Kombination von Gespräch und Aufstellung dar. Bei den LFSySt können der Aspekt der Versöhnungsarbeit und die Auflösung von Verstrickungen in die lösungsfokussierte Vorgehensweise integriert werden, ohne diese abzuschwächen. Die Aufstellungsmethode wird durch die integrative Ergänzung der SFT eine vollständigere Therapie- und Beratungsmethode, bei der Gespräch und Aufstellung fließend ineinander übergehen.

Die Lösungsfokussierung der LFSySt hilft,

- von vorneherein die Atmosphäre zwischen den Systemteilen sowie in der Gruppe, innerhalb der sie stattfinden, zu verbessern;
- große Unterschiede in den Auffassungen zwischen den anwesenden Personen, etwa bei Konfliktsituationen in kleineren und größeren Systemen (wie bei Mediationsprozessen in Institutionen, Unternehmen, politischen Konfliktsituationen), zu überwinden. Denn die Unterschiede zwischen uns zeigen sich bei den Problemen, während wir in den Lösungen einander ähneln. Eine Studie des Brief Family Therapy Center (BFTC) ergab, dass die Antworten auf die Wunderfrage sich in allen Kulturen gleichen, während die Probleme sehr unterschiedlich formuliert sein können;
- Retraumatisierungen zu vermeiden, wenn KlientInnen unter schweren Schocks durch Kriegserlebnisse, Folter, Vergewaltigung zu leiden haben;
- Lösungen konkreter zu gestalten. Hier hilft insbesondere die Arbeit mit der Zeitlinie, die eine Übertragung der Skalenarbeit aus der SFT in die Aufstellungsarbeit darstellt;
- für die Aufstellung einen Rahmen zu setzen, der schützend und stärkend wirkt. Die Zielannäherungs- sowie die Zwölf- und Neunfelderaufstellung können als *Metaaufstellung* Ressourcen schneller zugänglich machen und damit die Klientin, schon bevor sie ihr Problem gelöst hat, stärken.

Die **Integration der Aufstellung in den lösungsfokussierten Gesprächsablauf** ermöglicht, dass

- Nichtanwesende angemessen berücksichtigt werden können und deren Perspektive klarer sichtbar wird;
- durch die Externalisierung der Systemstruktur die Klientin eine Metaposition zu ihrer momentanen Situation einnehmen kann;
- indirekte Gewinne der Last verdeutlicht werden und dadurch das Sinngefühl genährt wird, was die Stabilität der Ergebnisse (laut den Untersuchungen von Grawe (1998) über andere Therapieformen) steigert;
- Verstrickungen aufgelöst werden können, was den Verlauf des SFT-Interviews verbessert;
- Loyalitätsprobleme berücksichtigt und in eine Lösungsrichtung umgelenkt werden können;
- Versöhnungsarbeit mit der Vergangenheit einen Platz finden kann.

Dieses Buch ist gleichermaßen für Fortgeschrittene wie auch solche, die beide Verfahren noch nicht kennen, geschrieben. **Kapitel II und III** geben jeweils eine Einführung in die den LFSySt zugrunde liegenden Methoden der SFT und der SySt, sodass zunächst keine Kenntnisse vorausgesetzt werden. Allerdings ist die Aufstellungsmethode in ihrer Komplexität und ihren Auswirkungen durch eine alleinige schriftliche Darstellung schwer vorstellbar. Um sie nachvollziehen zu können, erfordert dies im Allgemeinen, eine Aufstellung *erlebt* zu haben, als Zuschauer und noch besser als Repräsentant. Wenn Sie jedoch schon einmal Familienaufstellungen gesehen haben, so ist die Beschreibung der LFSySt in diesem Buch verständlich und nachvollziehbar.

Im zweiten Teil des dritten Kapitels erfolgt eine Übersicht über Arten, Typen und Bereiche der SySt. Diese ist eher als eine Art Verzeichnis gedacht, in dem Sie an späteren Stellen des Buches nachschlagen können, um sich über nur erwähnte SySt kurz zu informieren.

Die Darstellung der SFT weicht sehr von üblichen Beschreibungen in der Literatur ab, sodass auch mit der Methode bereits Vertraute hier neue Aspekte finden werden. Das Buch gibt viele Antworten auf Fragen, die sich die Leserin vielleicht noch nicht gestellt hat, die aber bei langjähriger Verwendung der Methode auftauchen. Die

Übersicht über die SySt ist sehr kompakt geschrieben und enthält an einigen Stellen bereits Erweiterungen gegenüber der Darstellung in *Ganz im Gegenteil* (Varga von Kibéd u. Sparrer). Für die folgenden Kapitel ist es günstig, diese ersten beiden Kapitel zu kennen; es sind jedoch Querverweise zu den entsprechenden Kapiteln angegeben, sodass Sie sich nach einem ersten Überfliegen von Kapitel III auch später ausführlicher informieren können. Für Querleser werden manche Erläuterungen in den einzelnen Kapiteln auch wiederholt.

Kapitel IV, X, XI und XII sind theoretische Kapitel, die zur Ergänzung gelesen werden können, aber keine Voraussetzung für das Verständnis der übrigen Kapitel darstellen. Sie gehen auf den philosophischen Hintergrund der LFSySt ein und erläutern Unterschiede, Gemeinsamkeiten und Entsprechungen der SFT und der LFSySt. Das letzte Kapitel ist als eine praktische Ergänzung für den Alltag gedacht.

In den **Kapiteln V bis einschließlich IX** werden die verschiedenen Formen der LFSySt dargestellt. Jedes Kapitel enthält einen Theorieteil und ausführliche Fallbeispiele. Diese wurden aus Datenschutzgründen verfremdet. Namen, Orte und Berufe wurden geändert. Die Aufstellungen wurden, soweit nicht anders beschrieben, von der Autorin durchgeführt.

In diesem Buch werden die **weibliche und männliche Form der Personenbezeichnungen** unsystematisch abwechselnd verwendet, damit sich beide Lesergruppen angesprochen fühlen können.

Im therapeutischen Kontext verwende ich in Aufstellungsgruppen meistens die **Du-Form**, da aufgestellte Teile ohnehin vorzugsweise mit Du angeredet werden. Im Organisationsbereich benutze ich jedoch häufig die **Sie-Form**, selbst mit RepräsentantInnen in Aufstellungen, da in diesem Bereich das Sie üblich und vertraut ist. In der Einzeltherapie spreche ich mit meinen KlientInnen in der Sie-Form. Daher wird hier im Buch abwechselnd die Du- und die Sie-Form verwendet, je nachdem, ob die Aufstellung oder das Gespräch in der Gruppe oder in der Einzeltherapie, im therapeutischen oder Organisationskontext stattfand.

Kursiv- und Fettdruck haben unterschiedliche Funktionen. **Kursiv** sind

- *Fachtermini* geschrieben, die in der Alltagssprache anders verwendet werden, wie z. B. *Orte*, die bei uns eine Symbolkategorie darstellen, während Orte sonst Ortschaften eines Landes bezeichnen;

- außerdem *Namen*, sobald sie RepräsentantInnen bezeichnen, z. B. *Mutter* für *die Repräsentantin* der Mutter der Klientin und nicht für die Mutter selbst; die gleiche Bezeichnung wird recte gedruckt, sobald sie das Repräsentierte bzw. die repräsentierte Person bezeichnet;
- zum Dritten *Betonungen*.

Fett gedruckt sind neben den Überschriften die Leitbegriffe.

Ganz herzlich möchte ich meinem Mann, Matthias Varga von Kibéd, danken, der zu diesem Buch den Anstoß gegeben, mich immer wieder ermutigt und angeregt hat und mit der Durchsicht des Manuskripts zur stilistischen Verbesserung beigetragen hat. Die LFSySt hätte es ohne die Entwicklung der SySt nie gegeben, und so stammt ein wesentlicher Beitrag zu den LFSySt auch von ihm. Herzlichen Dank auch an Thies Stahl, der mir wertvolle Hinweise zum Metamodell des NLP gab. Danken möchte ich vor allem noch den vielen KlientInnen und TeilnehmerInnen von Seminaren, ohne deren Mitwirkung dieses Buch nicht zustande gekommen wäre. Insbesondere möchte ich mich bei den TeilnehmerInnen bedanken, die bei der Überarbeitung der Darstellung ihrer Aufstellungen mithalfen und einwilligten, dass Abläufe von ein bis mehreren Sitzungen von ihnen nun publiziert werden können. Herzlichen Dank auch an Susanne Kessler und Katharina Wille, die das Manuskript durchsahen und durch ihre klugen Fragen und Bemerkungen Verbesserungen beisteuerten. Vielen Dank auch an meine KlientInnen, die in den letzten zwei Monaten wegen der Fertigstellung dieses Buches weitgehend auf mich verzichten mussten.

Insa Sparrer
München, den 1.10.2000

II. Kurze Darstellung der lösungsfokussierten Kurztherapie (SFT)

Es ist gar nicht so leicht zu beschreiben, worin das lösungsfokussierte Vorgehen eigentlich besteht. Steve de Shazer, der gemeinsam mit Insoo Kim Berg und seinem Team die *solution focused therapy* (im Folgenden abgekürzt mit SFT) am *Brief Family Therapy Center* (BFTC) in Milwaukee entwickelt hat, bezeichnet diesen lösungsfokussierten Prozess mit „es“ *(it)*. Er sieht die SFT nicht als eine neue Therapieform an, da

- ihr nur ein rudimentäres Persönlichkeitskonzept zugrunde liegt,
- sie zwar therapeutische Auswirkungen hat, aber diese nicht das zentrale Ziel der SFT darstellen,
- ihr Ziel nicht Heilung ist, sondern Veränderungen auf einen Lösungszustand hin, der mithilfe der Wunderfrage (ausführlich II. 1.5.9) ermittelt wird,
- die lösungsfokussierte Fragetechnik zu unspezifisch ist, z. B. im Wesentlichen kaum einen Unterschied bezüglich verschiedener diagnostizierter psychischer Erkrankungen macht und
- der SFT kein Ursache-Wirkungs-Modell zugrunde liegt.

Die Leserin mag sich fragen, was die SFT denn dann sei. Dieses *It* des lösungsfokussierten Prozesses lässt sich schwer positiv beschreiben, schon eher lässt es sich durch Abgrenzung zu anderen Verfahren charakterisieren, die Veränderungsprozesse im menschlichen Verhalten zum Inhalt haben.

Im Gegensatz zu anderen Therapieformen gibt es in der SFT kein fest umschriebenes Menschenbild. Steve de Shazer würde auch nicht von einem Heilungsprozess oder innerem Entwicklungsprozess sprechen, da es keinen an einem *absoluten* Ziel orientierten Prozess gibt. Der lösungsfokussierte Prozess orientiert sich ganz an den eigenen Zielen der Klientin. In dieser Hinsicht ist die SFT ausgeprägt systemisch, denn sie bewertet die Ziele des lösungsfokussierten Prozesses nicht, sondern vertraut darauf, dass die Klientin letztlich selber weiß, was für sie gut ist. Dieses „Wissen" der KlientInnen wird durch eine hypnotische Induktion des Lösungszustands in Form der Wunderfrage zum Vorschein gebracht.

Die SFT kann auch nicht als Beratungsprozess aufgefasst werden, denn die Leiterin berät nicht. Sie unterstützt nur die Suchprozesse der Klientin mit Fragen, damit sie ihre eigene Lösung leichter finden kann. Anstatt zu beraten, versucht die Leiterin, für die Klientin immer mehr überflüssig zu werden, ähnlich wie folgende buddhistische Lehrgeschichte (nach de Mello 1996) die Beziehung zwischen Meister und Schüler sieht:

Ein Schüler bat einen Lehrer, ihn als seinen Schüler anzunehmen. Der Lehrer entgegnete ihm: „Du bist ein Schüler, weil deine Augen noch geschlossen sind. Wenn du sie eines Tages öffnest, wirst du sehen, dass du von mir und anderen nichts lernen kannst." „Aber wozu braucht man dann einen Meister?", fragte der Schüler erstaunt. „Um zu erkennen, dass du ihn nicht brauchst", erwiderte der Lehrer.

Wir haben es bei der SFT also nicht mit einem Prozess zu tun, bei dem die Leiterin in eine bestimmte Richtung lenkt, sondern mit einem Prozess, der den Selbstheilungskräften und Selbstorganisationskräften der Klientin völlig vertraut, sobald ein dafür förderlicher Kontext gesetzt wird.

Die Leiterin dient zwar der Klientin als Modell, insofern sie ihr gegenüber eine Haltung der Nichtbewertung einnimmt und ihr Vertrauen entgegenbringt und diese Haltung der Welt gegenüber auch für die Klientin hilfreich ist, um festgefahrene Meinungen loslassen zu können. Das Ziel der Leiterin ist es jedoch nicht, dass die Klientin sie nachahmt. Hierzu wieder eine kleine buddhistische Lehrgeschichte (ebd.):

Ein Meister sagte zu seinem Schüler: „Wenn du mich zu deinem Vorbild machst, schädigst du dich selbst, denn damit weigerst du dich, selbst die Dinge zu sehen." Nach einer Pause fügte er hinzu: „Und auch mich schädigst du, denn auf diese Weise weigerst du dich, mich so zu sehen, wie ich bin."

Dieser Kontext besteht aus der Suche nach Lösungen und steht daher im Kontrast zu allen therapeutischen Verfahren, die nach Ursachen für das symptomatische Verhalten suchen.

II.1. Verschiedene Formen von Lösungen

Die Frage nach dem Warum wird in der SFT nicht gestellt. Sie wird ersetzt durch die Frage: „Was ist statt des Problems da?" Ihr Ziel ist es, Lösungen zu finden und zu konstruieren. Die Fragen nach Ausnahmen (siehe II.1.6) und Teile der Wunderfrage (siehe II.1.5.9) helfen, bereits vergessene Lösungen wieder zu finden. Da, wo es sich bei der SFT um Konstruktion von Lösungen handelt, sind diese nicht beliebig, sondern immer in den Kontext des Gegebenen eingebettet. Ich erläutere diesen Punkt später, wenn ich auf Fragen zum Kontext des Wunders (II.1.5.9) eingehe.

II.1.1 Ein Paradigmenwechsel

In vielen Formen der systemischen Therapie spielt der Begriff der Homöostase eine große Rolle. Dabei wird angenommen, dass Systeme bestrebt sind, einen homöostatischen Zustand aufrechtzuerhalten, oft auf Kosten einer längst notwendigen Veränderung und Anpassung an die Umwelt. Mit therapeutischen Methoden wird versucht, diesen Gleichgewichtszustand des Status quo zu stören, damit nach einer anschließenden Chaosphase notgedrungen ein Veränderungsprozess eingeleitet wird.

In der SFT geht man eher davon aus, dass alles ständig in Bewegung ist und nichts gleich bleibt. Die Therapeutin befasst sich hier nicht damit, den vorhandenen Zustand zu stören, sondern sie versucht zu eruieren, was es im vorhandenen Zustand an nützlichen Verhaltensweisen und angenehmen Momenten gibt. Es geht also nicht um die Störung eines homöostatischen Zustandes wie in der Palo-Alto-Schule (Bateson, Beavin, Jackson, Watzlawick u. a.) oder etwa der Mailänder Schule (Boscolo, Checchin, Prata, Palazzoli), sondern darum, etwas Positives im Negativen zu finden. Diesen Prozess bezeichne ich als die Suche nach Lösungen in der Gegenwart. Analog dazu werden in der Vergangenheit Lösungszustände gesucht, nämlich die Zustände der Ausnahmen vom Problem. Anstatt dass Ungewolltes, Problematisches behindert oder umgelenkt wird, wird in der SFT alles Positive und Nützliche fokussiert, mit dem Ziel, dass es wahrgenommen wird und sich dann vermehrt.

Das Hauptgewicht der SFT liegt in der aktiven Konstruktion von Lösungen. Steve de Shazer und sein Team gehen sogar so weit, dass sie diesen Konstruktionsprozess auch ohne das Problem der Klientin zu kennen, einleiten. Dieser Ansatz ist radikal in der Stringenz, mit der er die Richtung auf eine Lösung fokussiert.

Aus meiner Sicht umfasst die SFT vier Teile:

- Lösungen in der Gegenwart,
- Lösungen in der Vergangenheit,
- Lösungen in der Zukunft und
- Aufgabenkonstruktion und Verschreibung.

Im folgenden Text gehe ich nach dieser Einteilung der SFT vor, im Gegensatz zu sonstigen Darstellungen in der Literatur.

Steve de Shazer und sein Team entwarfen für KlientInnen auf der Warteliste eine Aufgabe. Der Wunsch der TherapeutInnen war, dass diese KlientInnen die Zeit bis zur ersten Sitzung bereits für eine positive Veränderung nutzen sollten. Da die TherapeutInnen nichts über die KlientInnen wussten, musste diese Aufgabe zwangsläufig unabhängig vom Problem sein. Auf diese Weise entstand die sogenannte **Standardaufgabe** *(first session formula task)*, die in dem Auftrag bestand, möglichst detaillierte Antworten zu finden auf folgende Fragen:

„Was ist im Moment gut?"
„Was kann so bleiben und sollte nicht durch unsere gemeinsame Arbeit verändert werden?"

Zu seinem Erstaunen stellte das BFTC-Team fest, dass die KlientInnen nach dieser Aufgabe bereits in der ersten Sitzung von wesentlichen Verbesserungen berichten konnten. Daraus schlossen Steve de Shazer und sein Team, dass wir, um Hilfe für eine Veränderung geben zu können, das Problem nicht einmal kennen müssen. Steve De Shazer und sein Team wandten sich daraufhin ganz der Konstruktion von Lösungen zu.

Hier erfolgte gewissermaßen ein Paradigmenwechsel für die Therapie: Weg von der Problemanalyse – hin zum Auffinden von Lösungen.

Das BFTC-Team suchte fortan nach weiteren Methoden, die unabhängig von der Art des Problems Lösungen fokussieren, nicht mehr primär das Problem analysieren und auch nicht nach dessen Ursachen suchen.

Die Leserin mag sich fragen, wie es möglich ist, ohne Kenntnis des Problems dieses dauerhaft erfolgreich zu lösen. Wir sind so gewöhnt daran, bei Veränderungen zunächst die Ist-Lage zu eruieren, zu analysieren und nach den Ursachen zu fragen, dass eine Vorgehensweise ohne diese Elemente uns zunächst als absurd erscheinen mag. Aber gerade der konsequente Blickwechsel von den Ursachen und der Analyse hin zu den Lösungen ist das Überraschende und Wirksame am lösungsfokussierten Vorgehen.

Es folgen nun und auch an vielen weiteren Stellen philosophische Bemerkungen zur SFT, die den Kontext des lösungsfokussierten Vorgehens erläutern sollen. Im Werk Ludwig Wittgensteins können wir den philosophischen Hintergrund der SFT finden. Daher zitiere ich hier und auch an späteren Stellen des Öfteren aus seinen beiden Hauptwerken, dem *Tractatus logico-philosophicus* (Wittgenstein 1989b) und den *Philosophischen Untersuchungen* (Wittgenstein 1989a). Im Tractatus finden wir unter No. 6.4321:

„Die Tatsachen gehören alle nur zur Aufgabe, nicht zur Lösung."

Hier weist Wittgenstein darauf hin, dass Probleme und Lösungen von gänzlich verschiedener Art und nicht auseinander ableitbar sind. Dies bedeutet nicht, dass aus einer Problem- und Ursachenanalyse keine Hinweise auf Lösungen gefunden werden könnten. Es besagt nur, dass eine Problem- und Ursachenanalyse keine notwendige Bedingung für das Auffinden von Lösungen ist. Natürlich müssen die Teile, die bei einer Problemanalyse für eine Veränderung hilfreich sind, auf andere Weise beim lösungsfokussierten Vorgehen berücksichtigt werden.

II.1.2 Wie wird der Wert der problemorientierten Vorgehensweise in die SFT einbezogen?

Wird ein Problem in der Therapie lange analysiert und untersucht, so kommt dadurch auch eine besondere Wertschätzung für die Klientin zum Ausdruck, denn die Therapeutin sagt hiermit indirekt, dass

- sie sich Zeit nimmt für die Klientin,
- sie die Schwere ihres Problems anerkennt und
- daran nichts dumm ist, wenn die Klientin ihr Problem noch nicht gelöst hat.

Häufig ist ein Anstoß von außen aus einer neutralen Perspektive nötig, um neue Ideen für die Lösung des Problems entwickeln zu können. Problembeladen bleibt ein Zustand, solange der Problemträger in das Problem verwickelt ist.

Diese Form der Wertschätzung für die Klientin bei problemorientierten Therapieformen findet beim lösungsfokussierten Vorgehen ein Pendant in der **Betonung der Schwere des Problems**. Wenn die Therapeutin öfters darauf hinweist, dass das Problem der Klientin schwer ist, so fühlt sich diese gewürdigt und ist eher bereit, etwas für eine Veränderung zu tun. KlientInnen wollen zunächst vor allem, dass die Gesprächspartnerin erkennt, wie schwer sie es haben; erst danach entsteht eine Veränderungsbereitschaft.

Eine zu schnelle Veränderung können KlientInnen als Gesichtsverlust erleben, so als ob sie zu dumm gewesen wären, alleine die Lösung zu finden, die in ihren Augen sehr einfach sein muss, da die Veränderung so schnell möglich war. Von einer liebevollen Weise, jemandem zu helfen, sein Gesicht zu wahren, berichtet folgende jüdische Geschichte (Singer 1999, S. 145):

Das Zeugnis

An den durch seine Gutmütigkeit bekannten Rabbiner Kestenmacher in Drillichau wendet sich ein Händler mit folgender Angelegenheit: Es ist bei ihm ein jüdischer Bursche als Helfer beschäftigt; der hat sich im allgemeinen sehr gut geführt, sei treu und ehrlich gewesen, und er – der Händler – habe sich auf ihn verlassen können. Nun sei er aber dahintergekommen, dass der Bursche seit einiger Zeit hinter dem Rücken seines Herren einige Zentner Knochen verkauft und das Geld für sich behalten habe. Er müsse ihn nun wegschicken. Der Bursche aber verlange ein Zeugnis und habe gebeten, die Unterschlagung nicht zu erwähnen, da er doch sonst keine Stelle finden werde. Was man da tun könne, ohne der Wahrheit Gewalt anzutun ...?

Rabbi Kestenmacher sagte: „Schreibt im Zeugnis: ‚Er war ehrlich – bis auf die Knochen.'"

Mancher so genannte Widerstand bei KlientInnen weist nur darauf hin, dass dieser erste Schritt, die Würdigung des Problems, übersprungen wurde. Widerstand zeigt hier, dass die Therapeutin etwas übersehen hat oder zu schnell vorangegangen ist. Widerstand ist also ein Signal für die Therapeutin im Interaktionsprozess oder, wie Gunther Schmidt es in vielen seiner Seminare formuliert hat: „ein Kommunikationsangebot von seiten des Klienten an den Therapeuten zur Umgestaltung des therapeutischen Kontextes".

Problemorientierung zielt oft auf Aussöhnung: die Aussöhnung der KlientInnen mit ihrer Geschichte. Für viele KlientInnen ist es z. B. schwierig, belastende Ereignisse hinter sich zu lassen. Statt auf die Lösung wird der Fokus hier auf diese Ereignisse gerichtet und danach gefragt, warum diese Ereignisse stattfanden. Ein Mittel, leichter loslassen zu können, ist, wenn die Klientin die Perspektive des anderen verstehen lernt und so erkennen kann, dass der Impuls des anderen im Allgemeinen nicht böswillig war. Mithilfe eines solchen Reframings kann man manchmal das vergangene Geschehen leichter hinter sich lassen und abschließen. Beim lösungsfokussierten Vorgehen wendet man sich gleich in die Lösungsrichtung, indem man z. B. fragt:

„Woran würden Sie erkennen, dass … kein Problem mehr für Sie darstellt?
„Was wäre für Sie dann anders?"

Hier fragt die Therapeutin also nach den Anzeichen dafür, unter welchen Umständen die Klientin das Vergangene loslassen kann, und danach, woran die Klientin merkt, dass dieser Blickwechsel vom Problem zur Lösung möglich wird, bzw. woran sie erkennen könnte, dass sie sich mit der Vergangenheit ausgesöhnt hat. Auch hierzu können wir wieder eine Stelle bei Wittgenstein im *Tractatus* (No. 6.521) finden:

„Die Lösung des Problems des Lebens merkt man am Verschwinden dieses Problems."

Das Problem löst sich gewissermaßen auf, und stattdessen erscheint die Lösung. Die Lösung ist hier also eine neue Erfahrung, eine andere Seinsweise. Die Lösung zeigt sich, sie wird nicht gemacht, d. h., dass Lösungen eigentlich nicht konstruiert werden, sondern sich im Verschwinden des Problems zeigen. Wir können Lösungen erkennen, aber nicht vollständig positiv beschreiben, sondern nur andeuten. Ähnlich ist es mit dem Sinn des Lebens. Wenn wir ihn für uns erkannt haben, verschwindet die Frage nach dem Sinn des Lebens. Es ist jedoch schwierig zu beschreiben, worin er besteht.

So gesehen, ändert sich die zentrale Frage von „Wie konstruiere ich eine Lösung?“ zu „Wie finde ich Kontakt zu einer Lösung?“. Indem wir danach fragen, woran wir das Auftauchen der Lösung erkennen, nehmen wir zu diesem anderen Seinszustand Kontakt auf. Wir befreunden uns gewissermaßen mit dieser Seite des Lebens und verändern uns dadurch. Wir verändern uns durch dieses „In-Beziehung-Treten“. In diesem Sinne würde ich hier eher von einer Aufnahme des Kontakts mit Lösungen sprechen und nicht von einer Konstruktion von Lösungen.

Wir können dieses In-Beziehung-Treten auch mit der Ich-Du-Beziehung bei Buber vergleichen. Buber unterscheidet zwischen einer Ich-Es- und einer Ich-Du-Beziehung. Die Ich-Du-Beziehung ist durch ein „in Kontakt treten“ gekennzeichnet, die Ich-Es-Beziehung durch ein „über den anderen verfügen“. Während bei Fragen nach Zielen die Klientin eine Ich-Es Beziehung zum Ziel hat, tritt sie in eine Ich-Du-Beziehung zur Lösung, wenn sie die Erfahrung einer Lösung macht und wenn sie die Wunderfrage beantwortet (siehe II.1.5.9).

Wir können Probleme auch sehen als Hindernisse im Lebensstrom, an denen wir etwas lernen können, wenn wir sie überwinden, die aber gewissermaßen nur einem Wirbel im Lebensstrom entsprechen und, wenn sie sich dem Fluss anpassen, in ihm verschwinden. Das lösungsfokussierte Vorgehen befasst sich mit diesem Lebensstrom und damit, was uns hilft, uns aus dem Wirbel zu lösen. Steve de Shazer verwendet die Metapher eines Schlüssels, der zum Schloss passen muss. Wir sollten wissen, wie man aufschließt, aber wir benötigen nicht die Information, aus was für einem Material der Schlüssel gemacht wurde, und wir müssen auch nicht wissen, warum gerade dieser Schlüssel ins Schloss passt.

II.1.3 Die therapeutische Haltung

Die SFT verläuft als Gespräch. Die Therapeutin leitet das Gespräch durch Fragen, sie gibt jedoch keinerlei inhaltlichen Hinweise. Die Therapeutin ist Expertin für die Fragetechnik, die Klientin ist Expertin für die inhaltliche Entwicklung von Lösungen. Dies fordert von der Therapeutin vollkommene Zurückhaltung. Auch wenn sie meint, besser zu wissen, was gut für die Klientin ist, gilt es, darauf zu vertrauen, dass die Klientin bereits alle Ressourcen hat, die sie braucht, diese aber zur Zeit für sie nicht zugänglich sind. Dies ist insbesondere dann schwierig, wenn die Klientin Suizidgedanken äußert oder Handlungen ankündigt, die andere bedrohen. Es erfordert ein großes Vertrauen in die Ressourcen der Klientin, wenn die Therapeutin hier wagt, nicht inhaltlich einzugreifen, sondern die Konsequenzen des Handelns der Klientin erfragt und so zu neuen Themen führt.

Um sich dermaßen mit einer eigenen Meinung zurückhalten zu können, ist für die Therapeutin eine Haltung des Nichtwissens und der Nichtbewertung hilfreich. Indem sie ganz in eine fragende Position geht, in der sie alle Antworten der Klientin wohlwollend aufnimmt, erlaubt sie dieser, sich ganz ihren eigenen Raum zu nehmen, ohne eine Beurteilung fürchten zu müssen. Es ist wichtig, dass die Therapeutin der Klientin zuhören kann, andernfalls besteht die Gefahr, dass sie ihre Sicht der Klientin überstülpt, wofür folgende Geschichte (de Mello 1998, S. 22) ein Beispiel darstellt:

> „Hast du dich aber verändert, Henry! Du warst doch immer so groß, und jetzt kommst du mir so klein vor. Du warst doch immer so stattlich, und jetzt erscheinst du mir so schmal. Du warst doch immer so blass, und jetzt bist du so braun. Was ist mit dir los, Henry?" Und Henry sagt: „Ich heiße gar nicht Henry, ich heiße John." – „Ach, deinen Namen hast du auch geändert!"

Die Therapeutin stellt Fragen, doch fragt sie die Klientin nicht aus; die Therapeutin führt das Gespräch mithilfe der Fragen, doch manipuliert sie nicht, da sie keine bestimmten Antworten erwartet. Anders ausgedrückt, sie erlaubt der Klientin, alles zu äußern, auch das sonst nicht Erlaubte, das Gefürchtete oder sozial Abgelehnte. Hier werden in der lösungsfokussierten Kurztherapie ausgeschlossene Themen angesprochen, denen zum Teil erstmals Raum gegeben wird. Genau dies macht einen Unterschied zu den bisherigen Erfahrungen der Klientin und öffnet den Raum für etwas Neues.

Da die Therapeutin der Klientin keine inhaltlichen Hinweise gibt, geht der Veränderungsprozess von der Klientin aus. Dies verstärkt ihre Autonomie und verhindert ein Abhängigkeitsverhältnis zur Therapeutin. Für die Therapeutin ist es wichtig, nie einen Schritt vor der Klientin zu sein, sondern eher einen Schritt hinter ihr. Sonst kann sich die Klientin leicht in eine von der Therapeutin vorgegebene Richtung gedrängt fühlen.

Die Fragen der Therapeutin sollten in Wertschätzungen eingebettet werden, damit sich die Klientin nicht ausgefragt oder gedrängt fühlt. Die Therapeutin kann ihre Wertschätzung ausdrücken, indem sie auf die Antworten oder Überlegungen der Klientin zunächst mit Akzeptanz reagiert:

„Ja, — (nächste Frage)"
„Hm, — (nächste Frage)"
„(Nicken) — (nächste Frage)"

Auf diese Weise fühlt sich die Klientin gewürdigt und nicht von einer Expertin *be*handelt.

Die Therapeutin führt, indem sie Fragen stellt und sie überprüft, ob die inhaltlichen Antworten der Klientin zu deren Ziel führen, indem sie die Klientin nach den Konsequenzen ihrer Handlungsvorschläge fragt.

Diesem Vorgehen liegt die Hypothese zugrunde, dass unethische Vorschläge der Klientin für sie selbst negative Konsequenzen haben, die in der Handlung begründet sind oder durch sie bewirkt werden. Gutes Handeln zeigt sich darin, dass die Klientin sich selbst treu bleibt und ihre Möglichkeiten nicht einschränkt. Gewissermaßen birgt schlechtes Handeln seine Bestrafung in sich. Darauf weist auch Wittgenstein hin, wenn er im *Tractatus* (No. 6.422) schreibt:

„... Zum mindesten dürfen diese Folgen nicht Ereignisse sein ... Es muß zwar eine Art von ethischem Lohn und ethischer Strafe geben, aber diese müssen in der Handlung selbst liegen."

Wenn sie in der Handlung selbst liegen, ist es wahrscheinlich, dass häufige unethische Handlungen langfristig schädigen. Daher werden wir, wenn wir die langfristigen Konsequenzen unseres Handelns genau beobachten und wahrzunehmen lernen, durch sie gelehrt, was für uns gut ist. Letztlich zeigen uns diese Konsequenzen sogar nicht nur, was für uns gut ist, sondern auch, was für uns innerhalb der Gemeinschaft, in der wir leben, gut ist, denn egoistisches Verhalten wirkt sich langfristig schlecht auf unsere Beziehungen aus. Egoistisches Verhalten ändert die Haltung, die wir zur Welt einnehmen, und es ändert sich für uns die Welt als Ganzes. Auch wenn andere von unseren negativen Handlungen nichts wissen, so können sie an unserer Haltung spüren, dass wir uns verändert haben. In dieser Form kann die Strafe in der Handlung selbst liegen.

Betrachten wir nochmals die Metapher vom Strom. Negatives Handeln entspräche den Wirbeln im Lebensstrom selbst, die langfristigen Konsequenzen entsprechen dem größeren Kontext, in dem sich die Wirbel befinden, also dem Lebensstrom.

Sobald man weit genug in die Zukunft fragt, zeigt sich, ob sich die Möglichkeiten der Klientin vermehren oder verengen (etwa durch negative Konsequenzen). Bei Wittgenstein finden wir (*Tractatus*, No. 6.43):

> „Wenn das gute oder böse Wollen die Welt ändert, so kann es nur die Grenzen der Welt ändern, nicht die Tatsachen; nicht das, was durch die Sprache ausgedrückt werden kann.
> Kurz, die Welt muß dann dadurch überhaupt eine andere werden. Sie muß sozusagen als Ganzes abnehmen oder zunehmen.
> Die Welt des Glücklichen ist eine andere als die des Unglücklichen."

Der Umschwung vom Problem- in den Lösungszustand ist, wie Wittgenstein es ausdrückt, ein Wechsel von der Welt des Unglücklichen in die Welt des Glücklichen. Die Klientin ändert nicht einzelne Ereignisse, sondern sie ändert ihre Haltung zur Welt. Dadurch wird ihre Welt eine völlig andere. Es ändert sich nicht nur *etwas*, sondern das *Ganze*. Manchmal bewirkt eine kleinere Änderung des eigenen Handelns eine Haltungsänderung und damit eine Änderung der eigenen Welt. Dies bedeutet natürlich nicht, dass sämtliche Schwierigkeiten gelöst sind, sondern nur, dass sich ein Zugang zu Lösungen öffnet. Wir verfügen jedoch nicht ein für alle Mal über Lösungen, sondern müssen den Zugang zu ihnen immer wieder neu erringen.

Wichtig beim lösungsfokussierten Vorgehen ist eine **allparteiliche Haltung** der Therapeutin. Der Begriff der Allparteilichkeit stammt von Iwan Boszormenyi-Nagy (1973). Er versteht hierunter eine Haltung, bei der die Therapeutin sowohl für die Klientin als auch für deren Angehörige wie auch für beteiligte Dritte Stellung bezieht, also nicht einseitig Partei ergreift. Die Mailänder Schule spricht hier von der Neutralität der Therapeutin. Dieser Begriff ist jedoch etwas irreführend, denn die Therapeutin hat natürlich Gefühle und Meinungen, nur sollte sie nicht nach diesen handeln. Sobald die Therapeutin für eine Verhaltensweise oder eine andere Person Partei ergreift, fühlt sich die Klientin nicht mehr voll verstanden bzw. nicht mehr voll gewürdigt. Die Klientin braucht, dass ihre Seite verstanden wird und gleichzeitig nicht eine Parteinahme für andere erfolgt. Diese fehlende Parteinahme setzt bei der Therapeutin ein hohes Maß an Toleranz voraus, ein Nichturteilen und ein Vertrauen in die Ressourcen der Klientin.

Diese Haltung steht im Gegensatz zu „Ich weiß es besser" und „Der oder die hat Recht".

Insofern ist das Einüben einer lösungsfokussierten Gesprächsführung gleichzeitig eine Übung in Toleranz, Nichturteilen und Zurückhaltung für die Therapeutin. Die Methode lehrt gewissermaßen nicht nur die Klientin, sondern auch die Therapeutin.

Die Klientin lernt, dass

- sie als vollwertig geachtet wird,
- ihre Probleme gewürdigt werden,
- es Hoffnung gibt,
- Lösungen bereits da waren,
- die Therapeutin ihr vertraut bzw. sie selbst vertrauenswürdig ist,
- ihr Zeit gegeben wird für eine Veränderung,
- sie selbst entscheiden darf,
- ihr zugetraut wird, eine Lösung zu finden,
- das Wissen bei ihr liegt.

Die Therapeutin lernt bei der lösungsfokussierten Arbeit,

- auf eigene Wünsche, den Veränderungsprozess zu steuern, zu verzichten,
- von eigenen Bewertungen abzusehen,
- eigene Meinungen hintanzustellen,
- Andersartigkeit zu tolerieren,
- darauf zu vertrauen, dass Lösungen von der Klientin gefunden werden,

– auf die Möglichkeit einer Lösung zu vertrauen,
– und sie lernt andere Lebensformen kennen.

Das lösungsfokussierte Gespräch ist sowohl für die Klientin wie auch für die Therapeutin ein gegenseitiger Lernprozess. Indem die Therapeutin der Klientin zuhört und deren Überlegungen ohne Wertung aufnimmt, kann in diesem Prozess von beiden etwas Neues gelernt werden. Die Klientin erfährt, dass auch sie etwas zu sagen hat, und die Therapeutin gewinnt Kenntnis einer ihr vielleicht sonst unvertrauten Welt. Beide Erfahrungen zusammen ergeben etwas Neues, das größer ist als die Summe seiner Teile. Wir haben es hier mit einer Form des Tetralemmas zu tun, das die eine Sicht der Klientin mit der anderen Sicht der Therapeutin zu einer neuen Form von „Beides“ verbindet (zum Tetralemma siehe III.1.1.2.3). Die Lösungen entstehen in diesem Interaktionsprozess; die Umsetzung und der Veränderungsprozess beginnen bei der Klientin.

Wenn ich hier von „Lösungen“ spreche, so meine ich damit keinerlei inhaltliche Festlegung einer „Lösung“. Mit „Lösung“ ist hier vielmehr gemeint, dass sich etwas löst. Das Erleben einer Trauer oder das Erkennen bzw. die Übernahme von Verantwortung für eigene Schuld kann etwas lösen. Auch wenn dieser Zustand nicht als angenehm empfunden wird, so wird dieser Vorgang von Klienten meist mit „besser“ beschrieben.

Der schon zitierte Ausspruch von Steve de Shazer („Wir können verstehen, was besser heißt, ohne zu wissen, was gut heißt.“) weist darauf hin, dass wir nicht beschreiben können müssen, was inhaltlich erreicht werden sollte, sondern es ausreicht, wahrnehmen zu können, wann die Situation besser geworden ist. Dies bedeutet auch, dass Therapeuten nicht inhaltlich wissen müssen, welches Ziel ihre Klienten haben, es reicht, wenn die KlientInnen für sich wissen, in welche Richtung es gehen soll, und erkennen können, wann sich für sie etwas verbessert hat.

Lösungen umfassen also nicht nur angenehme, beglückende und freudige Zustände, sondern auch schwierige Situationen, die in einen stagnierenden Prozess wieder Bewegung bringen. Hier sollte die Therapeutin gewissermaßen Neutralität gegenüber einer inhaltlichen Festlegung einer Lösung üben. Folgende Lehrgeschichte (de Mello 1996, S. 27) mag dies verdeutlichen:

Spirituelle Erleichterung
Ein Meister lehrte, dass es keine Worte gebe, die an sich schlecht seien, sofern sie nur im passenden Kontext verwendet werden. Als ihm mitgeteilt wurde, dass einer seiner Schüler zu fluchen pflegte, bemerkte er: „Profanität ist dafür bekannt, daß sie manchmal eine Art spiritueller Erleichterung verschafft, wo das Gebet versagt."

Die Haltung der Allparteilichkeit ist natürlich keine Technik, sondern eine innere Haltung und Lebenseinstellung. Die einzelnen lösungsfokussierten Fragen, die ich im Folgenden erläutern werde, sind immer mit dieser Haltung zu verbinden. Ohne diese Verbindung nimmt ihre Wirkung ab.

II.1.3.1 Experiment 1 und 2

Experiment 1:
Bei einer der nächsten Gelegenheiten können Sie Folgendes ausprobieren:

Wenn sie mit Ihrem Partner (Ihrer Partnerin) – es darf auch jemand anders sein – einen Streit, eine Auseinandersetzung oder eine Meinungsverschiedenheit haben und überzeugt sind, dass Ihr Partner Unrecht hat, dann tun Sie so, als ob Sie ihm gegenüber eine übertriebene allparteiliche Haltung einnehmen könnten. Verhalten Sie sich ihm gegenüber so, als ob seine Argumente und sein Standpunkt für Sie überzeugend seien, und versuchen Sie, den Sachverhalt auch aus seiner Perspektive zu betrachten. Gehen Sie nun in eine Haltung, mit der Sie sowohl Ihren wie auch seinen Standpunkt vertreten könnten. Beobachten Sie, ob der Streit anders verläuft, wenn Sie auf diese Weise beide Standpunkte einnehmen.

Damit machen Sie gewissermaßen auch eine Vorübung zur Aufstellungsmethode, die im nächsten Kapitel ausführlich erläutert wird. Wir können keine allparteiliche Haltung einnehmen, wenn es uns nicht gelingt, uns in den Standpunkt der anderen Beteiligten versetzen zu können. Dafür müssen wir uns jedoch in ihre Lage hineindenken, und genau dies geschieht bei Aufstellungen. Wir haben es beim lösungsfokussierten Vorgehen gewissermaßen mit einer Aufstellung in Gedanken zu tun. Hier zeigt sich auch, wie eng diese beiden Methoden miteinander verknüpft sind.

Experiment 2:

Wenn Sie das nächste Mal den Eindruck haben, Ihr Partner mache etwas falsch, dann tun Sie so, als ob Sie ihm vertrauen könnten, dass er alle Fähigkeiten besitzt, die Situation selber zu lösen. Unterstützen Sie ihn mit Fragen, aber geben Sie keine Ratschläge. Beobachten Sie anschließend, was dies für einen Unterschied im Vergleich zu früheren ähnlichen Situationen macht.

II.1.4 Lösungen in der Gegenwart

Die SFT wird meist eingeteilt in Fragen bezüglich des Ziels, Fragen nach den Ausnahmen vom Problem und die Wunderfrage. Die SFT befasst sich als ein lösungsfokussiertes Vorgehen mit verschiedenen Formen von Lösungen. Daher unterscheide ich in dieser Therapieform verschiedene Formen von Lösungen, die mithilfe der spezifischen Fragetechnik gefunden werden. Wir können bei der SFT Lösungen unterscheiden,

1. zu denen wir bereits jetzt in der Gegenwart Zugang haben,
2. solche, die wir schon in der Vergangenheit erlebt haben, und schließlich
3. Lösungen, die für uns in der Zukunft möglich sein werden.

Das lösungsfokussierte Interview lässt sich nach diesen Lösungen in drei Fragenkomplexe gliedern:

1. Mit was ist die Klientin zufrieden, und was will sie ändern?
2. Wann gab es bereits Lösungen?
3. Woran erkennt die Klientin, dass die Lösung bereits eingetreten ist?

Steve de Shazer beginnt das Erstinterview meist mit der Frage:

„Womit beschäftigen Sie sich tagsüber?"

oder mit der Frage:

„Was machen Sie beruflich?"

Auf diese Fragen antworten die Klienten meist mit einer Aufzählung ihrer Fähigkeiten, d. h., sie nennen, was sie tagsüber tun; und dies sind im Allgemeinen Tätigkeiten, die ihnen leicht fallen und die sie beherrschen. Die einleitenden Fragen von Steve de Shazer dienen einmal dazu, etwas über den Kontext der Klienten, in dem sie leben, zu erfahren und zum anderen ihre gegenwärtigen Ressourcen zu finden. Diese können auch als gegenwärtige Lösungen betrachtet werden.

Einen Zugang zu den Lösungen in der Gegenwart finden wir auch über die Standardaufgabe. Wie oben bereits erwähnt, kann die **Standardaufgabe** bereits bei der telefonischen Anmeldung der Klientin, z. B. bei einer längeren Wartezeit vor dem Erstgespräch, gegeben werden, damit die Klientin bereits vor der Therapie etwas für sie Nützliches tun kann. Die Aufforderung, die mit der Standardaufgabe gegeben wird, zu überlegen, „Was ist gut in der jetzigen Situation?" und „Was sollte auf jeden Fall so bleiben?", fokussiert den Blick auf alle vorhandenen positiven Geschehnisse, Beziehungen zu Personen, Situationen und Gegenstände. Dadurch erweitern sich die Möglichkeiten der Klientin, denn Positives ist in Problemsituationen im Allgemeinen ausgeblendet. Und dieses Ausgeblendete wird durch die Aufgabe wieder bewusst gemacht. Auf diese Weise kann es wieder auf die Klientin wirken, in Form verschiedener Lösungen, die für sie jedoch bereits jetzt zugänglich sind.

Oft erleben wir eine Situation deswegen als Problem, weil wir nicht mehr wahrnehmen, wie viel Positives vorhanden ist, dieses gewissermaßen vergessen. In diesem Sinne wirkt die Standardaufgabe als Erinnerung an gegenwärtige Ressourcen.

Es mag hier der Eindruck entstehen, dass die SFT ein Schema vorgibt, nach dem die Therapeutin sich verhält. Steve de Shazer hatte anfangs die Idee gehabt, das lösungsfokussierte Vorgehen als computergesteuerte Analysetechnik zu simulieren und quasi die Therapeutin durch einen Computer zu ersetzen. Von diesem Vorgehen ist er jedoch wieder völlig abgerückt. Das in diesem Kapitel beschriebene „Schema" ist nicht im Sinne eines mechanischen Vorgehens zu verstehen. Das „Schema" gibt nicht an, was der nächste Schritt in der Therapie ist. Aus der Beobachterperspektive kann es als Schema verstanden werden, aber im Moment des Handelns entscheidet der Interaktionsprozess zwischen Therapeutin und Klientin, was als Nächstes geschieht. Das in diesem Kapitel beschriebene Vorgehen muss also als Deskription und darf nicht als Präskription verstanden werden.

II.1.4.1 Experiment 3

Beantworten Sie zunächst folgende Fragen:

Welche guten Beziehungen und beruflichen Möglichkeiten haben Sie zur Zeit?
Worüber können Sie sich freuen?
Was besitzen Sie, das für Sie hilfreich ist?
Woran haben Sie Spaß?

Machen Sie sich in den folgenden Zeilen einige Notizen dazu.

....

....

....

Beobachten Sie den Unterschied, den Sie erfahren, nachdem Sie diese Übung gemacht haben.

II.1.5 Lösungen in der Zukunft

Hierunter fallen zukünftige Lösungszustände, wie z. B. die Erreichung des Ziels und die Erfahrung, dass das Problem verschwunden ist. Wenden wir uns zunächst der Klärung des Ziels zu.

II.1.5.1 Zielklärung

Das Ziel kann man klären, indem man fragt, was die Klientin erreichen möchte, und indem man die Wunderfrage stellt. Beim lösungsfokussierten Vorgehen kann die Therapeutin nur mit dem **Ziel der Klientin** arbeiten, nicht mit dem Ziel des Überweisers oder von Angehörigen der Klientin. Nur für ihr eigenes Ziel ist die Klientin bereit, sich einzusetzen. Ziele von Überweisern und Angehörigen müssen jedoch berücksichtigt werden, wenn das Ergebnis der SFT stabil sein soll. Insbesondere wenn Überweisende, wie z. B. Eltern oder Gerichte, die Sitzungen bezahlen, wollen sie auch, dass beim Ergebnis der SFT ihre Ziele einen Platz finden. Missverständnisse bezüglich des Ziels kommen besonders dann vor, wenn KlientInnen z. B. vom Jugendamt, aus der Psychiatrie oder von Angehörigen geschickt werden. Hier gewinnt wieder die Allparteilichkeit der Therapeutin Bedeutung, indem sie sich nicht einseitig auf die Seite überweisender Angehöriger oder Dritter stellt, sondern sowohl für die Klientin als auch für beteiligte Angehörige und Dritte Partei ergreift. Folgende Fragen können hilfreich sein, um das Ziel der Klientin zu finden:

„Was ist Ihr Anliegen?"
„Was führt Sie hierher?"
„Was möchten Sie, dass sich für Sie verändert?"

Häufig enthalten die Antworten auf diese Fragen zunächst verschiedene Angaben dazu, was abwesend wäre, wenn die Lösung da wäre, z. B.:

„Dann habe ich keine Schmerzen mehr."
„Die Angst ist weg."
„Dann würde mein Mann nicht mehr ..."
„Dann trinke ich nicht mehr."

Derartige Antworten müssen weiter hinterfragt werden, denn aus der Abwesenheit von etwas kann man noch nicht schließen, was dann stattdessen da ist. So kann z. B., wenn die Angst weg ist, stattdessen ein Gefühl von Entspannung da sein oder von Freude oder von Aktivität. Das Gegenteil von etwas Abwesendem ist nicht eindeutig, sondern je nach der eingenommenen Perspektive verschieden. Die irrige Annahme, das Gegenteil eines Problemzustandes sei eindeutig, wirkt bereits als eine problemhypnotische Rahmensetzung. Die Betonung der Abwesenheit von etwas bringt das Abwesende und nicht die gesuchte Lösung in den Fokus der Wahrnehmung. Daher kann eine Frage, wie

„Was ist stattdessen da?"

hilfreich sein, die Klientin anzuregen, ihr Ziel **positiv** zu **formulieren**. Für manche KlientInnen ist es schwierig, auf diese Frage eine Antwort zu finden. In solchen Fällen ist es günstig, wenn die Therapeutin schweigt und abwartet, denn eine vorzeitige Hilfe kann die Eigeninitiative der Klientin unterbinden und die Antworten so in eine unpassende Richtung lenken.

Schnelle Vorschläge machen Klienten passiver, rezeptiver und abhängiger; lange **Schweigepausen** geben die Verantwortung für den nächsten Gesprächspart an die Klientin zurück und gestalten den Kontext so, dass die Klientin aktiver und schneller unabhängig von der Hilfe der Therapeutin wird.

Nach jeder deutlichen Sprechpause ist die nächste Gesprächspartnerin am Zug. Dass die andere nach einer Bemerkung dran ist, kann man auch durch Schweigen andeuten. Schweigt die Therapeutin nach einer Frage, die sie gestellt hat, so fasst die Klientin dies so auf, dass sie jetzt mit Reden dran ist. Schweigepausen sind daher beim lösungsfokussierten Vorgehen ein äußerst wirksames Mittel.

II.1.5.2 Kleiner Exkurs über das Schweigen

Es gibt allerdings viele Arten des Schweigens: ein Schweigen, das eine Mauer zwischen den Gesprächspartnern aufbaut; ein Schweigen, das verbindet; ein Schweigen, das belastet; und ein Schweigen, das den anderen zu sich selbst führt. Diese letzte Form ist sehr schön von Michael Ende in seinem Buch *Momo* (1973, S. 15 f.) beschrieben worden:

„Was die kleine Momo konnte wie kein anderer, das war: Zuhören. Das ist doch nichts Besonderes, wird nun vielleicht mancher Leser sagen, zuhören kann doch jeder.

Aber das ist ein Irrtum. Wirklich zuhören können nur ganz wenige Menschen. Und so wie Momo sich aufs Zuhören verstand, war es ganz und gar einmalig.

Momo konnte so zuhören, daß dummen Leuten plötzlich sehr gescheite Gedanken kamen. Nicht etwa, weil sie etwas sagte oder fragte, was den anderen auf solche Gedanken brachte, nein, sie saß nur da und hörte einfach zu, mit aller Aufmerksamkeit und aller Anteilnahme. Dabei schaute sie den anderen mit ihren großen, dunklen Augen an, und der Betreffende fühlte, wie in ihm auf einmal Gedanken auftauchten, von denen er nie geahnt hatte, daß sie in ihm steckten.

Sie konnte so zuhören, daß ratlose oder unentschlossene Leute auf einmal ganz genau wußten, was sie wollten. Oder daß Schüchterne sich plötzlich frei und mutig fühlten. Oder daß Unglückliche und Bedrückte zuversichtlich und froh wurden. Und wenn jemand meinte, sein Leben sei ganz verfehlt und bedeutungslos und er selbst nur irgendeiner unter Millionen, einer, auf den es überhaupt nicht ankommt und der ebenso schnell ersetzt werden kann wie ein kaputter Topf – und er ging hin und erzählte alles das der kleinen Momo, dann wurde ihm, noch während er redete, auf geheimnisvolle Weise klar, daß er sich gründlich irrte, daß es ihn, genauso wie er war, unter allen Menschen nur ein einziges Mal gab und daß er deshalb auf seine besondere Weise für die Welt wichtig war.

So konnte Momo zuhören!"

Beim lösungsfokussierten Vorgehen ist es wichtig, auf die richtige Weise zu schweigen, auf eine Weise, die die Klientin spüren lässt, dass sie nicht alleine ist, dass die Therapeutin mit wachem Interesse dabei ist und nonverbal den Gedankenprozess der Klientin begleitet. Die Zeit, nach der ein Schweigen als Aufforderung empfunden wird, beträgt in Amerika nur 3,6 Sekunden und in Norwegen 17,8 Sekunden nach einer mündlichen Aussage von Steve de Shazer in einem Seminar bei uns am SySt. Für Steve de Shazer ist das Schweigen ein wichtiger Bestandteil seiner Beratungsform, denn das Schweigen wirft die Klientin auf sich selbst zurück und ermöglicht ihr, den für sie nächsten Schritt selber zu finden.

Auf eine völlig andere Dimension des Schweigens weist der Ausspruch eines Meisters hin, den Anthony de Mello in seiner Geschichtensammlung *Zeiten des Glücks* (1994, S. 156) zitiert:

Schweigen
Sagte der Meister:
„Als du noch im Mutterleib warst,
hast du geschwiegen.
Dann wurdest du geboren
und fingst an zu sprechen, sprechen, sprechen –
bis der Tag kommt, da man dich ins Grab legt.
Dann wirst du wieder still sein.

Fange dieses Schweigen ein,
das im Mutterleib war
und im Grab sein wird
und selbst jetzt dieses Intervall von Lärm
unterläuft, das Leben heißt.
Dieses Schweigen ist dein tiefstes Wesen."

Die richtige Weise zu schweigen kann eine Kunst sein, deren Beherrschung nicht selbstverständlich ist – so wenig wie das Erzählen eines Witzes:

Drei Juden sitzen in einem Abteil und erzählen sich Witze. Da sie einander schon lange kennen, nennen sie, anstatt den Witz ausführlich zu erzählen, jedes Mal nur eine Zahl, die für den Witz steht. Ein Reisender kommt in ihr Abteil und hört, wie die drei Juden sich Zahlen zurufen und jedes Mal herzlich lachen. Der Reisende möchte gerne Anschluss finden und beginnt auch eine Zahl zu nennen. Daraufhin tritt Schweigen ein, keiner der Juden lacht. Der Reisende fragt, warum sie über seine Zahl nicht lachen. Darauf antwortet einer der Juden: Erzählen muss man sie halt können!

II.1.5.3 Klare und realistische Ziele

Weiterhin ist es wichtig, dass die Klientin ihre Ziele realistisch und klar formuliert. Ist das nicht der Fall, kann die Therapeutin nachfragen:

„Auf einer Skala von 0 bis 10, wenn 0 für ‚tritt auf keinen Fall ein' und 10 für ‚tritt auf jeden Fall ein' steht, für wie realistisch halten Sie dieses Ziel?"

Auf diese Frage geben KlientInnen fast immer realistische Antworten. Ansonsten kann man folgende Frage anschließen:

„Ach, – wirklich?"

Die Therapeutin kann sich auch danach erkundigen, was dann, wenn das Ziel eingetreten ist, anders ist:

„Angenommen, Sie haben Ihr Ziel erreicht, was ist dann für Sie anders?"

Auf diese Weise erfährt sie etwas darüber, was das Ziel der Klientin ist, was diese erreichen möchte, wenn das unrealistische Ziel erreicht wäre. Wir erhalten eine Auskunft darüber, wofür das unrealistische Ziel ein Mittel darstellte. Das auf diese Weise gefundene Ziel sagt mehr darüber aus, was die Klientin eigentlich will, als ihre Antworten auf direkte Fragen nach ihrem Ziel. Wir erfahren auf diese Weise, was das ihrem erstgenannten Ziel zugrunde liegende Ziel ist.

Komplexe Zielbeschreibungen sollten in **kleinere Schritte** unterteilt werden, damit die Klientin schneller überprüfen kann, ob sie sich ihrem Ziel nähert. Für den therapeutischen Lernprozess ist es wichtig, dass die Klientin schnelle und häufige Rückmeldungen bekommt. Dies ist vergleichbar mit dem Prozess beim Biofeedback, bei dem durch Rückmeldungen von Veränderungen in körperlichen Systemen gelernt wird, auf diese Einfluss zu nehmen.

II.1.5.4 Allparteiliche Haltung der Therapeutin trotz „unethischer" Ziele der Klientin

Folgender etwas drastische Fall kann verdeutlichen, was eine neutrale Haltung und das Erfragen von Konsequenzen leisten kann, wenn das zunächst genannte Ziel für die Therapeutin nicht vertretbar ist.

Eine Klientin von mir, die in einem Übergangsheim für Obdachlose wohnte, kam eines Tages ganz zornig in eine Therapiestunde mit dem Wunsch, einen Killer anzuheuern für einen Alkoholiker, der sie dauernd belästigte, obwohl sie bereits mehrmals die Polizei gerufen hatte. Da diese Klientin durchaus Kontakte zur Unterwelt hatte, erschrak ich zunächst, versuchte aber, ruhig zu bleiben, und fragte sie, was für sie anders wäre, wenn sie genau dies täte. Zunächst beschrieb mir die Klientin, wie sie dann endlich ihre Ruhe hätte, wie sie wieder schlafen und erleichtert ihre Wohnung verlassen könnte. Nach weiteren Nachfragen, was sich dann noch ändert, nannte die Klientin, dass sie Vorkehrungen treffen müsste, um nicht entdeckt zu werden, und dass die Angst sie auf ihren Wegen begleiten würde, dass die Polizei sie als Verantwortliche ausmacht.

Wieder stellte ich die Frage, was dann noch anders wäre, wenn der Mord geschehen wäre. Jetzt begann die Klientin, berufliche Ziele zu nennen und Fortbildungen, die sie dann in Angriff nehmen würde. Zu diesem Thema stellte ich ihr weitere, spezifizierende Fragen.

Die anfängliche Wut und Aggressivität der Klientin war verschwunden, und das Thema Mord trat nicht mehr auf, auch nicht in den nachfolgenden Stunden. Irgendwie konnte sich die Klientin mit ihrer Wohnungssituation nach dieser Stunde besser abfinden, und sie kümmerte sich auch aktiver um die Veränderung ihrer beruflichen Situation.

In dieser Therapiestunde war meine Klientin für mich eine Lehrmeisterin. Ich habe durch ihre Art, wie sie auf meine Fragen reagierte, in dieser Stunde mehr gelernt als in vielen anderen. Mir wurde klar, dass auch bei heftigster Aggression das Ziel dahinter, der eigentliche Wunsch, ein positives sein kann. Ich konnte die Erfahrung machen, wie sehr es sich lohnt, selbst in den Fällen, in denen das genannte Ziel kein für mich akzeptables war, kein Urteil zu fällen und interessiert weiterzufragen.

Wir irren uns manchmal in der Wahl der Mittel. Dies muss jedoch nicht bedeuten, dass unser eigentliches Ziel unethisch ist. Wenn wir nur lange genug nachfragen, zeigt sich hinter den zuerst genannten Zielen, was der eigentliche Wunsch ist, und dieser ist im Allgemeinen ein lebensbejahender. Der anfängliche Denkfehler liegt darin zu meinen, die zuerst genannten Ziele wären ursächlich mit den schließlich aufscheinenden verknüpft; sie haben jedoch meist nichts miteinander zu tun. Die Suche nach so einem Zusammenhang ist in der Regel nicht hilfreich. Wenn wir das eigentliche Ziel direkt angehen, können wir auf die Mittel zur Erreichung des ersten im Allgemeinen verzichten.

Bei Wittgenstein finden wir hierzu im *Tractatus* (No. 5.1361):

„Der Glaube an den Kausalnexus ist der *Aberglaube.*"

Das Ursache-Wirkungs-Denken geht von einer linearen Verursachungskette aus. Bei einer solchen Kette kann jedoch nicht eindeutig entschieden werden, was die Ursache des letzten Gliedes in der Kette ist. Nennen wir das erste Ereignis die Ursache oder das letzte Ereignis vor der entsprechenden Situation oder irgendein Ereignis dazwischen? Folgende Geschichte mag die Schwierigkeit der Ursachenklärung verdeutlichen:

Ein Sufimeister ging mit seinem Schüler an einem Galgen vorbei und fragte seinen Schüler: „Was ist die Ursache dafür, dass dieser Mann gehenkt wurde? – Ist es seine böse Tat? – Ist es seine Unachtsamkeit gewesen, die dazu führte, dass er erwischt wurde? – War es das Urteil des Richters, ohne das er nicht hätte gehenkt werden können? – Geschieht es, weil er ein schlechter Mensch ist? – oder, weil der Mord entdeckt wurde und die Angehörigen des Ermordeten nach Rache verlangten?"

Die Geschichte zeigt, dass selbst dann, wenn man die Wirkungskette kennt, die Festlegung einer Ursache willkürlich ist. Wittgenstein nennt daher das Denken in Ursachen und Wirkungen einen Aberglauben.

Das Kausalitätsdenken macht uns oft eng und starr, da die Zukunft teilweise als festgelegt erscheint durch die gegenwärtige Situation. Viele der Möglichkeiten ziehen wir nicht in Betracht, da wir von vergangenen Wirkungsketten ausgehen.

Eine wirkungsvolle Methode in der Therapie ist daher die Musterunterbrechung. Durch sie brechen Wirkungsketten zusammen, obwohl sie vorher subjektiv als zwingend erlebt wurden. Verändere eine Sequenz, und das Ganze ändert sich. Kleine Veränderungen können auf diese Weise große Veränderungen mit sich führen. Die SFT geht als ein systemisches Verfahren daher von **zirkulärer Verursachung** aus, d. h., dass Auswirkungen wieder auf die Ausgangsreize zurückwirken können, also in gewissem Sinne Ursache und Wirkung einander bedingen.

Auch wenn etwas heilend wirkt, weist dies nicht darauf hin, was die Ursache ist. Kopfschmerz ist schließlich kein Aspirinmangel.

II.1.5.5 Skalierung als Antwort auf die Unmöglichkeit, andere exakt zu verstehen

Auch dann, wenn die Therapeutin zu wissen glaubt, was das Ziel der Klientin ist, ist es wichtig, nochmals zu überprüfen, ob das **Ziel klar formuliert** ist. Wenn eine Klientin ihr Ziel formuliert, ist es oft gut, nochmals nachzufragen, ob wir richtig verstanden haben, dass das Ziel z. B. „Zufriedenheit" sei, denn dieselben Wörter heißen für jeden oft etwas anderes. So spricht Steve de Shazer davon, dass es darum geht, nützliche Missverständnisse zu produzieren, da die Sprachspiele des Einzelnen so unterschiedlich sind, dass die Forderung des richtigen Verstehens sehr problematisch ist. Er bezieht sich hierbei auf die Sprachspieltheorie Wittgensteins. So sagt Wittgenstein (PU 43):

> „Man kann für eine *große* Klasse von Fällen der Benützung des Wortes ‚Bedeutung' – wenn auch nicht für *alle* Fälle seiner Bedeutung – dieses Wort so erklären: Die Bedeutung eines Wortes ist sein Gebrauch in der Sprache."

Und:

> „Laß dich die Bedeutung durch den Gebrauch *lehren*."

Da die Bedeutung der Wörter erst durch ihre Verwendung entsteht, ist es eher unwahrscheinlich, dass für zwei Menschen Wörter genau das Gleiche heißen. Für die Therapie bedeutet dies, dass es besser ist, eher zu oft als zu wenig nachzufragen. Die Bedeutungen der Klientenäußerungen sind im Gebrauch der Worte in Anwendungen in deren täglichem Leben zu erkennen.

Eine Zielformulierung kann dann als klar interpretiert werden, wenn die Klientin Anzeichen (eventuell auch nur auf nonverbale Weise) dafür gibt, dass ihr das Ziel klar ist. Im Interview geht es schließlich darum, dass die Klientin eine klare und detaillierte Zielvorstellung entwickelt – der Therapeut sollte erkennen können, wann dieses Ziel erreicht ist, er muss es aber nicht inhaltlich verstehen.

Um Fortschritte auf dem Weg zum Ziel feststellen zu können, sollten wir mit der Klientin kleine Schritte auf dem Weg zum Ziel herausarbeiten. Bei größeren Zielen, z. B. der Partnersuche, kann die Klientin kleine Verbesserungen schwer erkennen.

Die **Verwendung von Skalen** hilft bei der Entdeckung von Teilzielen. Sie können Ihrer Klientin z. B. folgende Fragen stellen:

„Auf einer Skala von 0 bis 10, wobei 10 für ‚Ihr Ziel ist vollkommen erreicht' steht und 0 für das Gegenteil, wo auf dieser Skala würden Sie sich jetzt einordnen?"
„Was hat Ihnen geholfen, von 0 auf n zu gelangen?"
„Woran können Sie erkennen, dass Sie von ‚n' auf ‚n+1' gelangt sind?" (Setzen Sie für „n" die Zahl ein, bei der sich die Klientin jetzt befindet.)

Skalen haben den Vorteil, dass sie pragmatisch spezifisch sind, das Thema hingegen nicht vorgeben, sondern vage lassen. Dies bedeutet, dass die Klientin durch Skalierungsfragen dazu gebracht wird, ihr Thema mehr zu spezifizieren, die Therapeutin jedoch durch Skalierungsfragen das Thema offen lassen kann. Hierdurch wird inhaltlich Präzisierung durch die Klientin erreicht bei gleichzeitiger inhaltlich vager Vorgabe durch die Therapeutin.

Skalierungsfragen sind ein Mittel, um über etwas zu kommunizieren, ohne dass man wissen muss, worum es sich dabei genau inhaltlich handelt. Steve de Shazer sagte, wie bereits erwähnt, bei einem Seminar des SySt in München 1996 zur Verwendung von Skalenfragen: „Wir können verstehen, was besser heißt, ohne zu wissen, was gut heißt."

Verstehen von Sprache ist ein **Verstehen von Veränderungen**, nicht ein Verstehen von absoluten Werten. Daher können wir über relevante Unterschiede etwas verstehen, was direkt formuliert unverständlich bliebe. Die Unterscheidung als Grundbegriff finden wir bereits bei Gregory Bateson und später bei George Spencer Brown. Auch unsere Empfindungen können bekanntlich nur Unterschiede anzeigen, so wie wir auch keine absolute Wahrnehmungsfähigkeit für „warm" oder „kalt" besitzen. Wenn Sie zuerst zugleich eine Hand in kaltes Wasser halten und Ihre andere Hand in heißes Wasser und danach beide Hände in warmes Wasser halten, so werden Sie mit jeder ihrer beiden Hände im selben Wassergefäß eine andere Temperatur wahrnehmen. Hier misst jede Hand den Unterschied und nicht die absolute Temperatur des Wassers. Skalen nutzen nun gerade diesen Umstand der Unterschiedswahrnehmung und sind daher in besonderem Maße geeignet für die Verständigung.

Das Fragen nach relevanten Unterschieden kann Verständigung ermöglichen, ohne dass die Gesprächspartner genau wissen müssten, was jeweils der andere unter seiner Formulierung versteht. Manchmal können Skalierungen auch helfen, Fortschritte im Therapieverlauf festzustellen. Folgendes Beispiel kann dies illustrieren:

Eine Klientin von mir begann in den ersten drei Therapiesitzungen die Stunde jeweils mit einer Aufzählung dessen, was alles noch nicht gut sei. Dies vermittelte mir den Eindruck, für sie habe sich noch nichts verändert seit der ersten Stunde, und ich begann zu zweifeln, ob unsere Gespräche für sie von Nutzen seien. Als ich sie fragte, wo sie sich auf einer Skala von 0 bis 10 heute einschätze, antwortete sie „Auf 6", was mich sehr überraschte. Auf meine Folgefrage, „Woran merken Sie, dass Sie jetzt bei ‚6' sind?", zählte sie mir eine Reihe von Verbesserungen auf. Ihre Art, die bisherigen Sitzungen jeweils mit einer Aufzählung dessen, was alles noch nicht gut ist, zu beginnen, hatte für mich einen völlig falschen Eindruck erweckt.

Wenn eine Klientin einen Wert auf einer Skala von 0 bis 10 nennt, so können wir nicht davon ausgehen, wir wüssten, was sie damit meint. Folgendes Beispiel aus einem Seminar mit Steve de Shazer, in dem er Live-Interviews durchführte, mag dies verdeutlichen:

Ein Klient von mir antwortete auf die Frage von de Shazer, wo auf einer Skala von 0 bis 10 er zur Zeit sich befindet, wenn 0 für „die Zeit, als er telefonisch um eine Therapie bat" und 10 für „das Wunder" steht, mit: Er wäre jetzt bei 2. Ich wunderte mich darüber, dass er eine so niedrige Zahl angab. Steve fragte den Klienten: „Was ist der Unterschied zwischen 0 und 1 für Sie?" Der Klient antwortete: „Nun, der Schritt von 0 auf 1 ist der größte." de Shazer fragte weiter: „Und was ist der Unterschied zwischen 1 und 2?" Der Klient antwortete daraufhin: „2 ist doppelt so viel wie 1."

Der Klient hatte Recht, der Schritt von 0 auf 1 ist gewissermaßen der größte, denn er ist der Schritt vom Problemzustand in den Beginn des Lösungszustandes. Und der Schritt von 0 auf 2 ist doppelt so viel wie der von 0 auf 1.

Meist wird die Skala von Klienten nicht auf diese Weise verwendet, sondern die 1 steht für „einen kleinen Schritt" und die 2 für „noch am Beginn". Was wir aus so einer Skala erkennen können, ist, dass 2 weiter ist als 1, egal ob die Skala im ersten oder zweiten Sinn verwendet wurde. Sobald wir nach den Unterschieden fragen, spielt das jeweilige Verständnis der Klientin eine untergeordnete Rolle.

Oft ist es günstig, die Null nicht für die schlechteste Situation zu verwenden, denn dann besteht die Gefahr, dass die Skala als eine absolute Skala interpretiert wird. Wird hingegen die Null für den Zeitpunkt des Entschlusses zur Aufnahme der Therapie genommen, so wird damit betont, dass wir Unterschiede messen.

Aufgrund der Unmöglichkeit, einander exakt zu verstehen, wurde und wird in vielen Traditionen in Form von Geschichten gelehrt.

Eine Geschichte liefert immer bereits einen Kontext zu den Aussagen, die sie vermitteln soll, zusätzlich zu denen, die sie durch ihre Vielschichtigkeit vermitteln kann. Eine Geschichte zeigt einen Lebensausschnitt und nähert sich so mehr dem Ganzen als eine isolierte Aussage. Hierzu eine orientalische Lehrgeschichte:

Ein Meister lehrte seine Schüler in Form von Geschichten und Gleichnissen. Manche hörten begeistert zu, andere waren betrübt, denn sie erachteten diese als trivial und sehnten sich nach etwas Tieferem. Ihre Bitten nach weisen Worten und Geheimnissen wurden vom Meister immer wieder zurückgewiesen: „Versteht, dass der kürzeste Weg von einem Menschen zur Wahrheit eine Geschichte ist." Und nach einer Pause fügte er hinzu: „Eine verlorene Münze kann mit einer unscheinbaren Kerze wieder gefunden werden, die tiefste Wahrheit kann sich euch in einer einfachen Geschichte enthüllen."

II.1.5.6 Übergang vom semantischen zum syntaktischen Vorgehen

Der Übergang von absoluten Werten zu Skalenwerten ist auch ein **Übergang von semantischem zu syntaktischem Vorgehen**. An die Stelle der Frage nach Einsicht in die momentane Situation tritt die Frage nach relevanten Unterschieden. Wir fragen: „Was ist besser?", und nicht: „Was bedeutet diese Situation für Sie?" Unsere Fragen sind also **prozessorientiert**. Indem wir nach Unterschieden fragen, begleiten wir einen Prozess und fragen nicht nach einem Zustand. Dies unterstützt natürlich auch, dass eine Veränderung eintritt. Fragen nach Zuständen, also wie etwas ist und warum es ist, stabilisiert eher und hält einen Zustand fest. Unterschiedsfragen hingegen fördern Bewegung und Veränderung. Die Welt ist ständig im Fluss. So gesehen, passen Kategorien der Veränderung besser zur „Beschreibung" der Welt als Zustandskategorien.

II.1.5.7 Verhaltensnahe Zielformulierung

Schließlich möchte ich noch darauf hinweisen, dass es günstig ist, wenn die Klientin ihr Ziel in **Verhaltenstermini** beschreibt, denn je mehr Verhaltensweisen die Klientin nennt, umso bereiter ist sie, etwas für ihr Ziel zu tun. Auch helfen Verhaltensänderungen als Zielangaben der Therapeutin und der Klientin, einen für beide beobachtbaren Maßstab herzustellen. Es ist dann zusätzlich auch leichter, am Ende der Sitzung eine Handlungsaufgabe zu entwickeln, die der Klientin helfen soll, die im Wunder (siehe II.1.5.9) aufgeführten

Verhaltensweisen umzusetzen. Je häufiger die Klientin Verhaltensweisen nennt, die sie ausführt, wenn ihr Problem gelöst ist, desto mehr Handlungsmöglichkeiten hat sie, ihr Ziel zu erreichen. Probleme bestehen oft darin, dass wir uns als Opfer fühlen. Sowie uns klar wird, dass wir zur Zielerreichung etwas tun können, fühlen wir uns weniger hilflos und dadurch optimistischer. Die Wende von der Problemsituation zur Lösung ist oft der Wechsel vom Opferstatus zum Status eines Handelnden.

II.1.5.8 Experiment 4

Nehmen Sie ein Problem, an dem Sie etwas ändern möchten, und stellen Sie sich dazu folgende Fragen, und machen Sie sich auf den nachfolgenden Zeilen Notizen dazu:

„Woran würden Sie merken, dass Ihr Problem gelöst ist?"

....

....

....

„Was wäre dann statt des Problems da?"

....

....

....

„Woran würden Sie das bemerken?"

....

....

....

„Was würden Sie dann tun, was Sie nicht sowieso schon tun?"

....

....

....

„Was wäre dann noch anders?"

....
....
....

„Auf einer Skala von 0 bis 10, wenn 10 für Ihr Ziel steht und 0 für den Zustand, bevor Sie diese Übung begannen, wo befinden Sie sich jetzt?"

....
....
....

„Was ist jetzt anders als bei 0?"

....
....
....

II.1.5.9 Wenn ein Wunder geschieht

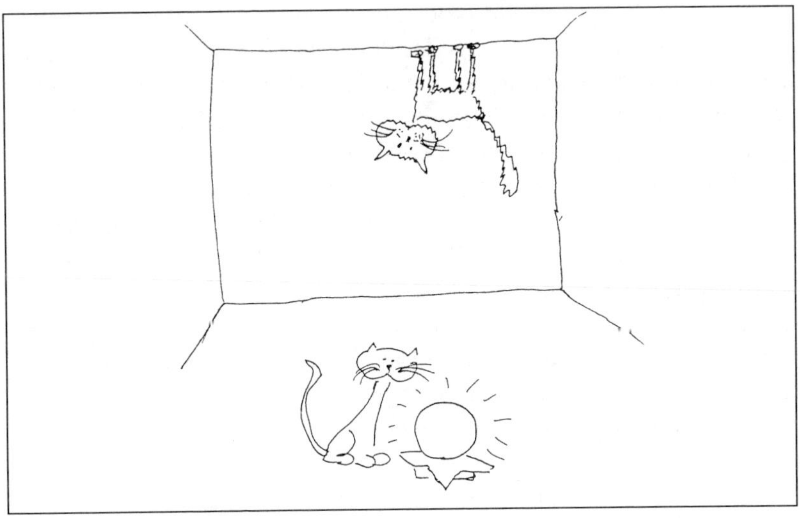

Es gibt verschiedene Formen von Wundern (in Anlehnung an Fiddy 1990).

… doch wir meinen hier: mögliche! (aus: Fiddy 1990)

Die übliche Art einer Annäherung an eine gewünschte Veränderung geschieht, indem geklärt wird, was das momentane Ziel ist. Diese Zielklärung kann ein Bild einer Lösung in der Zukunft vermitteln. Sie geschieht jedoch ganz aus der Perspektive des Problemzustands. Die Klientin überlegt und denkt nach, was ihr Ziel ist. Sie nähert sich diesem in Gedanken, erlebt aber noch den Problemzustand. Eine ganz andere Weise, sich einer Lösung in der Zukunft zu nähern, ist das Stellen der **Wunderfrage.**

Die Wunderfrage ist das Kernstück der SFT. Die Antworten auf diese Frage zeigen, was die Klientin eigentlich will, bzw. sie zeigen, wie das Leben der Klientin sich ändert, wenn die Lösung eingetreten ist. Im Gegensatz zur Zielklärung erhalten wir hier nicht ein punktuelles Ziel, sondern bekommen Einblick in die Lebensform der Klientin (Lebensform ist hier durchaus im Sinne des späten Wittgenstein zu verstehen). Diese Frage reicht also viel weiter, ihre Beantwortung zeigt die Konsequenzen, beziehungsmäßigen Auswirkungen und Vernetzungen auf, die eine Veränderung in Richtung Lösung mit sich bringt. Wir erfahren also auch etwas über den Preis, den die Klientin zahlen muss, wenn sie den Problemzustand aufgibt. Oder, mit anderen Worten: Wir erfahren etwas darüber, wofür es gut ist oder war, dass das Problem noch nicht gelöst ist. Die Berücksichtigung dieses zunächst meist nicht bewussten „Gewinns" trägt wesentlich dazu bei, dass die Lösung aufrechterhalten werden kann. Oft besteht allerdings dieser Gewinn nur noch in einer Gewohnheit, etwas zu tun. Die Gewohnheit hat den Vorteil, dass sie mit einem geringeren Energieaufwand für die Handlung verbunden ist, als dies bei neuem, noch ungewohntem Verhalten der Fall ist.

Die Wunderfrage ist eine hypnotische Induktion eines Lösungszustands, aus dem heraus diese Frage beantwortet werden kann. Solange sich die Klientin im Problemzustand befindet, kann sie die Wunderfrage nicht beantworten. Dies bedeutet auch, dass die Therapeutin eigentlich erst a posteriori weiß, ob sie die Wunderfrage gestellt hat, denn erst, wenn die Klientin anschließend einen Zustand der Lösung erlebt, ist die Wunderfrage wirklich gestellt worden. Das Stellen der Wunderfrage ist also eine Interaktion zwischen Therapeutin und Klientin.

Am BFTC wurden Experimente durchgeführt und dabei auch überprüft, ob das schriftliche Stellen der Wunderfrage gleiche Effekte zeigt wie eine mündliche Formulierung. Es stellte sich heraus, dass die schriftliche Version wesentlich weniger effektiv war als die mündliche. Dieses Ergebnis unter vielen anderen spricht dafür, dass das Stellen der Wunderfrage keine Technik ist. Die Wunderfrage muss jeweils dem Kontext, in dem sie gestellt wird, angepasst und in einer wirklich fragenden Haltung ausgesprochen werden. Daher gebe ich nach der anschließenden schriftlichen Formulierung der Wunderfrage noch Hinweise, was bei ihrer Formulierung zu berücksichtigen ist.

Man beachte, dass die Formulierung der Wunderfrage ein anderer Prozess ist als das Stellen der Wunderfrage. Ob die Wunderfrage gestellt wurde, erkennt man daran, ob die Klientin das Wunder erfährt, d. h., ob sie die künftigen Erfahrungen nach dem Verschwinden des Anliegens jetzt schon als gegenwärtig empfinden kann. Befindet sich die Klientin nach der Formulierung der Wunderfrage noch im Problemzustand, so hat die Therapeutin die Wunderfrage noch nicht wirklich gestellt. Auf diesen Unterschied wies Steve de Shazer in einem Vortrag auf dem Kongress *Weisen der Welterzeugung* 1998 in Heidelberg hin.

Die Wunderfrage führt also zu einer Erfahrung, die eine Gewissheit der Möglichkeit einer Lösung vermittelt. Von hier aus kann der erste Schritt zur Handlung erfolgen. Und wie Steve de Shazer sagt: „Doing is knowing."

Zunächst folgt hier eine der zahllosen Möglichkeiten, wie die Wunderfrage formuliert werden kann:

„Ich stelle Ihnen jetzt eine vielleicht etwas merkwürdige und auch schwierige Frage. Es braucht etwas Fantasie, sie zu beantworten. — Wenn Sie nach dieser Sitzung nach Hause gehen — und anschließend noch mit Ihrer Familie sprechen, zu Abend essen und eventuell noch etwas unternehmen, — und irgendwann werden Sie müde und legen sich schlafen, — und irgendwann — schlafen Sie ein, und, — angenommen, — in dieser Nacht — geschähe ein Wunder, — und das Wunder bestünde darin, — dass alle Probleme, die Sie heute hierher geführt haben, — gelöst sind, — auf einen Schlag, — einfach so, — und das wäre ja wirklich ein Wunder, nicht wahr? — Und wenn Sie nun morgen früh aufwachen, — und niemand sagt Ihnen, dass dieses Wunder geschehen ist, — woran könnten Sie dann erkennen, dass dieses Wunder eingetreten ist?"

Die angegebenen Pausen bei dieser Frage sind wichtig, da ohne sie nicht gewährleistet ist, dass die Klientin dieser Frage in Gedanken und im Körpererleben folgen kann und in den Zustand des Wunders geführt wird. Das Stellen der Wunderfrage besteht aus verschiedenen Teilen, die jeweils auf ihre Weise ein wesentlicher Bestandteil für die Induktion der „Wunder"-Trance sind.

Die einleitenden Worte

„Ich stelle Ihnen jetzt eine vielleicht etwas merkwürdige und auch schwierige Frage. Es braucht etwas Fantasie, sie zu beantworten."

nehmen den von den Klienten häufig gebrachten Einwand, diese Frage sei zu schwierig zu beantworten oder sie könnten sie nicht beantworten, vorweg. Wird dieser Einwand nämlich anschließend gebracht, so kann die Therapeutin darauf verweisen, dass sie ja gerade darauf anfangs hinwies, bzw. entgegnen:

„Ja, genau, das ist wirklich eine sehr schwierige Frage."

Der nächste Teil:

„Wenn Sie nach dieser Sitzung nach Hause gehen — und anschließend noch mit Ihrer Familie sprechen, zu Abend essen und eventuell noch etwas unternehmen —", bettet die Frage in den Alltag der Klientin ein. Diese Einfügung in den Alltag ist wichtig, damit die Klientin für die Wundersituation nicht etwas völlig Unrealistisches nennt, sondern mit der Beantwortung der Frage an die Alltagssituation anschließt. Mit den Worten

„— und irgendwann werden Sie müde und legen sich schlafen —"

wird das Wunder eingeleitet. Das Wort „angenommen" weist auf einen imaginären, überraschenden Augenblick hin und führt so zu dem Wort „Wunder" fließend über:

„— angenommen, — in dieser Nacht — geschähe ein Wunder —"

Die Klientin ist jetzt gespannt, von welchem Wunder die Therapeutin spricht. Die anschließende Pause unterstützt den nun einsetzenden Suchprozess der Klientin. Erst jetzt fährt die Therapeutin mit der Explikation des Wunders fort:

„— und das Wunder bestünde darin, — dass alle Probleme, die Sie heute hierher geführt haben, — gelöst sind, — auf einen Schlag, — einfach so —"

Diese letzte Pause sollte etwas länger dauern, denn nun braucht die Klientin Zeit, sich vorzustellen, wie es denn wäre, wenn wirklich all ihre Probleme, die sie hierher führten, gelöst wären. Dabei ist es wichtig, die Formulierung „*alle* Probleme, die sie heute hierher geführt haben" zu verwenden, denn auf diese Weise werden gleichzeitig die Probleme eingekreist und trotzdem nicht zu sehr spezifiziert. Würden hier die konkreten Probleme der Klientin erwähnt werden, so würde sich das anschließende Wunder nur auf diese spezifische Situation beziehen und nicht auf die generelle Situation der Klientin, die mehr umfasst. Spricht man jedoch davon, dass *alle* Probleme gelöst sind, ohne diese zu spezifizieren, so wird die Verwirklichung des Wunders unrealistisch. Im Leben stellen sich immer wieder neue Probleme ein. Die Therapie als Lösung sämtlicher Probleme aufzufassen macht die Therapie zu einem Lebensprogramm, gewissermaßen zu einer unendlichen Therapie. Dies ist aber nicht die Aufgabe der Therapie, daher ist es wichtig, die Probleme einzukreisen mit der Spezifizierung „alle Probleme, die Sie heute hierher geführt haben".

In der Formulierung ist der Übergang vom Konjunktiv „bestünde" zum Indikativ „gelöst sind", beabsichtigt. Es wird hiermit sprachlich der Übergang von der Möglichkeitsform zur Wirklichkeitsform eingeleitet und die Klientin darin gefördert, dass sie die zukünftige mögliche Veränderung bereits jetzt in der Gegenwart erleben kann.

Die nächste Einfügung mache ich, damit die Klientin das Wort „Wunder" akzeptiert. Manche KlientInnen antworten sonst mit „Ich glaube nicht an Wunder". Um dieser Debatte über die Existenz von Wundern nicht Nahrung zu geben, beziehe ich mit den Worten

„— und das wäre ja wirklich ein Wunder, nicht wahr? —"

das Wunder auf den plötzlichen Wandel des Problems in die Lösung. Dass dieser plötzliche Umschwung ein Wunder wäre, haben bisher noch alle meine KlientInnen bestätigt.

Nun folgt die Einleitung der Umsetzung des Wunders in die Alltagssituation der Klientin mit den Worten:

„— und wenn Sie nun morgen früh aufwachen, — und niemand sagt Ihnen, dass dieses Wunder geschehen ist, — woran könnten Sie dann erkennen, dass dieses Wunder eingetreten ist?"

Hier erweist es sich als günstig, wenn wir die Klientin darauf hinweisen, dass ihr bei dem Wunder niemand mitteilt, dass das Wunder geschehen ist. Sie wird sich dadurch aufgefordert fühlen, selbst die Signale für die Anwesenheit des Wunders zu suchen. Diese Signale kann die Klientin freilich erst dann nennen, wenn sie in gewissem Sinne das Wunder bereits erfährt.

In einer ausführlichen Form finden wir die Wunderfrage in der Kristallkugeltechnik Milton Ericksons wieder (de Shazer 1995), hier aber mit einer extrem ausführlichen Tranceinduktion in die nähere (in einer Woche, in einem Monat ...) und entferntere Zukunft (in einem Jahr, in zwei Jahren, wenn die Therapie erfolgreich abgeschlossen ist). Erickson verband diese Form der **Pseudoprojektion in der Zeit** häufig mit einer Induktion einer Amnesie für die Klientin. Er selber schrieb mit, was die Klientin alles erwähnt hatte an Veränderungen, Verbesserungen und Hilfen und setzte genau diese in der anschließenden Therapie dann um.

Der Vorteil der von Steve de Shazer in der Wunderfrage derart verkürzten Form der Kristallkugeltechnik ist für die Therapeutin die leichtere Anwendung; für die Klientin ist günstig, dass ihr bewusst ist, dass *sie* hier die Arbeit selbst macht und nicht die Therapeutin; dies gibt der Klientin mehr Selbstbewusstsein und Unabhängigkeit von der Therapeutin.

Wenn die Klientin mit einigen Gefühlen, Gedanken und/oder Handlungen ihre Antwort auf die Wunderfrage beginnt, kann die Therapeutin mit der Frage

„Und was noch?"

zur Aufzählung weiterer Unterschiede einladen. Hier ist wichtig, dass die einzelnen Teile der Antwort auf die Wunderfrage mit „und" verbunden werden und nicht mit „wenn ... dann" miteinander verknüpft sind. Letzeres impliziert eine Ursache-Wirkungs-Kette und deutet frühere Veränderungen als Voraussetzungen der folgenden Veränderungen. Es geht hier jedoch gerade darum, dass die Teile des Wunders einander nicht bedingen, sondern wie ein bunter Blumenstrauß unabhängige Möglichkeiten in der Welt des Wunders aufzeigen. Die Vorstellung einer Kette von kausal verbundenen Ereignissen macht uns eng, verringert unsere Wahrnehmungsmöglichkeiten und lässt uns glauben, dass Veränderungen von vorangehenden Ereignissen abhängig sind. Die Fülle der genannten Einzelereignisse, wenn das Wunder passiert, hingegen macht unser Erleben reich und schenkt uns eine neue Freiheit. Wir gehen über die von uns selbst gesetzten Grenzen unserer Welt hinaus und ermöglichen gerade dadurch die Verwirklichung zuvor ausgeschlossener Teile des Wunders.

Ich verwende gerne das Wort „Wunder" bei der Wunderfrage, da es impliziert,

- dass etwas Unvorstellbares eintreten kann,
- dass das Wunder ein Geschenk ist und wir es nicht machen können,
- dass wir auch „Unvernünftiges" nennen dürfen und damit unbewusste, einschränkende Glaubenssätze umgangen werden,
- dass die gefundenen Antworten kostbar sind und
- dass es Gefühle von Dankbarkeit und Staunen auslösen kann.

In dem Moment, wo wir danken können, befinden wir uns wieder in einem Zustand des Beschenktseins und des Reichtums, der mit dem Problemzustand unvereinbar ist.

Sollte eine Klientin dennoch das Wort „Wunder“ ablehnen, so können Sie darauf z. B. folgendermaßen reagieren, entweder paradox:

„Ja, für Sie wäre es wirklich ein Wunder, wenn so etwas Überraschendes geschähe, nicht wahr?“

Oder:

„Wie wollen wir etwas sehr Überraschendes, Erfreuliches nennen? Vielleicht die große, gute Überraschung?“

Wenn die Klientin den Tag nach der Nacht des Wunders schildert, kommt sie häufig wieder in ihr Problembewusstsein, insbesondere dann, wenn sich negative Konsequenzen zeigen. In solchen Fällen kann die Therapeutin fragen:

„Jetzt ist aber über Nacht das Wunder geschehen. Wie reagieren Sie denn nun?“

Durch diese Frage kann die Therapeutin der Klientin helfen, weiterhin die Lösung zu fokussieren. An das Wunder zu erinnern ist häufig nötig; dies zeigt, dass diese Art der Veränderung nicht selbstverständlich ist.

Außer den unmittelbaren Veränderungen für die Klientin sollten auch der Kontext und die Konsequenzen dieser Veränderungen erfragt werden. Dies kann mithilfe folgender Fragen geschehen:

„Bemerkt dieses Wunder jemand außer Ihnen?“
„Wer würde dieses Wunder außer Ihnen noch bemerken?“
„Wer außer Ihnen merkt als Erster, dass das Wunder geschehen ist?“
„Gibt es noch jemanden, der dieses Wunder bemerkt?“
„Woran könnten andere bemerken, dass das Wunder eingetreten ist?“

Werden von der Klientin in Bezug auf Familienmitglieder, Freunde, Bekannte, Kollegen usw. negative Reaktionen genannt, so sollte die Therapeutin abklären, wie die Klientin auf die negativen Reaktionen wiederum reagiert. Manchmal nennt die Klientin bei der Vorstellung von negativen Reaktionen, z. B. Neid, Ärger …, wieder alte, problembehaftete Verhaltensmuster. Hier kann helfen, nochmals an das Wunder zu erinnern und zu fragen, wie sie (die Klientin) denn reagieren würde, wenn jetzt das Wunder geschehen wäre. Erstaunlicherweise fallen der Klientin dann meist wieder kompetente Reaktionsweisen ein. Dies zeigt auch wieder, dass die Klientin letztlich die Ressourcen bereits hat, den Zugang dazu jedoch immer wieder vergisst.

II.1.5.10 Motivierung durch Visionen versus Motivierung durch Leidensdruck

Wenn an dieser Stelle des Interviews, also nach der Wunderfrage, die Klientin nach ihren Bewältigungsstrategien bei auftauchenden Schwierigkeiten im Kontext des Wunders befragt wird, so hat sie jetzt nach der Vorstellung des Wunders mehr Energie und Hoffnung, um sich mit auftretenden Problemen auseinander setzen zu können. Wir können das lösungsfokussierte Vorgehen auch so verstehen, dass die Klientin mithilfe der Fragen nach Ziel, Ausnahmen und Wunder zunächst in einen hoffnungsvolleren Zustand gebracht wird, bevor sie sich mit den mit der Lösung verbundenen Schwierigkeiten beschäftigen muss. Bei problemorientiertem Vorgehen hingegen wird der Klientin eine Auseinandersetzung mit ihren Schwierigkeiten im Problemzustand zugemutet. Dabei ist die Energie, zu der sie in diesem Moment Zugang hat, relativ gering und wird durch die Berührung mit ihren Problemen sich auch nicht vermehren. Wenn jedoch vor der Auseinandersetzung mit den Problemen der Wunderzustand berührt wurde, hat die Klientin bereits viel mehr Zugang zu ihren Energien und Ressourcen, sodass ihr die Lösung auftauchender Schwierigkeiten eher gelingen kann. Es ist auch zu erwarten, dass sie in diesem Zustand weniger Hilfe durch die Therapeutin benötigt. Im Problemzustand wäre sie in viel größerem Ausmaße auf Hilfen der Therapeutin angewiesen.

Bei problemorientierten Vorgehensweisen wird sehr der Leidensdruck der Klientin betont, da dieser ihren „Energiepegel“ heben soll, sie gewissermaßen durch das Leiden motiviert wird. Dies entspricht einer Leistungssteigerung in Gefahrensituationen, wenn beispielsweise verwundete Soldaten noch tagelange Fußmärsche bewältigen können. Bei lösungsfokussiertem Vorgehen wird die Klientin durch ihr Ziel und die Erfahrung der Lösung (mithilfe der Wunderfrage) motiviert. Dies entspricht einer Leistungssteigerung durch Visionen, wenn beispielsweise Gründer von Firmen oder Projekten anfangs eine klare Vision von einer konkreten Zielvorstellung hatten, bevor sie erste Schritte dazu einleiteten. Bei beiden Vorgehensweisen werden Ressourcen mobilisiert, doch dürfte der zweite Weg angenehmer als der erste sein.

Wenn die Therapeutin die Reaktionen der Außenwelt auf das durch das Wunder veränderte Verhalten der Klientin abfragt, tritt meist all das zutage, wofür es gut war, dass das Problem noch nicht gelöst ist. Im Kontext des Wunders finden wir das Spiegelbild zu den Ursachen eines Problems, wenn man Ursachen auffasst als das, was die Lösung behindert.

Wenn in Folgesitzungen ein neues Ziel auftritt, so ist es wichtig, dieses in das Wunder zu integrieren. Das Wunder ist der Zugang zum Lösungszustand. Es betrifft damit die ganze Situation und umfasst nicht nur die Lösung für das von der Klientin genannte Problem. Daher zeigt der Weg zum Wunder etwas *Allgemeines* auf und nicht nur einen *spezifischen* Weg zur Erreichung einer spezifischen Problemlösung. Die Klientin lernt etwas darüber, wie sie Lösungen finden kann, und lernt etwas vom Geschmack des Wunders kennen. Sie kann danach erkennen, wenn etwas von dieser Qualität wieder auftritt, und sich an ihr Ziel erinnern. Wenn sich KlientInnen bei Steve de Shazer nach vielen Jahren nochmals melden, was nicht allzu oft vorkommt, stellt er ihnen daher als Erstes die Frage:

„Was haben Sie vergessen?"

In einer Untersuchung am BFTC in Milwaukee haben Steve de Shazer und sein Team herausgefunden, dass die Antworten auf die Wunderfrage in verschiedenen Kulturen keine relevanten Unterschiede aufwiesen. Während bei der Beschreibung von Problemzuständen kulturelle Unterschiede sichtbar werden, ähneln Menschen sich in den Lösungen.

Mit der Wunderfrage bekommen wir Zugang zu einem Lösungszustand, der etwas über die Essenz von Lösungen vermittelt. Daher hilft die Erinnerung an diesen Lösungszustand, weitere Lösungsimpulse zu setzen.

II.1.6 Lösungen in der Vergangenheit

Nach der Zielklärung und/oder nach der Wunderfrage kann die Therapeutin fragen, ob es eine Zeit gab, in der das Ziel oder das Wunder oder wenigstens Teile davon schon einmal erreicht waren.

Sie fragt hier sozusagen nach Ausnahmen vom Problem. Dies sind Lösungen in der Vergangenheit, die die Klientin bereits erreicht hatte. Findet die Klientin hier solche Ausnahmesituationen, so gibt ihr dies Hoffnung, das Ziel oder Teile der Wundersituation erreichen zu können, denn die Ausnahmen in der Vergangenheit sind gewissermaßen Beweise dafür, dass es ihr besser gehen kann.

Bezüglich dieser Ausnahmesituationen gilt es nun zu eruieren, was die Unterschiede zur gegenwärtigen Situation sind, denn diese Unterschiede geben Hinweise darauf, was hilfreich ist, damit ähnliche Situationen wieder eintreten. Situationen, zu denen die Klientin etwas beitragen kann, damit sie wieder eintreten, sind hier natürlich nützlicher als Ausnahmesituationen, die zufällig eingetreten sind oder auf deren Zustandekommen die Klientin keinen oder kaum Einfluss hatte. Letztere sind z. B. Situationen, wie „in denen ... noch lebte" oder „als mein Mann die Stelle noch hatte" usw. Werden solche Situationen aufgezählt, fährt die Therapeutin einfach weiter fort zu fragen, ob es noch weitere Ausnahmesituationen gab. Es ist günstiger, bei der Nennung nicht verwertbarer Situationen weiterzufragen, als diese Situationen zu kommentieren. Hier geht man nach dem folgendem Grundsatz vor, den wir im *I Ging* (Wilhelm 1956, S. 163) finden:

„Die beste Art, das Böse zu bekämpfen, ist energischer Fortschritt im Guten."

In der Literatur zur SFT findet man die Fragen nach Ausnahmen im Anschluss an die Zielklärung. Da jedoch die Antworten auf die Wunderfragen maßgeblicher sind, ist es nützlicher, die Ausnahmefragen erst nach der Wunderfrage zu stellen. Damit wird das Wunder noch einmal auf eine andere Weise in den Alltag integriert, nämlich indem der Klientin bewusst gemacht wird, wann bereits Teile davon eingetreten sind. Das Wunder ist damit nicht mehr nur ein Teil der Zukunft. Die Therapeutin kann diese Integration mit folgenden Fragen fördern:

„Können Sie sich an Situationen erinnern, in denen bereits Teile des Wunders eingetreten sind?"
„Trat das eine oder andere, das Sie jetzt nach dem Eintreten des Wunders genannt haben, bereits auf?"
„Gab es schon einmal eine Zeit, wo so etwas wie dieses Wunder eingetreten war?"

An dieser Stelle ist auch die Skalierungsfrage oft hilfreich. Es folgen Beispiele dafür:

„Wenn 10 für das Wunder steht und 0 für den Zustand, als sie mich anriefen und den Termin für diese Sitzung vereinbarten, wo auf dieser Skala würden Sie sich jetzt einschätzen?"

Die Therapeutin kann z. B. auch mit einer Skala von 1 bis 10 arbeiten. Dies hätte den Vorteil, dass, wenn sich die Klientin auf 0 einschätzen würde, sie auf dieser Skala bereits auf 1 wäre. 1 wird dabei meist als „etwas" und nicht als „nichts" empfunden. „1" wird daher auch nicht als der Nullpunkt erlebt.

Fast immer nennen KlientInnen als Antwort auf die Skalierungsfrage eine höhere Zahl als 0. Dies kann man bereits als Fortschritt werten und fragen:

„Was hat Ihnen geholfen, von 0 auf n zu kommen?" ($n > 0$ und $n < 10$.)

Bei SchmerzpatientInnen ist es wichtig, nach kleinen Verbesserungen zu fragen, da größere Befindlichkeitsunterschiede meist verleugnet werden. Sie kann man hier etwa fragen:

„Gab es Zeiten, Augenblicke, wo es Ihnen ein klein wenig besser ging?"
„Gab es Augenblicke, in denen ganz kleine Teile des Wunders bereits eingetreten sind?"

Die Skalierung kann man nun auch für die Eruierung der Ausnahmesituationen in der Vergangenheit nutzen, etwa durch die Fragen:

„Gab es in der Vergangenheit bereits Situationen, bei denen Ihr Wert auf der Skala höher lag als n?"
„Was ist die höchste Zahl auf der Skala von 0 bis 10, die Sie in der Vergangenheit schon einmal erreicht haben?"

Anschließend gilt es wieder, die relevanten Unterschiede zu erfragen zwischen den Ausnahmesituationen und der jetzigen Situation.

Das Wiedererinnern an vergangene Situationen, in denen das Problem ganz oder teilweise gelöst war, hilft, sich an Ressourcen zu erinnern, an hilfreiche Kontexte und an hilfreiche Personen. Im Prinzip geht es hier um ein „sich wieder Erinnern" darum, dass wir uns erinnern, dass wir bereits haben, was wir brauchen. Anstatt den

Mangel zu fokussieren, rücken wir hier den inneren Reichtum, den Kontakt zu unterstützenden Menschen und das, was uns stärkt, in den Mittelpunkt der Betrachtung. Da sich die Therapeutin bei der SFT mit inhaltlichen Vorschlägen weitgehend zurückhält, kann man diese Therapieform auch als eine Vorgehensweise zur Förderung des Sich-wieder-Erinnerns betrachten. Selbst die Teile des Wunders setzen sich aus Augenblicken der Vergangenheit und deren Auswirkungen zusammen. Wir können uns nur innerhalb der Grenzen des als möglich Erfahrenen etwas vorstellen.

Betrachten wir nochmals das Bild mit den Wirbeln im Lebensstrom, so haben die Wirbel im Strom eine geringere Wirklichkeit als der Lebensstrom, denn sie bewegen sich im Lebensstrom, wenn auch zirkulär und nicht geradlinig. Aber selbst sie weisen auf die größere Richtung hin. Das, was sich uns entgegenstellt, das Problem, können wir als Lernmöglichkeit begrüßen und auf diese Weise sinnvoll nutzen. Das Problem hat, wie der Wirbel im Strom, einen geringeren Wirklichkeitsgrad als der Lebensstrom, innerhalb dessen es auftritt. Dieser größere Kontext zeigt uns den Rahmen, innerhalb dessen wir unsere Probleme erleben. Daher ist es möglich, ein Problem als eine nützliche Lerngelegenheit umzudeuten. Als Lerngelegenheit erleben wir das Problem im Kontext des größeren Lebensstroms; als Problem erleben wir es, wenn wir diesen größeren Kontext vergessen. Das Erleben eines größeren Kontextes befreit uns von der Anhaftung an eine vorübergehende schwierige Gegebenheit. Das Sich-wieder-Erinnern an einen größeren Kontext kann Leiden aufheben. Jeder erlebte Kontext kann aber wieder in einem größeren Kontext erlebt werden, sodass wir es hier mit einer Spirale von Kontexten zu tun haben, auf deren Windungen wir uns aufwärts bewegen.

Die SFT erweitert den Kontext, in dem die KlientInnen ihr Anliegen erleben. Dies geschieht durch:

- Erweiterung des zeitlichen (sequenziellen) Kontextes mithilfe von Zielfragen und der Wunderfrage,
- Erweiterung des Blickwinkels durch die Standardaufgabe (Erweiterung des räumlichen [simultanen] Kontextes) und
- Übergang vom Kausaldenken zum Erleben des Augenblicks (Teile des Wunders als unabhängige Möglichkeiten).

Wir können die SFT betrachten als eine **Dekonstruktionsmethode**. Indem die Problemsituationen sich schon durch einen Wechsel des Blickwinkels und des Kontextes auflösen lassen, zeigt sich ihr Charakter als Konstrukte. Wenn wir über die Konstrukte hinausgehen, kommen wir in Kontakt mit dem Lebensstrom. Wenn wir das Berührte festzuhalten versuchen, beginnen wir, eine Wirklichkeit zu konstruieren, und sind schließlich Gefangene unserer eigenen Konstruktion. Die Dekonstruktionsmethode der SFT hilft, loszulassen und den Augenblick zu erfahren. In diesem Sinne ist sie eine spirituelle Methode.

II.1.6.1 Experiment 5

Nehmen Sie jetzt nochmals ihr Problem von vorhin, und stellen Sie sich die Wunderfrage in folgender Form:

„Wenn Sie aufhören zu lesen — und dann Ihren alltäglichen Verpflichtungen nachgehen oder vielleicht noch etwas Erfreuliches vorhaben — und danach später am Abend müde werden und sich zum Schlafen hinlegen, — und — angenommen, — in dieser Nacht geschieht ein Wunder, — und Ihr Problem ist gelöst, — woran — würden Sie morgen früh — erkennen, dass dieses Wunder passiert ist?"

Notieren Sie Ihre Einfälle dazu:

....

....

....

„Wer außer Ihnen bemerkt als Erster dieses Wunder?"

....

....

....

„Wie reagiert sie oder er auf Ihr verändertes Verhalten oder Ihre neue Haltung?"

....

....

....

„Wie reagieren Sie selbst wiederum darauf? – Erinnern Sie sich daran, es ist jetzt das Wunder geschehen!"

....

....

....

„Wer bemerkt noch eine Veränderung bei Ihnen nach dem Wunder?"

....

....

....

„Was ist noch anders, wenn das Wunder geschieht?"

....

....

....

„Wer an Ihrem Arbeitsplatz würde das Wunder bemerken?"

....

....

....

„Wie reagieren Ihre Arbeitskollegen auf Ihr verändertes Verhalten nach dem Wunder?"

....

....

....

„Wie reagieren Sie selbst wiederum auf deren Reaktionen jetzt, wenn das Wunder geschehen ist?"

....

....

....

„Wie reagieren Ihre Freunde auf das Wunder bei Ihnen? Bemerken Sie es?"

....

....

....

„Wie reagieren Sie auf die Reaktionen Ihrer Freunde?"

....

....

....

„Bemerken Verwandte von Ihnen das Wunder?"

....

....

....

„Wie reagieren diese?“

....

....

....

„Wie reagieren Sie selbst wiederum auf das Genannte, wenn das Wunder geschehen ist?“

....

....

....

II.2 „Besucher“, „Klagende“ und „Kunden“ als Stadien eines Entwicklungsprozesses

Die Unterscheidung von Besuchern, Klagenden und Kunden wurde von Steve de Shazer und seinem Team eingeführt, um es zum einen der Therapeutin zu erleichtern, die passenden Aufgaben für die Klientin zu finden, und zum anderen, um zu betonen, dass es sich bei diesen Termini um Interaktionsprädikate des Therapeuten-Klienten-Systems handelt. Wenn eine Klientin bei einer Therapeutin als Besucherin reagiert, kann sie trotzdem gegenüber einer anderen Therapeutin als Kundin reagieren. Diese Termini als Interaktionsprädikate aufzufassen heißt auch, dass eine Klientin sich innerhalb einer Therapiesitzung von einer Besucherin zur Kundin entwickeln kann. Wir haben es hier also nicht, wie bei oberflächlicher Betrachtung der SFT häufig fälschlich angenommen, mit Eigenschaften der Klientin zu tun, sondern mit Möglichkeiten der Klientin, auf das Verhalten der Therapeutin zu reagieren.

Die Unterscheidung zwischen Besuchern, Klagenden und Kunden kann jedoch auch als Interaktionsprozess zwischen Klientin und Problem gesehen werden. Bei dieser Betrachtungsweise wird verständlicher, *wieso* eine Klientin sich als Besucherin, Klagende oder Kundin verhält. Steve de Shazer wollte mit seiner Betrachtungsweise den **Interaktionsprozess** zwischen Klientin und Therapeutin betonen.

Ich möchte hier mit meiner Betrachtungsweise dieses Prozesses hervorheben, in welcher Weise die Stadien „Besucherin“, „Klagende“ und „Kundin“ ganz natürliche **Varianten eines Entwicklungsprozesses** sein können.

Wie eine Besucherin verhält sich eine Klientin dann, wenn sie nicht weiß, ob sie etwas verändern möchte, und unklar bleibt, ob sie ein Anliegen hat. Im Gegensatz dazu gibt eine Klagende ein klares Bild ihres Ziels; sie sieht sich jedoch in einer Opferrolle, aus der heraus sie nicht handeln kann. Die Kundin hingegen kennt ihr Ziel und hat Ideen, was sie tun könnte, um dieses zu erreichen.

Die Beantwortung der Wunderfrage gibt Hinweise darauf, wie das momentane Verhalten der Klientin in diese Kategorien einzuordnen ist. Eine Besucherin kann die Wunderfrage gar nicht beantworten, eine Klagende nennt für das Wunder in erster Linie Veränderungen der Gefühle und Körperempfindungen sowie Veränderungen im Verhalten anderer Personen (Partner, Kinder, Kollegen, Freunde …), und eine Kundin nennt Handlungen, die sie nach dem Wunder durchführen würde.

Die Interaktionsprädikate „Besucherin", „Klagende" und „Kundin" können so aus meiner Sicht auch dazu dienen, die Stadien eines alltäglichen Veränderungsprozesses zu beschreiben. Jede selbst bewirkte Veränderung setzt ein Motiv voraus, den gegenwärtigen Zustand zu verändern. Das erste Stadium, das der Besucherin, kann gesehen werden als ein Zustand, in dem jemand beginnt, sich mit der gegenwärtigen Situation nicht mehr wohl zu fühlen. Sie beginnt, sich verändern zu wollen, weiß aber noch nicht, in welche Richtung, und kann auch noch nicht einordnen, was ihr Unbehagen bereitet. Sie spürt also die Notwendigkeit einer Veränderung, ohne ein Ziel benennen zu können. Sie weiß nur, dass sie … nicht will. Genau dies ist der Zustand, in dem sich eine Besucherin befindet.

Das nächste Stadium zeichnet sich dadurch aus, dass die Besucherin z. B. eine Erfahrung macht, die ihr eine Idee gibt, in welche Richtung sie eine Veränderung wünscht, und dadurch zur Klagenden wird. Gewissermaßen taucht am Rande ihrer erlebten Welt etwas auf, das für sie neu und anziehend ist. Ihr wird klar, was sie „stattdessen" möchte. Sie weiß jedoch noch nicht, wie sie dorthin gelangen kann. In dieser Hinsicht empfindet sie sich wie ein Opfer, das sich in seiner Lage gefangen fühlt und über den eigenen Zustand nur klagen kann.

Zu einer Kundin wird die Klagende, wenn sie Ideen bekommt, was sie dazu beitragen kann, dass der neue, gewünschte Zielzustand erreicht wird. Ab diesem Punkt kann sie Eigeninitiative ergeifen und beginnen zu handeln. Aus dem Opfer ist so eine Handelnde geworden.

Diese Stadien durchlaufen wir, wenn wir etwas als Problem empfinden. Die Hindernisse machen uns die Ist-Situation ungemütlich und motivieren uns dazu, etwas zu verändern. Sobald wir eine neue Idee bezüglich des Ziels bekommen, also uns das „stattdessen“ klar wird, sind wir im Zustand der Klagenden, die nur noch nicht weiß, was *ihr* Beitrag zur Zielerreichung sein kann. Das Erblicken neuer Handlungsmöglichkeiten lässt uns zu KundInnen werden. Alle drei Stadien sind für einen Entwicklungsprozess erforderlich, die ersten beiden Stadien können kurz sein, sie können jedoch meist nicht übersprungen werden. Vielleicht hilft diese Sichtweise den TherapeutInnen, mit BesucherInnen etwas toleranter umzugehen.

KlientInnen können in all diesen drei Stadien zu uns kommen. Für BesucherInnen ist es hilfreich, zu entdecken, dass es außer der für ihr Erleben zugänglichen Welt noch etwas darüber hinaus gibt. Hier gilt es, einen größeren Kontext aufzuzeigen. Wie kann die Therapeutin ihr dabei helfen?

Zunächst ist es wichtig, die Schwere des Problems zu würdigen, damit die Besucherin sich ernst genommen fühlt. Bemerkungen, wie „Haben Sie schon einmal … zu machen versucht“ sind wenig hilfreich, denn die Besucherin kann ja gerade nicht handeln, da sie nicht weiß, in welche Richtung es gehen soll. Als unterstützend wird sie jedoch empfinden, wenn die Therapeutin jedes erwähnte positive Ereignis sofort aufgreift und Bemerkungen macht, wie:

„Oh, wie haben Sie das geschafft?“, oder:
„Oh, das ist aber eine gute Idee!“

Durch solches geäußerte Erstaunen werden Ideen gesät, was gut ist und was weiterhin zu tun hilfreich wäre. Auf einem Seminar erwähnte Insoo Kim Berg hierfür ein wunderbares Beispiel:

Sie hatte eine Klientin, der es in jeder Hinsicht schlecht ging: Sie hatte ihre Stelle verloren, ihr Partner hatte sich von ihr getrennt, sie war sehr dick geworden und pflegte sich nicht mehr, sodass sie stark roch, und sie fühlte sich krank und hoffnungslos. Lange hörte ihr Kim Berg zu, bis diese Klientin schließlich erwähnte, dass sie drei Hunde hat, die sie immer mögen, egal, was sie macht. „Wow“, sagte sie daraufhin „so einen Hund zu haben ist viel wert, und Sie haben gleich drei davon!“

Das Hervorheben von Positivem ebnet der Klientin den Weg, zu erkennen, was für sie gut ist, und hilft, Ideen für mögliche Zielzustände zu entwickeln. An späterer Stelle kann die Therapeutin dann Fragen nach den Unterschieden stellen, die eine Lösung des Problems mit sich bringen würde, z. B.:

„Woran würden Sie erkennen, dass Ihr Problem gelöst ist? Das müsste doch irgendeinen Unterschied zum gegenwärtigen Zustand machen, oder?"

Diese Frage darf jedoch nicht zu früh gestellt werden, sonst fühlt sich die Klientin überfordert. Die Frage unterstützt jedoch den Prozess, Zielvorstellungen zu entwickeln.

Während im ersten Stadium, dem einer Besucherin, es nützlich ist, auf Lösungen in der Gegenwart hinzuweisen, die als Modell für Teile eines Ziels dienen können, so kann es im zweiten Stadium, dem einer Klagenden, hilfreich sein, auf Lösungen in der Vergangenheit hinzuweisen, und zwar als Modelle für die Handlungsfähigkeit der Klientin. Auf diese Weise kann ihr gezeigt werden, dass sie nicht so hilflos ist, wie sie sich fühlt. Vergangene Ausnahmen vom Problem beweisen, dass Lösungen möglich sind, und ihre Unterschiede zur jetzigen Situation zeigen auf, was die Klientin anders machen kann bzw. welche anderen Personen oder Orte für sie hilfreich und unterstützend sind.

Die Wunderfrage kann in jedem dieser Stadien gestellt werden, da dabei keine Handlungsbereitschaft der Klientin vorausgesetzt wird. Zum Wesen des Wunders in der Wunderfrage gehört ja gerade, dass in einer unlösbar erscheinenden Situation plötzlich eine gewünschte Veränderung möglich wird. Eine Besucherin kann diese Frage zwar nur sehr unspezifisch beantworten, z. B. „Irgendwie geht es mir dann besser, aber ich kann mir das nicht vorstellen", doch auch für sie kann eine Ausrichtung angedeutet werden.

Bei manchen Arten von BesucherInnen ist allerdings sogar das Stellen der Wunderfrage nicht ratsam. Dies gilt vor allem, wenn die Klientin eine Besucherin ist, die keine Veränderung wünscht, z. B. lieber mit dem Schicksal hadern will. Folgendes Beispiel mag dies verdeutlichen:

Eine Klientin kam zu mir, deren Tochter in der Psychiatrie Selbstmord begangen hatte. Seit dem Tod ihrer Tochter ging es der Klientin schlecht. Sie stritt mit ihren Freundinnen und Bekannten und sprach schlecht über sie und zählte lauter negative Ereignisse auf, die ihr widerfahren seien. In ihrem Umfeld fand sich laut ihrer Schilderung nichts Gutes. Durch ihr ständiges Klagen verleitet, stellte ich ihr die Wunderfrage. Sie reagierte auf diese Frage entsetzt und protestierte, es könne gar kein Wunder geben, so gemein, wie die anderen zu ihr seien, und ihre Tochter habe ihr mit ihrem Selbstmord so viel angetan, dass es ihr gar nicht gut gehen könne. Ich fragte sie daraufhin, was sie sich dann von der Therapie erhoffe, wenn selbst ein Wunder nicht ausreichen würde, ihr Leiden zu mildern. Nach einer längeren Pause antwortete sie, dass sie dies auch nicht wisse, Freunde hätten ihr zu einer Therapie geraten.

In solchen Fällen kann man als Therapeutin nur abwarten, bis die Klientin bereit ist, eine Veränderung zu wünschen. Die **Wunderfrage** kann auch **als Test** dienen, ob ein Veränderungswunsch vorliegt bzw. wann frühestens eine Veränderung eintreten darf. Folgendes Beispiel zeigt, dass die Aufzählung von Handlungen auf die Wunderfrage nicht automatisch heißt, dass wir es mit einer veränderungswilligen Klientin zu tun haben:

Ein Klientenpaar kam zu mir in die Stunde. Die beiden lebten bereits seit vielen Jahren zusammen und standen jetzt vor der Frage, ob sie sich trennen sollten. Ich begann die Stunde mit der Wunderfrage und ließ beide getrennt darauf antworten. Der Mann schilderte mir, wie er dann wieder auf seine Frau zugehen würde, wie sie dann bereits am Morgen einander anders ansehen und dass sie wieder miteinander schlafen würden. Seine Frau, so meinte er, würde ganz erfreut auf sein neues Verhalten reagieren. Sie würden wieder mehr miteinander unternehmen und wieder gemeinsam Freunde besuchen, die überrascht, aber erfreut reagieren würden. Das Wunder der Frau klang ähnlich. Auch sie berichtete von mehr Zärtlichkeit miteinander, von mehr Aufmerksamkeit und Hilfsbereitschaft ihr gegenüber vonseiten ihres Mannes, von mehr gemeinsamer Aktivität und der Überraschung ihrer Freunde. Während beide vom Wunder berichteten, begannen sie zu strahlen und sahen sich freundlicher an. Am Ende der Stunde gab ich ihnen die Aufgabe, an zwei Tagen der Woche so zu tun, als ob das Wunder geschehen sei, und zu beobachten, was das für einen Unterschied macht. Der Partner sollte dabei jeweils einschätzen, wann der Wundertag des anderen sei.

Als beide zur nächsten Stunde kamen, fragte ich, was sich verändert hat. Der Mann begann und erzählte, dass für ihn am nächsten Tag ein Wundertag eingetreten sei. Er konnte seine Frau wieder anders sehen, sei freundlicher zu ihr gewesen, habe dies und jenes getan, was sie erfreut habe. Aber jedes Mal, wenn er körperlich seiner Frau näher kam, habe sie ihn zurückgewiesen. Ich sah die Frau fragend an. Sie entgegnete: „Ja, mein Mann ist ganz verändert, aber ich kann doch jetzt nicht so tun, als ob nichts gewesen sei. Er hat mir so viel angetan, ich kann da nicht auf ihn zugehen.“ Ich fragte sie, wann das Wunder denn frühestens passieren darf. Sie antwortete: „Frühestens in vier Monaten.“ Da ihr Mann aus beruflichen Gründen die nächste Zeit an einem anderen Ort zu tun hatte, schlug ich vor, die Therapie eine Zeit lang zu unterbrechen und mich anzurufen, wenn sie die Therapie fortsetzen möchte, bzw. mir dann Bescheid zu geben, wenn das Wunder eintreten darf.

Manche Wunder dürfen sich nicht zu früh ereignen. Ein Wunder erfordert auch eine Bereitschaft, Bitterkeit hinter sich zu lassen und von Rachegefühlen abzusehen.

Die lösungsfokussierten Fragen helfen nun, aus BesucherInnen Klagende und aus Klagenden KundInnen zu machen. Dies alles geschieht im Kontext einer fragenden, offenen, allparteilichen und unterstützenden Haltung der Therapeutin. Durch das syntaktische und nicht semantische Vorgehen der Therapeutin wird in der Klientin ein Veränderungsprozess angeregt. Die Therapeutin gehört hier mit zum System der Klientin, das heißt, die Reaktionen der Klientin erfolgen im Interaktionsprozess zwischen Therapeutin und Klientin. Im Interaktionsprozess mit einer anderen Therapeutin könnte die Klientin andere Verhaltensweisen zeigen. Lösungsfokussiertes Vorgehen ist ein wirkungsvolles und unterstützendes Mittel für Veränderungsprozesse, aber natürlich nie eine Garantie für Veränderung.

Als systemische Methode sieht eine lösungsfokussierte Therapie von Diagnosen ab, eben weil die Therapeutin selbst nicht unabhängig vom Klientensystem ist, sobald sie mit diesem in Kontakt kommt. Die Interaktionsmuster von Besucherin, Klagender und Kundin können helfen, passende Aufgaben für die Klientin zu konstruieren. In diesem Sinne sind sie ein Schema, das unterstützt, die momentane Situation einordnen zu können. Hier liegt die Betonung auf „momentan", das heißt, dieses Interaktionsschema ist keine Diagnose mit prognostischem Wert, sondern dient einzig und allein der Aufgabenkonstruktion.

II.3 Aufgabenkonstruktion

Am Ende der Sitzung bekommt die Klientin in den meisten Fällen eine Aufgabe von der Therapeutin. Am BFTC arbeiten Steve die Shazer und Insoo Kim Berg meist mit einem Team, das hinter einem Spiegel sitzt. Dadurch ist die Trennung zwischen BeobachterInnen und agierender Therapeutin deutlicher. Bei der Arbeit mit einem *reflecting team* kann es von Nachteil sein, wenn diese Trennung aufgehoben wird, weil dies manchmal zur Verwirrung der Klientin beiträgt. TherapeutInnen und Team denken sich gemeinsam eine Aufgabe aus, die dann von der Therapeutin an die Klientin weitergegeben wird.

Damit die Aufgabe leichter akzeptiert wird, wird sie mit ein bis drei *Komplimenten* eingeleitet. Diese helfen, ein Yes-Set im Sinne von Milton Erickson einzurichten, d. h., dass die Klientin innerlich zu den Komplimenten Ja sagt und dadurch auch leichter zur Aufgabe Ja sagen kann. In diesem Sinne bereiten die Komplimente die Aufgabe vor. Selbstverständlich dürfen nur Komplimente ausgewählt werden, die das Team und die Therapeutin überzeugend finden. Komplimente zu machen heißt nicht, Schmeicheleien zu äußern. Komplimente müssen also immer stimmig für beide sein, für die Therapeutin und die Klientin.

Entscheidend für die Aufgabe ist, dass sie für die Klientin passt, d. h., dass sie von der Klientin nicht zu viel verlangt, dass die Klientin an der Aufgabe Freude hat und sie als Unterstützung empfindet. Um solch eine passende Aufgabe zu finden, ist die Einteilung der Klientinnen in Besucher, Klagende und Kunden hilfreich:

- BesucherInnen kann man maximal die Standardaufgabe verschreiben.
- Klagende erhalten eine Beobachtungsaufgabe.
- Kunden bekommen eine Handlungsaufgabe.

Die Standardaufgabe passt zur Besucherin, da diese ja noch nicht weiß, in welche Richtung eine Veränderung erfolgen soll. Für Klagende passt die Beobachtungsaufgabe, da sie von ihrem Standpunkt aus nicht handeln können. Beobachtungen zu machen ist für sie jedoch möglich, und damit können Kontexte gefunden werden, die Handlungen ermöglichen. Kunden nennen als Antwort auf die Wunderfrage Handlungen; daher ist es möglich, Ihnen eine Handlungsaufgabe zu erteilen.

Für die SFT gibt es nach Steve de Shazer zwei Metaregeln:

- Wenn etwas funktioniert, mach weiter so.
- Wenn etwas nicht funktioniert, mach etwas anderes.

Diese Metaregeln gelten für die Aufgabenkonstruktion, aber natürlich auch für die TherapeutInnen. Wenn sich in der Interaktion mit einer KlientIn etwas bewährt, ist es günstig, weiter so zu verfahren. Wenn ein schnelles Einschlagen der Lösungsrichtung keinen Anklang findet, so gilt auch hier: „Verfahre anders!" Dies kann z. B. dann der Fall sein, wenn eine Klientin erstmals von einer für sie traumatischen Situation erzählt. In so einem Fall kann dieses Erzählen bereits eine Lösung für sie darstellen. Lösungsfokussiertes Vorgehen heißt also nicht, blindlings lösungsfokussierte Fragen zu stellen. Jedes Mal muss man wieder zuerst den Kontext überprüfen, um entscheiden zu können, was in diesem Augenblick das passende Vorgehen ist.

Für die Aufgabenkonstruktion kann man nun gemäß der ersten Metaregel alle Ausnahmesituationen verwenden, in denen der relevante Unterschied zur gegenwärtigen Situation darin besteht, dass die Klientin gehandelt hat. Wenn die Klientin schon einmal handeln konnte und dies ihr Problem löste, dann ist es ratsam, dass sie dies auch in Zukunft macht. Aus diesen Handlungen kann die Therapeutin Aufgaben konstruieren, indem sie z. B. der Klientin

- die leichteste der Handlungen verschreibt,
- vorschlägt, an zwei Tagen der Woche eine der Handlungen auszuwählen und diese durchzuführen und zu beobachten, was es für Unterschiede gibt zwischen den Tagen, an denen die Klientin diese Handlungen durchführte, und den Tagen, an denen sie sich verhält wie immer, oder
- die relevanten Handlungen der Ausnahmesituation nummeriert und die Klientin an zwei Tagen der Woche mit einem Würfel entscheiden lässt, welche Handlung sie an diesem Tag durchführen wird.

Mach mehr von dem, was sich bewährt, …

… und nutze die Ressourcen, die du hast! (aus Fiddy 1990)

Die oben beschriebenen Aufgaben passen für eine Kundin. Haben wir es jedoch mit einer Klagenden zu tun, so kann die Therapeutin die im Interview genannten Ausnahmesituationen als Modellsituationen für Beobachtungsaufgaben nehmen. Dabei ergeben sich etwa folgende Vorschläge als Beobachtungsaufgaben:

- Die Klientin kann beobachten, wann die Personen X und Y sich so verhalten wie in der gewünschten Ausnahmesituation und was diese Situation von den Situationen unterscheidet, in denen sich die Personen X und Y wie in der Problemsituation verhalten.

- Die Klientin kann beobachten, wann die genannten Ausnahmesituationen auftreten, und beobachten, was die Wahrscheinlichkeit erhöht, dass sie auftreten.
- Die Klientin kann beobachten, wann Teile der Ausnahmesituation eintreten und inwiefern sie sich dann anders verhält.

Gemäß der zweiten Metaregel kann z. B. folgender Aufgabentypus für KundInnen konstruiert werden:

„Machen Sie etwas anders als bisher."

Diese Aufgabe ist besonders hilfreich, wenn immer wieder die gleichen Interaktionsmuster zwischen Paaren sowie Eltern und Kindern auftreten, sie hilft, dieses Interaktionsmuster zu unterbrechen. Ein Beispiel hierzu:

Eine Klientin kam zu mir mit starken Ängsten, depressiven Verstimmungen, Schlafstörungen und verschiedenen psychosomatischen Beschwerden. In ihrer Ehe hatte sich die Situation zugespitzt, ihr Mann bekam mehrmals die Woche ohne Anlass seitens seiner Frau Eifersuchtsanfälle, bei denen er sie beschimpfte, verbal angriff und es manchmal zu Tätlichkeiten kam. Eine Scheidung kam für meine Klientin nicht infrage, da sie befürchtete, dass ihr Mann sie in diesem Fall umbringen werde. Ihr Wunsch war, dass sie friedlich zusammenleben können.

Ich lobte sie, dass sie vierzig Jahre durchgehalten und trotz dieser schwierigen Situation noch nicht aufgeben habe. Ich fügte hinzu, dass sie ihrem Mann nicht gleichgültig sein könne, da er sonst nicht mit Eifersucht reagieren würde. Auch wenn seine Form der Liebe sehr lästig sei, so zeige sie doch, dass wohl auch er am liebsten mit ihr friedlich zusammenleben würde. Ihre Reaktionen auf die Eifersuchtsanfälle, ihre körperlichen Beschwerden und Schlafstörungen gäben ihrem Mann Grund dazu, befürchten zu müssen, dass sie ihn verließe, was sicher seine Eifersucht steigere. Ich gab ihr die Aufgabe, dass sie sich, wenn ihr Mann seinen nächsten Eifersuchtsanfall hätte, anders als bisher verhalten solle.

In der nächsten Stunde, vier Wochen später, fragte ich sie, was sich verändert habe. Sie antwortete, dass ihr Mann nur noch einmal pro Woche einen Eifersuchtsanfall habe. „Wie haben Sie das gemacht?", fragte ich sie erstaunt. „Beim nächsten Eifersuchtsanfall habe ich mit der Faust auf den Tisch geschlagen. Daraufhin war mein Mann so verblüfft, dass er seinen Satz abbrach und mich anstarrte. Jetzt weiß ich, dass ich vor ihm keine Angst mehr haben muss. Ich kann jetzt wieder schlafen." Die Klientin erholte sich zusehends. Im Laufe eines halben Jahres verminderte sich die Häufigkeit der Eifersuchtsanfälle weiter, sodass sich durchschnittlich nur noch alle zwei Monate ein derartiger Vorfall ereignete. Die Klientin war nicht mehr von seinen Anfällen beeinträchtigt und konnte mit ihm weiterhin zusammenleben.

In diesem Fall war es wichtig, die Klientin selbst auswählen zu lassen, was sie anders machen will, da sie die Situation im entsprechenden Augenblick selbst am besten einschätzen kann. Selber hätte ich etwa die Situation als zu gefährlich eingeschätzt, als dass ich ihr die Aufgabe hätte geben können, mit der Faust auf den Tisch zu schlagen. Die Klientin kannte jedoch ihren Mann und konnte seine Reaktionen besser intuitiv einschätzen.

Weitere Muster für die Therapeutin, Handlungsaufgaben zu konstruieren, sind:

„Machen Sie das nächste Mal … anstatt … wie sonst."
„Wählen Sie aus folgenden Handlungen die für sie einfachste aus, und verhalten Sie sich beim nächsten Mal, wenn … eintritt, auf diese Weise."
„Würfeln Sie jeden Tag eine Nummer, die für eine der folgenden Handlungen steht, und führen sie diese Handlung durch, wenn die Situation … eintritt."

Weitere Möglichkeiten für Handlungsaufgaben kann man aus den Antworten auf die Wunderfrage ableiten. Beispiele dafür sind:

„Suchen Sie sich eine der im Wunder erwähnten Handlungen aus, und führen Sie sie zweimal pro Woche durch. Beobachten Sie, ob dies an den Tagen, an denen Sie die Handlung durchführen, einen Unterschied für Sie macht."

Diese Aufgabe kann z. B. dann gegeben werden, wenn die Klientin sehr motiviert ist zu handeln.

„Suchen Sie sich die leichteste Handlung aus, und beobachten Sie, ob es für Sie einen Unterschied macht, wenn Sie sie durchführen."

Wenn die Therapeutin vermutet, dass es der Klientin eher schwer fällt, etwas zu tun, sie aber motiviert ist, ihre Lage zu verändern, kann gerade noch die leichteste Handlung auszuführen für die Klientin einfach genug sein. Im Zweifelsfalle ist es jedoch immer besser, der Klientin eine Beobachtungsaufgabe zu geben.

„Wählen Sie zwei Tage in der Woche aus, an denen Sie so tun, als ob das Wunder passiert sei. Beobachten Sie, ob dies für Sie einen Unterschied macht."

Die Als-ob-Handlung führt die Klientin in einen Zustand hinein, in dem sie sich verhält, als ob das Wunder geschehen sei. Die Als-ob-Handlung bildet die Brücke zwischen gegenwärtiger Situation und dem Zustand des Wunders. Über sie wird eine Möglichkeit zur Wirklichkeit. Die Veränderung vollzieht sich, wenn die Klientin beginnt, die im Wunder vorkommenden Handlungen für sich selbst für möglich zu halten und in Erwägung zu ziehen.

Paaren kann man eine gemeinsame Aufgabe geben und zusätzlich beide Partner einschätzen lassen, wann jeweils der andere seinen Wundertag hat. Bei unterschiedlichen Vorstellungen der Partner gibt es auch die Möglichkeit, dass z. B. gerade Tage nach den Vorschlägen des einen Partners verlaufen und ungerade nach den Vorschlägen des anderen.

Jede dieser Aufgaben kann man auch mit einem **Zufallselement** kombinieren, wie z. B. einem Würfel oder einer Münze. Dies macht man insbesondere dann, wenn ein spielerisches Element die Stimmung der Klientin aufheitern kann oder ein Zufallselement zum Weltbild der Klientin passt.

Es folgen einige Beispiele für Beobachtungsaufgaben.

1. „Stellen Sie sich abends vor dem Schlafengehen vor, wie der nächste Tag verlaufen würde, wenn er ein Wundertag wäre. Schätzen Sie anschließend auf einer Skala von 0 bis 10 ein, wobei 0 für ‚Das Wunder tritt gar nicht ein' und 10 für ‚das Wunder tritt voll ein' steht, was Sie vermuten, wo Sie sich am nächsten Tag auf dieser Skala befinden werden, und notieren sich diese Einschätzung. Am Abend des nächsten Tages notieren Sie sich, wo Sie an diesem Tag auf der Skala waren, und geben dann eine Einschätzung für den nächsten Tag ab."

Die Überprüfung der Unterschiede zwischen Einschätzung und beobachteten Werten zeigt an, welche Tage besser verliefen als erwartet und welche Tage schlechter verliefen als erwartet. Die besseren Tage weisen darauf hin, was hilfreich für die Klientin ist, die schlechten Tage, was offenbar für die Klientin ungünstig war.

2. „Beobachten Sie, was an den Tagen anders ist, an denen das Symptom nicht auftritt. Was machen Sie an diesen Tagen anders?"

Der Umgang mit dieser Aufgabe ist ähnlich dem mit Ausnahmesituationen. Die Tage ohne Symptom stellen Ausnahmen vom Problem dar und somit eine Lösung in der Gegenwart und der Vergangenheit.

3. „Schätzen Sie abends ein, was Sie vermuten, wie häufig das Symptom am nächsten Tag eintritt. Überprüfen Sie am nächsten Tag Ihre Einschätzung, und wiederholen Sie das Vorgehen für den nächsten Tag."

Die Aufgabe wirkt wie ein Biofeedback. Die Klientin bekommt ganz schnell Rückmeldungen über ihre Vermutungen und kann dadurch bewusst und unbewusst lernen.

II.3.1 Ablauf der Sitzungen

Die zweite Therapiestunde beginnt Steve de Shazer oft mit der Frage:

„Was hat sich verbessert?"

Nach den Aufgaben wird nicht direkt gefragt, damit die Klientin sich nicht gemaßregelt fühlt, wenn sie die Aufgaben nicht gemacht hat. Hat sie jedoch die Aufgaben durchgeführt, so nennt sie nach dieser Frage ihre Erfahrungen damit. Ich beginne die zweite Stunde meist mit der Frage:

„Was hat sich verändert?"

Diese Frage ist neutraler. Manche Klienten reagieren auf die Verbesserungsfrage mit Ablehnung, da sie mit dem Nennen dessen, was schlecht ist, zeigen wollen, dass noch weitere Stunden nötig sind. Im Laufe des weiteren Gesprächs werden häufig trotzdem Verbesserungen genannt.

Sagt die Klientin, dass keine Verbesserungen eingetreten sind, kann die Therapeutin zunächst mit

„Was also, — (lange Schweigepause)"

reagieren. Meistens erwähnen die KlientInnen nach dieser Bemerkung Verbesserungen. Ansonsten kann die Therapeutin auch folgende Frage stellen:

„Wie ging es Ihnen nach der letzten Stunde?"

Spätestens an dieser Stelle nennen die KlientInnen positive Veränderungen.

Wenn die Aufgabe nicht hilfreich war, ist es besser, keine neue Aufgabe zu geben, denn sonst kann eine Suche nach der richtigen Aufgabe eingeleitet werden, und dies wäre nicht unterstützend. Nützlicher ist z. B., sich mit der Frage zu beschäftigen, was hilfreich war.

Wenn es Verschlechterungen gab, ist es oft auch günstig, eine der folgenden Fragen zu stellen:

„Wie schaffen Sie es, nicht aufzugeben?"
„Wie halten Sie das aus?"
„Was hat geholfen, dass es nicht schlechter ist?"

In der dritten Stunde kann die Therapeutin nach Steve de Shazer dann fragen:

„Hat sich schon genug gebessert?"

Und in der vierten Stunde:

„Woran würden Sie erkennen, dass Sie keine weiteren Stunden brauchen?"

Meine Erfahrung ist, dass hier in Deutschland KlientInnen mit längeren Therapien rechnen und daher, wenn die letzte Frage bereits in der vierten Stunde gestellt wird, sie den Eindruck gewinnen, man wolle sie loswerden. Daher stelle ich diese Frage erst, wenn ich aus den Äußerungen der Klientin den Eindruck gewonnen habe, dass schon hinreichend große Verbesserungen erreicht sind. Im BFTC in Milwaukee beträgt die durchschnittliche Sitzungszahl drei Stunden. 97 % ihrer Therapien benötigen weniger als zehn Sitzungen.

II.4 Grenzen der Anwendung der SFT

Die SFT ist ein in sich schlüssiges System, das funktioniert. Man muss jedoch beachten, wo ihre Grenzen liegen. Im Folgenden finden Sie einige Einschränkungen für die Anwendung der SFT.

II.4.1 Kein Erwerb prinzipiell neuer Fähigkeiten

Die SFT ist eine therapeutische Methode, die davon ausgeht, dass die KlientInnen bereits alle Ressourcen haben, die sie brauchen. Wenn es also um Schwierigkeiten geht, bei denen neue Fähigkeiten erst erworben werden müssen, ist die SFT nicht geeignet. In solchen Fällen sind **psychoedukative Ansätze** von größerem Nutzen.

Folgendes Beispiel mag diesen Unterschied verdeutlichen: Wenn jemand unter Schmerzen leidet, kann es günstig sein, ein Entspannungsverfahren zu lernen. Hierdurch erwirbt sich die Klientin eine neue Fähigkeit, die sie künftig bei Schmerzen anwenden kann. Sie erlernt hier eine allgemeine Methode, keine für sie spezifische.

Die SFT würde in diesem Falle anders vorgehen. Beim lösungsfokussierten Vorgehen fragt die Therapeutin, wann es Zeiten gibt, in denen die Klientin etwas weniger Schmerzen hat, und eruiert, was die Klientin in diesen Zeiten anders macht. Auf diese Weise lernt die Klientin, was sie aktiv tut, sodass sie weniger Schmerzen hat, bzw. was für sie hilfreich ist, sich wohler zu fühlen. Hier lernt sie, was für sie spezifisch hilfreich ist.

Beide Methoden sind hilfreich, um Schmerzen zu reduzieren. Im ersten Fall erlernt die Klientin eine neue Methode, im zweiten Fall lernt sie zu erkennen, wie sie sich selbst geholfen hat. Die SFT ist eine Methode zu Selbsthilfe. Die Klientin wird sehr schnell von der Therapeutin unabhängig.

Ein anderer Unterschied, der hier von Bedeutung ist, ist der zwischen **Problem und Schwierigkeit.** Eine Schwierigkeit liegt vor, wenn jemand nur neue Information braucht, um zu einer Lösung zu gelangen; ein Problem, wenn diese Information, obwohl sie die Schwierigkeit lösen könnte, der Klientin nichts nützt.

Wenn z. B. jemand in Panik gerät, weil eine Schlange auf ihn zukriecht, und diese Angst verschwindet, wenn ihm jemand erklärt, dass die Schlange harmlos ist, dann hat er mit der Schlange eine Schwierigkeit gehabt und kein Problem. Wenn die Angst jedoch bleibt, trotz der Information, so handelt es sich hier um ein Problem. Im zweiten Fall hilft die SFT, im ersten Fall reicht das Geben einer Information.

Bei vielen anderen therapeutischen Methoden werden, außer dass Ressourcen bewusst gemacht und Aufgaben erteilt werden, zusätzlich auch neue Fähigkeiten beigebracht und Informationen gegeben, z. B in der Verhaltenstherapie, beim NLP, in der Familientherapie und in der Gestalttherapie. Die SFT beschränkt sich darauf, einen Veränderungsprozess auszulösen und zu begleiten. Andere häufig mit Therapie verbundenen Funktionen, wie die Begleitung einer Klientin bei schwierigen Lebenssituationen, wenn sie z. B. an einer tödlichen Erkrankung leidet, lehrende Funktionen und das Erteilen von Informationen, werden bei einer strikten Durchführung der SFT delegiert. Dies bedeutet nicht, dass diese anderen Aufgaben nicht nützlich, sondern nur, dass sie für einen Veränderungsprozess nicht notwendig sind.

Es bedeutet auch, dass man diese anderen Funktionen mit der SFT zwar verbinden könnte, aber die Therapeutin die Funktionen trennen und benennen sollte, das heißt, sie sollte darauf hinweisen, was für eine Veränderung nötig ist und was darüber hinausgeht. KlientInnen werden schneller unabhängig, wenn sie auf ihre eigenen Ressourcen zurückverwiesen werden. Anstelle eines Erwerbs neuer Fähigkeiten steht im Mittelpunkt der lösungsfokussierten Kurztherapie die **Wiedererinnerung** an eigene Ressourcen. Das lösungsfokussierte Vorgehen weist hier darauf hin, dass wir bereits haben, was wir brauchen. Sie zeigt uns, in welcher Weise wir bereits „ganz" sind, und hilft uns, unseren eigenen Reichtum zu entdecken.

Eine Lehrbeziehung kann über viele Jahre fortgeführt werden. Da eine Schülerin von einem guten Lehrer viel bekommt, wird sie ihn immer wieder aufsuchen. Die SFT hat als Ziel, dass die Klientin so schnell wie möglich von der Therapeutin unabhängig wird. Daher versucht sich die Therapeutin schnell überflüssig zu machen. Dies kann dadurch geschehen, dass sie sich mit Informationen und der Vermittlung von Fähigkeiten zurückhält und die Veränderungsarbeit ganz der Klientin überlässt. Teilt die Therapeutin jedoch mit, dass die Therapie beendet ist und jetzt etwas anderes stattfinden kann, z. B., dass die Klientin nun neue Fähigkeiten erwerben könnte oder ein längerer Prozess bei ihr von der Therapeutin begleitet werden könne, so kann sie sich selbst für eine Fortsetzung entscheiden, ohne zu glauben, sie brauche dies, um ihr Problem lösen zu können. Bei einer klaren Trennung von Therapie, Lehre, Begleitung und anderen Aufgaben wird die Klientin schneller unabhängig und kann selber entscheiden, ob sie noch weitere Angebote in Anspruch nehmen möchte, ohne dies für unerlässlich zur Lösung ihres Problems zu halten.

II.4.2 Nur Ziele der Klientin können angestrebt werden

Bereits im Abschnitt über die Zielklärung wies ich darauf hin, dass es für die Therapeutin wichtig ist, zu verstehen, was die Klientin will. Ziele von Angehörigen, Überweisenden, beteiligten Dritten oder der Therapeutin können zwar berücksichtigt, aber nicht als Ziel der Therapie verfolgt werden. Es führt erfahrungsgemäß regelmäßig zu Problemen, wenn der therapeutische Auftrag nicht von der Klientin kommt.

Wenn KlientInnen zu einer Therapie verpflichtet werden, etwa zur Überprüfung ihrer Arbeitsfähigkeit für einen Rentenantrag oder als Auflage für eine Verkürzung des Gefängnisaufenthaltes oder als Erziehungsmaßnahme von Eltern für ihre Kinder, so ist zunächst nicht damit zu rechnen, dass diese KlientInnen motiviert sind, sich einer Therapie zu unterziehen. Fremde, aufoktroyierte Ziele werden von KlientInnen nicht einfach übernommen. Hier sollten wir erst klären, was die jeweilige Klientin selbst möchte und wie die Überweisenden darauf reagieren würden, wenn die Klientin ihr Ziel erreicht. Die SFT kann nicht andere Menschen verändern, sondern nur helfen, dass die Klientin eigene Ziele erreicht.

Nehmen wir an, ein Kind wird von seinen Eltern in die Therapie geschickt, mit dem Wunsch, dass es lernt, sich anders zu verhalten. In so einem Fall können Sie das Kind fragen:

„Von deinen Eltern habe ich erfahren, dass ihr Schwierigkeiten miteinander habt. Sie würden sich wünschen, dass eure häufigen Streite aufhören. Ich weiß jetzt, was sie möchten, was aber möchtest du?“

Wenn das Kind etwas nennt, von dem Sie annehmen, dass seine Eltern darauf entsetzt reagieren, können Sie es fragen:

„Was vermutest du, wie deine Eltern darauf reagieren werden?“
„Was tust du, wenn deine Eltern entsetzt reagieren?“
„Was müsstest du tun, damit dir deine Eltern erlauben … zu machen?“

Oder:

„Wie könntest du erreichen, dass du mit deinen Eltern gut auskommst, obwohl du … tust?

Auch Ihre eigenen Einwände, die Ihnen einfallen, wenn das Ziel des Kindes erreicht würde, können Sie überprüfen, indem Sie das Kind fragen:

„Wenn … geschieht, wie kannst du erreichen, dass … nicht eintritt?“

Wichtig, ist, dass die Therapeutin hilft, dass ihre Klientin ihr eigenes Ziel erreicht. Nur dann kann sie damit rechnen, dass die Klientin sich für ihr Ziel einsetzt und handelt.

Ähnliche Probleme finden wir in der Psychiatrie: Auch hier kann nur mit den Zielen der KlientInnen gearbeitet werden, nicht mit den Zielen der behandelnden Psychiater, falls diese von denen der KlientInnen abweichen. Folgendes Beispiel mag dies verdeutlichen.

Auf einer Station in einem psychiatrischen Krankenhaus, auf der Patienten, die sich bereits über zwanzig Jahre in der Klinik aufhielten, dahin gehend therapiert wurden, dass sie wieder in einer Wohngemeinschaft leben können, wurde versucht, einen Patienten in eine Wohngemeinschaft zu überweisen, obwohl er selbst nicht aus der Klinik entlassen werden wollte. Am Tag vor dem Umzug in die Wohngemeinschaft zertrümmerte der Patient einen Fernseher im Aufenthaltsraum und lief brüllend herum. Diese Antwort auf die bevorstehende Entlassung nahmen die Ärzte zur Kenntnis und verlegten den Patienten auf die Pflegestation der Klinik.

Entwicklungsfortschritte werden von KlientInnen nicht immer gutgeheißen, insbesondere dann nicht, wenn sie mit sehr viel mehr Verantwortung für sie verbunden sind. Für diesen Patienten, der bereits zwei Jahrzehnte in der Klinik war, war die Vorstellung, wieder draußen zu leben, fürchterlich, während die Verlegung auf die Pflegestation sicherstellte, dass er sein Leben lang behütet in der Psychiatrie bleiben kann.

Die SFT hätte in diesem Fall vielleicht helfen können, dass der Wunsch des Patienten schneller beachtet worden und der Fernseher verschont geblieben wäre. Hingegen kann an dem von dem Personal der Station so gewünschten Entwicklungsfortschritt, der Selbstständigkeit der Patienten, mit der SFT nicht gearbeitet werden, wenn der Patient dies nicht wünscht.

Würde die Therapeutin nicht mit dem Patienten, sondern mit dem Personal der Station arbeiten, so könnte sie das Ziel, dass der Patient selbstständiger wird, unterstützen, jedoch nur innerhalb der Grenzen, die dieser Patient zulässt. Folgende Fragen könnten z. B. dem Personal weiterhelfen:

„Woran würden Sie merken, dass der Patient sich selbstständiger verhält?"
„In welchen Situationen tut er dies bereits?"
„Was ist sein Ziel?"
„Stimmt er einer Verlegung in eine Wohngemeinschaft zu?"
„Wenn Sie ihn in eine Wohngemeinschaft verlegen, was vermuten Sie, wie er darauf reagiert?"

Die SFT ist eine Methode, mit der man nicht manipulieren kann. In dieser Hinsicht ist sie vollkommen integer, verlangt aber auch von der Therapeutin, dass diese selbst keine Wünsche und Ambitionen hat, etwas zu erreichen, sondern nur der Klientin bei ihrer Zielerreichung dient.

II.5 Häufige Verwechslungen mit der SFT

Manche Teile der SFT werden häufig missinterpretiert und mit anderen Methoden verwechselt. Um zu verdeutlichen, wie die Methode der SFT zu verstehen ist, illustriere ich anhand häufig auftretender Verwechslungen den Unterschied der SFT zu diesen Methoden.

II.5.1 Abgrenzung zum positiven Denken

Beim positiven Denken ebenso wie bei vielen Anwendungen so genannter Affirmationen werden im Gegensatz zur SFT die Konsequenzen der gesetzten Ziele nicht überprüft und damit der Kontext des Ziels unberücksichtigt gelassen. Was sich positiv auswirkt, hängt vom jeweiligen Kontext ab.

Was für die Person A positiv ist, kann für die Person B negativ sein. Positives Denken sagt damit nichts inhaltlich über das Ziel aus, sondern nur, dass die Person, um deren Ziel es geht, ihr Ziel als positiv einschätzt. Was für eine Person ein positives Ziel ist, wird erst dann geklärt, wenn die Konsequenzen dieses Ziels bei seiner Verwirklichung mit betrachtet werden. Ziele mit unangenehmen Nebenwirkungen werden nicht als positiv erlebt, auch wenn der Name des Ziels zunächst Positives versprach. Zur Verdeutlichung folgt eine Geschichte aus der Tradition des Tassawuf.

Ein Suchender reiste in ein weit entferntes Dorf, um einen Sufimeister aufzusuchen, der für seine Weisheit berühmt war. Als er im Dorf angelangt war, sagte man ihm, dass der Meister auf der anderen Seite des Berges lebe. Obwohl die Dunkelheit bereits anbrach, machte sich der Schüler auf den Weg. Als er in der Ferne ein helles Licht sah, war er sich sicher, den Sufimeister bald zu finden. Umso mehr überraschte es ihn, als er die Quelle des Lichtes erreichte, dort nur eine Öllampe vorzufinden, die Scharen von Motten umschwirrten. Als sich seine Augen an die Dunkelheit gewöhnten, bemerkte der Suchende ein kleines Stück weiter aufwärts einen matten Lichtschein. Er ging auf diesen zu und fand den Sufi, der im Kerzenlicht las.

„Warum sitzt du hier im Kerzenlicht, wenn dort unten ein so viel helleres Licht leuchtet?", fragte der Suchende.

„Wie du sehen kannst", erwiderte der Sufi, „ist das helle Licht für die Motten, die mich so hier in Ruhe lesen lassen."

Wird der Kontext eines Ziels nicht berücksichtigt, dann kann gerade das Gegenteil von dem, was man wollte, erreicht werden. Dass Ziele, die sich *häufig* als günstig erwiesen haben, dies nicht *immer* sein müssen, zeigt auch folgende Lehrgeschichte (nach Singer 1999):

Ein erfolgreicher Geschäftsmann kam zu einem Meister und prahlte in dessen Gegenwart mit seinen Erfolgen und seiner Theorie über wirtschaftliche Entwicklung. Der Meister, der zunächst schweigend zuhörte, wandte nach einer Weile ein: „Wird in deiner Theorie nur Wachstum als Maßstab in Betracht gezogen?" „Ja, jedes Wachstum ist an sich schon gut", antwortete der Geschäftsmann. „Oh", entgegnete da der Meister, „ist das nicht die Art und Weise, wie die Krebszelle denkt?"

II.5.2 Abgrenzung zum NLP

II.5.2.1 Unterschied zwischen Ziel und Wunder

Die Klärung des Ziels der Klientin ist, wie im NLP, auch in der SFT ein wichtiger Aspekt bei der Entdeckung von Lösungen. Wie wir gesehen haben, trägt die Wunderfrage zur Lösungsfindung auf viel grundlegendere Weise als die Frage nach Zielen bei, denn erst mit der Wunderfrage wird deutlich, was die Klientin wirklich will und wie die Verwirklichung ihres Ziels in ihrem Alltag aussieht.

Das Ziel kann ein gedachtes und geplantes sein; im Wunder zeigen sich die wirklichen Wünsche der Klientin. Auch zeigt die Wunderfrage die ganze Lebensform (im Sinne von Wittgenstein) der Klientin mit all den Auswirkungen der Zielerreichung in unterschiedlichen Bereichen für sie selbst und ihre Beziehungen zu Familienangehörigen, ArbeitskollegInnen, Arbeitgeberin, FreundInnen und Bekannten.

Das Ziel erreichen wir als Resultat einer Leistung; das Wunder erhalten wir als ein Geschenk. Die Realisierung des Wunders ist daher nicht planbar. Wir können uns vom Wunder nur beschenken lassen und staunen.

II.5.2.2 Lösungsorientiert versus lösungsfokussiert

Aus dem breiten Gebiet von Techniken und Vorgehensweisen, die unter der Bezeichnung NLP eingeordnet werden, sind für einen Vergleich von NLP und SFT das Metamodell des NLP und die Wohlgeformtheitskritierien für Zieldefinitionen im NLP interessant.

A) Vergleich Metamodell und lösungsfokussiertes Vorgehen

Das Metamodell des NLP für die Gesprächsführung lehnt sich an Chomskys Sprachmodell an. Dieses unterscheidet Oberflächen- und Tiefenstruktur der Sprache, wobei die Oberflächenstruktur durch die gesprochene Sprache gegeben ist und die Tiefenstruktur sich unter anderem durch die Aufhebung von Tilgungen, Generalisierungen und Verzerrungen ergibt.

Unter Tilgungen versteht Chomsky das Verhältnis der ursprünglichen Teile der Tiefenstruktur zur transformierten Struktur, also den Prozess, durch den bei der Transformation der Tiefenstruktur in die Oberflächenstruktur Teile aus der Tiefenstruktur verloren gehen. Unter Generalisierungen sind spezifische Aussagen in der Tiefenstruktur zu verstehen, die unspezifisch in die Oberflächenstruktur übernommen, also generalisiert wurden. Verzerrungen weisen auf falsche Verknüpfungen innerhalb der Oberflächenstruktur hin. Tilgung, Generalisierung und Verzerrung sind die Prozesse, die zu einem verarmten Modell der Welt, zu Einschränkungen der Wahlmöglichkeiten und zu limitierenden Glaubenssätzen führen.

Um den Anliegen der KlientInnen gerecht zu werden und ihnen Zugang zu reicheren Wahlmöglichkeiten zu geben, ist es günstig, die Tilgungen ihrer Äußerungen aufzuheben, die Generalisierungen zu spezifizieren und Verzerrungen zu entkoppeln. Hierzu haben Richard Bandler und John Grinder (1998) in ihrem Metamodell eine spezifische Fragetechnik entwickelt. Das NLP hat sich inzwischen weit über dieses ursprüngliche Metamodell hinausentwickelt. Um den in vieler Hinsicht immer noch großen Unterschied zwischen dem Vorgehen des NLP und der SFT zu verdeutlichen, werden im Folgenden den Aussagen der KlientInnen jeweils mögliche Folgefragen nach dem Metamodell des NLP und nach der SFT gegenübergestellt.

„Mir geht es eigentlich immer schlecht."

NLP

„Wirklich immer?"
„In jedem denkbaren Fall?"
(Hinterfragung des Universalquantors.)
„Auf welche Weise geht es Ihnen schlecht?"
(Hinterfragung des unspezifischen Verbs.)
„Gemessen woran geht es Ihnen schlecht?"
(Hinterfragung des getilgten Vergleiches.)

SFT

„Gibt es Zeiten, in denen es Ihnen ein klein wenig besser geht?"
„Auf einer Skala von -10 bis 0, wenn -10 der schlechteste Zustand ist, wo befinden Sie sich jetzt gerade?"

„Das Verhalten meines Mannes macht mich noch ganz verrückt."

NLP

„Wie macht er das? Gehirnwäsche? Isolationshaft?"
(Drastische Hinterfragung des Kausalnexus als semantische Fehlgeformtheit sorgt, wenn sie gelingt, für eine humorvolle Distanzierung von der Ursache-Wirkungs-Sicht.)
„Durch welches Verhalten wem gegenüber?"
(Hinterfragung des Kausalnexus.)
„Was nehmen Sie wahr, wem gegenüber Ihr Mann sich in welcher Weise verhält, was nehmen Sie dann, um sich verrückt zu machen?"
(Hinterfragung der speziellen Tilgung und der Unschärferelation und gleichzeitig Denominalisierung und Hinterfragung des Kausalnexus.)

SFT

„Woran würden Sie merken …?"
„Wann geht es Ihnen mit Ihrem Mann ein klein wenig besser?"
„Angenommen, es geschieht heute Abend, – nachdem Sie zu Abend gegessen haben – und schließlich schlafen gegangen sind, – mitten in der Nacht ein Wunder, – sodass das Verhalten Ihres Mannes für Sie kein Problem mehr wäre, – woran würden Sie das merken? Was würden Sie dann tun?"

„Das war so schlimm – seither geht es mir schlecht."

NLP	SFT
„Was von dem, was Sie wahrgenommen haben, haben Sie zum Anlass genommen, es sich schlecht gehen zu lassen?" „Was war für wen in welcher Beziehung schlimm?" „In welcher Hinsicht geht es Ihnen wie, wann, wo und wem gegenüber schlecht – gemessen woran?" (Hinterfragung der Tilgungen: fehlende Bezüge, unspezifische Verben.)	„Gab es in der letzten Zeit Stunden, in denen es Ihnen etwas besser ging?" „Gab es dabei Unterschiede? Zeiten, in denen es weniger schlecht ging?"

„Ich weiß, dass ich nie den richtigen Partner finden kann."

NLP	SFT
„Wie, auf welche Weise wissen Sie das?" (Hinterfragung des unspezifizierten Verbs.) „Niemals? Ohne eine einzige Ausnahme?" (Hinterfragung des Universalquantors.) „Richtig für wen?" (Hinterfragung des getilgten Vergleichs.) „Richtig in welcher Weise?" (Hinterfragung der getilgten Beurteilungsprozedur.) „Richtig gemessen wie und woran?" (Hinterfragung des getilgten Maßstabes.) „Richtig nach welchen Kriterien für welche Zeitspanne?" (Hinterfragung getilgter Spezifikatoren.) „Finden auf welche Weise?" (Hinterfragung des unspezifizierten Verbs.)	„Woran würden Sie erkennen, oder wie würden Sie merken, dass ein Partner für Sie richtig ist?" „Woran würden Sie erkennen, dass ein passender Partner für Sie auftauchen könnte?" „Angenommen, Sie hätten einen passenden Partner gefunden, was wäre dann für Sie anders? Was täten Sie dann, das Sie nicht eh schon tun?"

„Das war schon immer so."

NLP	SFT
„Was war schon immer wie für wen so?" „Und unter welchen Bedingungen war es so?" (Hinterfragung der Tilgungen.)	„Woran würden Sie denn überhaupt merken, dass sich etwas ändert?"

„Es ändert sich überhaupt nichts."

NLP	SFT
„Gar nichts? Nicht die kleinste Kleinigkeit? In Ihrem ganzen Leben ändert sich nie irgendetwas?" (Hinterfragung des Universalquantors.) „Für wen ändert sich was genau und in welcher Weise nicht?" (Hinterfragung der unspezifischen Bezüge.) „Was ändert sich nicht?" (Hinterfragung des unspezifischen Subjekts.) „Wie merken Sie, dass sich überhaupt nichts ändert?" (Hinterfragung des unspezifischen Verbs.)	„Woran würden Sie merken können, dass sich etwas zu ändern beginnt?"

„Immer wenn meine Mutter … sagt, werde ich so wütend, dass der Tag für mich verdorben ist."

NLP	SFT
„Tatsächlich jedes Mal?" (Hinterfragung des Universalquantors.) „Was von dem, was Ihre Mutter sagt und wie sie es sagt, nehmen Sie, um sich wütend zu machen?" (Hinterfragung des unspezifischen Verbs und des Kausalnexus.) „Auf welche Weise machen Sie sich dabei wütend?" (Hinterfragung des unspezifischen Verbs)	„Können Sie sich an eine Situation erinnern, in der Sie nicht oder weniger wütend wurden, als Ihre Mutter … sagte?"

Wenn Sie die Fragen vom NLP mit denen der SFT vergleichen, werden Sie feststellen, dass die Fragen des NLP die Äußerungen der Klientin vervollständigen und spezifizieren. Wenn die Äußerungen der Klientin problemorientiert sind, werden dadurch die Probleme genauer analysiert. Die Fragen der SFT hingegen sind immer in Richtung auf Lösungen orientiert und erfragen eher Ausnahmen vom Problem und woran Lösungen erkannt werden. Beide Methoden sind lösungsorientiert, doch fokussiert die SFT sofort in Richtung auf die Lösungen hin, während beim NLP zunächst häufig eine Problemanalyse erfolgt. Wenn die Klientin jedoch Ausnahmen vom Problem nennt oder nach diesen gefragt wird (etwa durch Hinterfragung des Universalquantors oder von Modaloperatoren), können die Fragen des Metamodells diese spezifizieren und verdeutlichen.

B) Vergleich von Wohlgeformtheitskriterien für die Zieldefinition mit lösungsfokussiertem Vorgehen

Wenn man die Klientin im NLP nach ihrem Ziel befragt, wird die Therapeutin deren Äußerungen mithilfe von „Wohlgeformtheitskriterien" so lange hinterfragen, bis die Zieldefinition der Klientin diesen Kriterien genügt. Es handelt sich dabei vor allem um folgende Kriterien:

Das von der Klientin als Ziel benannte Verhalten bzw. der von ihr definierte Zielzustand sollte

- unter eigener Kontrolle stehen, d. h., die Klientin sollte ihn selbst initiieren und aufrechterhalten können (das Ziel wird daher ein realistisches sein müssen);
- gut kontextualisiert sein, d. h., die Klientin sollte mit angeben, wann, wo und wem gegenüber sie das Verhalten bzw. den Zustand verwirklichen möchte (das Ziel wird also äußerst situationsspezifisch angegeben und in Form von neuen eigenen Verhaltensweisen beschrieben sein müssen);
- sinnesspezifisch und konkret benannt werden, d. h., die Klientin sollte möglichst konkret benennen, was der Zielzustand oder das Zielverhalten genau ist und wie sie dessen Verwirklichung sinnlich wahrnehmen wird;
- (sprachlich) positiv formuliert sein, d. h. nicht als Abwesenheit, sondern als Anwesenheit von etwas beschrieben werden

(aus „Ich werde keine Angst mehr haben ..." wird dann vielleicht „Ich werde ruhig durchatmen");
- keine Vergleiche mit getilgten Bezügen enthalten.

In der SFT werden vereinfachte Versionen dieser nützlichen Wohlgeformtheitskriterien eher implizit berücksichtigt, ohne dass sie in gleicher Ausführlichkeit formuliert werden. Die Eröffnungsfrage „Was ist Ihr Ziel?" wird in der SFT nicht gestellt, sondern es wird eher „Was ist Ihr Anliegen?" oder „Was führt Sie hierher?"gefragt. Dadurch wird die Klientin ermutigt, statt einer punktuellen Zielvorstellung mehrere Wünsche zu äußern. Fixierungen auf bestimmte, z. B. sozial anerkannte Zielvorstellungen, die von der Klientin mit in die therapeutische Begegnung gebracht werden, könnten es ihr, wenn die Therapeutin dieses Muster mithilfe punktueller Zielfragen verstärkt, unnötig erschweren, mit der Lösung in Kontakt zu kommen und den Wechsel der ganzen Lebensform von der Welt des Problems zur Welt der Lösung zu vollziehen. Diese Frageform erleichtert auch, dass die Klientin das Gewünschte weniger als ein Endziel oder letzte Lösung auffasst, sondern eher als den Beginn von etwas Neuem, das sich nicht als ein umschreibbares Etwas wie ein „Ziel" formulieren lässt, sondern offen bleibt, und dadurch auch zukünftige kreative Wandlungen und Erweiterungen zulässt.

Der Teil der Zielklärung wird im lösungsfokussierten Interview eher kurz gehalten – die von der Klientin genannten Ziele geben nur eine Richtung an – und möglichst bald die Wunderfrage gestellt, in der sich dann zeigt, was das wirkliche Ziel der Klientin ist.

Fragen, wie sie im NLP und vielen systemischen Schulen gestellt werden, z. B.:

„Was brauchen Sie, um vom Jetztzustand zum Zielzustand zu kommen?"
„Woran müssen Sie glauben, um vom Jetzt- in den Zielzustand zu gelangen?"
„Was können Sie tun, um den Zielzustand zu erreichen?"
„Wie können Sie mit Sicherheit verhindern, dass Sie Ihr Ziel erreichen?",

werden in der SFT nicht gestellt, da diese Fragen die Perspektive des Problemzustands nicht verlassen und den Weg zum Zielzustand als mühsam und weit erscheinen lassen. Mit der Wunderfrage wird dieser Weg zum Ziel auf elegante Weise in einem Augenblick mühelos vollzogen, und die Klientin kann aus der Perspektive des Ziels dieses detailliert beschreiben.

Die Aufgaben am Ende der ersten Sitzung werden der Klientin als Angebot gegeben, ihr mithilfe der Wunderfrage bereits erlebtes Ziel in ihrem Alltag zu realisieren. Hier mag dann eine mühsame Arbeit und ein „Dranbleiben" am Ziel vonnöten sein. Daher wird hier dann in der SFT auch die Arbeit mit den Skalen genutzt, um die einzelnen Schritte und Fortschritte zu verdeutlichen. Die Vorstellung, erst auf einem langen, mühsamen Weg zum Ziel zu gelangen, verhindert häufig die Aufnahme gedanklichen Kontaktes mit Zielen.

Fragen, wie:

„Was ist gut am Jetztzustand?"
„Was geben Sie auf, wenn Sie Ihr Ziel erreichen?" („Was ist der Preis für die Erreichung Ihres Ziels?"),

werden in der SFT nicht direkt gestellt. Hierüber erfahren wir etwas indirekt, wenn der Kontext des Wunders abgefragt wird. Hier *kann* sich, was gut am Jetztzustand ist und bei der Problemlösung aufgegeben werden müsste, als Schwierigkeit bei der Verwirklichung des Wunders zeigen. Hier kann dann die Folgefrage:

„Und wenn jetzt das Wunder *eingetreten* ist, wie gehen Sie *dann* mit dieser Schwierigkeit um?",

weiterhelfen. Werden Fragen nach dem Preis der Lösung direkt gestellt, kann die Kraft aus der Lösung (wenn das Wunder erlebt wird) beeinträchtigt werden, und die Vorstellung, etwas aufgeben zu müssen, kann die Blickrichtung der Klientin wieder verstärkt auf das Problem lenken.

Eine solche wie weiter oben beschriebene und in der Praxis des NLP sehr verbreitete Einengung auf punktuelle Ziele kann durch die Exploration der Metaziele oder Metabedürfnisse der Klientin („Was ist für Sie sichergestellt, wenn Sie das Ziel YXZ erreicht haben?") balanciert werden. Dadurch könnten die NLP-Wohlgeformtheitskriterien für die SFT nutzbar gemacht werden.

Von der Grundlogik des Vorgehens her, bei dem „Zielehaben" in ein „Im-Zustand-der-Lösung-Sein" transformiert wird, kommt das von Thies Stahl (1988) im NLP entwickelte PeneTRANCE-Modell der Anwendung der Wunderfrage Steve de Shazers näher.

Es benutzt in sehr stringenter Form die Wohlgeformtheitskritierien mit den beiden Erweiterungen, dass die Zieldefinition im Indikativ und nicht im Konjunktiv formuliert sein soll („Ich würde gern …" weist auf einen inneren Konflikt hin, in dem nur eine Seite der Klientin das Ziel erreichen will) und dass sie einen möglichst kurzen Feedbackbogen haben soll, d. h., das Ziel soll so gesetzt werden, dass zwischen „das Entscheidende neu tun" und „realisieren, dass es getan wurde" möglichst wenig Zeit vergeht.

In „penetranter" und inhaltsfreier Weise wird nachgefragt: „Woran wirst du erkennen, wenn du dein Ziel erreichst, … (letzte Zielformulierung der Klientin)?" Dadurch wird die Klientin wie bei der ericksonschen Arbeit in den Zielzustand hineingeleitet, den sie im Prozess dieser Befragung zunehmend und für die Therapeutin sichtbar in ihrer „Physiologie", der Gesamtheit ihrer wahrnehmbaren Körperreaktionen, demonstriert. Thies Stahls Modell ist die Umsetzung der Forderung von John Grinder, dass der erste Schritt zum Ziel hin schon Qualitäten des Zieles haben soll, und hilft der Klientin, das Ziel weniger zu „haben", als im Modus der Zielerreichung zu „sein".

Die Einengung auf eine punktuelle Zielvorstellung wird in den Fragen des PeneTRANCE-Modells dadurch verhindert, dass die Kriterien so stringent angewandt werden, dass die Klientin ihre Ziel-Denkschemata, die sie anfänglich für ihre Antworten nutzt, loslassen kann und damit auch die Fixierung auf eine bestimmte Zielvorstellung. Über die Antizipation der Erreichung des (meist in diesem Prozess neu deutlich gewordenen) Zieles kann die Klientin, in ähnlicher Weise wie in der SFT mithilfe der Wunderfrage, den Seinszustand erlebnismäßig vorwegnehmen, der den Seinszustand des Problems ablösen wird.

In diesem Sinne ist die Zieldefinitionsarbeit des NLP mit der Logik der Fragen in der SFT kombinierbar. Immer dann im Prozess, wenn die Klientin fixe Zielvorstellungen hat, stellen die Wohlgeformtheitskritierien, vor allem in der stringenten Form angewandt, ein zusätzliches Set von Fragen zur Verfügung, mit dem die Therapeutin der Klientin dabei assistieren kann, offener für das Erleben von Wundern zu werden.

Die ausführliche Wunderfrage kann dann im Vorgehen des NLP ergänzt werden, wenn der Wechsel in der Physiologie der Klientin noch nicht deutlich genug ist. Die Wunderfrage könnte im NLP auch angewandt werden, um zu überprüfen, ob die mit den Wohlgeformtheitskritierien und dem PeneTRANCE-Modell erarbeiteten Zielvorstellungen zutreffend und vollständig sind. In diesem Sinne ist eine gegenseitige Bereicherung der Frageformen und Vorgehensweisen aus beiden Ansätzen möglich und wünschenswert.

III. Kleine Einführung in die Systemischen Strukturaufstellungen (SySt)

Die Systemischen Strukturaufstellungen (im Folgenden SySt abgekürzt) entwickelte ich zusammen mit Matthias Varga von Kibéd in den Jahren seit 1989. Im Mittelpunkt dieser Methode steht das Verfahren des Aufstellens. Einflüsse aus der Hypnotherapie, der systemischen Therapie und der Familientherapie prägten Stil, Vorgehensweise und Haltung bei der Systemischen Strukturaufstellungsarbeit.

Im Gegensatz zu den bekannten Familienaufstellungen werden bei den Systemischen Strukturaufstellungen unterschiedlichste Systeme aus verschiedenen Bereichen aufgestellt, z. B. Körpersysteme, Entscheidungsstrukturen, Ziele, Ressourcen, Alternativen und innere Anteile usw.; „aufgestellt" heißt hier, dass aus einer Personengruppe Repräsentanten für die einzelnen Systemteile ausgesucht werden, die anschließend im Raum so angeordnet werden, wie es aus der Sicht der Klientin der Beziehungsstruktur der einzelnen Systemteile untereinander entspricht. Das aufgestellte Bild ist also eine Externalisierung eines inneren Bildes. Das externalisierte Bild hat gegenüber dem inneren Bild den Vorteil, dass dieses externalisierte Bild verändert werden kann, sodass sich die einzelnen Systemteile danach meist wohler fühlen. Dieses neue Lösungsbild kann dann wieder positiv auf die Problemsituation zurückwirken.

"That cat must go..."

Aufstellungen sind natürlich horizontal und nicht vertikal zu verstehen.[1]

Bei der in den Systemischen Strukturaufstellungen verwendeten Aufstellungsmethode werden die Repräsentanten nur gestellt ohne Information über die Eigenschaften und das Handeln derer, die sie repräsentieren. Es reichen Angaben dazu aus, wer zum System gehört und wie der Verwandtschaftsgrad oder die Art der Beziehung der Personen untereinander ist. Beim Familien-Stellen werden die Personen des Systems der Klientin von dieser mit Gruppenmitgliedern als RepräsentantInnen in der Anordnung ihrer Beziehung in den Raum gestellt. Auf diese Weise wird das interne Bild der Klientin von ihrer Familie externalisiert. So werden z. B. Familienmitglieder, die ausgestoßen oder verschwiegen wurden, in der Aufstellung eher am Rande, meist abgewandt stehen. Die Methode, dass die RepräsentantInnen – also die für die Systemmitglieder aufgestellten Personen – ohne Angaben von Sätzen, Gesten und ohne nähere Information gestellt werden, wurde erstmals von Thea Schönfelder für psychiatrische Patienten verwendet. Diese Methode

1 Der Cartoon stammt von David Myers (in Bryant 1993).

übernahm Bert Hellinger von ihr für seine Methode des Familienstellens.

Der Rückgriff auf Rollenspieler ist in der Psychotherapie schon länger üblich. Im Psychodrama werden Szenen detailliert nachgespielt und neue Lösungen für die dargestellten Konflikte gesucht. Der Unterschied zum reinen Stellen ist, dass hier im Vorfeld wesentlich mehr detaillierte Information gegeben wird. Selbstverständlich treten die typischen Aufstellungseffekte auch hier auf, doch lassen sie sich schwerer unterscheiden von dem, was die Rollenspieler an Eigeninterpretation hineingeben. Das Hineinschlüpfen in die Rolle des Gegenparts, z. B. eines Mörders in die Opferrolle, wurde bereits im Psychodrama dafür verwendet, andere Positionen verstehen zu lernen.

Auch Virginia Satir verwendete in ihrer entwicklungsorientierten Familientherapie die Darstellung fremder Systeme mithilfe von Personen. Sie führte symbolische Haltungen (unter anderem die vier Satir-Kategorien: die Beschwichtigende, die Anklagende, die Rationale und die Irrelevante) und symbolische Formen ein, mit deren Hilfe Situationen prägnant dargestellt werden können. Beispiele hierfür sind: die *Virginia steps*, eine kleine Treppe oder ein Hocker, auf die gestellt ein Kind sich in Augenhöhe mit den Eltern befindet; oder als Symbol für den Geburtsvorgang eine Rollenspielerin, die mit gespreizten Beinen steht, durch die RepräsentantInnen für die Kinder hindurchschlüpfen. Wie im Psychodrama ließ sich Virginia Satir von vorneherein sehr viel Information geben, auch damit der Kontext vergangener Ereignisse sichtbar und verständlicher wird. So wurde z. B. nach der wirtschaftlichen, politischen und persönlichen Situation der Eltern und Verwandtschaft gefragt, damit die KlientInnen wie auch die RollenspielerInnen sich die Lage der Eltern und deren Handlungsspielraum in der betrachteten Situation besser vorstellen konnten.

Virginia Satir entwickelte die Familienrekonstruktion, die Familienskulptur und verschiedene andere dynamische Aufstellungsverfahren. Bei der Familienrekonstruktion werden wichtige Familienszenen nachgespielt, um Einsicht in die Situation der Eltern zu gewinnen und Verständnis für problematische Verhaltensweisen ihrerseits zu bekommen. Die Familienskulptur ist dagegen ein statisches Verfahren. Die Klientin baut aus RollenspielerInnen eine Skulptur ihrer Familie, indem sie die RollenspielerInnen in typischen

Haltungen und mit typischen Gesten für die jeweiligen Familienmitglieder aufstellt und ihnen Sätze vorgibt. Für die Skulptur können auch die vier Satir-Kategorien verwendet werden:

- *die Beschwichtigende:* am Boden kniend, die Hände flehentlich emporgehoben;
- *die Anklagende:* aufrecht stehend, mit einer Hand tadelnd auf jemand deutend;
- *die Rationale:* aufrecht im Stuhl sitzend, steif, die Arme ineinander verschränkt;
- *die Irrelevante:* mit gekreuzten Beinen im Raum stehend, die Arme in verschiedene Richtungen zeigend.

Dadurch, dass den RollenspielerInnen sehr viele Informationen gegeben werden, lässt sich bei diesem Verfahren schwer unterscheiden zwischen gespielter und repräsentierter Rolle.

III.1.1 Das Familien-Stellen und die Systemischen Strukturaufstellungen

Das Familien-Stellen und die Systemischen Strukturaufstellungen haben die Methode der Aufstellung gemeinsam, sind jedoch hinsichtlich ihrer Grammatik, der therapeutischen Haltung und der Deutung des Aufstellungsgeschehens ziemlich verschieden. Die Systemischen Strukturaufstellungen sind den konstruktivistisch-systemischen Verfahren ähnlicher und bauen auf der Hypnotherapie nach Milton Erickson auf. Dies bedeutet, dass sehr viel auf Pacing geachtet, also die Sprache der Klientin verwendet und ihr Anliegen, so wie sie es formuliert, aufgestellt wird, z. B. für eine Entscheidungssituation ein Tetralemma oder bei einer körperlichen Erkrankung eine Körper-Strukturaufstellung. Die Methode des Familien-Stellens von Bert Hellinger ist hingegen provokativer und hat deutlichere Bezüge zum Weltbild der Psychoanalyse.

III.1.1.1 Gemeinsamkeiten

Zunächst gehe ich auf die Gemeinsamkeiten von Familien-Stellen und den Systemischen Strukturaufstellungen ein und stelle dann (III.1.1.2) ihre Unterschiede dar.

III.1.1.1.1 Repräsentierende Wahrnehmung: Eine Möglichkeit der Fremdwahrnehmung

Im Mittelpunkt beider Verfahren steht die Methode der Aufstellung. Das Überraschende an dieser Methode ist, dass sich mit ihrer Hilfe Systeme durch fremde Personen darstellen lassen, und dies sogar dann, wenn die fremden Personen inhaltlich nichts über das darzustellende System wissen. Die aufgestellten Personen, die wir Repräsentanten im engeren Sinne nennen, werden nur gefragt, was sie an der jeweiligen Stelle, an die sie von der Klientin geführt wurden, für körperliche Empfindungen haben. Wir sprechen hier von **repräsentierender Wahrnehmung.**

Der Körper der RepräsentantInnen wird zu einem Wahrnehmungsorgan, mit dem Empfindungen, Haltungen, Emotionen und Kognitionen bezüglich der Mitglieder des fremden Systems wahrgenommen werden können. Die aufgestellten Personen geben bei diesem Prozess nur die Unterschiede an, die sie zu ihrem Zustand, bevor sie aufgestellt wurden, empfinden. Interpretationen oder Meinungen zum Wahrgenommenen sollten dabei nicht genannt werden. Die mit dem Körper wahrgenommenen zum fremden System gehörigen Empfindungen verschwinden, sobald sich die RepräsentantInnen wieder setzen. Die repräsentierende Wahrnehmung setzt schlagartig ein, sobald die „Rollenspieler" gewählt sind, und spätestens, sobald sie gestellt sind. Empfindungen, die zu ihrem eigenen Kontext gehören, lassen sich im Gegensatz dazu auf diese Weise nicht beeinflussen. Diese fremden Personen repräsentieren dann die Personen, die sie darstellen – in diesem Sinne zeigt sich hier eine Möglichkeit, Fremdpsychisches wahrzunehmen. Die Äußerungen der RepräsentantInnen weisen eine hohe Übereinstimmung mit dem Befinden der Repräsentierten auf. Sie sind Ausdruck von Beziehungsstrukturen. Sie passen nicht wie bei einer Eins-zu-eins-Korrelation zusammen, sondern die Äußerungen der RepräsentantInnen weisen inhaltlich auf die repräsentierten Systemteile hin oder enthalten typische Äußerungen der repräsentierten Systemteile oder zeigen in der Richtung des Veränderungsprozesses ausgesprochene Ähnlichkeiten auf.

Wann die repräsentierende Wahrnehmung einsetzt, ist davon abhängig, wie sie vorher von der Therapeutin implizit oder explizit eingeführt wurde. Sagt die Therapeutin, dass die repräsentierenden Empfindungen eintreten, sobald die „Rollenspieler" gestellt sind, dann ist „Stehen" und „Sitzen" ein Unterscheidungsmerkmal zwischen „zur Aufstellung gehören" oder „nicht gehören". Es kann jedoch auch ein anderes Unterscheidungsmerkmal verbal eingeführt werden, z. B. „im umgebenden Kreis des Aufstellungsraumes sitzen" und „sich im Kreis befinden".

Der Akt der Transformation von Person zu Repräsentantin geschieht verbal durch die Benennung als Repräsentantin, z. B. „Du stehst jetzt für X". Dabei kann ein Name gegeben werden, es ist jedoch auch eine Nummer ausreichend. Eine Reihe von experimentellen Aufstellungen, die wir zur Klärung der Frage, was mindestens nötig ist, damit eine Repräsentation stattfindet, durchführten, scheint uns deutliche Hinweise darauf zu geben, dass möglicherweise nicht einmal der Name der Rolle genannt werden muss, damit die „RollenspielerInnen", sobald sie aufgestellt sind, die passenden Körperempfindungen zu ihrer Rolle bekommen und sinnvoll reagieren.

Für die Entrollung können ebenfalls Worte hilfreich sein, indem etwa innerlich der eigene Name genannt wird. Andere Möglichkeiten für die Entrollung sind:

- Arme und Beine ausschütteln,
- herumgehen,
- die Klientin entlässt die Rollenspieler mit Worten,
- kaltes Wasser auf Gesicht und Arme,
- duschen.

III. 1.1.1.1.1 Wahrnehmung von Fremdpsychischem statt Seelenwanderung

Dass hier Fremdpsychisches wahrgenommen werden kann, verleitet manchmal zu recht gewagten Spekulationen über den Prozess, der dabei stattfindet. So wird von manchen die These vertreten, dass bei Familienaufstellungen sich die Seelen der toten Ahnen melden. Diese These kann widerlegt werden. Bei Körper-Strukturaufstellungen stellen wir z. B. auch Körperteile auf, und die RepräsentantInnen nehmen dabei passende Empfindungen für die einzelnen Körperteile der Klientin wahr. Wenn wir hier von der Seele des Zehs oder des Herzens sprechen, macht dies innerhalb unseres Sprachgebrauchs wenig Sinn.

Auch bei abstrakten Aufstellungen, wie etwa der Glaubenspolaritätenaufstellung, wäre die Vorstellung einer Seele bei den

Systemteilen „Erkenntnis", „Liebe" und „Ordnung" ungewöhnlich. Wenn wir eine Seelenwanderung als Erklärungshypothese für die repräsentierende Wahrnehmung verwenden, mystifizieren wir die Aufstellungen unnötig. Die Hypothese einer neuen Wahrnehmungsmöglichkeit ist einfacher und setzt nicht Entitäten wie Seelen bei Systemteilen und Abstrakta voraus.

III.1.1.1.2 Der Prozess des Aufstellens

Beim Familien-Stellen betont Bert Hellinger, dass das Aufstellen gesammelt vor sich gehen soll, damit das aufgestellte Bild kein von der Klientin intellektuell ausgedachtes ist, sondern ein intuitiv empfundenes. Wir unterstützen den Prozess des Aufstellens häufig mit Variationen folgender Worte:

> „Konzentrieren Sie sich auf Ihren Atem. Spüren Sie, wie Ihre Fußsohlen den Boden berühren – und achten Sie darauf, wie Ihre Hände den Rücken der Repräsentantin berühren – und spüren Sie nach, wo Ihre Hände Sie hinführen. Folgen Sie der Bewegung, die entsteht."

Diese tranceinduzierenden Worte unterbrechen die Gedanken der KlientInnen, sodass sie in der dadurch ausgelösten Verwirrung sich mehr auf ihre Intuition einlassen.

Manchmal beginnt die Repräsentation bereits bei der Vergabe der Rolle und nicht erst beim Aufstellen. Dies weist darauf hin, dass der entscheidende Prozess zur Einleitung einer Repräsentation die Zuweisung der Rolle ist. Dabei kann die Rolle, wie bereits angesprochen, auch nur mit einer Nummer gekennzeichnet sein. Die Worte „Du bist jetzt ..." oder die Auswahl der Repräsentantin durch die Klientin leiten den Aufstellungsprozess ein. Über die Sprache oder eine entsprechende Handlung wird hier eine Form der Wahrnehmung von Fremdpsychischem eingeleitet. Die repräsentierende Person wird zum Teil eines für sie fremden Systems.

Dies bedeutet natürlich nicht, dass Repräsentanten keinen Zugang zu ihren eigenen Empfindungen mehr haben. Die übernommenen Empfindungen können mit den eigenen in Resonanz treten; wir sprechen dann von **eigenresonanten Empfindungen.** Manchmal kommt es vor, dass eigene Empfindungen nach der Zuweisung einer Rolle verschwinden. So kann es sein, dass Kopfschmerzen während einer Aufstellung sich zurückziehen, leider melden sie sich jedoch meist nach dem Entrollen wieder.

III.1.1.1.2.1 Was wir aus Aufstellungen lernen können

Aufstellungen lehren uns auch, dass Menschen nicht so getrennt voneinander sind, wie wir meist annehmen. Wenn fremde Personen, sobald sie aufgestellt werden, so genaue Körperempfindungen hinsichtlich eines für sie fremden Systems haben können, dann müssen wir annehmen, dass wir auch über unsere eigenen Familien mehr wissen, als uns bewusst ist. Die allgemein übliche Annahme, dass wir Menschen voneinander getrennt sind und als Einzelindividuen nur uns selbst wirklich wahrnehmen können, muss hier infrage gestellt werden. Gehen wir hingegen von der Annahme aus, dass wir **grundsätzlich miteinander verbunden** sind und aufgrund von inneren und äußeren Einflüssen unsere gegenseitige Wahrnehmung geschwächt ist, dann wären die Aufstellungen ein Hinweis dafür, auf welche Weise wir wieder vollständiger wahrnehmen können. Rapport, gegenseitiges Verstehen wäre dann grundsätzlich vorhanden und erst durch innere oder äußere Einflüsse gestört worden. Die Frage wäre dann nicht mehr: „Wie stellen wir Kontakt her?", sondern: „Was müssen wir unterlassen, damit der Kontakt erhalten bleibt bzw. nicht unterbrochen wird?"

Auf diesen Aspekt weisen auch noch weitere Beobachtungen bei Aufstellungen hin. Häufig konnte nach Aufstellungen festgestellt werden, dass Familienmitglieder, die bei der Aufstellung nicht anwesend waren, sich in die gleiche Richtung wie die RepräsentantInnen im Aufstellungsprozess verändern. So rief z. B. ein Onkel aus Amerika, der bislang von der Familie gemieden wurde und mit dem seit zehn Jahren kein Kontakt mehr bestand, einige Tage nach einer Aufstellung eine Klientin von mir an. Ein anderes Beispiel ist eine Mutter, die nach der Aufstellung ihrer Tochter, bei der sie nicht anwesend war, erstmals nach zwanzig Jahren ohne Aufforderung mit ihrer Tochter über ein tabuisiertes Thema zu sprechen begann.

Da meist davon ausgegangen wird, dass wir voneinander getrennt sind, fragen wir uns auch, wie diese oder jene Informationen von einem Menschen zum anderen übertragen werden können. Vielleicht ist dies die falsche Frage. Nehmen wir an, dass Menschen in erster Linie miteinander verbunden sind, so stellt sich die Frage, was trennt. Dann müssen wir eher darauf eine Antwort finden, wie es kommt, dass wir nicht mehr miteinander in Kontakt sind. Die Frage, wie wir voneinander Informationen erhalten, stellt sich dann nicht mehr.

Wir können aus den Aufstellungen lernen, dass Empfindungen und Emotionen nicht zu uns als Person gehören. Wenn beim Aufstellungsprozess neue Empfindungen und Emotionen auftreten, diese jedoch nach dem Entrollen genauso schnell wieder verschwinden, so erfahren wir, dass körperliche Empfindungen und Emotionen keine stabilen Eigenschaften von uns sind. Sie besuchen uns wie flatternde Vögel und verlassen uns auch wieder.

Aufstellungen sind ein gewisses **Training im Nichtanhaften**. Schon während des Aufstellungsprozesses lernen die RepräsentantInnen paradigmatisch, wie sie Emotionen, Empfindungen und Gedanken loslassen können. Sobald wir uns über unsere Empfindungen, Emotionen und Gedanken definieren, werden wir zu Sklaven von ihnen und erschweren jede Veränderung.

III.1.1.1.3 Von der Schwierigkeit, nicht aufzustellen: Aufstellungen als alltäglicher Prozess

In unserem täglichen Leben finden Aufstellungen ständig statt. Es ist eher schwierig, nicht aufzustellen. Wenn Sie z. B. zu jemandem sprechen, haben die **Gesten** oft Aufstellungscharakter. Wenn Sie etwa sagen: „Einerseits ...", und dabei mit der rechten Hand eine Geste machen und fortfahren: „... und andererseits", und dabei mit der linken Hand eine Geste machen, haben Sie mit den Händen auf zwei verschiedene Plätze gewiesen und damit gewissermaßen eine kleine Aufstellung vollzogen. Der Gesprächspartner nimmt häufig unbewusst bei jeder der angezeigten Positionen eine andere Körperhaltung ein und versetzt sich durch den Ortswechsel in die beiden unterschiedlichen Positionen, vor allem, wenn wir diesen Unterschied durch Tonhöhe und Haltung unterstreichen.

Nichts prinzipiell anderes geschieht, wenn wir bei einer Aufstellung auf zwei verschiedene Plätze gestellt werden und auf unsere jeweiligen Körperwahrnehmungen achten. Auch bei einem Wechsel der Körperhaltung spüren wir nach, welche Unterschiede wir durch den Positionswechsel wahrnehmen können.

Wenn wir gefragt werden: „Was vermutest du, was dein Partner dazu sagen würde?", gehen wir in Gedanken an seine Stelle und beobachten, ob wir innerlich eine Antwort finden. Auf diese Weise machen wir gedanklich eine Aufstellung. Das Gleiche geschieht beim **zirkulären Fragen**, einer Methode der Mailänder Schule, bei der die einzelnen Familienmitglieder nach Reaktionen anderer Familienmitglieder auf verschiedene Situationen befragt werden. Wir können derartige Fragen nicht beantworten, wenn wir uns nicht an die Stelle des jeweils anderen versetzen. Versuchen Sie, folgende Fragen zu beantworten, und beobachten Sie, auf welche Weise Sie die Antwort finden:

„Was würde Ihr Vater denken, wenn Ihre Mutter eine Reise zu zweit mit Ihnen plante?"

Haben Sie beobachten können, wie Sie sich körperlich in die Position ihres Vaters hineinversetzt haben? Vielleicht haben Sie dabei auch eine andere Körperhaltung eingenommen? Sie haben auf diese Weise eine partielle Aufstellung in Gedanken durchgeführt.

In der Gestalttherapie verwendet man z. B. die Technik, einen **leeren Stuhl als Repräsentationsmedium** für eine andere Person zu nehmen. So kann z. B. ein Gespräch zwischen der Klientin und ihrer Mutter stattfinden, indem zwei Stühle einander gegenübergestellt werden und die Klientin abwechselnd die eine und die andere Position einnimmt und dabei das Gespräch durchführt. Der Unterschied zu einer Aufstellung besteht darin, dass die Plätze für die Stühle als Repräsentanten für die Klientin und ihre Mutter nicht gesammelt intuitiv ausgesucht werden. Sie werden nur einander in Gesprächsposition gegenüber gestellt ohne Berücksichtigung der spezifischen Abstände für die zwei Personen, sodass die Geometrie der Anordnung nicht spezifisch genug für eine Aufstellung wird. Trotzdem laufen auch bei diesem Verfahren aufstellungsartige Prozesse ab.

Oder, anders ausgedrückt, wir verstehen manche Effekte bei einer derartigen Gesprächsführung besser, wenn wir sie unter dem Aufstellungsgesichtspunkt betrachten. Sowie die Klientin auf dem Stuhl der Mutter diese zu repräsentieren beginnt, handelt sie, als ob sie die Mutter wäre, sie wird gewissermaßen ein Teil von ihr; so ist es dann weniger verwunderlich, wenn ihre Antworten zu ihrer Mutter so gut passen. Selbst die von KlientInnen im Anschluss an diese Arbeit häufig mitgeteilte Beobachtung, dass sich der Gesprächspartner, in diesem Fall die Mutter, nach einem auf diese Weise durchgeführten Dialog entsprechend verändert hat, ist unter Aufstellungsgesichtspunkten durchaus nachvollziehbar. Wir können bei Aufstellungen häufig erfahren, dass nichtanwesende Familienmitglieder ihr

Verhalten ändern – selbst dann, wenn ihnen von der Aufstellung nichts mitgeteilt wird. Kann selbst die Repräsentantin der Mutter ein Teil des für sie fremden Systems werden, indem sie sich wie die Mutter der Klientin verhält und Veränderungen vollzieht, so wird in einem derartigen Weltmodell nachvollziehbar, dass auch die repräsentierte Mutter diese Veränderungen durchführen kann. Gewissermaßen hat ihr ihre Repräsentantin den Weg gebahnt. Für ein derartiges Weltmodell haben wir zur Zeit nur einige relevante Rahmenannahmen, aber kein auch nur annähernd ausgeführtes Paradigma. Als Analogie mag man hier an die morphischen Felder von Rupert Sheldrake (1984) denken, bei denen experimentell Hinweise gefunden werden konnten, dass z. B. Lerninhalte, die bereits von anderen Schülern gelernt wurden, weiteren Schülern das Lernen erleichterten, d. h. diese den Lernstoff in kürzerer Zeit bewältigen konnten.

Diese Erfahrungen mit Aufstellungen in Gedanken, Aufstellungen mit Gesten und Aufstellungen mit Stühlen können für die **Einzelarbeit** nutzbar gemacht werden. Hier können fehlende Gruppenmitglieder durch Symbole, Bodenanker oder kataleptische Finger (Erläuterung siehe weiter unten) als nicht personale Repräsentanten ersetzt werden.

Mit **Bodenankern** kann etwa auf folgende Weisen gearbeitet werden: Die Klientin nimmt einen symbolischen Gegenstand, z. B. ein Schuhpaar, ein Kissen oder ein Stück Papier mit Namen und Richtungsangabe in die Hände, bewegt sich im Raum und sucht intuitiv einen Platz, an dem sie den symbolischen Gegenstand platziert. Auf diese Weise stellt sie alle Systemteile auf. Anschließend nimmt die Klientin der Reihe nach alle Positionen ein und berichtet ihre Körperempfindungen an den entsprechenden Stellen.

Wenn die Klientin von einer mit einem Bodenanker markierten Stelle an die nächste tritt, ist es wichtig, dass sie sich dazwischen gründlich entrollt, indem sie sich schüttelt, innerlich ihren Namen sagt, sich im Raum bewegt oder, wenn sie sich von der Repräsentation sehr belastet fühlt, sich Gesicht und Hände mit kaltem Wasser wäscht. Durch das Entrollen verschafft sich die Klientin nach jedem assoziierten Erleben eines Systemmitglieds wieder eine dissoziierte Metaposition zum repräsentierten System. Sobald die Klientin dissoziiert ist, kann sie mit der Therapeutin über ihr Erleben in den verschiedenen „Rollen“ sprechen. Während sie im Alltag in ihrer Familie zum System gehört, ist mithilfe der Aufstellung, in der ein externalisiertes Bild der Familie gestellt wird, für die Klientin die Möglichkeit gegeben, ihre Familie aus einer Metaposition zu betrachten.

Umstellungen der Systemmitglieder und Vorschläge für Rituale macht die Therapeutin. Befindlichkeitsänderungen bei den aufgestellten Systemmitgliedern nimmt jeweils die Klientin wahr, indem sie sich an die Stelle der Bodenanker stellt.

Statt Bodenankern können auch **Symbole**, z. B. Püppchen oder andere Figuren, verwendet werden, die auf dem Tisch aufgestellt werden. Die Klientin kann, indem sie die Figuren mit ihren Fingern berührt, prüfen, wie es sich an deren Stelle anfühlt.

Diese Art, mit Aufstellungen umzugehen, hat den Vorteil, dass die Klientin alle Positionen aus der Innenperspektive erfährt und Einsicht in die Befindlichkeit der einzelnen Systemteile erhält. Ein Nachteil ist, dass die Klientin alle Positionen assoziiert erlebt und den Aufstellungsprozess nicht nur aus der Zuschauerperspektive dissoziiert beobachten kann.

Eine **Aufstellung auf dem Papier mit Kärtchen** unter Angabe von Namen und Richtung ist in einem nichttherapeutischen Rahmen eine mögliche Form für eine Aufstellung, z. B. für eine Organisation. Hier kann die Klientin die Kärtchen mit ihrem Mittelfinger berühren, auf dem Papier verschieben und intuitiv die passende Stelle finden. Umstellungen und Rituale werden von der Therapeutin vorgeschlagen, und die Prüfung der Befindlichkeitsänderungen nimmt wieder die Klientin vor, indem sie mit einem Finger (wir haben die besten Ergebnisse bei Verwendung eines kataleptischen Mittelfingers) die entsprechenden Kärtchen berührt.

Die äußerste Reduktion der Symbolisierung bei einer Systemischen Strukturaufstellung stellt eine **auf einem Papier aufgezeichnete Aufstellung** dar. Hier lohnt es sich, mit **kataleptischem Finger** zu arbeiten. Um zu erfahren, was ein kataleptischer Finger ist, können Sie folgende Übung versuchen:

Nehmen Sie Ihre rechte Hand (bzw. Ihre dominante Hand) mit der linken Hand (bzw. Ihrer nicht dominanten Hand) am Handgelenk und führen sie hoch. Lassen Sie los, und Ihre rechte Hand müsste, wenn sie ganz entspannt ist, wieder auf Ihren Schoß fallen. Wiederholen Sie diesen Vorgang mehrmals. Führen Sie dann Ihre rechte Hand mit der linken Hand ganz langsam hoch, lockern Sie langsam und vorsichtig den Griff Ihrer linken Hand, und lassen Sie die rechte Hand in der Luft stehen. Heben Sie jetzt auch Ihre linke Hand hoch. Sie werden feststellen, dass sich beide Hände unterschiedlich anfühlen. Führen Sie mit der linken Hand Gesten durch, und versuchen Sie dies anschließend mit der rechten Hand. Sie werden bemerken, dass Ihre rechte Hand ein wenig taub geworden ist und sich im Unterschied zur linken Hand schwer bewegen lässt.

Ihre rechte Hand ist jetzt kataleptisch geworden, d. h., sie ist weniger unmittelbar unter bewusster Kontrolle, wie die verlangsamte Reaktionsgeschwindigkeit dieser Hand beim Bewegungsversuch zeigt. Eine solche kataleptische Hand hat den Vorteil, dass Empfindungen und Veränderungen in der Hand wahrgenommen werden können, ohne dass sich diese Empfindungen über den ganzen Körper ausbreiten.

Die Verwendung von kataleptischen Händen ist auch für die Therapeutin nützlich. Wir haben kataleptische Hände als Repräsentanten für Aufstellungen eingeführt. Die Therapeutin kann eine kataleptische Hand als Repräsentantin bei einer Aufstellung verwenden. Da sie zwei Hände hat, haben wir auf diese Weise bereits zwei Repräsentanten für die Einzeltherapie. Mit einem Stuhl und unseren beiden Händen können wir als TherapeutInnen daher vier Positionen darstellen: den Fokus, der zunächst von der Klientin selbst eingenommen wird, sowie drei weitere Positionen.

Gehen wir noch einmal zurück zur Aufstellung auf dem Papier. Hier zeichnet die Klientin für die einzelnen Systemteile Kreise und Quadrate mit Pfeilen für die Richtungsangabe an die Stellen auf dem Papier, die sie körperlich mit ihrem Finger als Messinstrument als die passendsten empfindet. Wieder werden die Aufstellungsveränderungen und Rituale von der Therapeutin vorgeschlagen und die Befindlichkeitsänderungen von der Klientin mithilfe ihres kataleptischen Fingers wahrgenommen.

Wenn wir die genannten Aufstellungsformen vergleichen, können wir feststellen, dass sie in ihrer Abstraktion in folgender Reihenfolge zunehmen:

1. Aufstellung mit Personen,
2. Aufstellung mit symbolische Bodenankern,
3. Aufstellung mit Symbolen auf dem Tisch,
4. Aufstellung mit Kärtchen auf dem Tisch,
5. auf Papier aufgezeichnete Aufstellung mit Verwendung eines kataleptischen Fingers,

6. Aufstellung ohne spezifische Einrollung mit beliebiger räumlichen Anordnung (Verwendung von Stühlen für Gesprächsführung),
7. Aufstellung in der Vorstellung,
8. gedankliche Aufstellung, ausgelöst durch zirkuläres Fragen.

Erstaunlich ist, dass bei den ersten fünf Formen keine Intensitätsabnahme feststellbar ist. Der einzige, jedoch nicht unerhebliche Unterschied ist, dass das externe Bild bei den Formen 2 bis 8 zwischendurch von der Klientin als assoziiert erlebt wird, sie also zwischendurch ihre Zuschauerperspektive verliert. Die Aufstellung mit Personen ist gewissermaßen die Luxusausführung einer Aufstellung.

III.1.1.1.4 Grundkategorien der Interventionsformen

Wir teilen die therapeutischen Interventionsformen bei den Systemischen Strukturaufstellungen in folgende Kategorien ein:

- Stellungsarbeit,
- Prozessarbeit,
- Tests.

Unter **Stellungsarbeit** verstehen wir all die Interventionen, die durch eine Veränderung der Anordnung der RepräsentantInnen für diese eine Befindlichkeitsverbesserung bewirken sollen. Hierunter fallen Interventionen wie das Umstellen von RepräsentantInnen, Veränderungen von Abstand und Winkel sowie das Herstellen von Blickkontakt zwischen RepräsentantInnen durch Positionswechsel und das Dazustellen von Ausgeschlossenen.

Unter **Prozessarbeit** verstehen wir all jene Interventionen, die durch zeitliche Prozesse eine Verbesserung für die RepräsentantInnen erzielen sollen. Die räumliche Anordnung wird dabei selten geändert; falls sie jedoch verändert wird, so dient diese Veränderung nur der Durchführung z. B. eines Rituals, und anschließend wird die ursprüngliche Anordnung wiederhergestellt. Hierunter fallen z. B. Interventionen wie Rituale, Aussprechen von rituellen Sätzen, Herstellen von Blickkontakt, Stärkung durch die eigene Linie, Klärung von Beziehungen usw. An dieser Stelle können auch Methoden anderer therapeutischer Schulen in die Aufstellungsarbeit integriert werden.

Statt von Prozessarbeit sprechen wir manchmal auch von Energie- oder Informationsarbeit. „Prozessarbeit", „Energiearbeit" und „Arbeit mit Information" werden hier synonym verwendet, sie betonen allerdings unterschiedliche Betrachtungsweisen. Die Bezeichnung „Prozess" hebt den zeitlichen Aspekt der Interventionen hervor. Der Begriff „Energie" weist auf den veränderten Energiezustand nach den Interventionen hin und der Begriff „Information" auf den Aspekt, dass unser Wie-Wissen sich durch die Interventionen verändert. Wenn wir z. B. Sätze aussprechen lassen, wie „Du bist mein Vater", „Du bist mein Sohn", so ist diese Verwandtschaftsbeziehung den Repräsentanten im Allgemeinen bekannt. Was neu hinzukommt, ist die Erfahrung, wie es ist, „Vater" zu sein, und wie es ist, „Sohn" zu sein.

Bei Informationen kann man zwischen **Wie-Wissen und Was-Wissen** unterscheiden. Das Was-Wissen betrifft Inhalte, Tatsachen, Gegebenheiten und Abläufe, das Wie-Wissen die Art und Weise, wie es ist, etwas zu sein oder zu erfahren. So ist z. B. das Wissen, wie es ist, einen Bruder zu haben, ein Wie-Wissen, die Information, dass jemand z. B. zwei Brüder hat, jedoch ein Was-Wissen. Aufstellungen vermitteln in erster Linie Wie-Wissen. Die RepräsentantInnen nehmen über ihren Körper nonverbal Information auf, die als Erfahrung ein Wie-Wissen darstellt, das sich partiell auf die Klientin überträgt.

Unter **Tests** verstehen wir Interventionen, die nicht zum Zwecke einer Befindlichkeitsverbesserung der RepräsentantInnen durchgeführt werden, sondern nur dem Testen von Hypothesen gelten, der Klärung, Verdeutlichung vermuteter Dynamiken und Zusammenhänge, und daher häufig auch keine Befindlichkeitsverbesserung erzielen. Hierunter fallen z. B. Interventionen wie

- ein Familienmitglied einem anderen folgen lassen (Hintereinanderstellen der RepräsentantInnen), um eine Dynamik zu überprüfen und
- zu testen, ob eine teilweise Musterrepräsentation, d. h. eine partielle Repräsentation eines fremden Musters oder Schicksals, vorliegt, indem die Therapeutin die beteiligten RepräsentantInnen ihren Platz austauschen lässt.

Wir sprechen hier von Musterrepräsentation und nicht von Identifikation, da immer nur *einige* Muster repräsentiert werden und das Verhalten beider Personen auch *nicht identisch* ist.

Alle aufgeführten Interventionsformen finden wir auch beim Familien-Stellen, wenn auch hier die Hypothesenprüfung nicht immer so explizit geschieht wie bei den Systemischen Strukturaufstellungen.

III.1.1.2 Unterschiede

Neben diesen Gemeinsamkeiten gibt es eine Vielzahl von Unterschieden zwischen dem Familien-Stellen und den Systemischen Strukturaufstellungen, von denen einige im Folgenden kurz beschrieben werden.

III.1.1.2.1 Systemtheoretische Ableitung der Grundprinzipien der Systemischen Strukturaufstellungen

Für sein Familien-Stellen nennt Bert Hellinger vier Grundprinzipien, die er im Laufe der Jahre beobachten konnte. Diese vier Grundprinzipien lauten:

- Jeder hat gleiches Recht auf Zugehörigkeit.
- Innerhalb der Familie hat das ältere Kind Vorrang vor dem jüngeren.
- Zwischen Herkunfts- und Gegenwartsfamilie hat das spätere System Vorrang.
- Wer höheren Einsatz leistet, hat Vorrang vor demjenigen, der sich weniger einsetzt.

Für die Systemischen Strukturaufstellungen gelten diese Prinzipien auch. Wir haben sie jedoch auf eine systemtheoretische Basis gestellt und durch einige weitere Prinzipien ergänzt.

Unser **erstes Prinzip** nennt Bedingungen, die erfüllt sein müssen, damit die **Existenz eines Systems** gesichert wird.

> Um die Grenzen eines Systems festlegen zu können, ist es erforderlich, dass klar ist, wer dazugehört und wer nicht. Die Zugehörigkeit wird durch Regeln festgelegt. Ein Verstoß gegen diese Regeln führt zu Störungen im System.
>
> ⇓
>
> *Prinzip der Beachtung der Zugehörigkeitsbedingungen*

In einer Familie wird die Zugehörigkeit durch die Geburt festgelegt. Daher darf in einem Familiensystem niemand ausgeschlossen werden, denn die durch eine Geburt entstandene Zugehörigkeit ist eine Tatsache, die nicht geleugnet werden kann. Eine Ausnahme bildet, wenn ein Familienmitglied einen Mord begeht. Das Kind wurde Mitglied in der Familie, indem ihm das Leben geschenkt wurde. Begeht es einen Mord, so besteht die Gefahr, dass einer seiner Nachkommen dafür als Ausgleich sühnt, also seine Schuld mitträgt. Daher ist es wichtig, dass der Schuldige seine Schuld alleine trägt. Ein Mörder verändert durch seine Tat die Beziehung zu seinen Familienangehörigen, z. B. kann er danach nicht mehr ohne massive Störungen weiter in der Familiengemeinschaft leben.

Die verwandtschaftliche Beziehung, die er zu den anderen Familienmitgliedern hat, bleibt natürlich bestehen und kann ihm nicht mehr genommen werden. Es hat zumindest keinen Sinn zu sagen, jemand sei nicht mehr z. B. der Vater, wenn er einen Mord begangen hat. Wenn der Vater ein Familienmitglied ermordet hat, kann es jedoch sehr sinnvoll sein, danach nicht mehr mit ihm zusammenzuleben, da das Vertrauen zerstört ist und die Beziehung von Angst dominiert wird. Eine Trennung vom Mörder schützt auch häufig die Kinder davor, seine Schuld mitzutragen.

In einer Firma hingegen wird die Zugehörigkeit durch Verträge, explizite und implizite Vereinbarungen, Konventionen und Ähnliches bestimmt, die auch die Bedingungen für die Zugehörigkeit festlegen. Daher darf einem Angestellten in einer Firma gekündigt werden, wenn er gegen Regeln verstößt. Wird ein Mitarbeiter jedoch ungerechtfertigt gekündigt, so reagiert das System, als hätte es ein Gedächtnis. Der nachfolgende Mitarbeiter, der dem gekündigten Mitarbeiter seinen Platz verdankt, repräsentiert häufig etwas von der Rolle seines Vorgängers oder hat unerwartete Schwierigkeiten mit seiner Stelle, sodass seine Kollegen auf ihn ähnlich reagieren wie auf seinen Vorgänger und somit sich das Beziehungssystem nicht verändert. Auf diese Weise entsteht eine interne Symptomverschiebung.

Ein wesentlicher Unterschied in Firmen ist, dass Angestellte ohnehin eine Stelle vertreten, im Gegensatz zum Familiensystem, in dem die Mitglieder keine Stelle von vorneherein einnehmen und Rollenverteilungen erst später nach Begabung und Wunsch der

Eltern vergeben werden. Die Vertretung von Stellen in Firmen trägt dazu bei, dass Repräsentationen ein gängiges Thema sind und es daher um so wichtiger ist, dass die Verdienste der Vorgänger geachtet werden und keine ungerechtfertigten Kündigungen stattfinden.

Es gibt auch Systeme, für die nur dieses erste Prinzip relevant ist. Bei diesen Systemen wird die **Zugehörigkeit häufig durch ein Einzelereignis** bestimmt. Derartige Systeme können dann nicht wachsen und sich fortpflanzen. Beispiele hierfür sind die Überlebenden einer Flugzeugkatastrophe oder die Gründungsmitglieder eines Vereins.

Für die Therapeutin bedeutet dieses erste Prinzip, dass sie möglichst früh nach den Ausgeschlossenen, den nicht Erwähnten, Ausgestoßenen oder Tabuisierten des Systems fragt und diese symbolisch dazustellt.

Das **zweite Prinzip** bezieht sich auf den Schutz von **Wachstum und Fortpflanzung**. Unter Wachstum verstehe ich hier, wenn sich Teile innerhalb eines Systems vermehren, und unter Fortpflanzung verstehe ich, wenn aus einem System zwei oder mehr Systeme werden. Wachstum und Fortpflanzung sind also relative Begriffe insofern, als sie in Bezug auf das System definiert sind. Definiere ich die Familie als das System, so ist die Geburt von Kindern ein Wachstum der Familie, die Heirat eines Kindes eine Fortpflanzung der Familie, da es danach zwei Familien gibt.

> Wenn ein System wächst, wird denen, die bereits dazugehören, Raum genommen. Diesen Raumverlust gilt es auszugleichen, damit bei Ressourcenbegrenzung kein Kampf um den verbleibenden Raum einsetzt. Daher sollten die, die vorher da waren, diesbezüglich gewürdigt werden. Dies kann durch **Würdigung der Reihenfolge** geschehen.
>
> ⇓
>
> *Prinzip der direkten Zeitfolge*
>
> *Innerhalb von Systemen hat das ältere Systemmitglied Vorrang vor dem jüngeren.*

Bei einer Teamaufstellung kann z. B., wenn die Reihenfolge des Eintritts in das Team berücksichtigt wird, häufig mehr Ruhe und

Klarheit im Team eintreten. Eine fehlende Würdigung derjenigen, die früher im Team waren, führt häufig dazu, dass die später Hinzugekommenen nicht unterstützt werden.

> Wenn ein System sich fortpflanzt, sind die Grenzen des jüngeren Systems zunächst noch schwächer als die des bestehenden Systems. Um dieses neue System zu schützen, ist es nötig, dass es zunächst Vorrang vor dem älteren System hat.
>
> ⇓
>
> *Prinzip der inversen Zeitfolge*
>
> *Zwischen Systemen hat das neue Vorrang vor dem älteren System.*

Ein Beispiel hierfür ist die Bildung von Tochterfirmen. Werden deren anfänglich schwache Grenzen nicht gegenüber der Dominanz des Muttersystems geschützt, so hat die Tochterfirma keinen Raum für ihre Entwicklung. Eine zu frühe Abspaltung, wenn die Tochterfirma noch nicht alleine lebensfähig ist und sich gewissermaßen überschätzt, wäre natürlich genauso schädlich.

Systeme, für die es in erster Linie **nur um Wachstum** geht und nicht um Fortpflanzung, sind beispielsweise Sekten. Sektengründer haben es nicht gerne, wenn Mitglieder sich abspalten und eine neue Sekte gründen, was der Fortpflanzung entspräche. Sie sind hingegen sehr interessiert am Wachstum ihrer Sekte.

Fortpflanzungsorientiert, aber nicht wachstumsorientiert sind z. B. Ausbildungsgruppen. Ihre Teilnehmerzahl ist meist beschränkt. Es besteht im Allgemeinen kein Wachstumswunsch, häufig werden neue Mitglieder nur ungern aufgenommen. Die Aufgabe dieser Gruppen ist die Weitergabe von Spezialwissen, das dann meist auch wieder an andere weitergegeben werden soll, d. h., es besteht ein Interesse, dass die Ausgebildeten mit anderen Menschen wiederum neue Systeme gründen. Wenn es sich um eine therapeutische Ausbildung handelt, kann das erste System das Lehrer-Schüler-System sein und das nachfolgende das Therapeut-Klienten-System.

Für die Therapeutin besagen diese beiden untergeordneten Prinzipien, dass sie innerhalb von Systemen Rituale zur Würdigung der Reihenfolge durchführen kann und zwischen Systemen der Schutz des jüngeren vor dem älteren gilt.

Das **dritte Prinzip, die Regelung des Energieflusses**, fördert die **Immunkraftbildung** eines Systems.

> Damit Systeme nicht durch innere Auseinandersetzungen geschwächt werden, ist es wichtig, dass der Einsatz des Einzelnen gewürdigt wird, damit sich stabilisierende Kräfte entwickeln können und nicht durch innere Kämpfe aufgerieben werden. Auf diese Weise wird der freie Energiefluss innerhalb eines Systems geregelt.
>
> ⇓
>
> *Prinzip des Vorrangs des höheren Einsatzes*

Dieses Prinzip wird z. B. dann verletzt, wenn in einem Körpersystem ein Teil krank ist, andere Teile dessen Funktionen übernehmen und dies nicht gewürdigt wird. Wie die innere Haltung eines Kranken seinen Gesundungsprozess beeinflussen kann, so ist es für die Körperteile, die vermehrt gearbeitet haben, so, als ob sie als innere Teile des Erkrankten es brauchen, dass ihr Beitrag gesehen und gewürdigt wird, damit sie „gerne" mehr Einsatz leisten.

Die genannten Grundprinzipien sind allgemeine Gesetzmäßigkeiten, die für spezifische Systeme durch spezifische Gesetze ergänzt werden können. So lassen sich bei Organisationen unter dieses Prinzip noch folgende zwei Aspekte einordnen:

1. die Berücksichtigung der systemischen und der offiziellen Hierarchie,
2. die Berücksichtigung interner und externer Einflüsse.

An der Spitze der systemischen Hierarchie stehen diejenigen, die inoffiziell die Führung haben und deren Einsatz meist nicht genügend gewürdigt wird. Die offizielle Hierarchie hingegen sichert das Erscheinungsbild der Organisation nach außen. Die Berücksichtigung der internen Einflüsse schützt vor Sabotage, die Würdigung der externen Einflüsse hilft zur Umweltadaptation.

Bei den internen und externen Einflüssen sollte noch unterschieden werden zwischen gerechtfertigten und angemaßten, denn selbstverständlich geht es nur um die Würdigung der gerechtfertigten Einflüsse. Wenn ein Systemmitglied auf angemaßte Weise an Einfluss gewinnt, ist es jedoch wichtig, Verständnis zu entwickeln, damit mit diesem Mitglied Kontakt aufgenommen werden kann und seine Anliegen auf andere Weise berücksichtigt werden können.

Ein interner Einfluss, den es zu würdigen gilt, könnten z. B. besondere Kenntnisse von Mitarbeitern sein, die der ganzen Firma zugute kommen, aber mit der Stelle des jeweiligen Mitarbeiters nichts zu tun haben. Externe Einflüsse könnten Berater oder Bekannte von Mitarbeitern sein, deren Kenntnisse oder finanzielle Unterstützung der Firma beträchtlich helfen.

Systeme, die in erster Linie **auf dieses dritte Prinzip ausgerichtet** sind, sind z. B. Vereine. In manchen Vereinen erwirbt man sich die Zugehörigkeit durch häufige Anwesenheit und das Bezahlen eines Mitgliedsbeitrages. Relevant ist jedoch der Einsatz des Einzelnen für diesen Verein. Wer häufig teilnimmt, für andere Vereinsmitglieder viel da ist und auch für den Verein etwas spendet, wird wichtiger für den Verein. Viele Vereine sind nicht wachstums- und fortpflanzungsorientiert. Auch Leistung spielt häufig keine Rolle, sondern das Für- und Miteinander stehen hier im Mittelpunkt (z. B. in englischen Klubs).

Das **vierte Prinzip** betrifft die Förderung der **individuellen Reifung von Systemmitgliedern**.

> Um es Systemmitgliedern zu ermöglichen, die eigenen Fähigkeiten zu entwickeln und Leistungen zu erbringen, ist es wichtig, dass diese anerkannt werden, damit durch die Wertschätzung diese Leistungen verstärkt werden. Auf diese Weise werden Unterschiede zwischen den Systemmitgliedern gefördert.
>
> ⇓
>
> *Prinzip des Leistungs- und Fähigkeitsvorrangs*

Dieses Prinzip wird in Organisationen häufig vor der Beachtung der ersten drei Prinzipien berücksichtigt. Wenn jedoch z. B. Leistung dem Einsatz von Systemmitgliedern vorgezogen wird, dann fühlen sich die, die mehr für die Firma getan haben, benachteiligt und setzen sich künftig weniger ein. Engagement ist jedoch ein wichtiger Faktor für eine Organisation, der den Zusammenhalt und den Energiefluss innerhalb der Firma fördert.

Während die Würdigung der Leistung die Leistungsbereitschaft fördert, sichert die Würdigung der Fähigkeiten den Zugang zu den Ressourcen.

Systeme, in denen in erster Linie die Individuation im Sinne der individuellen Reifung gefördert wird, sind z. B. Trainingsgruppen, etwa im Bereich der Weiterbildung. Hier geht es in erster Linie um das Motiv „zu lernen" und die Leistung, und nach diesem Kriterium wird auch die Zugehörigkeit festgelegt. In diesen Gruppen geht es nicht um Wachstum und Fortpflanzung, denn jeder lernt für sich und ist nicht auf Weitergabe der Lerninhalte ausgerichtet.

In folgendem Schema (auf der nächsten Seite) sind diese vier Grundprinzipien mit ihrer Funktion für Systemerhalt, -wachstum, -fortpflanzung, Immunkraftbildung und Individuation im Überblick dargestellt.

Diese vier Grundprinzipien zur Regelung der Zugehörigkeit, der Reihenfolge und des Energieflusses sowie zur Förderung der Individuation lassen sich aus folgenden **Metaprinzipien** ableiten:

Erstes Metaprinzip: Das Gegebene muss anerkannt werden. Aus diesem Prinzip können in einem präzisierbaren Sinne alle anderen Prinzipien abgeleitet werden, denn

- der Eintritt in ein System wird durch die Geburt oder durch zuvor festgelegte Zugehörigkeitsbedingungen bestimmt. Diese können anschließend als gegeben betrachtet werden. Nur gemäß ihnen kommt jemand in eine Gemeinschaft. Das heißt natürlich nicht, dass Regeln nicht verändert werden können;
- die Reihenfolge des Eintritts in das System ist anschließend nicht willkürlich bestimmbar, sondern ist in einem bestimmten Zeitablauf erfolgt;
- der Einsatz einer Person zeigt sich in ihrem Verhalten;
- die Leistung und Fähigkeiten einer Person können sich in ihren Taten und Werken zeigen.

Den Unterschied zwischen dem, was geändert werden kann, und dem, was wir als Fügung annehmen müssen, mag folgende Lehrgeschichte verdeutlichen (de Mello 1996, S. 38):

Zu einer Frau, die sich über ihr Geschick beklagte, sagte ein Meister: „Du bist es selbst, die ihr Geschick festlegt." – „Aber ich bin doch nicht dafür verantwortlich, dass ich als Frau geboren wurde?" – „Als Frau geboren zu werden, ist kein Geschick, das ist Fügung. Dein Geschick besteht darin, wie du dein Frausein annimmst und was du daraus machst."

Überblick über die Grundprinzipien für den Systemerhalt
(aus Sparrer u. Varga von Kibéd 2000, S. 170)

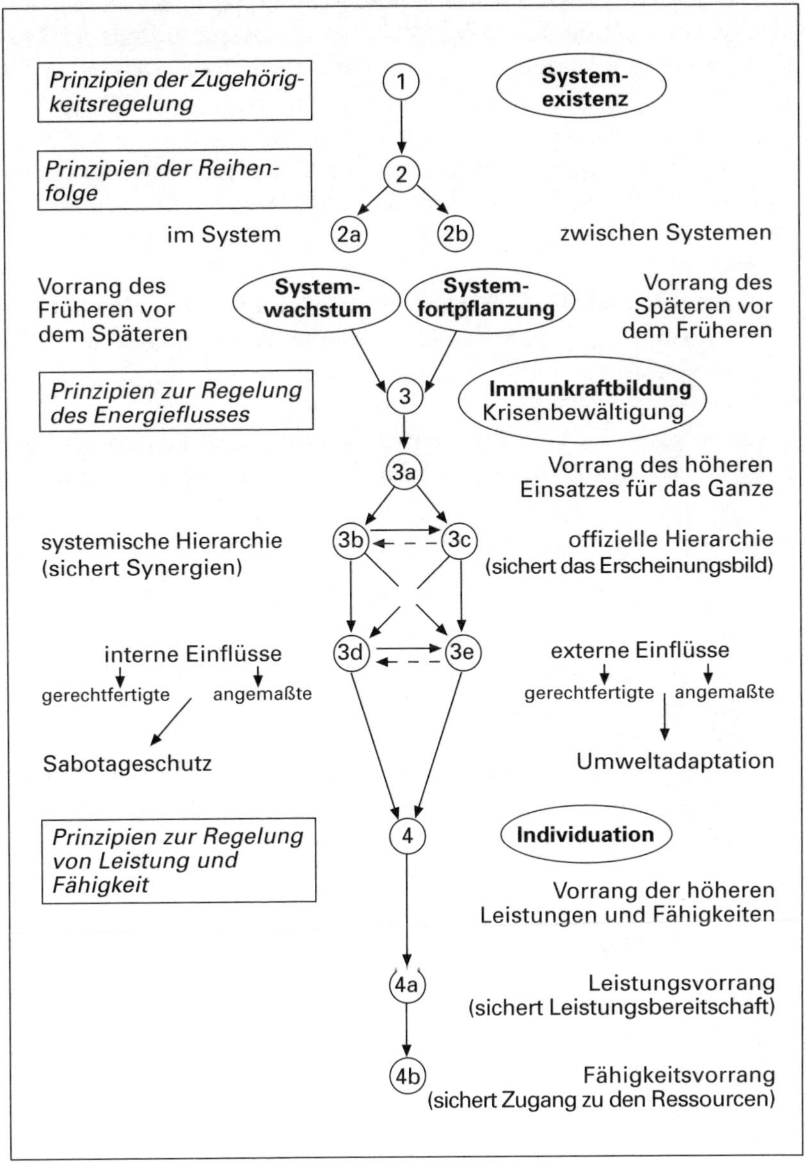

Abb. 1: Überblick über die Grundprinzipien für den Systemerhalt

Systeme, in denen die eigenen Regeln nicht anerkannt werden, werden unglaubwürdig und chaotisch. Dies gefährdet ihren Bestand. Derartige Regeln werden meist nicht explizit genannt. Häufig zeigen sich die Regeln erst im Verhalten der Systemmitglieder, also im Regelfolgen. Wittgenstein betont, dass wir Regeln daran erkennen, dass ihnen gefolgt wird. Die Regel an sich existiert in diesem Sinne nicht, sondern zeigt sich im Regelfolgen.

Die Grundprinzipien sind **kurativ** aufzufassen. Das bedeutet, sie sind weder deskriptiv noch normativ zu verstehen, sondern in dem Sinne:

> Wenn du dich an die Prinzipien hältst, trägt es zur Heilung bei, wenn du dich nicht an sie hältst, schadet es dir oder gefährdet das System.

Meist werden die Grundprinzipien normativ verstanden als Soll-Regeln und daher als Einengung empfunden. Fasst man sie hingegen kurativ auf, so dienen sie als Leitlinien zur Verminderung von Störungen. Wenn bereits Störungen aufgetreten sind, helfen sie, diese aufzulösen. In diesem Sinne sind die Grundprinzipien nicht wertend.

Das **zweite Metaprinzip** regelt die Reihenfolge der Berücksichtigung der Grundprinzipien. Es besagt:

- Das Prinzip der Systemexistenz hat Vorrang vor dem Prinzip des Systemwachstums und der Systemfortpflanzung.
- Diese Prinzipien wiederum haben Vorrang vor dem Prinzip der Systemimmunisierung.
- Dieses Prinzip hat wiederum Vorrang vor dem Prinzip der Systemindividuation.

Systeme, die zu sehr um ihre Existenz kämpfen müssen, können nicht ausreichend für Wachstum und Fortpflanzung sorgen bzw. haben keine Energie mehr dafür übrig. Systeme, bei denen Wachstum und Fortpflanzung gefährdet sind, können nicht ausreichend ihre Immunkraftbildung gewährleisten. Systeme, bei denen die Immunkraftbildung geschwächt ist, müssen sich erst darum kümmern, ehe sie mehr für die Individuation tun können. Folgendes Ablaufschema fasst diese Prioritäten nochmals zusammen:

2. Metaprinzip für Systemerhalt

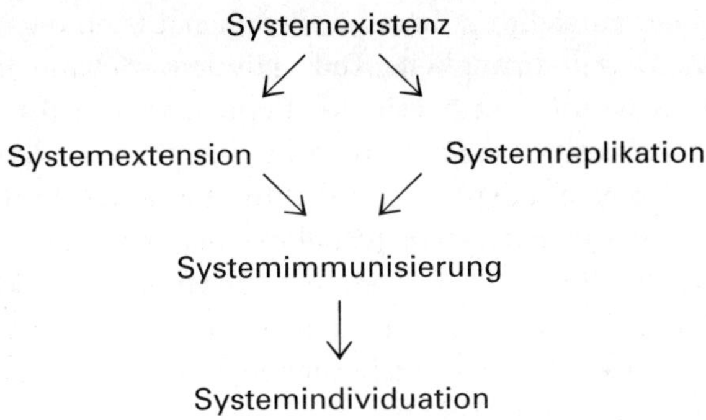

A → B: Das Prinzip der A hat Vorrang vor dem Prinzip der B

Dies besagt also, dass die Grundannahmen in der angegebenen Reihenfolge jeweils den Vorrang voreinander haben. Dies bedeutet auch, dass die Verletzung der ersten Grundannahme am meisten schadet bzw. die gravierendsten Konsequenzen zeitigt. Daher beginnen wir bei Aufstellungen erst mit der Frage, wer ausgeschlossen ist, und fügen als Erstes die Ausgeschlossenen hinzu. Bei dieser Intervention können wir systemisch die größte Wirkung erwarten. Als Nächstes gilt es, die Prinzipien der direkten Zeitfolge zu berücksichtigen. Verletzung der Zeitreihenfolge wäre die nächstschwerwiegendste Verletzung der Grundprinzipien für den Systemerhalt. Erst danach gehen wir bei Aufstellungen auf das Prinzip des Vorrangs des erhöhten Einsatzes und der höheren Leistung ein. Das letzte Prinzip wird z. B. in Organisationen am häufigsten berücksichtigt, jedoch steht es aus dieser systemischen Sicht erst an vierter Stelle. Durch die vorrangige Berücksichtigung dieses Prinzips können Konflikte entstehen.

III.1.1.2.2 Strukturebenenwechsel

Das Arbeiten auf verschiedenen Strukturebenen ist typisch für die Systemischen Strukturaufstellungen und kommt beim Familien-Stellen nicht vor. Wir sprechen von mehreren Strukturebenen, wenn bei einer Aufstellung von einem System in ein anderes gewechselt wird.

So kann z. B. bei einer Problemaufstellung ein Hindernis für einen mütterlichen Teil stehen. In so einem Falle ist es möglich, aus der Problemaufstellung in eine Familienaufstellung hinüberzuwechseln. Der ursprüngliche Teil „Hindernis" kann in „Mutter" umbenannt werden, und mit der Repräsentantin für die Mutter können die entsprechenden Rituale durchgeführt werden. Hier sprechen wir von einem **expliziten Strukturebenenwechsel**. Wenn mit dem „Hindernis" das gleiche Ritual in einer abstrakten, verdeckten Form durchgeführt wird, liegt ein **impliziter Strukturebenenwechsel** vor. Wir arbeiten auf der Ebene der Familie, haben das „Hindernis" jedoch vorher nicht umbenannt, sodass wir explizit bei der Problemaufstellung bleiben.

Ein Vorteil impliziten Strukturebenenwechsels liegt darin, dass **verdeckt** gearbeitet werden kann. Insbesondere für nichttherapeutische Kontexte ergeben sich dadurch Möglichkeiten, mit Aufstellungen kontraktgemäß arbeiten zu können. So ist z. B. in Firmen häufig ein größerer Schutz für einzelne Mitarbeiter erforderlich, da hier kein therapeutischer Kontrakt besteht, aber therapierelevante Themen auftauchen können. Mit verdecktem Arbeiten wird verhindert, dass beobachtende Dritte über empfindliche Themen des Mitarbeiters etwas erfahren können. Für den Mitarbeiter hingegen ist das verdeckte Arbeiten noch explizit genug, um verstanden zu werden; wenn er dies auch manchmal nicht bewusst wahrnimmt, so wird doch sein Unbewusstes die neue Information annehmen können.

Eine weitere Möglichkeit, die der Strukturebenenwechsel bietet, ist, dass gleichzeitig auf verschiedenen Ebenen gearbeitet werden kann. Wenn wir die Systemteile nicht explizit umbenennen, beziehen sich die durchgeführten Rituale sowohl auf die Ebene, die durch die Aufstellungsart vorgegeben wird, als auch auf die Ebenen, die implizit noch auftauchen. So könnte z. B. bei einer Problemaufstellung außer der Familienebene noch der Kontext der Arbeit auftauchen, sodass wir gleichzeitig zur Struktur des Problems noch die Struktur der Familie und die der Arbeit vorliegen haben. In so einem Fall ist es wichtig, die therapeutischen Interventionen ebenenunabhängig zu formulieren. So kann z. B. bei einem Rückgaberitual statt

„Liebe Mutti, — dies hab ich über dich bekommen — und hab es lange für dich getragen, — aus Liebe. — Ich gebe dies nun an dich zurück, der es gehört, — und lasse es bei dir, — ganz."

folgende Formulierung verwendet werden:

„Über dich ist es zu mir gelangt. — Es gehört aber zu dir. — Und obwohl es mir schwer fällt, — gebe ich es jetzt an dich zurück — und lasse es bei dir, — ganz."

Oder noch kürzer:

„Von dir — und wieder an dich, — jetzt ganz."

Wenn auf diese Weise implizit auf verschiedenen Systemebenen gleichzeitig gearbeitet wird, bezeichnen wir dies als **systematisch ambige Arbeit**. Im Gegensatz zum Strukturebenenwechsel werden bei systematisch ambiger Arbeit die Systemebenen nicht gewechselt, sondern es wird gleichzeitig auf verschiedenen Systemebenen gearbeitet.

III.1.1.2.2.1 Strukturebenenwechsel am Beispiel der Körper-Strukturaufstellung

Für einen fließenden Übergang vom Körpersystem zum Familiensystem habe ich eine spezifische Aufstellungsart entwickelt: die **Körper-Strukturaufstellung**. Bei dieser Aufstellungsart werden zunächst die Körperteile, Körpersysteme und Organe aufgestellt, die die Klientin nennt. Bei einer Körper-Strukturaufstellung können wir folgende Schritte unterscheiden:

1. Die Klientin stellt eine Repräsentantin für sich, den Fokus, und RepräsentantInnen für die Körperteile, -systeme und Organe auf, die sie für ihr spezifisches Problem als relevant erachtet.

2. Wurde von paarigen Körperteilen nur eines gestellt, so lässt die Therapeutin das jeweils andere ergänzen. Die als Erstes aufgestellten Teile sind meist die belasteten, kranken, die neu von der Therapeutin dazugestellten die gesunden. Die kranken Körperteile können dann jeweils den gesunden Körperteilen gegenüber einen Dank für deren Überbeanspruchung aussprechen.

„Ich danke dir für deinen Einsatz."

Durch diese Würdigung tragen die RepräsentantInnen der beanspruchten Körperteile ihre Belastung bereitwilliger. Dieses Prinzip, vergessene Pendants von paarigen Körperteilen aufzustellen, ist gegenüber dem unter Punkt 5 beschriebenen Schritt von geringerer Wichtigkeit. Daher kann Schritt 2 auch nach Schritt 8 erfolgen.

3. Die Therapeutin befragt die Repräsentanten nach ihren Körperempfindungen.

4. Wenn Körperteile außer Kontakt sind, stellt die Therapeutin diesen Kontakt her, z. B. durch

- Umstellung,
- Blickwechsel und
- Sätze, wie: „Erst jetzt beginne ich dich wahrzunehmen."

5. Wenn Hinweise auf ausgeschlossene Familienmitglieder von den RepräsentantInnen genannt werden, lässt die Therapeutin diese nach Rücksprache mit der Klientin von ihr dazustellen. Solche Hinweise können z. B. sein: kühle Schauer, der gemeinsame Blick einiger RepräsentantInnen auf denselben Ort, kalte Luft am Boden, das Gefühl, dass jemand fehlt bei einer oder mehreren RepräsentantInnen. Diese spezifische Kombination von Körperaufstellung mit partieller Familienaufstellung unterscheidet die Körper-Strukturaufstellung von der Körperaufstellung.

6. Die neuen Repräsentanten werden nach ihren Körperempfindungen befragt.

7. Es wird ein **Rückgaberitual** durchgeführt. Die Körperteile, die jeweils am stärksten auf bestimmte Familienmitglieder reagieren, geben zusammen mit dem Fokus eine übernommene Belastung zurück, indem sie ein Symbol, z. B. ein Kissen, mit den Worten:

> „Wir achten dein schweres Schicksal. Es hat bis zu uns gewirkt und rührt uns sehr. Dies (die Belastung) haben wir über dich bekommen. Es gehört aber zu dir und deiner Linie und nicht zu uns und wir geben es jetzt an dich zurück und lassen es bei dir, ganz."

dem entsprechenden Familienmitglied vor die Füße legen und sich langsam wieder an ihre Plätze stellen. Das Familienmitglied nimmt die symbolische Last auf und drückt sie an seine Brust. Dabei kann die Repräsentantin prüfen, ob das Symbol sich bei ihr gut anfühlt. Ist dies der Fall, kann sie sagen:

„Bei mir fühlt es sich gut an. Lasst es bei mir."

Empfindet das Familienmitglied die symbolische Last bei sich als nicht stimmig, so kann die Repräsentantin das Symbol hinter sich in dem Abstand legen, den sie als richtig erlebt. Im Allgemeinen reagieren der Fokus und die Körperteile darauf erleichtert. Ist ein Körperteil weiterhin belastet, dann kann er nochmals das Rückgaberitual wiederholen.

Wenn alle Körperteile ihre Belastungen an die entsprechenden Familienmitglieder zurückgegeben haben, fühlen sich meist alle RepräsentantInnen wohler.

8. Anschließend werden alle Familienmitglieder außerhalb des Bereichs des Körpersystems gestellt, sodass beide Systeme, Körper und Familie, nicht mehr vermischt sind.

9. Zum Schluss tritt die Klientin an die Stelle ihres Fokus. Die einzelnen Körperteile können sie berühren und zu ihr sagen, wer sie sind. Dadurch wird nochmals betont, dass sie jetzt nicht mehr mit Familienanteilen vermischt sind. Die Klientin kann das Bild so in sich aufnehmen.

Wir haben hier gleichzeitig zwei verschiedene Strukturebenen, die aufgestellt sind: die Körperebene und die Familienebene. Der Strukturebenenwechsel vom Körpersystem zum Familiensystem setzt ein, wenn Hinweise auf ausgeschlossene Familienmitglieder wahrgenommen werden. Bei dieser Aufstellungsart stehen oft Familienmitglieder wie Introjekte innerhalb des Körpersystems. Hier ist es wichtig, dass beide Ebenen voneinander getrennt werden, z. B. indem alle Körperteile näher beisammen und davon getrennt die Familienmitglieder außerhalb des Körpersystems stehen.

Manchmal können wir im Anfangsbild einer **Körperaufstellung** – hier werden die ausgeschlossenen Familienmitglieder nicht dazugestellt – gewissermaßen die Familie der Klientin stehen sehen, das heißt, jeder Körperteil entspricht einem Familienmitglied. Dies wäre dann ein impliziter Strukturebenenwechsel. Anschließend kann dann systematisch ambig weitergearbeitet werden. Es besteht auch die Möglichkeit, dass der Strukturebenenwechsel explizit gemacht und eventuell danach auf der Familienebene weitergearbeitet wird.

Ein Beispiel dazu hatten wir bei einem Fortbildungsseminar, bei dem für eine Demonstration für eine Körperaufstellung sich nur eine Teilnehmerin meldete, die am Tag zuvor bei uns bereits eine Familienaufstellung gemacht hatte. Als sie nun ihre Körperteile aufstellte, zeigte sich, dass hier quasi ihre Familie stand, das heißt, dass jeder Körperteil einem Familienmitglied entsprach und an der gleichen Stelle stand wie am Tag davor die Familienmitglieder im ersten Bild der Aufstellung. Wir ergänzten noch entsprechend dem Familienbild am Tag davor einen Körperteil, der fehlte, stellten das Bild nach dem Vorbild der Familienaufstellung um und hatten auf diese Weise das Lösungsbild für die Körperaufstellung. Ihre damaligen körperlichen Symptome verbesserten sich nach der Aufstellung sofort. Hier erweist sich die Körperaufstellung als eine sinnvolle Ergänzung zur Familienaufstellung, da die Übertragung der Verbesserungen auf das Körpersystem nach der Familienaufstellung nicht automatisch stattfand.

Nach einer Körperaufstellung reagieren die körperlichen Symptome der KlientInnen häufig sehr schnell auf die Aufstellung, manchmal durch sofortige Verbesserung und manchmal in Form einer Heilungskrise, nach der dann oft Verbesserungen gegenüber dem ursprünglichen Zustand auftreten. Körperaufstellungen können natürlich eine medizinische Behandlung nicht ersetzen. Sie helfen da, wo psychische Einstellungen und Kräfte einer Heilung entgegenwirken. Dies bedeutet, dass Körperaufstellungen eine günstige Ergänzung zu einer körperlichen Behandlung wären. Hilfreiche Interventionen für das Familiensystem können auch hilfreich für die entsprechenden Körperteile in einer Körperaufstellung sein. Auf diese Weise kann sich die Therapeutin auch neue Interventionsideen holen, wenn sie die Parallelität dieser Strukturebenen sieht.

III.1.1.2.3 Symbolkategorien der Systemischen Strukturaufstellungen

Bei den Systemischen Strukturaufstellungen gibt es nicht nur wie beim Familien-Stellen Repräsentanten im engeren Sinne, sondern noch weitere Symbole, die aufgestellt werden können. Dadurch erhöht sich die Ausdrucksmöglichkeit des Aufstellungsverfahrens.

Es können auch dynamische Prozesse und unterschiedliche Arten von Bereichen symbolisiert werden. Die Aufstellung wird so zu einer Art Sprache, in der analog zur verbalen Sprache mithilfe von Symbolen miteinander kommuniziert werden kann. Die Aufstellungsart legt gewissermaßen die Koordinaten und damit den Differenzierungsgrad fest, auf dem sich die Problemstruktur zeigt. Durch einen Strukturebenenwechsel ist auch die Möglichkeit gegeben, bei zu geringer Differenzierung zu einem höheren Komplexitätsgrad zu wechseln.

Der Begriff „**Repräsentation**" wird in verschiedenem Sinne verwendet. Systemteile werden durch Personen repräsentiert, die dann „Repräsentanten" genannt werden. Unter ***„Repräsentanten im engeren Sinne"*** verstehen wir die DarstellerInnen der Familienmitglieder, Körperteile, Problemteile usw.; „Repräsentanten im engeren Sinne" bezeichnet eine bestimmte Symbolklasse im Aufstellungsvokabular, durch die aufgestellte DarstellerInnen charakterisiert werden, die, sobald sie aufgestellt sind, nur noch durch die Therapeutin umgestellt werden.

Als ***„Repräsentanten im weiteren Sinne"*** bezeichnen wir DarstellerInnen, die Personen, Abstrakta usw. repräsentieren, unabhängig davon, ob es sich um Orte handelt (behalten ihre Stellung während der ganzen Aufstellung bei), um Repräsentanten im engeren Sinne oder um freie Elemente (dürfen sich, sobald sie aufgestellt sind, nach eigenem Impuls verändern).

Noch in einem dritten Sinne wird der Begriff „Repräsentation" verwendet: Nämlich zur Bezeichnung der teilweisen Übernahme eines Musters von einem ausgeschlossenen Familienmitglied. Wenn ein Familienmitglied tabu ist oder nicht mehr erwähnt wird, übernimmt ein später Geborener zum Ausgleich oft Schicksalsmuster von diesem Ausgeschlossenen. Wir sprechen hier von einer teilweisen Musterrepräsentation, beim Familien-Stellen wird dieser Prozess Identifikation genannt.

Außer den **Repräsentanten im engeren Sinne** haben wir für die Systemischen Strukturaufstellungen noch zwei weitere Symbolarten eingeführt: Orte und freie Elemente. Unter **Orten** verstehen wir aufgestellte DarstellerInnen, die, einmal aufgestellt, an diesem Platz für den Verlauf der ganzen Aufstellung im wesentlichen unverändert bleiben. **Freie Elemente** hingegen dürfen sich während der Aufstellung selbstständig räumlich verändern. Hierdurch erhält die sonst statische Aufstellung eine Dynamik.

Folgendes Schema stellt die genannten drei Symbolklassen der SySt dar:

Symbolarten	*Repräsentanten*	*Orte*	*freie Elemente*
Anordnungs-veränderungen	innerhalb der Bilder durch die Therapeutin	keine	zwischen den und innerhalb der Bilder, eigenständig

III.1.1.2.3.1 Verwendung von Repräsentanten, Orten und freien Elementen in der Tetralemmaaufstellung

In der **Tetralemmaaufstellung** finden wir alle drei Symbolarten vertreten. Die Tetralemmaaufstellung ist eine Systemische Strukturaufstellung, die für Entscheidungssituationen angewandt werden kann (ausführliche Darstellung Varga von Kibéd u. Sparrer 2000). Der Begriff „Tetralemma" ist eine Übersetzung des Begriffs *catuskoti* aus der indischen Logik, der so viel wie „Vierkant" bedeutet. Dieses *catuskoti* war ein Argumentationsmuster, das in Gerichtsprozessen Anwendung fand. Vier Standpunkte können eingenommen werden. Dem Standpunkt des Klägers steht der des Angeklagten gegenüber. Der dritte Standpunkt, der zu dem gleichen Sachverhalt eingenommen werden kann, ist die Position „Beides", der vierte die Position „Keines von Beidem". Im Madhyamika-Buddhismus wurde von Nagarjuna diese Argumentationsstruktur kritisiert. Er betonte, dass auch diese vier Positionen noch nicht vollständig sind, sondern zusätzlich verneint werden können. In der buddhistischen Logik spricht man hier von der vierfachen Verneinung: Es ist nicht die erste Position, auch nicht die zweite und die dritte und ebenso nicht die vierte. Und selbst dies wird nicht als neuer Standpunkt gesehen. Die Verneinung der vier Positionen und die Verneinung dessen, dass diese Verneinung selbst eine eigene Position sei, entspricht der fünften, Nicht-Position im Tetralemma.

Aus dieser Argumentationsstruktur haben wir eine Aufstellungsform entwickelt, die gut zur Lösung von Dilemmata angewandt werden kann. Wir nennen diese Aufstellungsform kurz Tetralemmaaufstellung, obwohl es sich eigentlich um das negierte Tetralemma handelt. Es werden hier folgende Teile aufgestellt:

- der Fokus als **Repräsentant** für die Klientin,
- das *Eine*, das *Andere, Beides* und *Keines von Beidem* als Orte für die verschiedenen Positionen,
- *Und auch dies nicht – und selbst das nicht* als **freies Element** für die vierfache Verneinung.

Die vier Positionen werden als Orte aufgestellt, da sie feste Positionen sind und so etwas wie Kraftquellen darstellen können. Meist sind sie jedoch persönlich gefärbt, das heißt, die Orte sind zunächst nicht die reinen neutralen Positionen, sondern mit persönlichen Erfahrungen der Klientin vermischt und werden daher zunächst oft als Belastung empfunden. Das Eine wird gegenüber von dem Anderen aufgestellt und Beides gegenüber von Keines von Beidem, sodass die vier Positionen in einem Quadrat zueinander stehen. Auf diese Weise stehen sie ausgewogen und zueinander gleichberechtigt.

In diesem Ablaufschema ist keine der Positionen vorrangig vor einer anderen. Es geht vielmehr darum, wenn eine Position eingenommen wird, auf dieser nicht zu verharren, sondern zur nächsten weiterzugehen und so weiter. Das negierte Tetralemma ist ein Entwicklungsschema, das, einmal durchschritten, auf einer höheren Ebene wieder durchlaufen werden kann. Man bewegt sich also gewissermaßen auf einer Spirale aufwärts. Die Tetralemmaaufstellung kann in diesem Prozess helfen, den nächsten Schritt zu finden.

Die fünfte „Position" ist eigentlich keine Position, sondern eine bewegliche, veränderliche „Nicht-Position". Sie wird daher durch ein freies Element dargestellt, das sich selbstständig verändern kann. Das „dies" in „und auch dies nicht – und selbst das nicht" bezieht sich auf die ersten vier Positionen und weist auf die Verneinung der ersten vier Positionen hin. „Und selbst das nicht" bezieht sich reflexiv auf sich selbst. Damit wird zum Ausdruck gebracht, dass auch die fünfte „Nicht-Position" kein neuer Standpunkt ist. Diese fünfte, Nicht-Position stellt eine reflexive Musterunterbrechung dar.

Von der vierten Position aus kann man wieder ohne Erinnerung an den vollzogenen Prozess zur ersten Position zurückkehren. Wir sprechen hier dann von einem **Rückfall**. Wird die fünfte, Nicht-Position berührt, dann aber wieder zur ersten Position zurückgekehrt, sprechen wir von einer **Ehrenrunde**, das heißt, die Klientin überprüft noch einmal, ob sie wirklich zu einer neuen ersten Position weitergehen möchte. Von der fünften, Nicht-Position kann man auch wieder zu einer etwas veränderten ersten Position zurückkehren und gewissermaßen das Gleiche in Grün wiederholen. Dies entspricht einer **Symptomverschiebung**. Von einer neuen ersten Position sprechen wir erst dann, wenn der durchlaufene Prozess im neuen integriert ist. Wir sprechen dann von einem **kreativen Schritt** von der „fünften" zur ersten Position. Zur Verdeutlichung der möglichen Prozesse folgt ein Ablaufschema der Tetralemmaaufstellung.

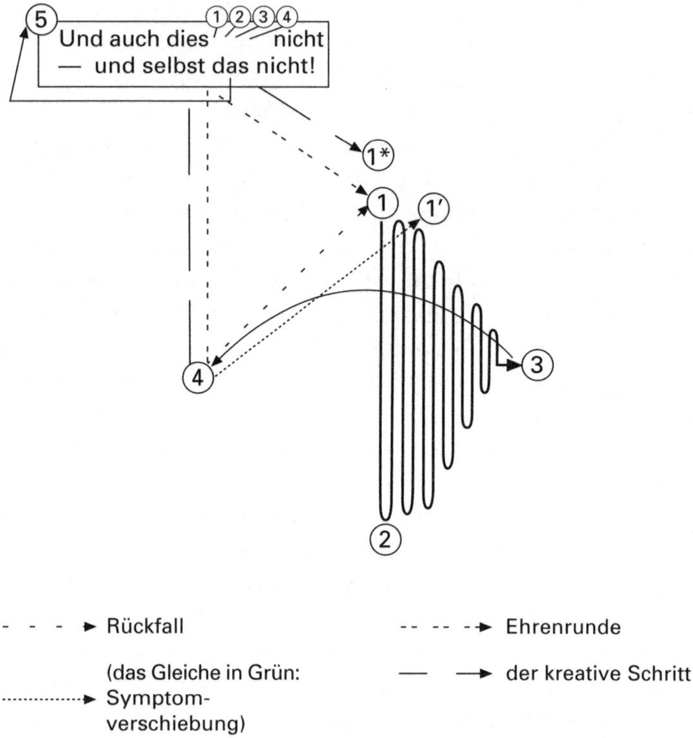

Abb. 2: Ablaufschema der Tetralemmaaufstellung

Sie werden sich vielleicht fragen: Jetzt gibt es zu den zwei Positionen, die schon verwirrend genug waren, noch zwei weitere und diese fünfte, Nicht-Position, ist dies nicht ein Dilemma hoch drei? Ganz im Gegenteil, die dritte Position „Beides" stellt ein **internes Reframing** dar. Sie zeigt die **übersehene Vereinbarkeit** der ersten zwei Positionen und erweitert so den Kontext. Die vierte Position ist ein **externes Reframing**, sie weist auf den **übersehenen Kontext** hin, in dem das Dilemma entstand, in dem es Sinn hat, in dem wir einen blinden

Fleck hatten oder in dem wir sehen, inwiefern das Dilemma uns künftig nützlich sein kann. Durch diese Rahmenerweiterungen wird aus der anfänglichen Tunnelsicht zwischen dem Einen und dem Anderen eine Verbindung zwischen diesen beiden Positionen hergestellt und der Fokus von dem anfänglichen Entweder-oder auf einen größeren Zusammenhang gelenkt. Der wiederum wird durch den Einfluss der fünften, Nicht-Position aus seiner Erstarrung gerissen, damit er nicht zu einer engen, statischen Position verkümmert, sondern in lebendigem Austausch durch ständige Musterunterbrechung verbleibt, bevor wieder eine neue erste Position eingenommen werden kann.

III.1.1.2.3.2 Experiment 6

Überlegen Sie sich ein Dilemma, in das Sie oft geraten oder das Sie gerade beschäftigt. Nennen Sie die Seite des Dilemma das Eine, die Ihnen zur Zeit näher steht. Die andere Seite ist das Andere. Überlegen Sie, was ein Rahmen sein könnte, in dem sich beides vereinbaren lässt. Prüfen Sie, ob

- Sie das Eine und das Andere abwechselnd machen können,
- Sie etwas tun können, in dem beide Werte einen Platz finden,
- das Eine ein Teilbereich des Anderen sein könnte,
- Sie einen Kompromiss zwischen dem Einen und dem Anderen finden,
- Sie die Kraft des Verzichts auf das Eine in die Wahl des Anderen fließen lassen können,
- Sie das Andere mit einer neuen Haltung verbinden können,
- Sie das Eine und gleichzeitig auch das Andere machen können,
- Sie etwas ganz Neues als dritte Alternative finden,
- Sie etwas finden, bei dem unklar bleibt, ob Sie das Eine oder das andere gewählt haben.

Sie können sich hier einige Notizen zu Ihren Überlegungen machen.

....

....

....

Um den übersehenen Kontext festzustellen, können Sie folgende Fragen beantworten:

„Gibt es bei Ihrem Dilemma vielleicht Hinweise auf einen blinden Fleck für Sie?"
„Was könnte bei seiner Entdeckung helfen?"
„Unter welchen Bedingungen ist Ihr Dilemma entstanden?"
„Gibt es ein ähnliches Thema in Ihrer Familie?"
„Können Sie sich einen Kontext vorstellen, in dem es Sinn hat, sich nicht zwischen dem Einen und dem Anderen entscheiden zu können?"
„Angenommen, Sie hätten Ihr Dilemma gelöst, was wäre dann anders?"

Machen Sie sich wieder Ihre Notizen:

....

....

....

Die fünfte, Nicht-Position stellt eine Musterunterbrechung dar. Können Sie sich eine Situation vorstellen, in der Sie über Ihr Dilemma gelacht haben oder lachen könnten? Was verändert das für Sie?

....

....

....

Vergleichen Sie Ihre Notizen. Hat sich an Ihrem Dilemma oder Ihrer Haltung zu Ihrem Dilemma etwas geändert? Was war besonders hilfreich?

....

....

....

III.1.1.2.3.3 Subkategorien zu den Symbolkategorien Repräsentanten, Orte, freie Elemente

Repräsentanten im engeren Sinne, Orte und freie Elemente lassen sich nach folgenden Gesichtspunkten nochmals in Subkategorien unterteilen:

1. Als vorläufig gekennzeichnete mit späterer Umwandlung in diese Subkategorie

Wir sprechen von **designierten Orten und designierten freien Elementen**, wenn TeilnehmerInnen als Orte oder freie Elemente gewählt, jedoch zunächst als Repräsentanten gestellt werden. **Designierte Repräsentanten** sind Orte oder freie Elemente, die später in Repräsentanten umgewandelt werden.

Bei einer *freien Tetralemmaaufstellung* werden z. B. die späteren Orte zunächst als Repräsentanten von der Klientin frei im Raum gestellt und erst nach dem ersten Bild von der Therapeutin in die Grundposition „das Eine gegenüber vom Anderen" und „Beides gegenüber von Keines von Beidem" umgestellt. Das erste Bild ist dann mehr von der familiären Situation der Klientin geprägt. Hier handelt es sich um designierte Orte, da sie zunächst wie Repräsentanten gestellt und erst danach an ihre Position als Orte gebracht werden.

Ebenso kann eine zunächst als Repräsentantin aufgestellte Teilnehmerin später in ein freies Element umgewandelt werden, wenn sie z. B. einen Teil repräsentiert, der eine eher überpersönliche Kraft ist, wie z. B. die Lebensenergie oder die Weisheit. Die Umwandlung zu einem späteren Zeitpunkt bringt den Vorteil, dass zunächst geprüft werden kann, inwieweit der entsprechende Teil vom Persönlichen der Klientin geprägt wird. Wir erhalten bei der Verwendung von Repräsentanten also eher die persönliche Färbung der entsprechenden Teile und bei der Verwendung von freien Elementen die allgemeine, bzw. überpersönliche.

2. Als nichtpersonale Form mit Ausdehnung

Nichtpersonale Orte, die eine räumliche Ausdehnung haben, nennen wir **Bereiche, Felder** und **aufgeladene Plätze**.

Bei der *Neunfelderaufstellung*, die in Kapitel VI ausführlich beschrieben wird, verwenden wir neun Felder, die durch ein Koordinatensystem mit den Koordinaten Zeit (Vergangenheit, Gegenwart, Zukunft) und Kontext (innerer Kontext, Grenze, äußerer Kontext) festgelegt werden. Diese Felder werden auf dem Boden markiert und wirken für RepräsentantInnen, die auf sie gestellt werden, im entsprechenden Sinne als z. B. vergangener innerer Kontext oder gegenwärtiger äußerer Kontext. Auf den Feldern kann die Therapeutin mit ihrer kataleptischen Hand überprüfen, ob sich in ihrer Hand die Empfindungen ändern, wenn sie sie über ein Feld hält. Wenn dies der Fall ist, kann dann dafür eine Repräsentantin aufgestellt werden.

Hier geht also die repräsentierende Wirkung zunächst von einem Platz im Raum aus, auf den anschließend Repräsentanten für Elemente gestellt werden können.

Die Neunfelderaufstellung enthält auch eine Zeitlinie, auf die die Klientin die Repräsentantin für das Wunder (ausführliche Beschreibung Kapitel II.) stellen kann. Das Wunder steht meist im Feld Zukunft/gegenwärtiger Kontext. Das Wunder trennt die Felder in zwei **Bereiche**: die Zeit vor dem Wunder und die Zeit nach dem Wunder. Hier entstehen zwei nichtpersonale räumliche Bereiche.

Von **aufgeladenen Plätzen** sprechen wir, wenn bei einer Aufstellung an einem bestimmten Platz Teilnehmer oder Repräsentanten andere Körperempfindungen bekommen, sobald sie diesen Platz betreten. Manchmal „rutschen" auch TeilnehmerInnen, die im Kreis um die Aufstellung herumsitzen, plötzlich in die Aufstellung hinein. Ohne dass sie aufgestellt werden, haben sie ähnliche Körperempfindungen, wie sie eine Repräsentantin auf diesem Platz hätte. Die Teilnehmerinnen können das daran bemerken, dass sich ihre Körperempfindungen stark zu ändern beginnen, ohne dass sie selbst dafür einen Anlass hätten. In so einem Fall bitten wir die TeilnehmerInnen, sich an einen anderen Platz im Raum zu setzen, damit sie nicht länger unfreiwillig zu RepräsentantInnen werden. Wir stellen dann auf den aufgeladenen Platz eine Repräsentantin mit einer Bezeichnung wie „Das, was dort aufgetaucht ist". Wie bereits erwähnt, müssen wir nicht inhaltlich wissen, wen wir aufstellen. Wenn es sich in der Aufstellung zeigt, dass an einer Stelle jemand fehlt, besetzen wir diese Stelle mit einer Repräsentantin.

Nichtpersonale Repräsentanten im engeren Sinne mit Platzzuordnung sind **symbolische Gegenstände.**

Hierzu gehören z. B. aufgeladene Gegenstände, die als Symbole des Zurückzugebenden bei einem Rückgaberitual verwendet werden. Derartige Gegenstände müssen nach einer Aufstellung wieder umbenannt bzw. entrollt werden. Vergisst die Therapeutin dies, dann kann es vorkommen, dass eine Teilnehmerin, die mit diesem Gegenstand hinterher in Berührung kommt, die symbolische Wirkung des Gegenstands auf unangenehme Weise spüren kann.

Bei einer unserer Aufstellungen wurde ein Kissen als Symbol für eine sehr große Last verwendet. Nach der Aufstellung wurde dieses

Kissen achtlos auf einen Stuhl gelegt. Als sich anschließend auf diesen Stuhl eine Teilnehmerin setzte, fiel sie mitsamt dem Stuhl um. Zum Glück hat sie sich nicht verletzt und ist mit dem Schrecken davongekommen. Seither achten wir ganz besonders darauf, dass Kissen, die als Symbol verwendet wurden, anschließend entrollt werden. Dies kann z. B. dadurch geschehen, dass man mit der Hand auf sie klopft oder sie ausschüttelt.

Nichtpersonale und personale freie Elemente mit beweglicher räumlicher Ausdehnung nennen wir **wandernde Bereiche.**

Freie Elemente sind dynamisch, und daher ist, wenn sie eine räumliche Ausdehnung besitzen, auch diese variabel. Dies bedeutet, dass ihre räumliche Ausdehnung sich vergrößern oder schrumpfen kann. Wenn ein solcher wandernder Bereich nicht mit einer Person belegt ist, muss die Therapeutin während der Aufstellung die anderen Repräsentanten fragen, wo sie diesen Bereich wahrnehmen, oder sie kann auch mit ihrer kataleptischen Hand prüfen, wo sie ihn selbst mit wahrnehmen kann bzw. an welcher Stelle im Raum die Empfindungen in ihrer Hand sich ändern. Bei einem personalen freien Element können mehrere Personen, die sich an den Händen halten und – sobald sie aufgestellt sind – ihren Impulsen folgen, diesen wandernden Bereich repräsentieren.

3. Als zeitliche Form

Bei **Orten** nennen wir diese zeitliche Form **Zeitlinie.** Diese ist ein linienförmiger nichtpersonaler Ort.

Eine Zeitlinie gibt es bei der oben bereits erwähnten *Neunfelderaufstellung*. Wir legen sie fest, indem wir die Klientin ihren Fokus aufstellen lassen und sie anschließend fragen, wo sich im Raum für sie jetzt die Zukunft und wo sich für sie die Vergangenheit befindet. Zukunft und Vergangenheit müssen dabei nicht immer in einer geraden Linie repräsentiert sein, sondern können auch auf einer gekrümmten Linie liegen. Die Gegenwart liegt dann meist an einem Knie dieser Kurve.

Eine andere Möglichkeit besteht darin, dass die Therapeutin die Zeitlinie festlegt und damit gewissermaßen das Koordinatensystem, auf dem sich das Problem der Klientin in der Aufstellung zeigt, vorgibt. Ein Vorteil dieser zweiten Form ist, dass die Therapeutin an der Stellung des Fokus sehen kann, wo sich die Klientin im Moment befindet: z. B. in der Gegenwart oder in der Vergangenheit oder in der Gegenwart, auf die Vergangenheit blickend. Ein Vorteil der ersten Form ist, dass die Klientin sich nicht an eine vorgegebene Zeitlinie anpassen muss, sondern ihre eigene Form der Zeitlinie wählt, da Zeitlinien ja auch gekrümmt sein können. An diesem Beispiel zeigt sich sehr schön, dass bei einer Aufstellung etwas nicht einfach so oder so ist, sondern dass wir wählen können, wie wir vorgehen wollen, dies aber Konsequenzen für die Deutung hat (konstruktivistische Deutung des phänomenologischen Vorgehens). Wenn wir die Zeitlinie wählen lassen, sehen wir etwas über das Zeiterleben der Klientin; wenn wir die Zeitlinie vorgeben, können wir erkennen, wo sie sich in der Zeit einordnet. Der Aufstellungsprozess verläuft intuitiv. Manchmal sind KlientInnen anschließend selbst überrascht, an welche Stelle sie ihre Repräsentantin gestellt haben.

RepräsentantInnen, bei denen ein zeitlicher Aspekt berücksichtigt wird, nennen wir **evolutionäre RepräsentantInnen.**

RepräsentantInnen können manchmal, wenn sie eine Person repräsentieren, gleichzeitig auch verschiedene Entwicklungsstufen dieser Person mit repräsentieren. Bei einer Repräsentantin können z. B. plötzlich Aspekte der Vierjährigen in Form von Körperempfindungen oder Bildern auftauchen. Manchmal stellen wir dann noch eine zweite Repräsentantin auf, die diesen kindlichen Aspekt repräsentiert. Anschließend integrieren wir beide Aspekte, indem die Therapeutin sagt:

„Ist es nicht gut zu wissen, — du bist die Vierjährige, — und du bist die Erwachsene, — und du kannst beides sein — zur gleichen Zeit."

Dieses Vorgehen haben wir von Stephen Gilligan übernommen, der in seiner *Self Relations Therapy* auf diesen Aspekt, verschiedene Anteile zur gleichen Zeit verkörpern zu können, hinweist. Bei dieser Arbeitsweise geht es um die Integration von als *neglected selfs* bezeichneten vernachlässigten Teilpersönlichkeiten.

Manchmal werden an solchen Stellen von RepräsentantInnen in Aufstellungen auch traumatische Erlebnisse der Klientin wieder erinnert. In solchen Fällen ist es wichtig, die Situation des Kindes und der Erwachsenen zu trennen. Wir stellen meist noch eine Repräsentantin dazu, die die Situation repräsentiert, und lassen diese dann sich langsam zurückziehen, bis sie sich schließlich setzen kann. Situationen gehen vorbei, daher bleiben RepräsentantInnen für Situationen nicht im Bild. Wenn sie das Bild verlassen und sich setzen, heißt das in der Aufstellungssprache, dass die Situation vorbei ist. Auf diese Weise kann man in einer Aufstellung die Erfahrung vermitteln, dass traumatische Situationen, wie etwa Krieg, Unfälle oder schwere Krankheitszeiten, vergangen sind.

Die zeitliche Form der **freien Elemente** nennen wir **dynamische Zeitlinie.**

Hier haben wir eine sich in Ausdehnung und Form verändernde Zeitlinie. Das freie Element kann in diesem Fall wieder personal oder nichtpersonal repräsentiert werden. Bei einer nichtpersonalen dynamischen Zeitlinie muss die Therapeutin wieder mit ihrer kataleptischen Hand anhand von Empfindungsänderungen prüfen, wo sich die dynamische Zeitlinie befindet, oder die RepräsentantInnen fragen, wo sie die dynamische Zeitlinie empfinden. Bei der personalen Form kann die dynamische Zeitlinie durch mehrere Personen repräsentiert werden, die sich an den Händen halten und ihren eigenen Impulsen folgen. Die RepräsentantInnen können dann angeben, in welcher Weise sich der zeitliche Raum verändert hat.

4. Als Grenzen

Bei **Orten** sprechen wir in dieser Subkategorie von einer **statischen Grenze**. Dies ist ein nichtpersonaler Ort, der zwischen zwei Bereichen oder am Ende eines Bereichs liegt.

In der *Neunfelderaufstellung* können wir die Linie zwischen dem Bereich nach dem Wunder und vor dem Wunder als solch eine statische Grenze auffassen.

Bei **RepräsentantInnen im engeren Sinne** nennen wir die Grenzen **variable Grenzen,** da RepräsentantInnen von Bild zu Bild umgestellt werden können. Variable Grenzen können wiederum personal oder nichtpersonal repräsentiert werden. Ein Beispiel für die nichtpersonale Form wäre eine Schnur am Boden als nichtpersonaler

Repräsentant für eine variable Grenze, deren Platz von der Therapeutin auch verändert werden darf. Bei der personalen Form können wieder mehrere Personen gewählt werden, die sich bei den Händen fassen und von der Therapeutin zwischen den Bildern umgestellt werden können.

Bei **freien Elementen** sprechen wir in dieser Subkategorie von **dynamischen Grenzen.**

Diese können von mehreren in einer Linie aufgestellten Personen dargestellt werden, die sich frei bewegen dürfen, aber zusammenbleiben müssen. Dies kann dadurch erreicht werden, dass sich die Personen bei den Händen nehmen. Für die fünfte, Nicht-Position bei der Tetralemmaaufstellung können auch mehrere Personen aufgestellt werden. Die fünfte, Nicht-Position würde dann durch eine variable Grenze dargestellt. Dies ist dann sinnvoll, wenn man mehrere Aspekte in der fünften, Nicht-Position berücksichtigen möchte.

5. Als Symbole mit intendiertem Reframing

Orte mit intendiertem Reframing können z. B. Städte sein, bei denen sich der Wert der Stadt ändert. Hier kann der Ort „Stadt" zunächst für eine spezifische Stadt stehen und sich während der Aufstellung in den Wert, den die Stadt für die Klientin hat, etwa „die Heimat", verwandeln.

Repräsentanten im engeren Sinn mit intendiertem Reframing kommen z. B. bei der Problemaufstellung vor. Hier verwandeln sich die anfänglichen *Hindernisse* zunächst in *Schutzwälle* und dann in *Helfer*. Da hier Repräsentanten einen nicht wertneutralen Namen haben, muss sich bei einer Integration der Name ändern, wenn er noch das, was repräsentiert wird, bezeichnen soll. Im Lösungsbild bekommt jedes Systemelement seinen Platz und seine Achtung. Daher passen dann negative Namen für die einzelnen Systemelemente nicht mehr.

Ein weiteres Beispiel für Repräsentanten im engeren Sinn mit intendiertem Reframing ist der *Gewinn* in der Problemaufstellung. Er verwandelt sich zunächst in den Preis, der gezahlt werden muss, wenn das Problem verschwindet, und anschließend in die *Kostbarkeit*, die entsteht, wenn ein hoher Preis gezahlt wurde.

Freie Elemente mit intendiertem Reframing finden wir u. a. bei der Tetralemmaaufstellung. Hier kann die *fünfte, Nicht-Position* sich in die *Weisheit* verwandeln. Dadurch entsteht manchmal gleichzeitig ein Strukturebenenwechsel von der Tetralemmaaufstellung zu einer Glaubenspolaritätenaufstellung (siehe auch III.2.1).

6. Als gewählte (noch nicht gestellte) Repräsentanten i. w. S.

Die Symbole aller drei Symbolkategorien, Orte, Repräsentanten i. e. S. und freie Elemente, können zunächst von der Klientin ausgewählt und dann erst in einem späteren Bild aufgestellt werden, was manchmal unterbleibt – und selbst dann hat ihre Wahl oft einen Einfluss auf die SySt. Repräsentanten i. w. S. erst später aufzustellen dient einer anfänglichen Komplexitätsreduktion.

Wir machen bei Aufstellungen meist einen schichtenweisen Aufbau, das heißt, wir lassen zunächst nur die unbedingt notwendigen Teile stellen, Ausgeschlossene und ergänzende Teile werden erst später dazugestellt. Hierdurch kann man prüfen, inwieweit z. B. die einzelnen Ausgeschlossenen für das gerade bearbeitete Problem relevant sind. Bei einer Familienaufstellung gibt es häufig sehr viele ausgeschlossene Familienmitglieder, jedoch sind fast nie alle für die entsprechende Fragestellung relevant. Beim schichtenweisen Aufbau werden Unterschiede sukzessive durch das Hinzunehmen von aufgestellten Personen eingeführt. Im Sinne von Bateson wird dadurch die Information vermehrt.

7. Als ambige Repräsentanten i. w. S.

Ambige Repräsentanten i. w. S. haben gleichzeitig mehrere Bedeutungen. Wenn bei den SySt ein impliziter Strukturebenenwechsel auftritt, also die Repräsentanten i. w. S. nicht explizit umbenannt werden, gehören sie gleichzeitig zu verschiedenen Strukturebenen und haben daher eine ambige Bedeutung. Wenn systematisch ambig gearbeitet wird, werden einige der aufgestellten Repräsentanten i. w. S. zu ambigen Repräsentanten.

Bei evolutionären Repräsentanten kann auch eine ambige Form vorliegen, nämlich dann, wenn die Altersstufe nicht nur von der erwachsenen in eine kindliche wechselt, sondern die Repräsentantin gleichzeitig beide Altersstufen verkörpert.

Es folgt eine Tabelle mit einer **Übersicht über die SySt-Symbolkategorien**:

Merkmale der Subkategoriebildung	Orte	Repräsentanten i. e. S.	freie Elemente
als vorläufig gekennzeichnet mit späterer Umwandlung in diese Subkategorie	designierte Orte	designierte Repräsentanten	designierte freie Elemente
nichtpersonale Form mit Ausdehnung	Bereiche, Felder, aufgeladene Pätze	symbolische Gegenstände	wandernde Bereiche
Repräsentanten i. w. S. mit zeitlicher Form	Zeitlinie	evolutionäre Repräsentanten	dynamische Zeitlinie
Grenzen	statische Grenze	variable Grenze	dynamische Grenze
als Symbole mit intendiertem Reframing	Beispiel: 4. Position bei der Tetralemma-aufstellung	Beispiel: Hindernisse Schutzwälle Helfer	Beispiel: regressive 5. Position bei der Tetralemma-aufstellung
als gewählte (noch nicht gestellte) Repräsentanten i. w. S.	gewählte Orte	gewählte Repräsentanten i. e. S.	gewählte freie Elemente
als ambige Repräsentanten i. w. S.	ambige Orte	ambige Repräsentanten i. e. S.	ambige freie Elemente

Abb. 3: Tabelle der SySt-Symbolkategorien

Diese Differenzierung der Symbolkategorien erweitert den Anwendungsbereich der Systemischen Strukturaufstellungen beträchtlich. Mit diesen verschiedenen Symbolkategorien lassen sich bei Aufstellungen auch dynamische Aspekte, zeitlicher Verlauf und semantisch geprägte Bereiche berücksichtigen. Auf diese Weise haben die SySt eine erheblich erweiterte Grammatik und Variabilität der Anwendung und Ausgestaltung gegenüber klassischen Organisations- und Familienaufstellungen.

III.2 Einteilung der Systemischen Strukturaufstellungen

Im ersten der nächsten beiden Abschnitte erläutere ich die unterschiedlichen Arten Systemischer Strukturaufstellungen, jeweils mit einer Aufzählung der aufzustellenden Teile und einer Kurzbeschreibung der Grammatik. Anschließend stelle ich „Typen" und „Bereiche" als zwei übergeordnete Kategorien der Einteilung Systemischer Strukturaufstellungen dar.

III.2.1 Arten Systemischer Strukturaufstellungen

Die verschiedenen **Arten** Systemischer Strukturaufstellungen sind durch gemeinsame grammatische Grundannahmen und Metaprinzipien (vgl. auch III.1.1.2) miteinander verbunden. Jede Aufstellungsart betont einen anderen Aspekt, hat oft auch spezifische Lösungsbilder und unterschiedliche Vorgehensweisen, die auch durch die verwendeten Symbole bestimmt werden. Es folgen nun die einzelnen Arten der Systemischen Strukturaufstellungen. In Klammern stehen jeweils die UrheberInnen der Aufstellungsart.

Die Problemaufstellung (Sparrer/Varga)

Es werden die Teile, die aus unserer Sicht zur „Grammatik" (im Sinne des späten Wittgenstein) des Wortes „Problem" gehören, aufgestellt. Es handelt sich dabei um folgende Teile:

Fokus

Dies ist die Trägerin des Problems. Dies kann eine Einzelperson oder eine Gruppe betreffen. Der Fokus ist insofern erforderlich, als ohne eine Trägerin des Problems dieses eben für niemanden relevant ist. Wir haben es sonst mit einem akademischen Problem zu tun, über das nachgedacht und diskutiert wird, das also möglich wäre, aber das sich zur Zeit noch in keiner Beziehungsstruktur zeigt.

Ziel

Ohne Ziel hätten wir kein Problem, sondern einen unklaren Zustand, etwa den eines Besuchers im Sinne der SFT. Jedes Problem setzt voraus, dass ein gewünschtes Ziel nicht erreicht werden kann. Das Ziel kann dabei natürlich auch die Nichtveränderung des Zustands sein.

Hindernisse

Wenn man von einem Problem hört, denkt man zunächst an auftretende Hindernisse. Ohne Hindernis hätten wir im Allgemeinen kein Problem, da sich dann nichts der Zielerreichung in den Weg stellen könnte. Wir verwenden für die Problemaufstellung meist ein bis drei Hindernisse. Gibt es noch mehr Hindernisse, so werden sie in drei Gruppen zusammengefasst.

Die Hindernisse wandeln sich im Verlauf der Aufstellung um, zunächst in **Schutzwälle** und dann in **Helfer**. Hier findet während der Aufstellung ein internes Reframing statt. Wir sprechen daher von Repräsentanten mit intendiertem Mehrfachreframing.

Ressourcen

Bei den SySt gehen wir, wie dies auch in der SFT der Fall ist, davon aus, dass KlientInnen alle Ressourcen, die sie zur Lösung des Problems benötigen, bereits haben. Wenn wir erst etwas lernen müssen, um ein Problem zu lösen, sprechen wir eher von einer Schwierigkeit als von einem Problem. Ein Beispiel hierfür wäre das Erlernen von neuen Fähigkeiten. Psychische Probleme sind dadurch gekennzeichnet, dass die Lösung in uns liegt und wir bereits alle dafür nötigen Ressourcen besitzen, also nichts mehr erlernen müssen, um das Problem zu lösen.

Gewinn

Dies ist der Nutzen, der dadurch entstand, dass das Problem noch nicht gelöst ist. Der Gewinn ist häufig bei einem Problem nicht bekannt. Manchmal besteht er auch nur in einer Energieeinsparung. Solange wir das Problem haben, müssen wir nichts ändern und können unserer alltäglichen Routine folgen. Die Problemlösung erfordert eine Änderung, die mit der Aufgabe der Routine verbunden ist und Kraft und Aufmerksamkeit erfordert. In dieser Hinsicht ist oft die Lösung des Problems schwerer als das Weiterleiden am Problem.

Da der Gewinn für die Lösung des Problems in der gegenwärtig bestehenden Form aufgegeben werden muss, wird er zum **Preis**, der zu bezahlen ist für die Lösung des Problems. Es ist jedoch wichtig, dass er in der Lösung auf irgendeine Weise berücksichtigt wird. In dieser Berücksichtigung wird er zur **Kostbarkeit**, die auf neue Weise wiedergewonnen wird. Der Gewinn wird in der Problemaufstellung auch als ein Repräsentant mit intendiertem Reframing dargestellt.

Zukünftige Aufgabe

Wenn das Ziel erreicht ist, gibt es im Allgemeinen danach eine neue Aufgabe, die es dann zu verwirklichen gilt. Manches Problem besteht auch darin, dass der zweite Schritt vor dem ersten getan wird. In diesem Fall wurden zukünftige Aufgabe und Ziel verwechselt.

Die Berücksichtigung der zukünftigen Aufgabe ist auch dann erforderlich, wenn die künftige Aufgabe die Klientin vor noch größere Probleme stellt als die Erreichung des Ziels. Wir finden eine derartige Konstellation bei beruflichen Abschlussprüfungen, wenn die Unsicherheit bei der Stellensuche höhere Anforderungen an die Klientin stellt als das Lernen für die Prüfung. In solchen Fällen kann aus Angst oder unbewusster Scheu vor der künftigen Stellensuche die Erreichung des gegenwärtigen Ziels zum Problem werden. Die künftige Aufgabe stellt hier den Kontext des Ziels dar.

Alle diese Teile der Problemaufstellung werden als Repräsentanten im engeren Sinn aufgestellt. Die Problemaufstellung dient für verschiedene andere Systemische Strukturaufstellungen als Grammatik. Dies bedeutet, dass diese anderen Systemischen Strukturaufstellungen durch Teile der Problemaufstellung ergänzt werden können.

Aufgrund ihrer sehr allgemeinen Grammatik sind Problemaufstellungen für fast alle Anliegen geeignet, da die meisten Anliegen als Probleme in diesem Sinn rekonstruierbar sind. Wir können die Problemaufstellung als ein Koordinatensystem auffassen, dessen Koordinaten die einzelnen Teile der Problemaufstellung sind. Andere Systemische Strukturaufstellungen bieten andere Koordinaten zur Darstellung des Anliegens der Klientin an. Welche Koordinaten wir wählen, ist von der Fragestellung abhängig. Anliegen lassen sich häufig in verschiedenen Systemischen Strukturaufstellungen darstellen.

Sprachliche Oberflächenstrukturaufstellung (Sparrer/Varga)
Bei dieser Aufstellungsart werden zentrale Sätze im Weltbild der Klientin aufgestellt. Wir lassen die Klientin ihr Problem selbst in ein oder zwei Sätzen zusammenfassen bzw. ausdrücken oder greifen eine besonders markante Formulierung aus ihrer Problemschilderung heraus. Die grammatischen Segmente dieses Satzes werden dann als Repräsentanten aufgestellt. Als Hintergrundgrammatik dient hier häufig die Problemaufstellung, manchmal auch eine partielle Familienaufstellung oder die Tetralemmaaufstellung. In den Segmenten des zentralen Satzes der Klientin finden wir häufig die Teile der Problemaufstellung wieder. Meist fehlt der Gewinn, den die Therapeutin dann als zusätzlichen Teil ergänzen kann.

Diese Aufstellungsart ist insbesondere dann geeignet, wenn die Klientin verschiedene Probleme anbietet und durch die Aufforderung, ihre Probleme in zwei Sätzen zu bündeln, gezwungen wird, sich auf das Wesentliche zu konzentrieren. Auch wenn KlientInnen einen Satz als ein immer wiederkehrendes Muster ihrer Probleme bezeichnen, kann die sprachliche Oberflächenstrukturaufstellung für dieses Anliegen die passende Struktur liefern.

Aufstellung des ausgeblendeten Themas (Sparrer/Varga)
Bei dieser Aufstellungsart werden folgende Teile als Repräsentanten aufgestellt:

- Fokus,
- offizielles Thema,
- ausgeblendetes Thema.

Das offizielle Thema steht für das von der Klientin präsentierte Anliegen, das ausgeblendete Thema für „etwas, um das es bei dem offiziellen Thema eigentlich auch noch geht". Wir nannten daher diese Aufstellungsart früher auch die „Aufstellung des eigentlichen Themas". Da es sich bei dem eigentlichen Thema jedoch nicht um ein dem offiziellen Thema vorgeordnetes Thema handelt und nicht um den Anspruch der Therapeutin, ein tieferes Wissen zu haben, änderten wir die Bezeichnung in den neutraleren Namen „Aufstellung des ausgeblendeten Themas".

Die drei Teile der Aufstellung des ausgeblendeten Themas können dabei alternativ unter anderem parallel zu folgenden jeweils drei Teilen der Problemaufstellung gesehen werden:

– Fokus, Ziel, Hindernis oder
– Fokus, Ziel, Gewinn oder
– Fokus, Ziel, künftige Aufgabe.

Gewinn, Hindernis oder zukünftige Aufgabe können dabei auch einen aus der Familie Ausgeschlossenen repräsentieren. Die Grammatik der Aufstellung des ausgeblendeten Themas lässt sich häufig anhand der Grammatik einer partiellen Problemaufstellung verstehen. Manchmal ist es auch hilfreich, die Problemaufstellung als Hintergrundgrammatik der partiellen Familienaufstellung und manchmal des Tetralemmas zu verwenden. Die Aufstellung des ausgeblendeten Themas ist besonders gut für verdecktes Arbeiten geeignet.

Tetralemmaaufstellung (TLA) (Sparrer/Varga)

Diese Aufstellungsart baut auf dem negierten Tetralemma, einer Argumentationsform aus der indischen Logik, auf. Wie schon ausgeführt, ist das Tetralemma oder Catuskoti eine Argumentationsform aus der indischen Logik, die bei Gericht verwendet wurde. Es wird hierbei zwischen der Position des Klägers, des Angeklagten, der Position, dass beide Recht haben, und der Position, dass keiner Recht hat, unterschieden. Das negierte Tetralemma geht zurück auf Nagarjuna, den Begründer des Madhyamika-Buddhismus, der die Argumentationsform des Tetralemmas kritisierte, indem er alle diese vier genannten Positionen verneinte und, als er gefragt wurde, ob er hier nicht eine neue Position einnehme, antwortete: „Ich habe nie einen Standpunkt eingenommen."

Die vier Positionen – das Eine, das Andere, Beides und Keines von Beidem – und „die fünfte, die Nicht-Position" bilden den Ausgangspunkt der Tetralemmaaufstellung. Die vier Positionen werden als Orte gestellt, die fünfte, Nicht-Position als freies Element. Die Vertreterin der Klientin wird als Repräsentantin gestellt (ausführlicher III.1.1.2.3). Das Argumentationsschema aus der indischen Logik haben wir durch eine Ablauffolge ergänzt und aus dieser die Tetralemmaaufstellung gebildet. Sie ist besonders geeignet für Entweder-oder-Situationen, bei denen die beiden Pole dieser Situation als die Positionen „das Eine" und „das Andere" genommen werden können. Die Position „Beides" weist auf die übersehene Vereinbarkeit der beiden Pole hin, die Position „Keines von Beidem" auf übersehene Kontexte. Die fünfte, Nicht-Position stellt eine wesentliche Musterunterbrechung dar. Diese kann z. B. zum Ausdruck kommen durch Humor, Ernsthaftigkeit oder den Verzicht auf Bewertung.

Im Gegensatz zu anderen Systemischen Strukturaufstellungen wird die Tetralemmaaufstellung von der Prozessarbeit dominiert. Keine der vier Positionen und nicht einmal die fünfte, Nicht-Position sind „besser“ als eine andere Position. Die fünfte hat den Vorzug, weniger rigide zu sein. Bei der Tetralemmaaufstellung geht es darum, den nächsten Schritt in einem Entwicklungsprozess zu finden. Nach der fünften, Nicht-Position kann wieder eine neue erste Position eingenommen werden, denn diese fünfte stellt sich selbst infrage. Die fünfte, Nicht-Position kann zu einer neuen Haltung führen. Auch wenn wir es mit Schritten in einem Entwicklungsprozess zu tun haben, so gibt es nicht eine beste Position, sondern nur nächste Schritte, die für den jeweiligen Kontext die günstigsten sind.

Nach der fünften, Nicht-Position wird gelegentlich der bisher durchlaufene Prozess vergessen und nochmals zur vergangenen ersten Position zurückgekehrt. Wir sprechen dann von einem **Rückfall.** Betrachten wir diesen wertneutral, so können wir davon sprechen, dass der richtige Zeitpunkt für eine Veränderung noch nicht gekommen sei. Auch wenn jemand nach einer eingenommenen fünften, Nicht-Position wieder die vergangene erste Position einnimmt, obwohl er sich an den vergangenen Prozess erinnert, so kann dies für ihn zur Überprüfung nötig und ein notwendiger Schritt für eine stabile Veränderung sein. Wir sprechen hier von einer **Ehrenrunde** im Sinne von Gunther Schmidt, der diesen Begriff in einem Seminar in diesem Kontext einführte. Wenn jemand bei einer Ehrenrunde nicht denselben vergangenen Prozess durchläuft, aber gewissermaßen „den gleichen in Grün“, so haben wir es mit einer **Symptomverschiebung** zu tun. Auch diese kann im Entwicklungsprozess eine wichtige Stufe, um Einsicht zu gewinnen, darstellen. Erst wenn nach der fünften, Nicht-Position ein kreativer Sprung auf eine neue Ebene mit einer völlig neuen ersten Position vollzogen wird, sprechen wir von einer **neuen ersten Position**. Der für die Klientin passende nächste Schritt ist der für sie größtmögliche im gegebenen Kontext.

Die Tetralemmaaufstellung findet Anwendung bei Dilemmata, Entscheidungssituationen und bei der Vermittlung zwischen zwei Konfliktparteien. Wir unterscheiden **freie und feste Tetralemma-**

aufstellung, je nachdem, ob wir im Anfangsbild zunächst Orte oder designierte Orte stellen lassen. Wenn wir mit zwei Konfliktparteien arbeiten, verwenden wir häufig zwei Foki für die Tetralemmaaufstellung.

Polare Entscheidungsaufstellung (Sparrer/Varga)

Diese verläuft im Wesentlichen wie eine partielle Tetralemmaaufstellung. Es reichen die Schritte zwischen dem Einen und dem Anderen zur Klärung aus.

Multiple Entscheidungsaufstellung (Sparrer/Varga)

Hier werden mehr als zwei Alternativen aufgestellt. Die einzelnen Alternativen und der Fokus werden als Repräsentanten gestellt. Diese Aufstellungsart verdeutlicht, wie die Entscheidung für die einzelnen Alternativen erlebt wird und welche Konsequenzen die Entscheidung mit sich bringt. Statt „Beides" im Tetralemma wird hier „All dies", statt „Keines von Beiden" eher „Nichts von alledem" gestellt.

Glaubenspolaritätenaufstellung (Sparrer/Varga)

Diese geht zurück auf die Einteilung religiöser Systeme nach ihrer primären didaktischen Betonung bei Frithjof Schuon (1981). Je nachdem, ob Erkenntnis, Liebe oder Ordnung (Pflicht) die Grundbegrifflichkeit der jeweiligen Religion prägt, können wir z. B. bei den verschiedenen Yogaformen zwischen Jnana-, Bhakti- und Karma-Yoga unterscheiden.

Bei der Glaubenspolaritätenaufstellung wird mit den Orten Erkenntnis, Liebe und Ordnung ein Dreieck aufgespannt, in das der Fokus als Repräsentant hineingestellt wird. Ziel dieser Aufstellung ist es, dass der Fokus von diesen drei Kraftquellen, Erkenntnis, Liebe und Ordnung, unbehindert nehmen kann. Dies ist zunächst meist nicht der Fall, da durch die Erziehung oder andere biographische Aspekte der Zugang zu diesen Quellen häufig behindert wird. In der Aufstellung werden diese Behinderungen aufgedeckt und, ohne auf das Warum der Behinderung einzugehen, der Zugang zu den Kraftquellen geöffnet.

Wie bei der Tetralemmaaufstellung unterscheiden wir hier eine **freie und eine feste Glaubenspolaritätenaufstellung**, je nachdem, ob wir zunächst Orte oder designierte Orte von der Klientin stellen lassen.

Meist verwenden wir die Glaubenspolaritätenaufstellung zur **Modifikation von Glaubenssätzen**. Hierfür lassen wir die Klientin ihrem Fokus ihren belastenden Glaubenssatz ins Ohr flüstern. Wenn der Fokus diesen anschließend in der für die Klientin passenden Weise ausspricht, kann die Aufstellung beginnen. Falls dies nicht der Fall ist, wiederholt die Klientin ihren Glaubenssatz für den Fokus. Während der Aufstellung wird der Fokus öfters nach diesem Glaubenssatz gefragt. Dadurch kann direkt beobachtet werden, zu welchem Zeitpunkt und bei welchem Ritual er sich in welcher Weise ändert. Manchmal vergisst der Fokus auch den belastenden Glaubenssatz einfach.

Die Glaubenspolaritätenaufstellung kann auch als **Metaaufstellung** verwendet werden. Hierbei spannt die Glaubenspolaritätenaufstellung den Rahmen für eine weitere Aufstellung auf. So kann z. B. eine Familien- oder Organisationsaufstellung innerhalb einer Glaubenspolaritätenaufstellung stattfinden. Der Vorteil hierbei ist, dass die Kraftquellen die Intensität der Konflikte des innerhalb aufgestellten Systems abmildern. Sie sorgen für einen Ressourcenraum, der die aufgestellten Repräsentanten schützt.

Die Glaubenspolaritätenaufstellung kann immer dann angewendet werden, wenn es darum geht, Ressourcen zu finden und eigenes Handeln zu stärken.

Core-Transformationsaufstellung (Sparrer/Varga)

Sie geht zurück auf den Core-Transformationsprozess, den Connirae, Steve und Tamara Andreas fürs NLP entwickelt haben und den Siegfried Essen für die innere Arbeit an Grundüberzeugungen bei der systemischen Arbeit mit spirituellen Themen modifiziert hat. Wir haben diesen Prozess dann in eine Aufstellungsform umgewandelt.

Bei dieser Aufstellung werden der Fokus, eine einschränkende Grundüberzeugung (oder ein Symptom oder eine Fragestellung) und meist vier gute Absichten dahinter mittels RepräsentantInnen aufgestellt. Bei der letzten Absicht hinter dem Fokus gelangen wir im Allgemeinen an eine tiefe spirituelle Quelle, von der dann alle anderen RepräsentantInnen nehmen können. Auch diese Aufstellungsart dient der Öffnung von Ressourcen und der Umwandlung von Symptomen.

Lösungsfokussierte Systemische Strukturaufstellungen:

- **Neun- und Zwölffelderaufstellung (Insa Sparrer).**
- **Zielannäherungsaufstellung (Insa Sparrer).**
- **Lösungsaufstellung (Insa Sparrer).**
- **lösungsgeometrisches Interview (Insa Sparrer).**

Diese letzten vier Aufstellungsarten stellen alle eine direkte Kombination von SFT und SySt dar. Eine ausführliche Beschreibung finden Sie in den Kapiteln IV bis IX dieses Buches.

Syllogistische Aufstellung (Matthias Varga von Kibéd)
Diese Aufstellungsform geht auf das syllogistische Quadrat der aristotelischen Logik zurück. In Bezug auf einen wiederkehrenden Situationstyp beim Anliegen der KlientInnen werden die Teile „Für alle", „Für alle nicht", „Für einige" und „Für einige nicht" als Repräsentanten aufgestellt. Eine andere Variante dieser Form stellen die Teile „Immer", „Nie", „Manchmal" und „Manchmal nicht" dar, die ebenfalls als Repräsentanten aufgestellt werden können. Die logischen Beziehungen des aristotelischen Quadrats: konträr, kontradiktorisch, subkonträr und subaltern sind die Grundlage der Prozessarbeit bei der Syllogistischen Aufstellung. Diese Aufstellung ist insbesondere dann geeignet, wenn Generalisierungen aufgehoben, Ausnahmen entdeckt, erstarrte Haltungen überprüft und Vorurteile aufgedeckt werden sollen.

Semiotische Aufstellungen (Sparrer/Varga):

- **Kenopythagoräische Aufstellung (Sparrer/Varga).**
- **Hauptzeichenaspektaufstellung (Sparrer/Varga).**
- **Hauptzeichenklassenaufstellung (Sparrer/Varga).**

Diese Aufstellungsarten bauen auf den zeichentheoretischen Grundbegriffen der Semiotik von Charles Sanders Peirce (1983) auf.

Bei den kenopythagoräischen Aufstellungen werden die so genannten kenopythagoräischen Kategorien der Erstheit, Zweitheit und Drittheit als Repräsentanten gestellt. Wir erhalten bei dieser Aufstellungsart Qualitäten, Strukturen und Dynamiken des Anliegens der Klientin.

Bei den Hauptzeichenaspektaufstellungen werden Type (Legizeichen), Token (Sinnzeichen) und Tone (Qualizeichen), ferner Symbol, Index und Ikon sowie Argument, Dikent und Rhema als Repräsentanten ausgewählt. Es werden dabei jeweils drei Arten der Gegebenheit des Zeichens, der Gegebenheit des Bedeutungsbezugs und des Empfängerbezugs von problemrelevanten Zeichen aufgestellt, differenziert nach Möglichkeit, Verwirklichung und regulärem Zusammenhang. Bei dieser Aufstellung finden wir einen überraschenden alternativen Zugang zur Sicht des Problems durch seine Darstellung in zeichentheoretischen Koordinaten.

Bei den Hauptzeichenklassenaufstellungen werden die zehn kompatiblen Kombinationen der Hauptzeichenaspekte als Repräsentanten aufgestellt. Hierbei erhalten wir nach unseren bisherigen Eindrücken Hinweise auf konkrete lösungsrelevante Indizien im Erleben bezüglich Wahrnehmungen, bezüglich äußerer Ereignisse, im körperlichem Empfinden und in den Gestimmtheiten.

Enneagrammaufstellung (Sparrer/Varga)

Hierbei werden die neun Charaktertypen des Enneagramms in der Anordnung eines Neunecks als Orte aufgestellt. Der Fokus der Klientin wird anschließend in dieses aufgespannte Feld gestellt. Als freies Element kann des Zentrum dieser Charaktertypen ergänzt werden. In der Aufstellung können Tendenzen sichtbar und Unausgewogenheiten ausbalanciert werden.

Simultane Gruppenthemenaufstellung (Matthias Varga von Kibéd)

Diese Aufstellungsart ist insbesondere dann geeignet, wenn eine sehr inhomogene oder langfristig zerstrittene Gruppe dennoch gemeinsam etwas bearbeiten will. Zunächst wählt die Gruppe VertreterInnen für unterschiedliche Teilgruppen aus, die dann die RepräsentantInnen i. w. S. für die Aufstellung auswählen.

Es ist nicht notwendig, dass die Gruppe sich auf ein Thema einigt, sondern es ist möglich, dass Teilgruppen jeweils ihre Themen mit Symbolen (gerade verfügbaren Gegenständen) als R. i. e. S. aufstellen. Die jeweiligen Themen können auch mit Buchstaben versehen werden, wenn es schwer fällt, für ein Thema einen Namen zu finden, dem alle Mitglieder der Teilgruppe zustimmen. Das Suchen der Themen erfolgt in einem Gruppenbrainstorming. Werden sehr viele Themen genannt, so ist es günstig, diese zuvor in kleinere Untergruppen zu clustern, die dann auch mit Buchstaben belegt werden können.

Jede Teilgruppe wählt einen Fokus oder mehrere Foki aus der Gruppe aus, die sie dann gemeinsam aufstellen. Für die verschiedenen Themen werden Symbole ausgewählt und als Repräsentantinnen i. e. S. aufgestellt. Um ein Element von Humor in derart zerstrittene Gruppen hineinzubringen, empfiehlt es sich, die VertreterInnen ein oder mehrere freie Elemente aus der Gruppe auswählen zu lassen, die sich dann frei nach ihren Impulsen bewegen dürfen, sobald sie gestellt sind.

Anschließend ist es für alle Mitglieder der Teilgruppen möglich, die Themen der anderen Teilgruppen kennen zu lernen, indem die Mitglieder sich an die einzelnen Plätze der Symbole der Themen stellen und die Veränderung ihrer Körperempfindungen wahrnehmen. Durch Prozessarbeit kann ein besseres gegenseitiges Verstehen in der Gruppe ermöglicht werden.

Die einzelnen TeilnehmerInnen können sich auch auf die Plätze der Foki und der freien Elemente stellen, um diese Positionen kennen zu lernen. Hierbei sollte darauf geachtet werden, dass die Plätze der Foki und der freien Elemente immer mit mindestens einer Person belegt sind.

Durch das Befragen der TeilnehmerInnen nach ihren Erfahrungen auf den verschiedenen Plätzen der unterschiedlichen Themen, Foki und freien Elemente werden sehr viele Prozesse deutlich, die in der Gruppe laufen, und das Einnehmen der unterschiedlichen Perspektiven hilft, untereinander mehr Verständnis und Achtung zu gewinnen.

Aufstellungen zu psychosomatischen Themen

Körperaufstellung (Spurrer/Vargu)

Bei dieser Aufstellungsart werden einzelne Körperteile, Organe und Körpersysteme, die die Klientin für ihr Anliegen für relevant hält, als Repräsentanten aufgestellt und im zweiten Bild auf Anregung der Therapeutin durch ausgeblendete Körperteile, Organe und Körpersysteme ergänzt. Äußere Einflüsse und Hilfsmittel (Medikamente, Krücken, medizinische Behandlungen) können je nach Anliegen der Klientin mittels Repräsentanten dazugestellt werden. Die Aufstellung zeigt die Beziehungen der Teile untereinander und ermöglicht eine bessere Kommunikation sowie unterstützende Prozesse unter den einzelnen Teilen. Sie hilft aufzuzeigen, wo ein guter Platz im inneren Bild für Hilfsmittel ist und welche äußeren Einflüsse die zum Körper gehörigen Teile eher beeinträchtigen oder stützen. Medizinische Behandlungen können auf diese Weise wirkungsvoll ergänzt werden. Die Körperaufstellung ist kein Ersatz für eine medizinische Behandlung, sondern kann eine solche unterstützen und auf andere nützliche Aspekte hinweisen.

Körper-Strukturaufstellung (Insa Sparrer)

Bei dieser Aufstellung werden im Gegensatz zur Körperaufstellung noch zusätzlich ausgeblendete Familienmitglieder, die für das Anliegen der Klientin relevant sind, aufgestellt. Damit stellt die Körper-Strukturaufstellung eine Kombination von Körperaufstellung und Familienaufstellung dar. Im Mittelpunkt dieser Aufstellung stehen Rückgaberituale zwischen Körperteilen und Familienmitgliedern zur Auflösung von Verstrickungen. Zum Verlauf einer Körper-Strukturaufstellung siehe auch III.1.1.2.2.

Aufstellung der fünf Funktionskreise nach der Traditionellen Chinesischen Medizin (TCM) (Sparrer/Varga)

Hier werden Repräsentanten als die fünf Funktionskreise der TCM aufgestellt. Die körperliche Erkrankung zeigt sich dann in diesem Koordinatensystem. Das erste Bild der Aufstellung kann für TCM-Ärzte Hinweise zum Setzen der Akupunkturnadeln geben. Erstaunlicherweise ändert sich auch ohne Setzen von Nadeln der Zustand der Meridiane während der Aufstellung. In Zusammenarbeit mit TCM-Ärzten konnten anhand von Puls- und Zungendiagnose nach der Aufstellung Veränderungen bezüglich der Meridiane festgestellt werden: Leere Meridiane waren voller. Die Prozessarbeit verläuft nach den Grundlagen der TCM. Strukturebenenwechsel zum Familiensystem ist häufig.

Homöopathische Systemaufstellungen (Matthias Varga von Kibéd und Friedrich Wiest)

Diese bestehen aus einer Kombination von

- *Klientensymptomaufstellung,*
- *Leitsymptomaufstellung und*
- *Familienaufstellung,* meist einer Ursprungsfamilienaufstellung.

Auf den Strukturebenen der Klientensymptome, der Leitsymptome des Arzneimittelbildes und der Familie lassen sich Analogien finden, was einen Strukturebenenwechsel von einem System zum anderen sehr erleichtert. Diese Aufstellungen helfen, Blockaden bei einer homöopathischen Behandlung zu lösen, Verstrickungen aufzudekken und erlauben, die psychische Seite einer psychosomatischen Erkrankung sichtbar zu machen und zu lösen.

Chakrenaufstellung (Sparrer/Varga)

Bei dieser Aufstellungsart werden Repräsentanten als der Fokus und die sieben Chakren und ein freies Element als die Kundalinienergie aufgestellt. Strukturebenenwechsel zur Familienaufstellung ergeben sich häufig.

III.2.2 Typen Systemischer Strukturaufstellungen

Die einzelnen Arten der Systemischen Strukturaufstellungen können unter verschiedenen Aspekten durchgeführt werden, die wir als verschiedene **Typen** bezeichnen. Hier unterscheiden wir:

Verdeckte Aufstellungen

Dies sind Aufstellungen, die mit abstrakten Repräsentanten, Orten und freien Elementen arbeiten und ausschließlich abstrakte Namen verwenden und keine spezifischen Namen der einzelnen Teile. Wir verwenden dabei häufig Namen wie „Das, worauf der Fokus schaut", „Das, was für ... auftaucht", „Das, was fehlt", „Das, worum es geht". Die Verwendung solcher Namen erlaubt es, mit aufgestellten Teilen zu arbeiten, ohne explizit werden zu müssen. Dies ist insbesondere von Vorteil bei der Arbeit mit Organisationen, da hier der Kontrakt in der Regel nicht zulässt, persönliche Details explizit zum Thema zu machen. Derjenige, für den die Aufstellung gemacht wird, kann häufig trotz fehlender expliziter Benennung der Teile die Vorgänge für sich verstehen und deuten.

Manchmal erfolgt bei einer Aufstellung auch ein Strukturebenenwechsel. Auch hier ist es möglich, verdeckt zu arbeiten. Die Therapeutin kann implizit auf der neuen Strukturebene arbeiten, jedoch explizit die Benennung der Teile beibehalten. So kann z. B. implizit mit dem Vater gearbeitet werden, aber explizit mit dem Chef.

Gemischt-symbolische Aufstellungen

Bei diesen Aufstellungen wird nicht die Grammatik einer bestimmten Aufstellungsart verwendet, sondern gemäß dem Anliegen der Klientin werden höchst unterschiedliche Teile, wie Abstrakta, Konkreta, Personen, Dinge, Tiere, Werte, Ressourcen, Alternativen und Gruppierungen, aufgestellt. Der Nachteil eines solchen Aufstellungstypus ist, dass die Therapeutin keiner kanonischen Form folgen kann. Die ungeheure grammatische Komplexität der Interaktion unterschiedlicher Systemebenen und Symboltypen lässt diese Aufstellung nur als Mittel der Wahl für sehr erfahrene AufstellerInnen zu.

Auch muss, was für ein derartiges System *vollständig* heißt, inhaltlich oder intuitiv erfasst werden. Strukturell ist nicht festgelegt, was dies heißt, so wie etwa bei einer logischen Struktur, dem Tetralemma. Was „vollständig" heißt, spielt insofern eine Rolle, als ausgeschlossene Teile dann leichter aufgefunden werden können, wenn wir wissen, wer alles zum System gehört.

Multifokale (mehrperspektivische) Aufstellungen

(vgl. S. 162)

Bei diesen Aufstellungen werden mehrere Foki aufgestellt. Dadurch erhalten wir gleichzeitig verschiedene Perspektiven.

Geeignet ist dieser Aufstellungstypus insbesondere für Konflikte in Gruppen. Hier kann man für jede Partei einen Fokus stellen, sodass in der Aufstellung die verschiedenen Perspektiven sichtbar werden. Hier eröffnet sich auch eine Möglichkeit, mit sehr großen Gruppen an konkreten Fragestellungen zu arbeiten, indem für jede Teilgruppe, die eine einheitliche Stellung zur jeweiligen Frage einnimmt, ein Fokus aufgestellt wird. Ein Lösungsbild erhält man, wenn bezüglich Ziel und der verschiedenen Aspekte, die aufgestellt wurden, die verschiedenen Foki in unterstützender Beziehung zueinander stehen.

Eine weitere Anwendungsmöglichkeit ist die Supervisionsaufstellung. Hierbei werden das beratende Team (bzw. die Beraterin) oder das therapeutische Team (bzw. die Therapeutin) und das zu beratende bzw. zu therapierende System aufgestellt. Dieser Aufstellungstypus enthält mindestens zwei Foki: das beratende (therapierende) System und das zu beratende (zu therapierende) System. Gibt es innerhalb des beratenden (therapierenden) Systems verschiedene Gruppierungen, so können diese ebenfalls mit unterschiedlichen Foki vertreten werden.

Aufstellungen mit Strukturebenenwechsel

Hierunter fallen alle Systemischen Strukturaufstellungen, bei denen in einem oder mehreren aufgestellten Teilen neue Aspekte auftauchen, die zu einer anderen Systemebene gehören. Ein Beispiel hierfür ist, wenn in dem Einem und dem Anderen der Tetralemmaaufstellung Mutter und Vater der Klientin zum Thema werden. In so einem Fall kann die Therapeutin das Eine und das Andere explizit in Mutter und Vater umbenennen und damit einen **expliziten Strukturebenenwechsel** einleiten. Eine andere Möglichkeit ist, dass die Therapeutin weiterhin in der ersten Aufstellungsart, in unserem Beispiel also der Tetralemmaaufstellung, arbeitet, aber bei den Ritualsätzen darauf achtet, dass sie für beide Strukturebenen passend sind. Auf diese Weise kann auf verschiedenen Strukturebenen gleichzeitig gearbeitet werden. Hier zeigt sich ein natürlicher Übergang zu den systematisch ambigen Aufstellungen, die im nächsten Abschnitt beschrieben werden.

Wenn wir auf verschiedenen Ebenen gleichzeitig arbeiten, vertrauen wir dem Unbewussten der Klientin an, dass es die für sie passende Strukturebene auswählt. Aufstellungen mit solch einem **impliziten Strukturebenenwechsel** sind insbesondere für Organisationen geeignet, da dort, falls die persönliche Ebene eine entscheidende Rolle spielt, der Auftrag für diese Ebene im Allgemeinen nicht vorliegt, bei einem impliziten Strukturebenenwechsel diese aber mitberücksichtigt werden kann.

Systematisch ambige Aufstellungen

Bei diesem Aufstellungstypus berücksichtigt die Therapeutin von vorneherein mehrere Strukturebenen bzw. lädt die Klientin dazu ein, die therapeutischen Veränderungen nicht nur auf der gewählten Strukturebene zu verstehen. Dies kann z. B. dadurch geschehen, dass die Therapeutin mit Bemerkungen wie

„Der Teil X zeigt Ihnen Y und noch manches darüber hinaus“
„X und auf was er noch hinweist …“
„X und das, was in ihm noch auftaucht …“

darauf hinweist, dass ein Systemteil X auch noch andere Aspekte als die direkt sichtbaren enthalten kann. Wesentlich ist hier vor allem die

Verwendung von Sätzen in der Prozessarbeit, die mehrere Systeme oder Systemebenen annähernd gleichwertig und simultan ansprechen. Insbesondere abstrakte, präsuppositionsreiche und quasitautologische Sätze sind dabei hilfreich. Andeutungen wie in den oben genannten Sätzen können unbewusst Suchprozesse auslösen, die dazu beitragen, dass Verknüpfungen zu anderen Kontexten hergestellt werden. Sie erhöhen also den Transfer von Lösungen auf andere Bereiche. Das Vorgehen bei diesem Aufstellungstypus zeigt die Nähe der Systemischen Strukturaufstellungen zur hypnotherapeutischen Arbeit.

Aufstellungen zusammengesetzter Systeme

Zusammengesetzte Systeme sind z. B. Familien, bei denen einer oder beide Partner bereits verheiratet waren und Kinder aus früheren Ehen existieren, oder Firmen, die zusammen mit ihren Tochterfirmen betrachtet werden. Bei der Aufstellung derartiger Systeme spielen insbesondere die Achtung früherer Partner und das zweite Grundprinzip zwischen Systemen, „Spätere Systeme haben Vorrang vor den früheren", entscheidende Rollen.

Besonders günstig ist es, Aufstellungen zusammengesetzter Systeme bei Familienunternehmen anzuwenden. Hier können das Zusammenspiel zwischen Familie und Organisation und eine mögliche gegenseitige Verstrickung verdeutlicht werden.

Kombinierte Aufstellungen

Darunter sind Aufstellungen zu verstehen, in denen verschiedene Aufstellungsarten miteinander kombiniert werden. So kann z. B. die Aufstellung des ausgeblendeten Themas durch Teile der Problemaufstellung ergänzt oder eine sprachliche Oberflächenstrukturaufstellung durch Teile der Problemaufstellung erweitert werden. Dabei dominiert die Grammatik des umfassenderen Systems die des kleineren Systems.

Bei gleichgewichtigen Systemen kann zunächst mit einem System zu arbeiten begonnen werden und dann zwischendurch zum anderen System gewechselt oder der Schwerpunkt der Arbeit zwischen den Systemen verlagert werden. Die Aufstellungsmethode folgt dann jeweils der Grammatik des Systems, in dem gearbeitet wird.

Partielle (Formen von) Aufstellungen

Hierunter verstehen wir Aufstellungen, bei denen nicht alle Teile des Systems aufgestellt werden, sondern nur die für die Fragestellung relevanten. Bei einer Problemaufstellung können z. B. zunächst auch nur Fokus, Ziel und die Hindernisse aufgestellt werden. Es zeigt sich während der Aufstellung, ob noch relevante Teile fehlen, die man hinzufügen sollte. Partielle Aufstellungen sind also verkürzte Formen der jeweiligen Aufstellungsart.

Schichtenweise aufgebaute Aufstellungen

Dieser Typ von Aufstellungen bezieht sich auf die Art und Weise, in der eine Aufstellung durchgeführt werden kann. Bei diesem Typus geht die Therapeutin schichtenweise vor, das heißt, sie stellt zunächst nicht alle Teile des Systems auf, sondern im ersten Bild nur eine möglichst geringe Anzahl von Teilen des entsprechenden Systems, z. B. Fokus und ein oder zwei weitere Teile. Im zweiten Bild werden ausgeschlossene Teile dazugestellt, um ihre Auswirkung zu testen. Im dritten Bild kann noch ein weiterer relevanter Systemteil dazugestellt werden; wenn nötig, kann das vierte Bild noch um einen weiteren Teil ergänzt werden. Von Bild zu Bild werden dadurch die Unterschiede und damit auch die Information vermehrt. Nach Bateson ist die Information umso größer, je mehr Unterschiede festgestellt werden können. Auf diese Weise erhalten wir nicht im ersten Bild bereits das vollständige komplexe System, sondern können uns bei jeder Ergänzung von Teilen deren spezifische Wirkung vergegenwärtigen. Für die Klientin ist ein solches Vorgehen meist wesentlich überschaubarer und nachvollziehbarer.

Aufstellungen mit Alter Ego

Bei manchen Aufstellungen ist es nützlich, wenn zum Fokus noch die Klientin selbst in die Aufstellung gestellt wird. Der Fokus übernimmt dann die Rolle des Alter Ego. Dies ist besonders dann indiziert, wenn der Fokus sich als evolutionärer Repräsentant herausstellt und z. B. die Klientin als Fünfjährige repräsentiert. Wenn die Klientin dann in die Aufstellung hineintritt, kann sie mit der Fünfjährigen, die sie gewesen ist, sprechen und diese umarmen und so diesen Teil von sich integrieren.

Supervisionsaufstellungen

Zur Supervision können alle Systemischen Strukturaufstellungen herangezogen werden, sobald mit doppeltem Fokus gearbeitet wird. Grundsätzlich werden das zu supervidierende System und die Therapeutin bzw. die Beraterin aufgestellt. Wir haben es hier also immer mit mindestens zwei Systemen zu tun. Die zu beantwortende Frage bezieht sich auch auf die Beziehung dieser beiden Systeme zueinander. Für das zu supervidierende System können z. B. Familienaufstellung, Organisationsaufstellung, Konfliktaufstellung, Problemaufstellung usw. verwendet werden. Für die Therapeutin bzw. Beraterin wird eine Repräsentantin gestellt. Mit diesem Aufstellungstypus können wir Fragen beantworten, wie:

- Wo ist ein günstiger Platz für die Therapeutin relativ zum beratenden System?
- Wie sieht die Klientin die Therapeutin?
- Was braucht das System der Klientin?
- Was wurde im System der Klientin von der Therapeutin übersehen?
- Welches könnte ein nächster Schritt für das System der Klientin sein?

Metaaufstellungen (die Aufstellung in der Aufstellung)

Hier haben wir es mit einem hierarchisch über- und einem hierarchisch untergeordneten System zu tun. Das hierarchisch übergeordnete System bildet dabei den Rahmen für das hierarchisch untergeordnete System. Als Metaaufstellung sind z. B. die Glaubenspolaritätenaufstellung, die Zielannäherungsaufstellung, die Neunfelderaufstellung und die Tetralemmaaufstellung geeignet. Sie können jeweils einen Kontext aufspannen, in dem andere Aufstellungen, wie z. B. Familien-, Organisations- oder politische Aufstellungen, stattfinden können. Eine Metaaufstellung bietet verschiedene Vorteile:

- Bei einer Glaubenspolaritätenaufstellung wirken die Pole als Ressourcen und geben Schutz und Kraft, sobald sie von persönlichen Anteilen gereinigt sind. Sie können dann als überpersönliche Kraftquellen für die Aufstellung innerhalb der Glaubenspolaritätenaufstellung ausgleichend wirken.
- Bei der Zielannäherungsaufstellung gibt die Zeitlinie eine Richtung vor, sodass Schritte in die Zukunft in Form von Probehandeln erfolgen können.

- Bei der Tetralemmaaufstellung geben die verschiedenen Positionen Schritte in einem Prozess an.

III.2.3 Bereiche Systemischer Strukturaufstellungen

Außer diesen verschiedenen Typen von Aufstellungen unterscheiden wir noch **Aufstellungen für verschiedene Bereiche.** In diesen Bereichen können nun wiederum verschiedene Arten von Strukturaufstellungen oder Varianten von Familien- und Organisationsaufstellungen durchgeführt werden. Im Folgenden führe ich einzelne Bereiche auf, für die wir verschiedene Aufstellungsformen entwickelt haben.

Aufstellungen im Organisationsbereich

Organisationsaufstellungen wurden erstmals von Bert Hellinger durchgeführt und von Gunthard Weber, Brigitte Gross, Siegfried Essen, Guni Baxa, Christine Essen, Friedrich Wiest, Thomas Siefer, Gerd Metz, Werner Messerig, Matthias Varga von Kibéd, der Autorin und anderen erweitert. Diese Aufstellungen bauen auf den Grundprinzipien der Familienaufstellung auf und haben eine sehr verwandte grammatische Struktur.

Die von uns entwickelten **Organisations-Strukturaufstellungen** unterscheiden sich in vielen Aspekten von den Organisationsaufstellungen, so u. a. durch Folgendes:

- Sie können außer Repräsentanten auch Orte und freie Elemente enthalten,
- es werden auch abstrakte Systemteile aufgestellt,
- sie ermöglichen verdeckte und ambige Arbeit,
- die Aufstellungsarbeit erfolgt gleichzeitig auf mehreren Strukturebenen und ist von daher auf Mehrdeutigkeit angelegt,
- die inhaltliche Arbeit tritt zurück gegenüber der syntaktischen Arbeit.

Bei den Organisations-Strukturaufstellungen haben wir für unterschiedliche Anlässe spezifische Formen entwickelt. Auch die folgenden Formen der SySt stammen gemeinsam von Insa Sparrer und Matthias Varga von Kibéd, sofern nicht anders vermerkt. Bei den Organisations-Strukturaufstellungen unterscheiden wir dabei insbesondere folgende Formen:

Hierarchieebenenaufstellung (Sparrer/Varga)

Hier werden die einzelnen Hierarchieebenen einer Organisation (Repräsentanten im engeren Sinn (im Folgenden abgekürzt mit „R. i. e. S.")) aufgestellt. Dabei wird jede einzelne Hierarchieebene durch eine Person repräsentiert und Hierarchieebenen, auf denen unterschiedliche Meinungen oder Wertvorstellungen vorherrschen, durch mehrere Personen. Die Anzahl der aufgestellten Hierarchieebenen ist abhängig von der Relevanz der Unterschiede für die Fragestellung der Klientin.

Teamaufstellung

Hier werden die Mitglieder eines Teams (R. i. e. S.) aufgestellt und gegebenenfalls noch Werte (R. i. e. S. oder Orte) und Ziele (R. i. e. S.) hinzugefügt.

Teaminterne Teamaufstellungen

Verdeckte Arbeit mit Systemischen Strukturaufstellungen macht es möglich, auch innerhalb einer Firma mit Teams oder Gruppen von Führungskräften und Mitarbeitern für eigene Anliegen Aufstellungsarbeit zu leisten. Die vier Hauptformen davon sind **Aufstellungen mit iteriertem Repräsentantenwechsel, Aufstellungen ohne Aufsteller, die Kontextklärungsaufstellungen und der lösungsfokussierte Dialog ohne hörbare Antworten in Kombination mit einer Lösungsaufstellung.**

1. Aufstellungen mit iteriertem Repräsentantenwechsel (Matthias Varga von Kibéd)

Dabei werden die repräsentierenden Personen fortlaufend ausgewechselt; der häufige Wechsel hilft, von eigenen Hypothesen abzurücken und mehr das wahrzunehmen, was sich spontan körperlich zeigt. Außerdem ist es günstig, wenn die Personen einer Abteilung nicht sich selbst repräsentieren, sondern eigene KollegInnen und so die anstehenden Fragen jeweils aus verschiedenen Sichtwinkeln wahrzunehmen lernen..

2. Aufstellungen ohne Aufsteller (Matthias Varga von Kibéd)

Diese ermöglichen, dass sich die Teammitglieder selbst so aufstellen können, als ob sie von einem (imaginierten) Repräsentanten des Teamanliegens aufgestellt würden. Interessant ist hierbei, dass die repräsentierende Wahrnehmung für sich selbst einen Unterschied zur normalen Selbstwahrnehmung darstellt und für die Teilnehmer ganz neue Aspekte in den Mittelpunkt rückt, von denen einige völlig ausgeblendet waren.

3. Die Kontextklärungsaufstellung (Sparrer/Varga)

Diese Aufstellung dient dazu, in Organisationen zu klären, ob das Anliegen des Auftraggebers mit dem Organisationskontext oder/ und dem privaten Kontext zu tun hat. Aufgestellt werden hierbei:

- Fokus (R. i. e .S.)
- Anliegen (R. i. e. S.)
- beruflicher Kontext (R. i. e. S.)
- privater Kontext (R. i. e. S.)

4. Lösungsfokussierter Dialog ohne hörbare Antworten in Kombination mit einer Lösungsaufstellung (Insa Sparrer)

Hier wird zunächst ein lösungsfokussiertes Interview durchgeführt, bei dem die Klientin die jeweiligen Antworten denkt, aber nicht ausspricht. Die Leiterin kann an der Physiologie der Klientin ablesen, wann sie geantwortet hat und ob sie noch im Problem- oder bereits im Lösungszustand ist. Anschließend werden die Teile Fokus, Ziel, Wunder, Personen und Personengruppen sowie Situationen aus dem Kontext des Wunders und gegebenenfalls noch Ausnahmen aufgestellt. Dieses Vorgehen ermöglicht eine vollkommen verdeckte Arbeit, was für die kontraktgemäße Arbeit in Organisationen häufig günstig ist.

Projektaufstellung

Außer den Projektteammitgliedern (R. i. e. S.) werden zusätzlich Ziele (R. i. e. S.), Ressourcen (R. i. e. S. oder Orte), Werte (R. i. e. S. oder Orte) und Marktanforderungen (R. i. e. S.) aufgestellt.

Wertpolaritätenaufstellung (Sparrer/Varga)

Die Wertpolaritätenaufstellung erfolgt nach dem Grundmuster der Glaubenspolaritätenaufstellung. Die Werte werden als Orte aufgestellt und die für die Fragestellung relevanten Personen als R. i. e. S. Diese Aufstellungsform eignet sich besonders gut für die Arbeit an den Grundwerten einer Firmenphilosophie.

Simultane doppelte Tetralemmaaufstellung mit doppeltem Fokus (Matthias Varga von Kibéd)

Bei dieser Aufstellung wird mit zwei Foki gearbeitet, je einem für jede Partei. Die Position A der einen Partei entspricht der Position B der anderen Partei und umgekehrt. Die dritte und vierte Position entsprechen dann der dritten und vierten Position von beiden Parteien. Diese Aufstellungsform kann insbesondere bei Konflikten in Organisationen angewandt werden.

Mehrperspektivische Aufstellungen des ausgeblendeten Themas (Sparrer/Varga)

Auch diese Aufstellungsform eignet sich für Konfliktsituationen. Jede der Konfliktparteien kann einen eigenen Fokus aufstellen. Gemeinsam wird danach noch von den Konfliktparteien ein gemeinsamer Fokus ausgewählt. Zusätzlich werden das offizielle Thema und das ausgeblendete Thema (beide R. i. e. S.) aufgestellt.

Simultane Gruppenthemenaufstellung (Matthias Varga von Kibéd)

Diese Aufstellungsform kann bei Konflikten selbst in langfristig und heftig zerstrittenen Gruppen angewendet werden. Bei dieser Aufstellungsart werden mehrere Foki entsprechend zu den Konfliktthemen aufgestellt, z. B. zwei Foki für Männer und einer für Frauen, wenn die Männer an Anzahl überwiegen und dies für das Thema eine Rolle spielt. Jede Konfliktpartei stellt ihre Themen auf, und für den Organisationskontext wird noch die gemeinsame Aufgabe (R. i. e. S.) hinzugefügt. Wenn die Teilnehmer sich über die Namen der Themen nicht einigen können, verwenden wir Nummern oder Buchstaben für die einzelnen RepräsentantInnen. Falls zu viele Themen genannt werden, können diese zunächst geclustert werden. Die Foki und die gemeinsame Aufgabe werden mit Personen als R. i. e. S. aufgestellt und für die einzelnen Themen häufig Gegenstände (R. i. e. S.) verwendet. Anschließend können alle Gruppenmitglieder, wenn sie möchten, sich an die verschiedenen Plätze der RepräsentantInnen und Symbole stellen und die Sicht der jeweils anderen kennen lernen (vgl. auch III.2.1).

Die Aufstellung des abwesenden Teams (Insa Sparrer)

Dies ist ein Spezialfall des lösungsgeometrischen Interviews. Für ein nur teilweise anwesendes Team erlaubt diese Aufstellungsform eine lösungsfokussierte Gesprächsführung mithilfe von Repräsentanten, als ob das Gesamtteam da wäre. Eine ausführliche Darstellung dieser Form einer SySt finden Sie in IX.1.

Aufstellungen im Kreativitätsbereich

Hier haben wir vor allem mit DrehbuchautorInnen und professionellen MärchenerzählerInnen zusammengearbeitet und dafür verschiedene Formen der Drehbuch- und Märchenaufstellung entwickelt. Bei **Drehbuchaufstellungen** (siehe dazu ausführlich Varga v. Kibéd u. Sparrer 2002) ist, im Gegensatz zur Familienaufstellung und den meisten therapeutischen und beraterischen Anwendungen Systemischer Strukturaufstellungen, eine schnelle und einfache Lösung von Problemen im Allgemeinen nicht das Ziel. Ganz im Gegenteil: Interessante, verdeckte und tiefe Konflikte sind für ein gutes Drehbuch häufig erforderlich. Daher ist hier eine zentrale Frage, welche Handlung sich aus der Ausgangsposition ergibt und was eine passende Vorgeschichte sein könnte.

Bei Drehbuchaufstellungen liegt kein Therapie- oder Beratungsauftrag vor; hier geht es eher um die Exploration unterschiedlicher Umgestaltungsmöglichkeiten der schon vorliegenden Teile des Drehbuchs, die Einführung oder Weglassung von Figuren, Fragen der Kohärenz oder Überfrachtung von Themen sowie um unterschiedliche Fortführungsmöglichkeiten einer begonnenen Geschichte oder die Ausgestaltung der Details eines Treatments. Die auf der Grammatik der SySt aufbauenden Drehbuchaufstellungen erlauben auch ein experimentelles Vorgehen, das im therapeutischen oder beraterischen Bereich höchst problematisch oder unzureichend wäre, hier jedoch genau dem Anliegen der KlientInnen entspricht. Wir haben daher einige der Gesetzmäßigkeiten für die Systemischen Strukturaufstellungen erst bei der Beschäftigung mit diesem Bereich entdeckt.

Als spezielle Technik für Drehbuchaufstellungen entwickelten wir unter anderem die **simultane, partiell spontane Veränderung durch die Repräsentanten.** Dabei werden alle RepräsentantInnen aufgefordert, auf ein gemeinsames akustisches Signal hin ihren Veränderungsimpulsen mit bestimmten einschränkenden Bedingungen spontan zu folgen. Wir haben dabei folgende Wirkungsmuster mit erstaunlicher Konstanz beobachtet:

- Wenn ein Fünftel, Sechstel oder kleinere Teile des spontanen Veränderungsimpulses ausgeführt werden sollen, erhält man Miniaturveränderungen einer Szene, die im Wesentlichen Analogien zu einer *frame by frame analysis* entsprechen.
- Wenn ein Viertel des spontanen Veränderungsimpulses ausgeführt werden soll, erhält man in der Regel größere relevante Teilsequenzen bzw. Hauptabschnitte einer Szene.
- Wenn ein Drittel des spontanen Veränderungsimpulses ausgeführt werden soll, erhält man im Allgemeinen die nächste Szene.
- Wenn die Hälfte des spontanen Veränderungsimpulses ausgeführt werden soll, gelangt man meist zum Ende des Drehbuchs oder etwas darüber hinaus.
- Lässt man im Anschluss an die Durchführung der Hälfte des spontanen Veränderungsimpulses weitere partiell spontane Veränderungen erfolgen, geht die Geschichte in der Regel über den Spannungsbogen hinaus und wird häufig langweilig.
- Wenn der volle spontane Veränderungsimpuls ausgeführt wird, geht die Geschichte über den möglichen Veränderungsrahmen hinaus, und man erhält absurde Abläufe.

Auf der Beobachtung der relativ konstanten Wirkung dieser simultanen, partiell spontanen Veränderungsinduktionen für RepräsentantInnen in SySt, die wir inzwischen auch über den engeren Bereich der Drehbuchaufstellungen hinaus sparsam anwenden, beruht unsere „varga-sparrersche Gangschaltung" für simultane, partiell spontane Modifikation von Strukturaufstellungsbildern: Wir verwenden dabei eine an die RepräsentantInnen der Aufstellung gerichtete Aufforderung der Form:

> „Achtet jetzt bitte alle genau darauf, was Ihr in dieser Situation gerne ändern würdet – ohne diese Änderungen schon durchzuführen! Achtet dabei insbesondere auf die Bewegungsimpulse und Wünsche nach Haltungsveränderungen, die in Euch auftauchen, wenn Ihr herumschaut und die anderen wahrnehmt. Und wenn ich dann klatsche, dann macht bitte genau … (ein Sechstel, ein Viertel, ein Drittel, die Hälfte …) der Bewegung oder Veränderung, die Ihr wünschtet."

Mit den oben angegebenen Beobachtungen über die relative Konstanz der Wirkungsmuster erhalten wir eine Fünfgangschaltung.

Wenn in die obige Induktion folgende Formulierungen eingefügt werden, ergibt dies die unten in der Tabelle aufgeführten entsprechenden Gangschaltungen:

ein Fünftel,	↘	
ein Sechstel	→	*Frame-by-frame-analysis*-Gang
oder kleiner	↗	
ein Viertel	→	Gang für Hauptabschnitte für Szenen
ein Drittel	→	Gangschaltung zur nächsten Szene
die Hälfte	→	Gangschaltung zum Ende des Drehbuchs oder kurz darüber hinaus
und das Ganze	→	absurde Gangschaltung (die den Rahmen der Geschichte überstrapaziert)

Bei den **Drehbuchaufstellungen** können wir folgende Untertypen (Matthias Varga von Kibéd) unterscheiden:

Aufstellung der Haupt- und Nebenrollen
Hier können die Autoren Einblick in das dynamische Beziehungsgeflecht ihrer Haupt- und Nebenfiguren gewinnen.

Aufstellung der Hauptcharakterzüge
Diese Aufstellung hilft den AutorInnen, eine oder mehrere Personen ihres Drehbuch besser zu verstehen und Einblick in die Motivationslage und das zukünftige Verhalten dieser Personen zu gewinnen. Bei Schreibproblemen werden hier häufig auch Resonanzen zum System der Autorin deutlich und können gegebenenfalls modifiziert oder aufgelöst werden. (Dabei ergibt sich manchmal ein Grenzbereich der therapeutischen/beraterischen zu den kreativitätsfördernden Anwendungen der SySt.)

Supervisionsaufstellungen für DrehbuchautorInnen
Hier werden die DrehbuchautorInnen gemeinsam mit den Personen des Drehbuchs aufgestellt und ihre Beziehungen und eventuellen Verwicklungen mit den Personen ihres Drehbuchs sichtbar gemacht.

Hier können auch externe Perspektiven berücksichtigt werden, wie z. B. die Perspektive der bisherigen Zuschauer einer Serie, der intendierten Adressatenkreise eines neuen Films, der Produzenten und Geldgeber, des Regisseurs, der Medien und Kritiker, sowie das Verhältnis mehrerer am Drehbuch beteiligter AutorInnen zueinander.

Bei der Arbeit mit DrehbuchautorInnen haben sich auch Tetralemma-, Problem- und Glaubenspolaritätenaufstellungen zur Lösung von Kreativitätsblockaden gut bewährt.

Diese Formen der SySt lassen sich auch auf Film- und Theaterregie anwenden. Auch hier können Haupt- und Nebenpersonen, die Charakterzüge der Hauptfiguren, Filmszenen, das Beziehungsgeflecht zwischen Schauspielern, Regisseur, Produzent und Publikum u. a. aufgestellt werden.

Bei **Aufstellungen für professionelle Märchenerzähler** eignen sich:

- spezifische Varianten gemischt-symbolischer Aufstellungen (Märchenaufstellungen) und
- Aufstellungen zur Klärung der Vermischung von Familienkonflikten mit der erzählten Geschichte in Form von kombinierten Varianten von Märchenaufstellungen mit partiellen Familienaufstellungen.

Wir können bei Märchenaufstellungen auch mit mehreren Foki arbeiten, wie etwa dem Fokus der Erzählerin, dem des Publikums und dem der Autorin des Märchens.

Aufstellungen im politischen Bereich

Die **politischen Strukturaufstellungen** bauen ähnlich wie die Organisations-Strukturaufstellungen auf der Grammatik der Systemischen Strukturaufstellungen auf. Sie betonen die syntaktische Arbeit und verwenden systematisch ambige und verdeckte Aufstellungsformen. Wir verwenden bei den politischen Strukturaufstellungen außer Repräsentanten auch Orte und freie Elemente. Dadurch unterscheiden sich politische SySt von älteren Formen von politischen Aufstellungen.

Bei politischen Strukturaufstellungen wenden wir von den oben genannten insbesondere folgende an:

Multifokale (= mehrperspektivische) Aufstellungen
Dieser Aufstellungstypus ist insbesondere dann günstig, wenn es sich um politische Konfliktsituationen handelt. Es kann dann ein Fokus je Konfliktpartei bzw. je anwesender Gruppe aufgestellt werden. Auf diese Weise können die verschiedenen Perspektiven dieser Parteien verdeutlicht werden.

Gemischt-symbolische Aufstellungen
Diese eignen sich insbesondere, wenn bei einer Fragestellung verschiedene Sorten von Personen, Werten oder Ereignissen sowie auch verschiedene Typen von Personen, Gruppen von Personen oder Ländern eine Rolle spielen. Zur Stützung können gegebenenfalls noch Kraftquellen als Orte gestellt werden.

Aufstellungen mit Strukturebenenwechsel
Strukturebenenwechsel zur Familienaufstellung treten häufig dann auf, wenn die Auftraggeberin von der aufgestellten politischen Situation selbst betroffen ist. Häufig finden auch Strukturebenenwechsel vom Gesamtsystem zu Teilsystemen statt.

Systematisch ambige und verdeckte Aufstellungen
Diese Art der Arbeit ist immer dann besonders nützlich, wenn es gilt, das Gesicht der verschiedenen Parteien zu wahren. Die systematisch ambige Arbeit erlaubt, dass gleichzeitig auf verschiedenen Strukturebenen gearbeitet wird. Dadurch können, falls Konflikte in der Gruppe mit Familienkonflikten einzelner Personen in Verbindung stehen, diese verdeckt mitbearbeitet werden, ohne dass die betreffenden Personen um ihre Privatsphäre fürchten müssten. Verdeckte Aufstellungen, bei denen die Teile nur abstrakt benannt werden (ohne spezifische Namensgebung), haben den Vorteil, dass spezifische Namen abgelehnter Systemteile umgangen werden können und dadurch allen Systemteilen mit Achtung begegnet werden kann.

Aufstellungen zusammengesetzter Systeme
Mit zusammengesetzten Systemen haben wir es bei politischer Arbeit oft zu tun, denn spezifische Konflikte treten häufig genau dann

ein, wenn Systeme, die miteinander verflochten sind (durch verwandtschaftliche Beziehungen, durch Abspaltung von Gruppen, durch gemeinsame Organisationen ...), nun vor eine gemeinsame Aufgabe gestellt werden.

Kombinierte Aufstellungen
Bei politischen Themen sind Kombinationen von Zielannäherungsaufstellung und Organisationsaufstellungen sinnvoll. Aufstellungen des ausgeblendeten Themas in Kombination mit Organisationsaufstellungen helfen oft, sehr schnell zum wesentlichen Punkt der Fragestellung zu gelangen.

Schichtenweise aufgebaute Aufstellungen
Der schichtenweise Aufbau hilft gerade bei politischen Aufstellungen, die meist sehr komplexe Beziehungsstruktur der Systeme zu verdeutlichen, indem durch das schichtenweise Hinzunehmen weiterer Systemteile deren Einfluss auf das System sichtbar gemacht wird.

Supervisionsaufstellungen
Diese sind u. a. für BeraterInnen von politischen Systemen geeignet zur Überprüfung ihrer Verwicklung mit dem zu beratenden System.

Metaaufstellungen
Hier kann insbesondere die Glaubenspolaritätenaufstellung einen Rahmen schaffen, politische Konfliktparteien in einen größeren Kontext zu stellen, denn die Glaubenspolaritätenaufstellung erlaubt, von den Polen als Ressourcen bereits zu nehmen, bevor die Konfliktsituation gelöst ist.

Spezifische Aufstellungen für Gruppen
Die folgenden beiden Aufstellungsformen sind für Gruppen geeignet – die erste insbesondere für spontan auftretende, häufig nicht erklärbare Konflikte in Gruppen und die zweite zur Förderung der Gruppenatmosphäre.

Die Konfliktaufstellung (Sparrer/Varga)
Diese haben wir entwickelt, um **versehentliche Aufstellungen** aufzulösen. Wir gehen davon aus, dass Aufstellungen im Alltag ständig auftreten, nur mit dem Unterschied, dass kein einheitlicher Grup-

penfokus gegeben ist. Daher löschen sich im Allgemeinen die verschiedenen gleichzeitigen Aufstellungen gegenseitig.

Ein einheitlicher Fokus ist jedoch dann gegeben, wenn es etwa bei einem Seminar, einer öffentlichen Veranstaltung oder einem Familienfest eine Zentrierung auf eine Person gibt, die im Mittelpunkt steht. Bei dieser Person kann es dann geschehen, dass andere, fremde Personen in ihr System gewissermaßen „hineinrutschen", oder es kann passieren, dass die Person im Mittelpunkt von einer Teilnehmerin mit einer ausgeschlossenen Person ihres Systems verwechselt wird.

Sie können sich das folgendermaßen vorstellen: Jeder geht sozusagen mit leeren Valenzen (wie in der Chemie) in seinem Familiensystem herum. Diese Leerstellen stehen dabei für Ausgeschlossene des Systems oder andere blinde Flecken. Wir haben es hier mit einem im Vergleich mit der **Projektion** umgekehrten Prozess zu tun. Fremde können hier in ein System rutschen, mit dem sie nichts zu tun haben. Sie repräsentieren dann für den Eigentümer des Systems eine ausgeschlossene Person, ohne dass dieser Eigentümer dafür etwas tun müsste. Die unfreiwilligen Repräsentanten übernehmen fremdes Verhalten, das zum fremden System und nicht zu ihnen gehört. Bei der Projektion hingegen wird ein Verhalten oder eine Eigenschaft in eine andere Person projiziert, obwohl sie das entsprechende Verhalten bzw. die entsprechende Eigenschaft *nicht* zeigt.

Die Konfliktaufstellung dient nun dazu, die Auswirkungen versehentlicher Aufstellungen zu verstehen und dadurch entstandene Konflikte zu lösen. Dies geschieht, indem die bei der versehentlichen Aufstellung beteiligten Personen aufgestellt werden und geprüft wird, wo Verwechslungen stattfanden. Wir haben es hier mit drei Ebenen zu tun:

- dem System, in dem der Konflikt auftrat,
- der Klientin und
- dem Familiensystem der Klientin, in das ein Außenstehender hineingerutscht ist.

Die prismatische Balintgruppenaufstellung (Matthias Varga von Kibéd)

Diese Aufstellung basiert auf einer Grundidee der prismatischen Balintgruppenarbeit, die von Alfred Drees speziell für die Täter-

Opfer-Problematik (Drees 1995) entwickelt wurde. Hierbei werden zu einer Schilderung und Frage einer Therapeutin bezüglich einer Ihrer KlientInnen, die mit Gewalt in Berührung kam, alle übrigen TeilnehmerInnen gefragt, was ihnen in den Sinn kommt, wenn sie das, was die Therapeutin über ihre Klientin erzählte, auf sich wirken lassen. Die Antworten der ganzen Gruppe spiegeln dann ein Bild der Klientin und ihres Umfelds wider. Aus der Erfahrung der Aufstellungen könnten wir sagen, dass die ganze Gruppe beginnt, Facetten der Klientin zu repräsentieren.

Bei der prismatischen Balintgruppenaufstellung werden nun anonym ein oder mehrere Personen in der Mitte der im Kreis sitzenden TeilnehmerInnen von der Leiterin oder einer Teilnehmerin als Repräsentanten aufgestellt. Anschließend nennen die Teilnehmer der Reihe nach, was an Körperempfindungen, Gedanken oder Emotionen bei ihnen spontan auftaucht. Die Gruppenleiterin kann in den Kreis positive Personen oder Kraftquellen aufstellen, um die Gruppe zu stärken. Die Kraft der Aufgestellten wirkt dann in die ganze Gruppe hinein.

Eine andere Möglichkeit ist, Personen aufzustellen, die als Leitfiguren für die Gruppe eine wichtige Rolle spielen. Die Gruppe kann in der prismatischen Balintgruppenaufstellung diese Leitfiguren auf ganz neue Weise erleben.

Aufstellungen im Bereich Sprachenlernen

Zur Beseitigung von Hindernissen beim Sprachenlernen

Hier haben erste viel versprechende Versuche stattgefunden; wir arbeiten zur Zeit an der Entwicklung neuer Formen.

Hindernisse beim Sprachenlernen können auch auf Loyalitätskonflikten beruhen – und zwar nicht nur in Bezug auf Loyalitäten zur eigenen Familie, sondern auch beispielsweise in Bezug auf Loyalitäten zum eigenen Land. Bei einer Aufstellung werden der Fokus und die Fähigkeit, die Sprache zu sprechen, aufgestellt. Die Klientin kann an die Stelle dieser Fähigkeit treten und beobachten, was sich an diesem Platz für sie ändert. Anschließend kann ihre Repräsentantin auf die Sprachfähigkeit zugehen und berichten, was an spontanen Vorstellungen auftritt. Falls dabei Ausgeschlossene auftauchen, werden diese aufgestellt und die Verstrickungen mithilfe von Prozessarbeit aufgelöst.

Zielannäherungsaufstellung (Insa Sparrer)

Hier werden Fokus, Ziel, Wunder und Ausgeschlossene es in Bezug auf das Sprachenlernen mittels Repräsentanten aufgestellt. Eine ausführliche Schilderung dieser Aufstellungsart finden Sie in Kapitel VII.

IV. SFT und SySt – Gemeinsamkeiten, Unterschiede und Entsprechungen

Sowohl die SFT als auch die SySt sind **Kurztherapieformen**. Dies bedeutet, dass sie aus wenigen Sitzungen bestehen, und nicht etwa, wie häufig fälschlich angenommen, dass der Gesamttherapieverlauf nur sehr kurze Zeit dauert. Bei beiden Therapiemethoden sind die Zeiträume zwischen den Sitzungen ziemlich lang, die Abstände betragen im Allgemeinen zwischen zwei Wochen und mehreren Monaten. Damit betonen beide Methoden die Selbstverantwortlichkeit der KlientInnen und geben ihnen Zeit für Veränderungen. Kürzere Abstände zwischen den Therapiesitzungen verführen KlientInnen nur allzu leicht dazu, Verantwortung für Veränderungen an die Therapeutin zu delegieren und Therapiestunden als ständige Beratungseinrichtung für Konfliktsituationen zu verwenden, anstatt zu lernen, die eigenen Fähigkeiten zu nutzen.

Eine weitere Gemeinsamkeit beider Therapiemethoden besteht darin, dass primär **syntaktisch gearbeitet** wird und nicht oder jedenfalls weniger semantisch. Dies kommt bei beiden Methoden darin zum Ausdruck, dass sie auf Unterschiede achten und in geringerem Maß einzelne Aussagen oder Empfindungen deuten. Syntaktisch heißt hier, dass Regularitäten und strukturelle Eigenschaften der Prozesse betrachtet und weitgehend Deutungen vermieden werden. Wie Steve de Shazer betont, können wir wissen, was „besser" heißt, ohne zu wissen, was „gut" heißt. Die Fokussierung auf Unterschiede hilft, einzelne Aussagen bzw. Empfindungen in geringerem Ausmaß zu werten und zu interpretieren. Dies ist eine elegante Form, Wertungen zu vermeiden.

Das syntaktische Arbeiten zeigt sich bei den SySt auch darin, dass verdeckt gearbeitet werden kann. Dabei werden abstrakte Teile aufgestellt, wie z. B. ein Ziel, das Wunder, eine oder mehrere relevante Ausnahmen, ohne dass die Klientin im Einzelnen benennt, wie jeweils ihr Ziel, ihr Wunder oder ihre Ausnahmesituationen heißen. Hier kann die Therapeutin rein strukturell arbeiten, da sie über die Inhalte nichts Einzelnes erfährt. In VIII.3. wird eine verdeckte Aufstellung ausführlich beschrieben.

Die **therapeutische Haltung** bei beiden Therapieformen ist grundsätzlich die gleiche. Die Therapeutin sollte möglichst eine allparteiliche, offene, fragende, interessierte, nicht bewertende Haltung einnehmen.

Im Gegensatz zum Familien-Stellen wird die **Motivation** für eine Veränderung während der SySt nicht aus dem Leidensdruck gewonnen, sondern **durch die Vision einer Lösung**. In diesem Punkt ähneln die SySt der SFT, bei der auch die Vision des Wunders hilft, das Problem loszulassen und sich in die Lösungsrichtung zu bewegen.

Wir sehen, dass diese beiden zunächst so außerordentlich verschiedenen Formen in zentralen Aspekten wichtige Gemeinsamkeiten aufweisen. Dies erlaubt eine enge Verflechtung des lösungsfokussierten Vorgehens mit den SySt. Für das Gelingen dieser Verflechtung ist ein klarer Blick auf zentrale Unterschiede der beiden Formen erforderlich. Es folgt nun die Beschreibung einiger Unterschiede zwischen SySt und SFT.

IV.1 Unbekanntes Problem versus Problem, das mehrere Generationen zurückverfolgt wird

Zunächst springen bei diesen beiden Methoden eher die Unterschiede ins Auge. Während bei der Aufstellungsmethode Ereignisse, die mehrere Generationen zurückliegen, eine wichtige Rolle spielen, ist es bei der SFT für die Therapeutin nicht einmal nötig, das Problem der Klientin zu kennen. Bei den Systemischen Strukturaufstellungen stellen wir zwar meist zunächst keine Familienmitglieder auf, aber durch den Strukturebenenwechsel können Themen von ausgeschlossenen Familienmitgliedern verdeckt auftauchen. Das heißt, auch wenn zunächst das gegenwärtige Anliegen aufgestellt wird, so können doch häufig Themen, die mehrere Generationen zurückliegen, mit berührt und häufig auch explizit aufgestellt werden.

IV.2 Verbal versus nonverbal

Während die SFT vorwiegend eine verbale Methode ist, liegt bei der Aufstellungsmethode der Schwerpunkt auf nonverbalen Vorgehensweisen, wie der repräsentierenden Wahrnehmung, der Wirkung externalisierter Bilder und dem intuitiven Aufstellen der RepräsentantInnen. Auch wenn die RepräsentantInnen ihre Körperempfindungen verbal wiedergeben, so würde es für die Methode ausreichend sein, nur zu erfahren, ob es ihnen besser oder schlechter geht. Dies könnte auch rein nonverbal mitgeteilt werden.

Im Mittelpunkt der Aufstellungsarbeit steht die Erfahrung, *wie* etwas ist. Bei der SFT hingegen geht es neben der Vermittlung von Erfahrungen, z. B. bei der Wunderfrage, auch um den Gewinn von Was-Informationen, d. h. inhaltlichen Informationen (im Gegensatz zu Wie-Informationen, die das Wie einer Erfahrung bzw. das Erlebnis von etwas betreffen). Den Begriff Information verwende ich hier im Sinne Gregory Batesons (1985): „A difference that makes a difference" (ein Unterschied, der einen Unterschied macht). So gewinnt die Klientin z. B. über die Fragen nach Ausnahmen folgende Was-Informationen:

- in welchen Situationen es ihr besser ging,
- was sie zur Verbesserung ihrer Situation beigetragen hat
- und welche Unterschiede zwischen Lösungs- und Problemsituationen bestehen.

Durch die Beantwortung der Wunderfrage erhält die Klientin Informationen darüber, welche neuen Probleme auftauchen können, sobald sie ihr Ziel erreicht hat. Gleichzeitig bekommt sie durch die Hinführung in den Zustand nach dem Wunder auch Wie-Informationen, denn sie erfährt, wie sie in anderer Weise handeln, denken, fühlen und auf andere reagieren würde, wenn ihr Ziel schon erreicht wäre.

IV.3 Von der Unmöglichkeit, Fremdpsychisches als ein Etwas wahrzunehmen, versus Vermittlung von Wie-Information durch Repräsentation

Der gravierendste Unterschied zwischen SFT und SySt ist jedoch die Verwendung von RepräsentantInnen bei der Aufstellungsmethode.

Hierdurch kommt ein Element, nämlich die Simulation von Fremdpsychischem, ins Spiel, auf das bei der SFT nicht zurückgegriffen wird. Es wird bei der SFT nicht nur nicht auf repräsentierende „Wahrnehmung" Bezug genommen, sondern diese Methode hätte im Weltbild der SFT auch zunächst keinen Platz.

Die philosophischen Grundlagen der SFT fußen auf der Philosophie Ludwig Wittgensteins. Dieser weist in seinen *Philosophischen Untersuchungen* darauf hin, in welcher Weise es unmöglich ist, Fremdpsychisches wahrzunehmen, da dieses nicht in dem Sinne existiert, wie es Gegenstände in unserer Umgebung gibt. Er erläutert dies unter anderem am Beispiel der Wahrnehmung von Schmerzen (1989a, Teil I, S. 293):

> „Wenn ich von mir selbst sage, ich wisse nur vom eigenen Fall, was das Wort ‚Schmerz' bedeutet, – muß ich *das* nicht auch von den Andern sagen? Und wie kann ich denn den *einen* Fall in so unverantwortlicher Weise verallgemeinern?
>
> Nun, ein Jeder sagt es mir von sich, er wisse nur von sich selbst, was Schmerzen seien! – Angenommen, es hätte Jeder eine Schachtel, darin wäre etwas, was wir ‚Käfer' nennen. Niemand kann je in die Schachtel des Andern schaun; und Jeder sagt, er wisse nur vom Anblick *seines* Käfers, was ein Käfer ist. – Da könnte es ja sein, daß Jeder ein anderes Ding in seiner Schachtel hätte. Ja, man könnte sich vorstellen, daß sich ein solches Ding fortwährend veränderte. – Aber wenn nun das Wort ‚Käfer' dieser Leute doch einen Gebrauch hätte? – So wäre er nicht der der Bezeichnung eines Dings. Das Ding in der Schachtel gehört überhaupt nicht zum Sprachspiel; auch nicht einmal als ein *Etwas*: denn die Schachtel könnte auch leer sein. – Nein, durch dieses Ding in der Schachtel kann ‚gekürzt werden', es hebt sich weg, was immer es ist.
>
> Das heißt: Wenn man die Grammatik des Ausdrucks der Empfindung nach dem Muster von ‚Gegenstand und Bezeichnung' konstruiert, dann fällt der Gegenstand als irrelevant aus der Betrachtung heraus."

Wenn die Erfahrung von Schmerz sich nicht auf ein Etwas bezieht, sondern die Erfahrung von Schmerz sich in einer bestimmten Beziehung zum Körper zeigt bzw. sich in einer Beziehungsstruktur widerspiegelt, dann wird es schwierig, hier von Wahrnehmung zu sprechen. Wir nehmen hier ja nicht ein Etwas wahr. Wir könnten vielleicht eher sagen, dass eine bestimmte Dynamik einer Beziehungskonstellation eine Erfahrung von Schmerz hervorruft.

Dies nun ist genau das, was wir mit Aufstellungen zu simulieren versuchen. Und dies ist auch genau der Sinn, in dem sich etwas in Aufstellungen zeigt. In Aufstellungen produzieren wir nicht ein Etwas, sondern wir bilden in einzelnen Anordnungsbildern Konstellationen nach, bei denen sich bestimmte Empfindungen zeigen, die zum abgebildeten System *passen*. Da Empfindungen und psychische Erkrankungen eben keine Dinge sind, sondern Epiphänomene der Dynamik einer Struktur, können sie bei Veränderung der jeweiligen Struktur auch verschwinden. Die Aufstellungen zeigen nun, welche Umstellungen, Prozesse und Rituale hilfreich sind, um unangenehme Empfindungen verschwinden zu lassen. Der Zugang zu Fremdpsychischem besteht bei den Aufstellungen darin, dass sich Fremdpsychisches in der Beziehungsstruktur von Repräsentanten zeigen kann und die Repräsentanten über die Wahrnehmung ihrer Empfindungen hierzu einen Zugang finden. Die *Unterschiede* in der Wahrnehmung dieser repräsentierenden Empfindungen können Hinweise darauf geben, welche Prozesse für die Veränderung der fremdpsychischen Empfindungen hilfreich sind.

Um nahe am Sprachgebrauch Wittgensteins zu bleiben, können wir sagen, dass die repräsentierende Wahrnehmung bei den RepräsentantInnen eine Simulation des Raums relevanter Beziehungen voraussetzt, in dem das fremdpsychische Geschehen stattfand und in dem sich dann die psychischen Empfindungen, Kognitionen und Haltungen fremder Systeme zeigen können.

Die RepräsentantInnen nehmen sehr spezifische Empfindungen, Kognitionen, Emotionen und Haltungen über ihren Körper wahr, die selbst für die Klientin zum Teil unbekannt sein können, jedoch bei externer Nachprüfung zum fremden System oft spezifisch passen. Teilnehmer zeigen sich immer wieder darüber verwundert, dass fremde RepräsentantInnen so genau und passend empfinden können, trotz der geringen oder fehlenden Information über das fremde System.

Wie sich das, was die Repräsentantinnen empfinden, zu dem repräsentierten System verhält, kann nicht von vorneherein gesagt werden. Spürt eine Repräsentantin z. B. einen Magenschmerz, so kann die Entsprechung im repräsentierten System bedeuten, dass ein Familienmitglied auch unter Magenschmerzen litt oder Magenschmerzen ein Thema in der Familie waren oder z. B. die Schmerzen nur ein Hinweis darauf sind, dass dieses System noch eine Veränderung braucht. Welche dieser Möglichkeiten zutrifft oder ob vielleicht auch eine weitere, ganz neue passt, kann nicht aus der repräsentierenden Wahrnehmung abgelesen werden. Daher ist es wichtig, repräsentierte Empfindungen, Gefühle oder Kognitionen nicht zu deuten, sondern nur auf Unterschiede bei auftretenden Veränderungen zu achten. Dies ist ein rein strukturelles Vorgehen.

Manchmal kann jedoch der Kanal, mit dem die RepräsentantInnen reagieren, eine inhaltliche Beziehung zum repräsentierten System haben, wie etwa im oben genannten Beispiel des Magenschmerzes. Dies nennen wir dann ein schwach semantisches Vorgehen. Diese Vorgehensweise ist nämlich insofern nicht mehr rein syntaktisch, als die Veränderung der Beziehungsstrukturen des repräsentierten Systems nicht mehr durch beliebige Unterschiede in beliebigen Sinneskanälen und Submodalitäten in der Strukturaufstellung repräsentiert werden kann (lediglich unter Berücksichtigung der Adäquatheit der Veränderungsrichtung), sondern der in der Strukturaufstellung verwendete Sinneskanal oder sogar die jeweilige Submodalität eine direkte Entsprechung zum repräsentierten System aufweist. In diesem Umstand kann man ein schwaches semantisches Element des Vorgehens erblicken. Andererseits kann durchaus auch dabei verdeckt und in diesem Sinne noch syntaktisch gearbeitet werden.

Häufig wird bei Aufstellungen die Frage gestellt, wie denn derartig spezifische Informationen übertragen werden können. Hierzu kursieren dann Thesen, wie:

- Wir kommen in Kontakt mit den Seelen von Verstorbenen.
- Es findet eine telepathische Übertragung statt.
- Die Information wird über subliminale Reize weitergegeben.

Betrachten wir hierzu Wittgensteins Aussagen, so könnten wir zur Übertragung von Information in den Aufstellungen Folgendes sagen:

Die betrachteten Empfindungen scheinen auf in einer Struktur, die durch die Beziehungen der Systemelemente des betrachteten Systems zueinander festgelegt wird. Sobald wir diese Beziehungsstruktur im Raum abbilden, ist es möglich, dass die dazugehörigen Empfindungen auch auftauchen. Wir haben die These, dass dieser Prozess so gesehen werden kann, dass nicht Information übertragen wird, sondern die repräsentierenden Empfindungen eine Konsequenz der Beziehungsstruktur sind, die der Aufstellende mit den Repräsentanten im Raum abbildet. Zum Aufstellen gehört die Absicht des Aufstellenden dazu. Sie verleiht der Aufstellung die Perspektive, aus der gesehen wird.

Es gibt jedoch noch weitere Einwände zu den oben genannten Thesen zur Informationsübertragung bei Aufstellungen. Gegen die Aufnahme von Kontakt mit Seelen von Verstorbenen spricht, dass die Aufstellungsphänomene auch bei aufgestellten Abstrakta und Körperteilen auftreten und es in Bezug auf Abstrakta und Körperteile seltsam ist, von deren Seelen zu sprechen, wenn wir nicht von einem sehr speziellen animistischen Weltbild, in dem auch die Körperteile von Belebtem eigene „Seelen" haben, ausgehen. In diesem Falle bedeutet jedoch der Begriff „Seele" nicht das Gleiche wie in der Verwendung „Seelen von Verstorbenen".

Dass wir es bei Aufstellungen ausschließlich mit subliminalen Wahrnehmungen zu tun hätten, lässt sich durch einfache Experimente widerlegen. Die Aufstellungsphänomene treten auch dann auf, wenn weder der Leiter der Aufstellung noch der Aufstellende das aufgestellte System kennen. Es ist möglich, fremde Systeme aufzustellen. Bei anschließendem Vergleich von Beziehungsqualitäten, die in der Aufstellung auftauchten, und Beziehungsqualitäten der Elemente des abgebildeten Systems lässt sich eine hohe Übereinstimmung feststellen.

Gegen die gelegentlich vorgeschlagene problematische Erklärung der Aufstellungsphänomene als telepathische Übertragungsphänomene spricht, dass manchmal Informationen auftauchen, die sowohl für die Therapeutin als auch für die Klientin unbekannt sind und sich auf längst vergangene Ereignisse beziehen können. Solche neue Informationen können z. B. sein:

- dass jemand fehlt,
- wie jemand, der ein schweres Schicksal hatte, sich fühlt,
- wie jemand verwundet wurde,
- wie jemand sich fühlt, der ausgeschlossen war und jetzt erstmals einbezogen wird,
- dass sich jemand ungerecht behandelt fühlt,
- wer gegenüber wem Ärger empfindet.

Wenn derartige Empfindungen auftreten, lassen wir häufig Sätze aussprechen, die diese Empfindungen ausdrücken. Dabei geschieht teilweise eine vorsichtige Interpretation dieser Empfindungen, die dann überprüft wird, indem die RepräsentantInnen gefragt werden, ob sich der Satz für sie stimmig anfühlt. Die Aufstellung vermittelt Wie-Informationen, aus denen manche Was-Informationen als notwendige Voraussetzungen abgeleitet werden können. Bei diesem Transformationsprozess von der Wie- zur Was-Information muss allerdings beachtet werden, dass dabei Interpretationen einfließen. Daher ist es immer wichtig, auf diese Weise erhaltene Was-Informationen extern zu überprüfen, während die Wie-Information zunächst als reine Erfahrung ohne Deutung genommen werden kann. Eine Was-Information ist immer auch eine Abstraktion aus einer konkreten Situation, während die Wie-Information sich in der Erfahrung auf eine ganz bestimmte Situation bezieht.

Bei therapeutischen Situationen haben wir es meist mit Wie-Information zu tun, z. B. wie jemand ein bestimmtes Ereignis erlebt, wie es ist, Mutter zu sein, oder wie eine traumatische Situation jetzt anders erlebt werden kann. Daher sind Aufstellungen für diesen Anwendungsbereich so hilfreich.

Das Konzept der Simulation fremder Systeme mithilfe von RepräsentantInnen stellt einen relevanten Unterschied zur SFT dar und ist daher eine echte Ergänzung für die lösungsfokussierte Vorgehensweise. Die SFT geht davon aus, dass wir nicht wissen können, *wie* etwas für eine andere Person ist. Sie leitet aus dem Umstand, dass Empfindungen kein Etwas sind, ab, dass wir sie bei einem anderen Menschen nicht wahrnehmen und daher auch nicht mit eigenen Empfindungen vergleichen können. Beim Aufstellungsprozess werden jedoch quasiprivate Empfindungen allgemein zugänglich gemacht, in der Form, dass wir aus den Äußerungen der RepräsentantInnen schließen können, ob sie wie die Repräsentierten empfinden. Die Repräsentanten blicken nicht wie durch ein Fenster in die Seele der Repräsentierten.

Selbst in Bezug auf die Sprache wird angenommen, dass ein vollkommenes Verstehen nicht möglich ist, sondern durch die Verwendung der Sprache sich die Bedeutung von Worten erst zeigt. Steve de Shazer schlägt daher vor, nützliche Missverständnisse zu konstruieren, wenn schon ein echtes Verstehen nicht möglich ist. Als Lösung führt er die Skalierung ein, die Unterschiede aufzeigt, die wir verstehen können, ohne die Bewertungen der Klientin vollständig zu verstehen oder analysieren zu müssen. Er spricht davon, dass wir wissen können, was „besser" heißt, ohne wissen zu müssen, was „gut" heißt.

Bei den Systemischen Strukturaufstellungen betonen wir die Unterschiede der auftauchenden Empfindungen und fragen weniger nach dem, was genau von den RepräsentantInnen empfunden wird. Hier findet bereits eine Angleichung der SySt an die SFT statt, im Unterschied zum Familien-Stellen, bei dem Was-Informationen eine größere Rolle spielen. Vor dem Familien-Stellen werden daher oft Informationen über ausgeschlossene Familienmitglieder eingeholt. Bei den SySt reicht es aus, eine Repräsentantin als „die Person, um die es hier geht" aufzustellen.

IV.4 Zeitliche versus räumliche Unterschiede

Die SFT setzt ihren Schwerpunkt auf Zukunfts- und Ressourcenorientierung und verwendet Aufgaben für den Transfer der in der Sitzung gewonnenen Erfahrungen und Einsichten in den Alltag. Die SFT ist eine Gesprächsmethode, doch ist zu beachten, dass die Gesprächsführung eine hypnotherapeutische Tranceinduktion in die Erfahrung von Lösungen ist. Dies bedeutet, dass die SFT zwar als Gespräch verläuft, sie jedoch zum Ziel hat, Erfahrungen, die sich lösend auswirken, herbeizuführen. Das Kernstück dieser Therapie ist die Wunderfrage, die sich dadurch auszeichnet, dass durch sie eine künftige Lösung vorweggenommen wird und im Hier und Jetzt erlebt werden kann.

Die Fokussierung der Lösungen in SFT und SySt geschieht durch die Fokussierung auf Unterschiede. Beim lösungsfokussierten Interview werden Unterschiede zwischen jetziger Situation und Ausnahmesituation sowie zwischen jetziger und Wundersituation untersucht. Die lösungsfokussierten Fragen sind in erster Linie Unterschiedsfragen. Es folgen einige Beispiele:

„Was war anders in der Situation, als es Ihnen besser ging?"
„Was ist dann statt des Problems da?"
„Woran merken Sie, dass …?"
„Was haben Sie anders gemacht (gedacht, empfunden)?"
„Merkt außer Ihnen jemand, dass das Wunder geschehen ist?"

Bei den SySt werden auch Unterschiede zwischen verschiedenen Zeitpunkten betrachtet, nämlich beim Vergleich der wahrgenommenen Empfindungen von Aufstellungsbild zu Aufstellungsbild bei einer Repräsentantin. Dieser Vergleich entspricht in der Struktur dem Vergleich zwischen jetziger Situation, Ausnahmesituation und

Wunder. Wir fragen die RepräsentantInnen, von Bild zu Bild, ob sich etwas für sie geändert hat und ob es für sie nun besser ist. Dieses syntaktische Vorgehen hilft, Deutungen stärker zu vermeiden.

Bei den SySt steht die Erfahrung im Mittelpunkt, und zwar insbesondere in Form der repräsentierenden Wahrnehmung. Hier werden mithilfe von RepräsentantInnen Personen des KlientInnensystems im Raum gestellt, sodass die räumliche Anordnung ein externes Bild des internen Bildes der Aufstellerin wiedergibt. Dadurch wird bei der SySt in erster Linie auf Unterschiede geachtet, die durch verschiedene räumliche Anordnungen der RepräsentantInnen entstehen. Diese geben Hinweise auf die Beziehungsstruktur der einzelnen Systemelemente untereinander. Die räumlichen Unterschiede finden wir bei der SFT nicht.

Ein Vorteil der unterschiedlichen räumlichen Anordnungen besteht darin, dass in diesen Aufstellungsbildern Erfahrungen deutlicher vermittelt werden können als in den durch die Wunderfrage ausgelösten Vorstellungsbildern bei der SFT. Die Vermittlung der Erfahrung des Als-ob durch die Wunderfrage ist vom Erlebnis her meist schwächer als die Vermittlung durch ein Hineintreten in ein Aufstellungsbild. Bei Aufstellungsbildern gelingt der Sprung von der Möglichkeit zur Wirklichkeit leichter.

Obwohl zunächst die Unterschiede zwischen den SySt und der SFT sehr ins Auge springen, ist es möglich, zwischen wichtigen Begriffen der einzelnen Therapieformen **Entsprechungen** in der anderen Methode zu finden.

IV.5 Problem: Erstes Aufstellungsbild/Kontext des Wunders

Das Problem zeigt sich bei der Aufstellungsarbeit im ersten Bild, denn die Klientin stellt das Bild gemäß ihrem momentanen Befinden. Um näher bei den Formulierungen der Klientin bleiben zu können, entwickelten wir spezifische Arten der SySt. Wir können dadurch dort beginnen, wo sich die Klientin gerade befindet. Dieses Pacing hilft der Klientin, die Aufstellung als eine natürliche Fortsetzung des Vorinterviews zu empfinden. Im ersten Bild sehen wir die Beziehungsstruktur des Problems. Den Inhalt des Problems müssen wir auch bei der Aufstellungsarbeit nicht wissen. Die folgenden Aufstellungsbilder entsprechen den Schritten zur Lösung.

Die SFT vermeidet es, über Probleme zu sprechen. Trotzdem können wir hier ein Pendant zum Problem im Kontext des Wunders finden. Hierin tauchen die negativen Reaktionen der Umwelt in Bezug auf die Veränderungen bei der Klientin auf, wenn das Wunder eintritt. All die Hindernisse, die ein Problem zum Problem machen, können sich hier zeigen. Doch wird beim lösungsfokussierten Vorgehen nicht nach den Hindernissen gefragt, sondern danach, wie es die Klientin schafft, wenn das Wunder eingetreten ist, diese zu überwinden. Im Kontext des Wunders treten die Teile des Problems auf, deren Überwindung erst eine Lösung möglich macht. Genau hierin zeigt sich auch der Unterschied zum positiven Denken. Es geht eben nicht nur darum, dass alles positiv gesehen wird, sondern darum, *wie* es die Klientin *macht*, dass es ihr besser geht. Die im Kontext des Wunders auftauchenden Hindernisse entsprechen dem Preis, den die Klientin zahlen muss, wenn sie den Nutzen (Vermeidung der Hindernisse), den ihr die Nichtlösung verschaffte, aufgeben muss. Im Kontext des Wunders finden wir also gewissermaßen das Negativ zur Lösung.

IV.6 Lösung: Lösungsbild/Antworten auf lösungsfokussierte Fragen

Lösungen zeigen sich in der SFT in den Antworten der Klientin auf die Fragen

- nach dem, was gut ist und so bleiben kann,
- nach den Ausnahmen vom Problem,
- nach dem Ziel der Klientin und
- nach der Wunderfrage.

Durch Letztere wird eine Erfahrung der Lösung vermittelt. Eine solche Erfahrung finden wir bei den SySt im Lösungsbild wieder, wenn die Klientin in die Fußstapfen ihrer Repräsentantin tritt. Von KlientInnen wird die Erfahrung im Lösungsbild einer Aufstellung fast immer stärker erlebt als die durch die Wunderfrage ausgelöste Erfahrung. Der Vorteil der SFT liegt in der Präzisierung der Lösung durch die verschiedenen Fragen nach Unterschieden. Dadurch bekommt die Klientin eine inhaltlich genauere Vorstellung von der Lösung, was bei der Umsetzung der Erfahrung einer Lösung in den Alltag hilfreich ist.

IV.7 Interventionen: Stellungs-, Prozessarbeit und Tests/Fragen und Aufgaben

Bei den SySt bestehen die therapeutischen Interventionen in Stellungsarbeit, Prozessarbeit und den Tests. Die Therapeutin reagiert jeweils auf die verbalen und nonverbalen Äußerungen der RepräsentantInnen. Die Reaktionen der Klientin werden auch berücksichtigt, doch mehr in der Hinsicht, ob sie das Aufstellungsbild als stimmig erlebt. Dies ist sehr wichtig, denn wenn die Klientin der Aufstellung nicht mehr folgen kann oder will, falls für sie ein Prozess unstimmig war, dann kann die Aufstellung für sie nicht mehr wirken. Die Äußerungen der RepräsentantInnen sind für die Interventionen handlungsleitend. Stellungsarbeit und Prozessarbeit führen – ähnlich wie die Fragen der SFT – in die Richtung der Lösung. Beide Vorgehensweisen sind stark lösungsfokussiert, da sie die Aufmerksamkeit auf Unterschiede in Richtung einer Verbesserung lenken, bei der SySt durch Fokussierung auf die Unterschiede bei den Empfindungen der RepräsentantInnen und bei der SFT durch die Fokussierung auf Unterschiede zwischen Ausnahmesituationen und den verschiedenen Lösungen in der Zukunft.

Ein wichtiger Teil der Interventionen bei der SFT besteht darin, dass die Therapeutin am Ende der Sitzung der Klientin eine Aufgabe erteilt, die in Wertschätzungen und Lob eingebettet ist. Die Aufgaben bilden einmal eine Hilfe zur Erinnerung an das Wunder, und zum anderen erleichtern sie durch konkrete Handlungs- oder Beobachtungshinweise den Übergang von der erlebten Möglichkeit des Wunders zur Verwirklichung des Wunders. Diese Hilfe, um das in der Sitzung Gelernte in den Alltag zu übertragen, fehlt bei den Aufstellungen zunächst. Daher ist es so nützlich, diesen Teil aus der SFT auch in die Aufstellungsarbeit zu integrieren. Dies geschieht in den lösungsfokussierten Systemischen Strukturaufstellungen (LFSySt), die in den folgenden Kapiteln ausführlich dargestellt werden.

Am Ende der Aufstellung steht die Erfahrung der Lösung im Lösungsbild. Diese führt zu einer Haltungsänderung, von der angenommen wird, dass aus ihr ein neues Handeln erwächst. Die Umsetzung der erlebten Lösung in den Alltag erfolgt aus dem Impuls, der aus der Erfahrung gewonnen wird. Das Vertrauen auf das neue Lösungsbild hilft, die neue Haltung zu stabilisieren. Die Haltungsänderung wird in der Lösungssituation erfahren und zeigt sich dann im veränderten Verhalten im Alltag.

Eine derartige Haltungsänderung finden wir bei der SFT im Erleben des Wunders wieder. Auch hier ist der Wendepunkt für eine Verhaltensänderung zunächst eine Haltungsänderung. Daher ist es auch nicht relevant, ob der Klientin die Aufgaben gelingen. Es geht schließlich nicht um das Einüben einer neuen Verhaltensweise, sondern um die Erinnerung an Lösungssituationen. Wichtig ist, dass die Klientin mit ihrer Erfahrung des Wunders in Kontakt bleibt. Steve de Shazer vertraut darauf, dass die Klientin selbst entscheiden kann, ob für sie die Aufgabe passend ist oder nicht. Sein Vertrauen bewährt sich in seiner Arbeit, wie die Erfahrung vieler mit der SFT arbeitender TherapeutInnen zeigt. Letztlich geht es bei der SFT auch um eine Haltungsänderung, aus der sich dann neue Verhaltensweisen generieren.

Man könnte in Anklang an Wittgenstein (1989b, 6.43) sagen, dass sich durch die Wunderfrage bei der Klientin eine neue Welt eröffnet; die Grenzen ihrer früheren Welt verändern sich, ohne dass ihre Umwelt sich ändert:

> „Wenn das gute und das böse Wollen die Welt ändert, so kann es nur die Grenzen der Welt ändern, nicht die Tatsachen …"

Diese Art von Veränderung finden wir bei der Aufstellungsarbeit im Lösungsbild einer Aufstellung wieder. Sobald sich die Klientin in das Lösungsbild stellt, kann sie die Erfahrung machen, dass, obwohl ihr System aus den gleichen Elementen besteht, durch die neue Beziehungsstruktur sich die Grenzen ihrer Welt geändert haben. Das Lösungsbild in der Aufstellungsarbeit ist daher das Analogon zur Wunderfrage in der SFT.

IV.8 Einbeziehung von Ausgeschlossenem

Thema der Aufstellungsarbeit ist die Einbeziehung Ausgeschlossener und die Lösung von Verstrickungen, die sich in Problemen der Klientin zeigen. Thema der SFT ist das Finden von Lösungen, die im Weltbild der Klientin zunächst ausgeschlossen sind. Während die SySt ausgeschlossene Personen und Systemteile einzubeziehen versucht, werden in der SFT ausgeschlossene Lösungen mithilfe von

Fragen ergänzt. In beiden Methoden geht es darum, dass Fehlendes wieder einen Platz bekommt, dass die Grenzen der Welt von der Klientin durch die Einbeziehung von Lösungen erweitert werden.

Das Fehlende und Ausgeschlossene gehört zum System, und die „Symptome“ der Klientin weisen darauf hin, dass jemand oder etwas vergessen wurde. Die Einbeziehung des Ausgeschlossenen ist gewissermaßen eine Wiedererinnerung. Da diese Wiedererinnerung sich auf das Ganze bezieht, steckt in jeder Lösung bereits der Kern jeder weiteren Lösung. Der Lösungsprozess ist in beiden Verfahren ein Modell für die Generierung weiterer Lösungen.

Lösungen lassen sich nur zeigen. Sie sind als Ganzes nicht fassbar. Daher sollte man sich von ihnen kein Konzept bilden. Wenn wir das Konkrete sehen, weist es auf etwas Umfassenderes hin, von dem es ein Zeichen ist, ähnlich wie die Form des Ganzen in einem echten Teil eines Fraktals schon enthalten ist.

Während Ziele spezifische Lösungen für spezifische Probleme sind, ist das Wunder so etwas wie der Zugang zu der Form der Lösung. Diese enthält alle spezifischen Lösungen. Das Wunder kann diese Form der Lösung nie vollständig erfassen, aber einen Zugang dazu eröffnen. Daher ist es wichtig, die einzelnen von der Klientin berichteten Teile des Wunders mit „und“ zu verbinden, so wie ein Blumenstrauß auch immer noch durch eine weitere Blume ergänzt werden kann. Der Zugang zum Wunder eröffnet einen neuen Raum, einen Raum der Lösungen. Daher kann, falls Klienten nach einer lösungsfokussierten Sitzungsperiode nach Jahren nochmals um eine Sitzung bitten, diese mit den Worten eingeleitet werden: „Was haben Sie vergessen?“ Die Wiedererinnerung kann den Zugang zum Lösungsraum des Wunders wieder eröffnen. Das Wunder ist ein unerschöpflicher Ressourcenraum, eine Quelle, die uns mit dem Ganzen verbindet.

V. Kombination der lösungsfokussierten Kurztherapie mit den Systemischen Strukturaufstellungen

Trotz der im letzen Kapitel beschriebenen gravierenden Unterschiede – oder vielleicht gerade wegen ihnen – hat es Sinn, beide Verfahren zu verbinden, um so die Vorzüge beider Methoden zur Geltung kommen zu lassen. In diesem Kapitel stelle ich dar, wie beide Verfahren sukzessive verwendet werden können, in den folgenden vier Kapiteln zeige ich, wie man das lösungsfokussierte Vorgehen als systemische Aufstellung durchführen kann, sodass beide Methoden gewissermaßen gleichzeitig stattfinden.

V.1 Integration der Systemischen Strukturaufstellungen in die lösungsfokussierte Kurztherapie

Während die lösungsfokussierte Kurztherapie eine vollständige, in sich geschlossene Therapieform ist, ist das Aufstellen zunächst nur eine Methode, die sich mit anderen therapeutischen Methoden kombinieren lässt. Insofern ist es für die Anwendung der Systemischen Strukturaufstellungen im Therapieverlauf sehr sinnvoll, eine therapeutische Methode heranzuziehen, die verschiedene Aufstellungen mithilfe von Gesprächsteilen in Verbindung bringt und die den Kontext des Problems hinterfragt und therapeutische Fortschritte sichtbar macht und nutzbringend weiterverwendet. Ich möchte hier aufzeigen,

- in welcher Weise in einem Vorinterview zu einer Aufstellung Elemente der SFT und der SySt sukzessive angewandt werden können,
- in welcher Weise Elemente der SySt eine sinnvolle Ergänzung für die SFT darstellen können und

- wie SFT und SySt in einem Therapieverlauf alternierend verwendet werden können.

V.1.1 Vorinterview

Bevor eine Aufstellung durchgeführt werden kann, muss erst Vertrauen zwischen der Therapeutin und der Klientin aufgebaut werden. Ferner müssen der Kontext des Anliegens und der Kontext einer möglichen Aufstellung vorab mit der Klientin besprochen werden. Findet die Aufstellung in einer Gruppe statt, so erfordern die ersten Aufstellungen Erläuterungen von der Therapeutin und Hinweise, worauf zu achten ist, während in späteren Aufstellungen immer direkter und knapper gearbeitet werden kann. Das Vertrauen der Teilnehmer wächst während der ersten Aufstellungen. Das im Folgenden dargestellte Vorinterview kann den Umständen entsprechend verkürzt und abgeändert werden.

Das Vorinterview besteht aus folgenden Teilen:

1. Kontextklärung

Wenn die Klientin in die erste Therapiestunde kommt, ist es günstig, zu wissen, durch wen sie auf die Therapie aufmerksam wurde oder wer der Überweiser ist (vgl. auch II.1.5). Diese Informationen geben Hinweise darauf, welche Erwartungen die Klientin möglicherweise an die Therapie hat, und weisen dadurch auf potenzielle Konflikte hin, denen die Klientin gerade dadurch, dass sie ihr Ziel erreicht, ausgesetzt sein könnte. Es kann deutlich werden, wer Einwände gegen die Erreichung des Ziels der Klientin erheben könnte bzw. wessen Reaktionen unbedingt zusätzlich berücksichtigt werden müssen. Überweisende können Eltern, Partner oder Ärzte, das Jugendamt oder Richter sein, die jeweils bezüglich der Therapie eigene Wünsche und Ziele haben können, die mit denen der Klientin nicht konform sein müssen.

Außer dem Kontext der Überweisung spielt auch der Kontext, in dem das Anliegen der Klientin auftritt, eine Rolle. So kann z. B. bei manchen Angstsymptomatiken die Aufhebung der Angst dazu führen, dass die Klientin sehr viel selbstständiger wird und dadurch Partnerprobleme auftreten. In gewissem Sinne wurde die Klientin durch ihre Angst bisher vor bestimmten Problemen in ihrer Partnerschaft geschützt.

Zusammenhänge dieser Art sollten vor einer Aufstellung geklärt werden, damit diese anschließend wirken kann und die Klientin auf solche unangenehmen Konsequenzen vorbereitet wird. Es geht hier um die Frage: Was wird die Klientin tun, wenn eine Person X auf bestimmte Weise auf die Veränderungen durch die Aufstellung reagieren wird?

Sie können hier ähnliche Fragen stellen wie die, die in II.1.5.9 zum Kontext des Wunders beschrieben wurden.

Steve de Shazer eröffnet häufig ein Gespräch mit der Frage:

„Mit welcher Tätigkeit verdienen Sie ihr Geld?"
„Was tun Sie den Tag über?"

Und wenn Kinder da sind, fragt er diese häufig:

„Was kannst du gut?"
„In was bist du in der Schule gut?"

Mit diesen Fragen erkundigt er sich nach dem Lebenskontext der Familienmitglieder. Dies ist hilfreich, um passende Metaphern und verständliche Formulierungen im Gespräch zu finden. Auch spricht er mit Beruf und täglicher Beschäftigung häufig Bereiche an, die noch intakt sind und Ressourcen darstellen.

2. Zielklärung

Hier geht es darum zu klären, welches Anliegen die Klientin hat. Sie können hier verfahren, wie dies in II.1.5.1 unter *Zielklärung* beschrieben wurde. Auch hier ist es wichtig, dass das Ziel

- das der Klientin ist und nicht das des Überweisers oder der Familie,
- positiv beschrieben wird, das heißt, als Anwesenheit von etwas,
- klar und detailliert formuliert sowie
- in kleine Schritte unterteilt und
- verhaltensnah formuliert wird.

3. Wunderfrage

Diese wurde ebenfalls bereits in II.1.5.9 beschrieben. Sie können die Wunderfrage in der dort beschriebenen Form stellen oder z. B. folgendermaßen umformulieren:

„Wenn wir jetzt, nachdem ich Ihnen noch einige Fragen zu Ihren Familienangehörigen und Verwandten, Ihrer Arbeit und Ihrer Lebenssituation stellen werde, — anschließend eine Aufstellung machen, — und diese Aufstellung Ihr Anliegen wie durch ein Wunder völlig lösen würde, — einfach so, — und nehmen wir an, Sie gehen danach nach Hause, — woran würden Sie merken, — dass die Aufstellung Ihr Anliegen, das Sie hierher brachte, — gelöst hat?"

„Wer außer Ihnen würde als Erster merken, dass Ihr Anliegen gelöst ist?"
„Woran würde er es merken?"
„Wie würde er oder sie darauf reagieren?"
„Wie würden Sie wiederum auf das veränderte Verhalten von ihm (ihr) reagieren?"
„Wer würde es noch merken?"
„Wie würden andere reagieren?"
Usw.

Auf diese Weise kann überprüft werden, ob eine Lösung des Problems neue Probleme schafft, und die Klientin kann sich überlegen, wie sie auf eventuelle unangenehme Nebenwirkungen einer Problemlösung reagieren würde. Der Kontext, innerhalb dessen die Aufstellung geschieht, wird hier nochmals genauer betrachtet, und es wird Schwierigkeiten vorgebeugt, die sich durch die Reaktionen der Umwelt für die Klientin ergeben könnten. Auch kann auf diese Weise überprüft werden, ob eine Aufstellung im Moment überhaupt schon sinnvoll ist.

Als Antwort auf die Wunderfrage erhalten wir generell zwei Teile:

- einmal die Reaktionen der Klientin auf das Wunder
- und zum andern die Reaktionen der gegenwärtigen Umwelt auf das veränderte Verhalten der Klientin.

Beide Teile können bei Aufstellungen gestellt werden als Wunder und Kontext des Wunders. Falls konkrete negative Reaktionen von einigen Personen genannt werden, mit denen die Klientin nicht umgehen kann, stelle ich statt allgemein „Kontext des Wunders" die entsprechenden Personen auf.

Unter Punkt 5 beschreibe ich noch eine Ergänzung zum Kontext des Wunders, nämlich Reaktionen ausgeschlossener Personen, die zu vergangenen Kontexten gehören, wie Kindheit, Lebenszeit der Großeltern usw.

4. Einführung von Skalen und Suche nach Ausnahmen

Nach der Wunderfrage im engeren Sinne ist es sinnvoll, die Skalen einzuführen, um zu testen, ob bereits Teile des Wunders eingetreten sind und wie viel vom Wunder schon einmal erreicht war (vgl. II.1.5.10) Hierfür sind folgende Fragen sinnvoll:

„Auf einer Skala von 0 bis 10, wobei 0 für ‚gar nicht' steht und 10 für ‚die Aufstellung hat mein Anliegen vollständig gelöst', wo befinden Sie sich jetzt auf dieser Skala?"
„Wie haben Sie es geschafft, jetzt auf … zu sein?"
„Waren Sie schon einmal höher als …?"
„Wann war das, und was war damals anders?"
„Gibt es noch weitere Unterschiede?"

Aus den Antworten auf diese Fragen kann die Therapeutin bereits Ideen für spätere Aufgaben gewinnen.

5. Frage nach Ausgeschlossenen

Bis jetzt gingen wir im Vorinterview wie in der lösungsfokussierten Kurztherapie vor; als Nächstes folgen nun Fragen, die für eine Aufstellung wichtig sind.

Bei Aufstellungen ist das wichtigste Thema der Einbezug von nicht erwähnten, tabuisierten oder sehr stark abgewerteten Personen. Die stärksten Verstrickungen liegen vor, wenn das erste Prinzip, „Jeder hat gleiches Recht auf Zugehörigkeit", verletzt wird und Personen, die später zu dem System dazukommen, solche ausgeschlossenen Personen repräsentieren (ausführlicher III.1.1.2.1). Hier wirkt das System wie ein Gedächtnis, das vergangenes Unrecht durch später Dazugekommene ausgleichen lässt, z. B. durch Nachfolgedynamiken oder partielle Musterrepräsentationen. Die später dazugekommenen Systemmitglieder übernehmen Verhaltensweisen und Haltungen früherer Ausgeschlossener aus Liebe und Loyalität. Dass die Liebe die verbindende Kraft ist, legen Aufstellungen sehr nahe. Die Aufgabe der Therapeutin ist es nun, diese Liebe in eine andere Richtung zu lenken, sodass die später Dazugekommenen etwas im Angedenken oder zur Ehrung der Ausgeschlossenen tun, anstatt diesen nachzufolgen und sich Zugehörigkeit oder Erfolge zu versagen.

Ausgeschlossene Familienmitglieder können bereits im Kontext der Wunderfrage aufgetaucht sein. Doch erscheinen im Kontext des Wunders im Allgemeinen Personen des gegenwärtigen Kontextes und nicht Personen aus vergangenen Kontexten. Daher ist es hilfreich, folgende Fragen zu stellen, um zu klären, wer noch berücksichtigt werden sollte, damit das Ergebnis der therapeutischen Arbeit sich als stabil erweist:

„Gibt es jemanden in Ihrer Familie, der ein ähnliches Problem hatte?"
„Tauchte dieses Thema bereits bei jemandem in Ihrer Familie auf?"

Wird eine dieser beiden Fragen bejaht, so ist zu vermuten, dass das Problem unmittelbar mit der Familiensituation zu tun hat und eine Loyalität das Problem zusätzlich aufrechterhält. Handelt es sich um das Problem, dass die Klientin ihr Leben nicht voll annehmen kann, sie sich ihre Erfolge verbaut oder sie nur mit geringer Energie ihr Leben führt, dann kann dies eventuell darauf hindeuten, dass sie für sich selbst aus Loyalität zu einem früh Verstorbenen oder jemandem, dem Unrecht geschah, nichts in Anspruch nehmen kann. Folgende Fragen eignen sich, dies zu klären:

„Gibt es jemanden in Ihrer Familie, der nicht erwähnt werden darf oder über den nicht gesprochen werden darf?"
„Haben Sie tot geborene Geschwister?"
„Starb jemand in Ihrer Familie sehr früh oder auf tragische Weise?"

Derartige Fragen sind natürlich keine Garantie dafür, ausgeschlossene Familienmitglieder zu finden. Weitere Hinweise auf Ausgeschlossene können wir im ersten aufgestellten Bild finden, z. B. durch das Gefühl bei den RepräsentantInnen, dass jemand fehlt, durch Kälteschauer, kühle Luft am Boden, aufgeladene Plätze oder dadurch, dass mehrere RepräsentantInnen auf eine leere Stelle blicken, usw.

Das Auffinden ausgeschlossener Familienmitglieder wirft manchmal ein anderes Licht auf das Problem. Es kann sich z. B. zeigen, dass die Symptome der Klientin an die Ausgeschlossenen erinnern, bzw.

sie sich aus Liebe zu den Ausgeschlossenen etwas nicht gönnt, was diesen versagt blieb. In so einem Fall ist es wichtig, diese Liebe wertzuschätzen. Eine Heilung kann dadurch geschehen, dass die Liebe in eine andere Richtung gelenkt wird, z. B. die Achtung der Ausgeschlossenen nun gerade durch ein erfolgreiches Handeln ihnen zu Ehren geschieht.

Das folgende Beispiel kann dies verdeutlichen und auch zeigen, wie das Vorinterview eine Aufstellung vorbereitet und wie die einzelnen Teile dieses Interviews ausgeführt werden können.

V.1.2 Fallbeispiel 1: Wenn Loyalität zu den Eltern den beruflichen Aufstieg erschwert (Teil 1)

Frau S. kam zu mir, da sie bei ihrem Fachabitur bereits einmal krank gewesen war und ein anderes Mal durchgefallen war, obwohl sie sich intensiv vorbereitet hatte und den Stoff eigentlich beherrschte. Sie hatte nur noch einen einzigen Wiederholungstermin für die Prüfung, was ihre Angst zusätzlich verstärkte. Es folgt nun das Vorinterview für die Aufstellung.

„Therapeutin" wird im Folgenden mit „Th." abgekürzt, „Klientin" mit „Kl."

Th.: Was führt Sie heute zu mir?
Kl.: Ich muss in vier Wochen mein Fachabitur wiederholen, da ich es einmal nicht geschafft habe und einmal krank war, und es fällt mir schwer, mich zu konzentrieren; ich kann einfach nicht lernen, es ist unendlich mühsam.
Th.: Wie kamen Sie auf die Idee, mich aufzusuchen?
Kl.: Mein Onkel meinte, ich bräuchte Hilfe. Er schlug mir vor, zu Ihnen zu gehen. Und meine Mutter meinte auch, ich solle zu Ihnen gehen, ich käme aus der Situation nicht alleine heraus.
Th.: Und was meinen Sie?
Kl.: Ja, ich bin ratlos, ich weiß nicht, ob mir eine Therapie etwas bringen kann, ich habe so etwas noch nie gemacht.
Th: Wenn unser Gespräch hier für Sie gut verläuft und Ihnen etwas bringt, woran würden Sie das denn merken?
Kl.: Es wär nicht mehr alles so anstrengend, und ich hätte keine Angst mehr.
Th.: Ja, — und was wäre stattdessen da?
Kl.: — Ich hätte mehr Mut, und das Lernen fiele mir leichter.
Th.: Woran würden Sie merken, dass Ihnen das Lernen leichter fällt?
Kl.: — Ich hätte mehr Lust dazu, und ich könnte mir merken, was ich lese, und ich würde nicht mehr so viel herumtrödeln.
Th.: Was würden Sie stattdessen machen?

Kl.: — Ich würde mich morgens hinsetzen und lernen.
Th.: Wie würden Sie das anstellen?
Kl.: — Ich würde mein Buch aufschlagen und lesen und verstehen, was dort steht, und mir das merken können. Irgendwie würde mich das auch interessieren.
Th.: Jetzt kommt eine etwas schwierige Frage. Sie brauchen vielleicht etwas Fantasie, um sie zu beantworten. Wenn Sie heute nach der Stunde nach Hause gehen und daheim zu Abend essen — und schließlich müde werden und sich schlafen legen, — angenommen, in der folgenden Nacht würde ein Wunder passieren, — und all das, weswegen Sie hierher kamen, ist gelöst, — einfach so, — und das wäre doch ein Wunder.
Kl.: (Die Klientin nickt zustimmend.)
Th.: Wenn Sie nun morgen früh aufwachen, — und keiner sagt Ihnen, dass dieses Wunder geschehen ist, — woran würden Sie merken, dass ein Wunder passiert ist?
Kl.: — Ich würde mir keine Sorgen mehr machen in der Früh.
Th.: Was wäre statt der Sorgen da?
Kl.: — Ich könnte mich auf den Tag freuen.
Th.: Worüber würden Sie sich freuen?
Kl.: Auf das Frühstück würde ich mich freuen — und auf meine Gymnastikstunde am Abend.
Th.: Woran würden Sie noch erkennen, dass das Wunder eingetreten ist?
Kl.: Ich hätte mehr Energie.
Th.: Und was würden Sie dann tun?
Kl.: Ich würde viel schneller aufstehen und mit meinen Eltern frühstücken. Und dann würde ich zu lernen beginnen, und das wäre dann ganz einfach.
Th.: Wäre noch etwas anders?
Kl.: Ich könnte mich wieder freuen auf den Tag, und — vielleicht hätte ich denn auch wieder Zeit, mal eine Freundin zu sehen.
Th.: Würde jemand außer Ihnen das Wunder auch bemerken?
Kl.: Oh ja, meine Mutter, und auch mein Vater — und auch meine Freundinnen.
Th.: Woran könnte Ihre Mutter bemerken, dass das Wunder eingetreten ist? Und wie würde sie reagieren?
Kl.: Sie würde sofort sehen, dass es mir besser geht.
Th.: Woran?
Kl.: Ich wäre früher auf und würde gemeinsam mit meinen Eltern frühstücken; sonst schlafe ich lange und komm nicht raus aus dem Bett.
Th.: Wie würden Ihre Eltern reagieren?
Kl.: Die wären überrascht und würden mich fragen, was los sei.
Th.: Und was würden Sie antworten?
Kl.: Ich würde sagen, es geht mir wieder besser, ich kann die Prüfung schaffen.
Th.: Wie würden Ihre Eltern darauf reagieren?
Kl.: Sie wären sehr erleichtert.
Th.: Wie würden Ihre Freundinnen reagieren?
Kl.: Die würden sich mit mir freuen.
Th.: Wenn Sie wieder lernen können und den Stoff mit der Zeit beherrschen und Ihre Prüfung diesmal schaffen, was möchten Sie danach tun?

Kl.: Das weiß ich noch nicht. Es gibt da verschiedene Möglichkeiten, ich könnte studieren, aber da mir das Lernen so schwer fällt, weiß ich nicht, ob ich das möchte.
Th.: Und wenn nun das Wunder geschehen ist und Ihnen das Lernen leicht fällt, was möchten Sie dann nach der Prüfung machen?
Kl.: Ich weiß nicht, vielleicht könnte ich auch etwas Künstlerisches machen; Goldschmiedekunst wäre auch etwas, was ich gerne machen würde.
Th.: Dass sie noch nicht wissen, was sie danach machen möchten: Ist das ein Problem für Sie?
Kl.: Nein, wenn erst einmal der Prüfungsdruck weg ist, dann wird alles leichter, und ich habe dann ja auch noch Zeit, mich zu entscheiden. Ich werde mal in Vorlesungen reinhören, ob mir das gefällt, und mal in einer Goldschmiede als Volontärin arbeiten; ich denke, dann wird das klarer.
Th.: Auf einer Skala von 0 bis 10, wenn 0 für „ich kann überhaupt nicht lernen" steht und 10 für „das Lernen fällt mir leicht", wo auf dieser Skala würden Sie sich jetzt einschätzen?
Kl.: — Auf 4.
Th.: Was hat Ihnen geholfen, auf 4 zu kommen?
Kl.: Wenn ich manchmal mit einer Freundin zusammen gelernt habe; ja, — und mir vorzustellen, ich könnte leicht lernen: Das war auch irgendwie erleichternd.
Th.: Das war eine gute Idee, mit der Freundin zusammen zu lernen! — Vielleicht könnten Sie sich öfters mal fragen, woran Sie merken würden, dass Sie leicht lernen. Was wäre dann anders für Sie?
Kl.: Das ist eine gute Idee, das mache ich.
Th.: Waren Sie schon manchmal höher als 4?
Kl.: Ja, aber nicht, wenn ich auf diese Prüfung gelernt habe.
Th.: Gab es jemanden in Ihrer Familie, der auch Schwierigkeiten mit dem Lernen hatte oder der einen Beruf nicht ausüben konnte, den er sehr gerne gemacht hätte?
Kl.: — Meine Mutter wäre gerne Lehrerin geworden, konnte aber nicht studieren, da ich unterwegs war. Ich glaube, darunter hat sie längere Zeit sehr gelitten, dass sie keinen Beruf erlernt hat.
Th.: In einer gewissen Weise sind Sie da loyal zu Ihrer Mutter, wenn Sie Ihr Abitur nicht schaffen.
Kl.: (Klientin nickt.)
Th.: Gibt es sonst noch jemanden in Ihrer Familie, für den dieses Thema eine Rolle spielte?
Kl.: — Nein, mir fällt sonst niemand mehr ein.

Die Mutter konnte den Beruf, den sie gerne ausgeübt hätte, nicht erlernen, da sie bereits schwanger mit der Klientin war. Wir finden hier einen Sinnzusammenhang für das Verhalten der Klientin in ihrem Weltbild. In diesem Kontext wird verständlich, dass es der Klientin schwer fällt, sich etwas zu erlauben, an dem ihre Mutter ihrer Vorstellung nach durch die Schwangerschaft mit ihr verhindert war; wenigstens war ihr der Zusammenhang so vermittelt worden. In einer Zielannäherungsaufstellung gelang es, die Loyalität zur Mutter im Misserfolg dahin gehend umzuwandeln, dass die Klientin lernte, sich Erfolge zu gönnen und ihrer Mutter zu widmen. In VI.4.1 finden Sie die Aufstellung dazu.

V.1.3 Über die Einfügung von Ritualen in den Gesamtzusammenhang des Aufstellungsprozesses

Für die Einzeltherapie ist oft schon die Durchführung einer partiellen Systemischen Strukturaufstellung ein geeigneter Schritt, der dann in der nächsten Sitzung weitergeführt werden kann. Oft ist es auch ausreichend, einzelne Rituale in das therapeutische Gespräch einzuflechten. Hier kann sich eine ganz natürliche Ergänzung für die SFT durch die SySt ergeben. Da in der SFT nur sehr indirekt Loyalitätskonflikte aufgedeckt und bearbeitet werden – z. B. mit der Wunderfrage durch Ermittlung der Reaktionen anderer auf das Wunder –, ist es häufig hilfreich, die Kenntnis von Loyalitäten zu Ausgeschlossenen in Form von Fragen in die SFT zu integrieren, um auf diese Weise ein Kernstück der Aufstellungsarbeit im Ansatz der SFT zugänglich zu machen und damit die SFT um diesen Aspekt zu ergänzen.

Wenn die Therapeutin vermutet, dass – oder auch nur klären will, ob – das Problem der Klientin mit einer übernommenen Schuld oder einer Loyalität zu einem ausgeschlossenen Familienmitglied zusammenhängt, kann sie diese Hypothese zunächst in eine Frage kleiden, z. B.:

„Gibt es jemanden in Ihrer Familie, der ein ähnliches Problem hatte?"

„Gab es jemanden in Ihrer Familie, der eine größere Schuld auf sich lud?"

„Gab es jemanden in Ihrer Familie, dem Unrecht geschah oder über den oder die nicht gesprochen bzw. der oder die nicht erwähnt werden durfte?"

Rituale können nun helfen, diese Ausgeschlossenen zu würdigen und einzubeziehen, übernommene Last und Schuld an den rechten Ort zurückzugeben und Beziehungen innerhalb der Familien im inneren Bild zu klären. Sie dienen gewissermaßen einer Richtigstellung von Sachverhalten. Bereits Bert Hellinger wies darauf hin, dass Last und Schuld zu denjenigen gehören, die Unrecht getan haben

(Weber 1997). Nur sie können diese Last oder Schuld wieder gutmachen, und nur ihnen steht diese Last zu. Für andere ist jede Einmischung eine Anmaßung, denn das Eingreifen unterstellt den Ausgeschlossenen, dass sie zu schwach wären, selber für sich einstehen zu können. Im Folgenden stelle ich die wichtigsten und häufigsten dieser Rituale dar.

Das Rückgaberitual **haben Sie bereits in Kapitel III 1.1.2. kennen gelernt.** Es kann dann eingesetzt werden, wenn eine Klientin versucht, fremde Schuld auszugleichen oder fremde Lasten zu übernehmen. Generell gilt: Verdienste und Lasten müssen den Personen, zu denen sie gehören, gelassen werden. Eine Last zu übernehmen, bedeutet nicht, die andere Person zu entlasten, sondern dies nimmt ihr ihre Würde. In dem Moment, wo jemand versucht, eine Last abzunehmen, sagt er damit indirekt auch: „Du schaffst das nicht alleine, Du brauchst Hilfe."

In der **Einzeltherapie** können Rituale durchgeführt werden, indem Bodenanker, Figuren oder Kärtchen als Repräsentanten verwendet werden (vgl. auch III.1.1.2). Für ein Rückgaberitual kann die Klientin zunächst für sich selbst einen Bodenanker (eine Figur oder ein Kärtchen) aufstellen und danach für die Person, an die die Last oder Schuld zurückgegeben wird. Als Symbol für die Belastung kann ein Kissen oder eine Tasche verwendet werden. Die Klientin stellt sich zunächst an ihre eigene Stelle und legt der anderen Person das Symbol für die Last vor die Füße mit den Worten:

„Du bist meine Großmutter (meine Tante, mein Urgroßvater ...) — Ich achte dein Schicksal. — Es rührt mich sehr an. — Du gehörst für mich dazu. — Dies habe ich über dich bekommen und lange für dich mitgetragen. — Es gehört jedoch zu dir und deinem Leben, und — auch, wenn mir das schwer fällt, gebe ich es an dich zurück. — Von nun an ehre ich dich auf andere Weise."

Oder:

„Ich achte dein Schicksal, und ich lasse es jetzt bei dir, — ganz. In Zukunft ehre ich dich auf andere Weise als bisher, — ich gebe dir einen guten Platz in meinem Herzen. — Und bitte sieh freundlich auf mich, — gerade wenn es mir da besonders gut ergeht, wo es für dich so schwer war. — Dir zu Ehren lasse ich es mir gut gehen."

Oder:

„Dein(e) Schicksal/Last/Schuld/Ruhm gehört ganz allein dir, — ich habe darauf keinerlei Anspruch."

Oder:

„Ich habe es lange (aus Liebe) für dich getragen. Und jetzt ist es auch genug. Es gehört dir — und nicht mir, — und ich gebe es jetzt wieder an dich zurück."

Die Klientin geht nun an die Stelle der Empfängerin der Last, hebt das Symbol auf, drückt es an ihren Oberkörper und prüft, ob es sich dort passend anfühlt und ihr gut tut. Ist dies der Fall, behält sie es mit den Worten:

„Hier ist es am rechten Platz. Bei mir fühlt es sich stärkend an. Lass es hier bei mir."
„Bei mir ist es am rechten Ort. Für mich ist es leicht."

Empfindet sie jedoch, dass die Last nicht zu ihr gehört, so wendet sie sich um und prüft, wo der rechte Ort für das Symbol ist, und legt es dann dorthin. Danach wendet sie sich wieder der Stelle mit dem Bodenanker für sich selbst zu und sagt die Worte:

„Ich habe es an den rechten Platz gebracht. Lass es da, so ist es gut."

Diese Ritualsätze müssen natürlich jeweils an die entsprechende Situation angepasst werden.

Auch zur **Einbeziehung und Würdigung von Ausgeschlossenen** können rituelle Sätze gesprochen werden. Einige Möglichkeiten hierfür sind die folgenden:

„Du bist mein … und ich bin dein … für mich gehörst du dazu. Dein Schicksal hat mich sehr angerührt. Du hast einen Platz in meinem Herzen, und meine Kinder (meine Geschwister, meine Verwandten usw.) sollen von dir erfahren."

„Ich beginne, dich zu sehen, erstmals. Ich achte dich sehr."
„Ich sehe dich. Du gehörst dazu."
„Ich gebe dir deinen Platz, der dir zusteht (wer immer du auch bist)."
„Wir – und du."
„Was sie mir Schlechtes von dir erzählt haben, vergesse ich jetzt. Für mich gehörst du dazu, und meine Familie soll von dir wissen."

Die ausgeschlossene Person bzw. der ausgeschlossene Teil kann auch durch **Gesten** einbezogen werden. Die Klientin kann z. B. erst auf sich deuten, dann auf die offensichtlich Dazugehörigen, dann auf die Ausgeschlossenen, dann wieder auf sich selbst. Diese knappe

Form der Einbeziehung kann vor allem dann hilfreich sein, wenn man verdeckt arbeiten möchte. Achtung und Würdigung können auch durch die Geste der Verneigung ausgedrückt werden.

Wenn **Familienbeziehungen unklar** sind, etwa bei Halbgeschwistern, ist es oft günstig, die Familienbeziehungen bewusst aussprechen und wiederholen zu lassen. Diese **rituellen Sätze** helfen, das Wie-Wissen zu stärken; sie geben keine inhaltliche Information. Bei solchen Ritualsätzen geht es mehr um die Vermittlung einer Erfahrung als um die Weitergabe von Informationen. Einige Beispiele:

„Du bist mein Vater."
„Du bist meine Mutter."
„Du bist mein Bruder."
„Mit dir bin ich verwandt über meine Mutter." (Etwa zu einer Großtante mütterlicherseits.)
„Wir haben den gleichen Vater, aber jeder von uns hat seine eigene Mutter."

Die Klientin kann sich abwechselnd an die eigene und an die Stelle der Gesprächspartnerin stellen und von dort aus sagen:

„Du bist meine Tochter."
„Du bist mein Sohn."

Letztlich kann man immer aussprechen lassen, wie im Moment die Beziehung oder der Prozess ist, also das Gegebene benennen lassen, z. B.:

„Das war schlimm für mich, — aber ich habe es überlebt, und nun ist es vorbei."
„Ich grolle dir, — auch wenn ich weiß, dass du nicht anders handeln konntest."
„Ich brauche noch etwas Zeit."
„Ich bin der Erste, — du der Zweite — und du der Dritte." (Prinzip des Vorrangs der Reihenfolge.)
„Ihr wart zuerst da, — ich kam erst danach." (Prinzip des Vorrangs der Reihenfolge.)
„Ich achte deinen Einsatz sehr." (Prinzip des Vorrangs erhöhten Einsatzes.)
„Ohne dich gäbe es unsere Firma (unser Vermögen ...) nicht, — wir verdanken das ganz dir." (Prinzip des Vorrangs erhöhten Einsatzes.)
„Wir achten deine Leistung." (Prinzip des Vorrangs erhöhter Leistung.)

Die letzten fünf Sätze können aus dem zweiten, dritten und vierten Grundprinzip abgleitet werden und rücken zurecht, wenn diese verletzt wurden (ausführlicher III.1.1.2.1).

Wenn zwischen Familienmitgliedern oder anderen Systemteilen kein Kontakt besteht, können wir mithilfe von Sätzen, wie

„Ich beginne, dich zu sehen."
„Erstmals sehe ich dich."

oder durch Aufnahme von Blickkontakt einen **Kontakt herstellen**. Ein Ritual, Kontakt zu der eigenen Linie herzustellen, ist das **Ritual des Aufladens**. Bei Frauen werden Repräsentantinnen ihrer Mutter, Großmutter, Urgroßmutter usw. der Klientin als Stärkung hinter sie gestellt und bei Männern entsprechend Repräsentanten des Vaters, Großvaters, Urgroßvaters usw. hinter den Klienten gestellt. Wenn keine RepräsentantInnen vorhanden sind, kann die Therapeutin mit einer kataleptischen Hand die Linie einführen und vorübergehend repräsentieren.

Besteht bei einer Klientin eine **teilweise Musterrepräsentation** mit einem ausgeschlossenen Vorfahren, so gibt es hier ein **Ritual zur Auflösung** solcher Repräsentationen. Bert Hellinger entdeckte mit seiner Aufstellungsarbeit, dass ausgeschlossene Personen häufig durch Nachgeborene repräsentiert werden, die deren Schicksalsmuster dann teilweise wiederholen. Das System lässt gewissermaßen kein Unrecht ohne Folgen zu.

Das Ritual zur Auflösung einer solchen Musterrepräsentation umfasst zwei Teile. Zunächst markiert die Klientin mit zwei Bodenankern ihren Platz und den des Ausgeschlossenen. Sie stellt sich zunächst an ihre Stelle, entrollt sich und stellt sich dann an die Stelle des Ausgeschlossenen und überprüft dabei, ob sie sich an seiner Stelle besser fühlt. Ist dies der Fall, so sprechen wir hier von teilweiser Musterrepräsentation.

Nach diesem Test folgt der zweite Teil, die Auflösung. Die Klientin geht von ihrem Platz ganz langsam auf den Bodenanker des Ausgeschlossenen zu. Wenn sie knapp vor ihm steht, dreht die Therapeutin die Klientin relativ plötzlich an den Schultern fassend so um, dass sie nun neben dem Ausgeschlossenen mit etwas Abstand und gleicher Blickrichtung steht. Im Allgemeinen kann man neben jemanden stehend diesen nicht mehr repräsentieren. Die Therapeutin hält zwischen den Kopf der Klientin und den Kopf der ausgeschlossenen Person ihre Hand, damit die Klientin, auch wenn sie ihren Kopf zur Seite wendet, die ausgeschlossene Person nicht mehr sehen kann. Anschließend geht die Klientin wieder an ihren Platz zurück und prüft, ob sie sich nun freier fühlt.

Bei diesem Ritual ist es sehr hilfreich, wenn die Therapeutin über den Bodenanker für den Vorfahren eine kataleptische Hand hält, die diesen Vorfahren repräsentiert. Auf diese Weise kann die Klientin auf gleicher Augenhöhe blicken und muss nicht mehr ständig auf den Anker am Boden sehen. (Dies wäre eine Depressionsinduktion.)

Innerhalb eines Systems tritt oft die Frage der **Nachfolge** auf. Dabei ist zu beachten, dass diese im Dienste der Vorherigen angetreten wird und im Einverständnis mit ihnen. Der Wunsch, es ganz anders oder besser zu machen, führt oft zum Gegenteil. Für Familienaufstellungen gibt es dabei folgende rituellen Sätze:

„Liebe(r) Mutter (Vater, Großmutter ...), ich werd genau wie du – nur ein bisschen anders."

Dies kann modifiziert werden für Systemische Strukturaufstellungen:

„Ich mach es wie du, — nur ein wenig anders."
„Ich mach es wie du, — nur auf meine Weise."
„Ganz wie bisher — und nur ein bisschen anders."

Eine paradoxe Form des Pacing ist dabei möglich durch:

„Ich mach es ganz auf meine Weise — so wie du."

Auch hier wird der Unterschied zwischen dem anderen und einem selber minimiert, indem zuerst gesagt wird: „Ich mach's ganz auf meine Weise." Diese Reihenfolge ist viel geeigneter, um unprovokativ zum Ziel zu kommen, denn das Pacing geschieht auf paradoxe Weise: „Ich mach es wie du: nämlich anders als die davor!"

Eine kleine Geschichte von Anthony de Mello aus seiner Geschichtensammlung *Zeiten des Glücks* (1994, S. 96) mag dies verdeutlichen:

„*Ganz der Vater*
Als der junge Rabbi seinem Vater nachfolgte, fing jeder davon an, wie ganz anders er sei.
‚Im Gegenteil', antwortete der junge Mann, ‚ich bin genau wie mein alter Herr. Er ahmte niemanden nach. Ich ahme niemanden nach.'"

Bei Schwierigkeiten für Nachfolgeregelungen in Organisationen können folgende rituelle Sätze gesprochen werden:

„Wir verdanken Ihnen viel und wissen das zu schätzen. Sie haben die Firma hier aufgebaut, wir kamen erst danach. Wenn ich jetzt Ihren Platz einnehme, dann in Achtung vor Ihnen. Bitte blicken Sie freundlich auf mich, wenn ich die Organisation jetzt leite."

Wenn um ein verstorbenes Familienmitglied **nicht getrauert** werden konnte, so kann dies mit einem Ritual nachgeholt werden. Bei einem früh verstorbenen Kind wird dessen Repräsentantin vor die Füße der Eltern gesetzt. Die Eltern können dann zu dem *Kind* sagen:

„Du bist mein liebes Kind."

Wenn beide Eltern den Kopf des *Kindes* berühren, bekommen sie in dem Moment innerlich Kontakt zu ihm und zu ihrer Trauer. Fehlende Trauer führt oft dazu, dass der innere Kontakt zu dem Verstorbenen und dem, was wir durch ihn bekommen haben, gestört ist. Häufig bekommen bei diesem Ritual die RepräsentantInnen der Eltern dann entsprechende Gefühle und beginnen zu weinen. Erst dann fühlt sich das Kind angenommen. Ein weiterer Schritt ist die Aufnahme des Kindes in die Geschwisterreihe, indem die Repräsentantin zwischen die Geschwister an die passende Stelle gestellt wird. Die *Geschwister* sagen der Reihe nach:

„Ich bin dein älterer (bzw. jüngerer) Bruder (bzw. Schwester), — du bist mein jüngerer (bzw. älterer) Bruder (bzw. Schwester). Auch, wenn du schon tot bist, gehörst du zu uns. — Ich lebe noch eine Weile, — so lange, wie mein Leben eben dauert, — dann sterbe ich auch. — Von nun an hast du einen Platz in meinem Herzen. Bitte sieh mir freundlich zu, wenn ich bleibe."

Bei Aufstellungen können **Verwechslungen von Personen und auch von Teilen** miteinander vorkommen, z. B. bei versehentlichen Aufstellungen oder bei Glaubenspolaritätenaufstellungen. Dies kann auf folgende Weise überprüft werden: Die Therapeutin hält hinter die Repräsentantin oder die Hand, die über einen Bodenanker gehalten wird, ihre andere Hand, die sie kataleptisch werden lässt, und fragt, wer oder was in der kataleptischen Hand gesehen wird oder was sich verändert, wenn die kataleptische Hand wahrgenommen wird. Die Hand der Therapeutin fungiert hier wieder als Repräsentantin für jemanden, der oder die vorher nicht gesehen wurde, oft ausgeschlossen war.

Bei *Glaubenspolaritätenaufstellungen* findet dieses Ritual häufig statt. Bei dieser Strukturaufstellungsart stehen starke Ressourcen, nämlich „Erkenntnis", „Liebe" und „Ordnung", im Dreieck, und es wird geprüft, inwieweit diese Ressourcen zugänglich sind. Der Fokus als Repräsentantin der Klientin steht in diesem durch das Dreieck aufgespannten Feld. Oft werden diese Kraftquellen für die Klientin durch Erfahrungen, die sie mit ihren Eltern hatte, verdeckt. Um dies zu testen, kann die Therapeutin ihre Hand hinter eine der RepräsentantInnen dieser Kraftquellen halten und prüfen, was sich ändert, wenn das, was verdeckt wurde, auftaucht. Tritt eine Veränderung für den Fokus ein, dann ist das von der Hand Repräsentierte relevant. Zur Repräsentantin vor der Hand kann dann gesprochen werden:

„Ich habe dich mit etwas (bzw. mit jemandem) verwechselt."
„Ich habe von dir etwas gewollt, was über das menschliche Maß hinausgeht."
„Erst jetzt kann ich dich wirklich sehen."

Und zur repräsentierenden Hand kann gesprochen werden:

„Ich sehe dich jetzt, erstmals."
„Du gehörst dazu."
„Von nun an nehme ich von dir."

Mit diesen rituellen Sätzen können Erkenntnisse aus der Aufstellungsarbeit in die SFT übertragen werden, sobald sich Hinweise auf Verstrickungen andeuten. Solche Hinweise können z. B. darin bestehen, dass das Verhalten, unter dem die Klientin leidet, aus dem momentanen Kontext heraus nicht sinnvoll erscheint und das symptomatische Verhalten merkwürdig wirkt. Im Kontext von Loyalitätskonflikten kann das symptomatische Verhalten hingegen als sinnvoll erscheinen. Das Aufsuchen von Verstrickungen dient dazu, Klienten zu helfen, ergebnisstabilisierende Sinnzusammenhänge für Lösungen zu konstruieren. So verstanden, gehen SFT und SySt nicht von unverträglichen Grundannahmen aus.

Eine weitere von uns systematisch verwendete und weiterentwickelte Methode ist die Interventionsform **Alter-Ego-Methode.**

Wir verwenden sie insbesondere dann, wenn ein Repräsentant sich so verhält, als ob er auf eine kindliche Altersstufe der Klientin regrediert. In solchen Fällen kann es geschehen, dass der Fokus plötzlich wie ein kleines Kind reagiert: seine Stimme verändert, hilflos wird, zu weinen beginnt usw. Dann fragen wir, welche Zahl dem Fokus spontan einfällt.

Die Methode, nach einer Zahl zu fragen, wurde von Milton Erickson bei KlientInnen verwendet, um passende traumatische Situationen zum Problem in der Kindheit zu finden. Wir verwenden diese Methode im Gegensatz zu ihm mit RepräsentantInnen. Die Zahl, die der Fokus nennt, ist häufig ein Alter, in dem für die Klientin etwas Einschneidendes passierte. Wir fragen dann die Klientin, ob sie sich an etwas Besonderes in diesem Alter erinnern kann. Mit erstaunlicher Regelmäßigkeit werden dann von KlientInnen passende traumatische Ereignisse in dieser Altersstufe genannt. Wir sehen hier keinen Kausalzusammenhang zwischen dem Ereignis und dem Symptom. Die Methode erweist sich jedoch als hilfreiche Als-ob-Konstruktion für die Klientin, ihr Symptom in einem anderen Sinnzusammenhang sehen zu können.

Da der Fokus sich verhält, als ob er in einem kindlichen Alter wäre, stellen wir für ihn zur Stärkung die Klientin, also sein Alter Ego, dazu. Die Klientin kann dann den Fokus umarmen, trösten und ihm Mut zusprechen und integriert dadurch diesen eigenen kindlichen Teil. Anschließend kann die Klientin den Fokus bei der Hand nehmen und die noch folgenden Rituale gemeinsam mit ihm durchführen.

Wenn der Fokus sich verhält, als ob er in eine kindliche Altersstufe der Klientin regredierte, nennen wir ihn einen evolutionären Repräsentanten.

Ein Wechsel des Alters kann manchmal auch bei der fünften, Nicht-Position des Tetralemmas auftreten, nämlich dann, wenn sie plötzlich hilflos und schwach wird. In so einem Fall ist sie nicht mehr die unabhängige, freie, oft weise fünfte, Nicht-Position des Tetralemmas, sondern zum Fokus in einem früherem Alter geworden. In solchen Fällen stellen wir eine neue fünfte, Nicht-Position des Tetralemmas auf und benennen die ursprüngliche fünfte, Nicht-Position in „der Fokus im Alter von …“ um. Das Alter lässt sich wieder mit Erfragen einer Zahl feststellen: Die ehemalige fünfte Position wird nach einer Zahl gefragt, die ihr spontan einfällt. Die Hintergrundhypothese für dieses Vorgehen ist, dass das kreative Kind als fünfte,

Nicht-Position mit dem traumatisch geschädigten Kind konfundiert. Daher spalten wir die Repräsentantin der fünften, Nicht-Position in zwei RepräsentantInnen auf: eine für eine neue fünfte, Nicht-Position und eine für den kindlichen, geschädigten Anteil.

Als Alter Ego verwenden wir hier den ursprünglichen Fokus, der dann den „Fokus im Alter von …“ bei der Hand nehmen und ihm das geben kann, was er gerade braucht. Die folgenden Rituale werden dann gemeinsam von diesen beiden Foki durchgeführt.

V.1.4 Therapieverlauf

Während bisher gezeigt wurde, wie SySt und SFT in *einer* Sitzung miteinander abwechselnd angewandt werden können, möchte ich jetzt anhand eines Beispiels zeigen, wie eine Kombination beider Verfahren über mehrere Sitzungen im Therapieverlauf aussieht.

V.1.4.1 Fallbeispiel 2: Problemaufstellung mit Nacharbeit: Eine repräsentantenlose Aufstellung zur Auflösung übernommener Phantomschmerzen

Das folgende Beispiel besteht aus einem Vorinterview mit einer Problemaufstellung in einer Gruppe und einem Nachgespräch mit ergänzender Aufstellung in einer Einzelsitzung vier Monate später. Frau I. litt schon seit ihrem neunten Lebensjahr unter Migräne und seit 17 Jahren unter starken Unterleibsschmerzen, die sich vor allem nach einer besonders schweren Operation vor fünf Jahren extrem verschlimmerten. Insgesamt wurden zwei Bauchschnitte und sechs Bauchspiegelungen, jedoch alle ohne Erfolg, durchgeführt. Daher wollte sie jetzt prüfen, ob sich andere Wege finden ließen. Als medizinische Begründung für ihre gegenwärtigen Schmerzen wurden Verwachsungen durch die Operationen, Endometriose in der Gebärmutter und im Darmbereich sowie mehrere ovarielle Zysten festgestellt. Frau I. wollte sich, da die letzte Operation fast tödlich geendet hatte, nicht noch einer weiteren Unterleibsoperation unterziehen.

Es folgt das Vorinterview mit einer anschließenden Problemaufstellung. In Aufstellungsgruppen verwende ich immer die Du-Form mit den Teilnehmern, da die rituellen Sätze zwischen den Repräsentanten auch in der Du-Form gehalten sind und sonst ein ständiger verwirrender Wechsel zwischen Sie und Du erfolgen müsste. (Im Folgenden wieder „Th.“ für „Therapeutin“ und „Kl.“ für „Klientin“.)

Th.: Was ist im Moment dein Anliegen?
Kl.: Seit Jahren leide ich unter immer wiederkehrenden Migräneanfällen und Bauchschmerzen, meist abwechselnd, ich bin fast nie beschwerdefrei. Ich würde dazu gerne eine Aufstellung machen und sehen, was los ist.
Th.: Angenommen, du wüsstest, was los ist, und dir geht es wieder besser, was ist dann für dich anders?
Kl.: Ich könnte mich endlich einmal wieder wohl fühlen, fühlte mich frei und leicht. Ich müsste mich nicht mehr dauernd schonen und hinlegen.
Th.: Was machst du dann stattdessen?
Kl.: Ich wäre entspannter, müsste nicht so viel planen, da ich ja viel mehr Zeit hätte. Ich würde auch meine Arbeit besser auf die Reihe bekommen.
Th.: Wie werden andere auf diese Veränderungen reagieren?
Kl.: Die wären erleichtert, und ich wäre ausgeglichener und hätte mehr Zeit für andere.
Th.: Gibt es in deiner Familie jemanden, der sehr belastet war, schwer oder viel krank war?
Kl.: Ja, – die Mutter meines Großvaters mütterlicherseits starb bei seiner Geburt. Auch die Mutter meines Vaters ist ganz früh gestorben.
Th.: Ich schlage vor, dass wir eine Problemaufstellung machen. Wie möchtest du dein Ziel nennen?
Kl.: Freiheit und Leichtigkeit.
Th.: Wie viele Hindernisse möchtest du aufstellen?
Kl.: Ja, – mindestens zwei, meine Kopfschmerzen und die Bauchschmerzen.
Th.: Dann nehmen wir noch ein unbekanntes „Hindernis 3" dazu.
Wie viele Ressourcen möchtest du stellen?
Kl.: Zwei.
Th.: Möchtest du ihnen einen Namen geben?
Kl.: Nein, ich weiß nicht recht, wer sie sind.
Th.: Dann brauchen wir noch einen Gewinn, das, wofür es gut war, dass das Ziel noch nicht erreicht war, und außerdem die zukünftige Aufgabe, das, was dran ist, wenn das Ziel erreicht ist. Hast du eine Vorstellung davon?
Kl.: Nun – dann könnte ich wieder leichter und mit mehr Freude arbeiten, ich müsste mich nicht mehr so viel schonen, ich hätte auch wieder mehr Kontakt.
Th.: Dann such dir jetzt jemanden aus der Gruppe aus als Repräsentantin für dich selbst. Steh auf, dann fällt es manchmal leichter, jemanden zu finden.

Kl. wählt eine Repräsentantin für sich aus. Im Folgenden wird diese in der Aufstellung mit „Fokus" bezeichnet. Alle übrigen Bezeichnungen für RepräsentantInnen werden kursiv gedruckt. Dieser Terminus wurde zu Beginn der Gruppe eingeführt. Hindernis 3 wird mit H3, die erste und zweite Ressource mit R1 und R2 abgekürzt. In den Bildern wird das Symbol für weibliche ◯ und das Symbol ☐ für männliche RepräsentantInnen verwendet, wobei das ausgesparte Dreieck in den Figuren die Blickrichtung anzeigt.

Th.: Nun wähl noch jemanden für dein Ziel, – deine Hindernisse, – deine Ressourcen, – den verdeckten Gewinn, – und die zukünftige Aufgabe.

Kl. wählt aus der Gruppe alle Teile aus und beginnt aufzustellen. Es entsteht folgendes Bild:

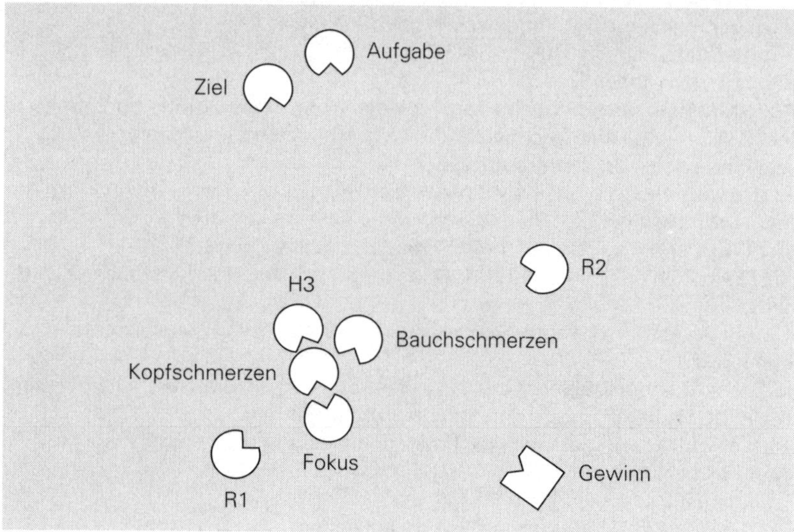

Abb. 4

Th.: Wie geht es dem Fokus?
Fokus: Die beiden Hindernisse, *Kopf-* und *Bauchschmerzen*, sind bedrohend. Ich habe Herzklopfen. Das *Ziel* ist interessant und anziehend, aber ich kann es kaum sehen. Die *zweite Ressource* macht es für mich leichter, den *Gewinn* versteh ich nicht. Die *künftige Aufgabe* hat mich sehr angerührt.
Th.: Sieh einmal hinter dich. Wie ist das?

Der Fokus blickt sich um.

Fokus: Ich fühle mich jetzt freier und kann wieder atmen.
Th. zur Klientin: Kannst du mit dem Bild etwas anfangen?
Kl.: Ich habe Schwierigkeiten, mich da hineinzufühlen.

Die Therapeutin lässt die Klientin an die Stelle des Fokus treten.

Kl.: Ja, so ist es mir vertrauter.

Die Therapeutin lässt Klientin und Fokus wieder den Platz wechseln.

Th.: Wie geht es den *Hindernissen*?
Kopfschmerzen: Entspannt.
Bauchschmerzen: Ich bin das Gegengewicht zu den *Kopfschmerzen.*
H3: Erleichtert.

Th.: Die *Hindernisse* fühlen sich im ersten Bild im Allgemeinen sehr wohl und mächtig. Im Laufe der Aufstellung werden sie zunächst entthront und wandeln sie sich dann allmählich in *Helfer* um.

Als nächste Intervention folgt eine Stellungsarbeit. *Gewinn* und *R2* werden hinter den Fokus und der Fokus sowie die *Hindernisse* mit Sicht auf den *Gewinn* und *R2* gestellt, sodass wir folgendes Bild erhalten:

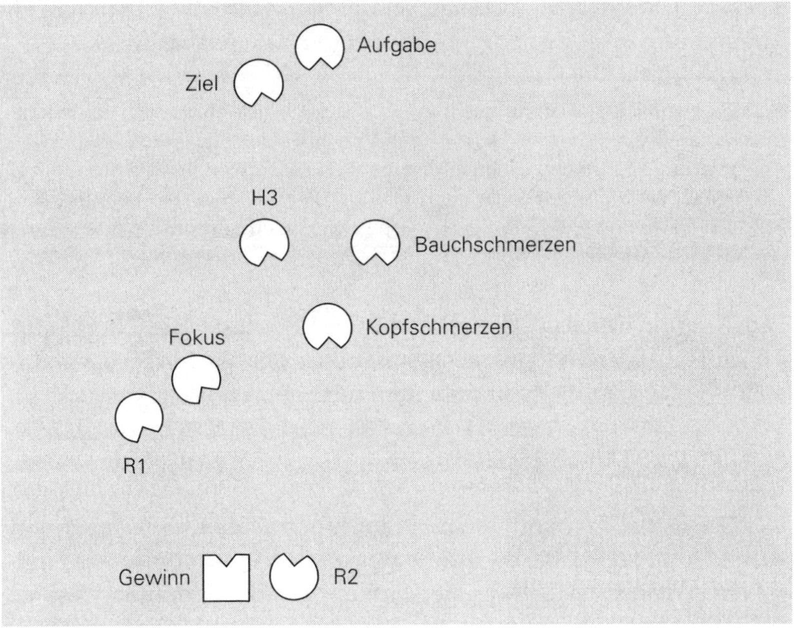

Abb. 5

Th.: Was verändert sich für den Fokus?
Fokus: Es erleichtert mich, wenn ich den *Gewinn* und die *zweite Ressource* sehe. Es gibt mir Ruhe.
Th. zu Gewinn und zweiter Ressource: Wie geht es euch?
R2: Mir geht es gut.
Gewinn: Wunderbar.

Die Therapeutin lässt den Fokus folgende Sätze zum *Gewinn* sagen:

Fokus zu Gewinn: Du bleibst der, der du bist, – und als der, der du bist, – bleibt dir deine Wichtigkeit. – Du hast mir zur Ruhe verholfen, – und daran darfst du mich weiter erinnern. – Ich fühle mich dir sehr verbunden, – selbst ohne zu wissen, –

wer du bist, – und du bleibst wichtig, – auch wenn ich jetzt in eine andere Richtung sehe.
Gewinn: Das fällt mir schwer.
Fokus zu Gewinn (Th. gibt wieder die Sätze vor): Selbst ohne zu wissen, gebe ich dir einen guten Platz – im Herzen – und blicke von Zeit zu Zeit – mit Liebe und Achtung zu dir zurück.
Gewinn: In eine andere Richtung zu schauen ist jetzt in Ordnung.

Die Klientin ist sehr gerührt von diesen Worten und weint. Die Therapeutin lässt sie nochmals an die Stelle ihres Fokus treten. Die Therapeutin lässt sie folgende Worte zum *Gewinn* sagen:

Kl. zu Gewinn: Du bleibst mir wichtig, – in anderer Weise als zuvor, – und du hast mich an die Ruhe erinnert. – Ich beziehe dich ein, – doch jetzt auf andere Weise. – Schau freundlich, wenn ich mich jetzt meinem *Ziel* zuwende. – Ich wünsche mir ein Signal von dir, – das mich nicht niederschlägt. – Vielleicht könntest du in Zukunft leiser und früher klingeln. – Ich nehme auch von dir, – selbst wenn es ohne Schmerzen ist.

Die Klientin umarmt den *Gewinn*. Danach lässt die Therapeutin *Gewinn* und *R2* den Platz tauschen, sodass der *Gewinn* rechts von *R2* steht. *Gewinn* und *R2* stimmen dem mit einem Nicken zu.

Kl. zu R2: Ich fühle mich größer als sie.

Der *Gewinn* und *R2* könnten für eine frühere Generation stehen – die Aufstellung legt nahe, dass sie Vater und Mutter repräsentieren. So gesehen, kann das Sich-größer-Fühlen darauf hindeuten, dass die Klientin für *R2* etwas mitträgt. Daher schlägt die Therapeutin als Nächstes ein Rückgaberitual vor und gibt der Klientin eine Tasche als symbolischen Gegenstand für die Last.

Th.: Lege dies (die Tasche) vor die Füße von *R2,* und gehe danach wieder auf deinen Platz.

Die Klientin folgt dieser Aufforderung.

Th.: Die *zweite Ressource* kann jetzt dies (die Tasche) hochnehmen und an ihre Brust drücken.

Die Therapeutin fordert die Klientin auf, folgenden Satz zu *R2* zu sprechen:

Kl. zu R2: Ich habe etwas für dich mitgetragen, – das nicht zu mir gehört. – Es gehört zu dir, – und ich gebe es jetzt an dich zurück, – ganz.
Th. zu R2: Prüfe, ob die Last zu dir gehört. Vielleicht muss der *Gewinn* davon etwas mittragen.
Gewinn: Ich habe damit nichts zu tun.
R2: Es gehört auch nicht zu mir.

Die Therapeutin fordert *R2* auf, sich umzudrehen und die Last an einen für sie stimmigen Ort zu legen, nachdem *R2* folgende Worte zur Klientin gesprochen hat:

R2 zu *Kl.:* Zu dir gehört das nicht. Ich lege es jetzt an den rechten Ort.
Kl.: Ich fühle mich jetzt kleiner.
Kl. zu *R2* (auf Aufforderung der Th.): Du bist vor mir – und ich komm erst danach.

R2 dreht sich jetzt um und findet keinen geeigneten Platz für die Tasche.

H3: Ich habe das Gefühl, dass ich hinter *R2* stehen müsste.

Die Therapeutin lässt Klientin und Fokus wieder den Platz tauschen und stellt *H3* hinter *R2*. Es ergibt sich dadurch folgendes Bild:

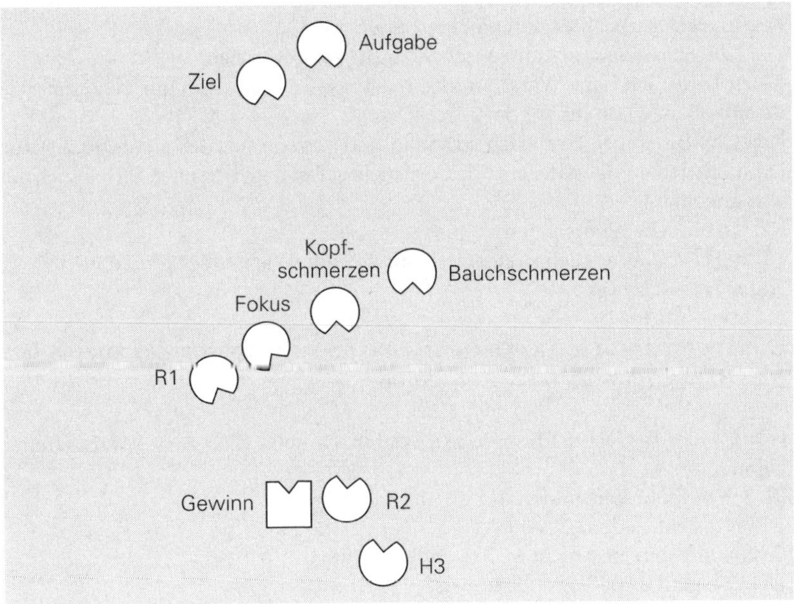

Abb. 6

R2 reicht jetzt die Tasche an *H3*. Die Therapeutin lässt *R2* folgende Worte zu *H3* sprechen:

R2 zu *H3:* Über dich ist die Last zu mir gelangt. – Ich gebe sie jetzt an dich zurück, – damit du prüfst, – wo sie hingehört.

H3 nimmt die Tasche, dreht sich um. Es wird die Tür geöffnet, damit der Abstand zwischen *H3* und der Tasche größer ist. Bei diesem Prozess bekommen der Fokus und die Klientin Kopfschmerzen. Erst als die Tasche in genügend weitem Abstand liegt, geht es beiden besser.

Th. zur Kl.: Hier könnte die Familiengeschichte mit hereinspielen. Was fällt dir dazu ein? Wer hatte alles Kopfschmerzen in deiner Familie?
Kl.: Kopfschmerzen hatten außer mir meine Mutter und deren Mutter, und deren Eltern wiederum sind beide früh gestorben, mein Urgroßvater im Ersten Weltkrieg, und meine Urgroßmutter starb an Tuberkulose.
Th.: Jetzt wird verständlich, welche Last zu dir über deine Großmutter und deine Mutter gelangt sein könnte. – Wie geht es jetzt dem *dritten Hindernis* und der *zweiten Ressource?*
H3: Mir geht es o. k.
Th.: Wie geht es den anderen beiden *Hindernissen?*
Bauchschmerzen: Ich unterstütze jetzt den Fokus.
Kopfschmerzen: Auch ich bin wohlgesonnen.
Th.: Alle *Hindernisse* sind inzwischen zu *Helfern* geworden.
R2 zu *Fokus:* Ich habe Wärme und Zuneigung für dich. Von mir bekommst du Wohlwollen, wenn du auf dein Ziel schaust.
Fokus: Ich bin traurig, wenn ich dich sehe, und ich sehe, dass ich nichts für dich tun kann. Ich dachte, dass du dein Schicksal nicht selbst tragen kannst. Da habe ich mir was angemaßt.
R2: Ich brauche nichts von dir.
Th. zu Fokus: Drehe dich jetzt zu deinem *Ziel* um. Wie geht es dir dabei?
Fokus: Das ist schön.

Die Therapeutin fordert sie auf, einen Schritt auf ihr *Ziel* zuzugehen und dabei folgenden Satz zu sagen:

Fokus: Auch dir *(R2)* zu Ehren gehe ich dahin. Du sollst dich mit mir daran freuen können.
R2: Ich bin sehr verbunden mit dir auf dem Weg.
Th.: Wie geht es dem *Gewinn?*
Gewinn: Ich bin jetzt nicht mehr von Bedeutung.
Th.: Wie geht es der *ersten Ressource?*
R1: Ich möchte auch auf das *Ziel* blicken und mit dem Fokus gehen.
Th.: Dann dreh dich um. Die beiden *Helfer* dürfen sich auch mit umdrehen.

Wir erhalten als Lösungsbild:

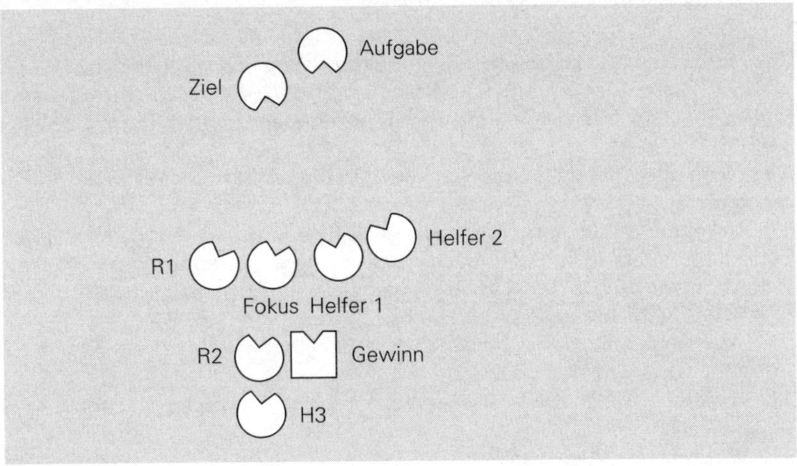

Abb. 7

Th.: Wie geht es dem *Ziel?*
Ziel: Ich bin groß und stark und ganz aufgeregt, wenn sie auf mich zukommt.
Th.: Wie geht es der *zukünftigen Aufgabe?*
Aufgabe: Ich kann warten. Es ist schön, wenn sie kommt.

Die Therapeutin fordert die Klientin auf, an die Stelle ihres Fokus zu treten.

Th.: Sieh noch mal alle an, dreh dich auch um zu deinen Vorfahren, und erinnere dich an die gesprochenen Sätze. Sieh die Last weit hinten liegen. Verneige dich kurz, und dreh dich zu deinem Ziel um. Mach einen Schritt auf dein *Ziel* zu. Die *erste Ressource* und die *Helfer* dürfen einen Schritt mitgehen. Geh noch einen Schritt vorwärts, und nimm mit der Bewegung das ganze Bild in dir auf.

Vier Monate später findet nochmals eine Sitzung statt. Frau I. erzählt, dass die Kopfschmerzen seit dem letzten Mal fast vollständig verschwunden sind. Die Bauchschmerzen sind jedoch nach wie vor sehr heftig. Die Ärzte schlugen ihr eine Operation zur Schmerzlinderung vor, konnten aber auch nicht mit Sicherheit sagen, ob dadurch die Schmerzen verschwinden würden. Medizinisch sei die Operation nicht nötig, da die Verwachsungen und die Zysten noch unter der Indikationsgröße lagen. Daher wollte Frau I. gerne nochmals eine

Aufstellung machen, um Klarheit zu bekommen, ob sich eine Operation möglicherweise vermeiden ließe.

Th.: Hat sich etwas verbessert, seit wir uns das letzte Mal gesehen haben?
Kl.: Ja, ich habe nur noch selten Kopfschmerzen, doch die Bauchschmerzen sind weiterhin sehr massiv. Ich lege mich jeden Tag hin, damit ich den Tag durchhalten kann.
Th.: Wenn unser heutiges Gespräch für dich hilfreich ist, woran würdest du das merken?
Kl.: Ich könnte wieder normal arbeiten, müsste mich nicht dauernd hinlegen. Ich hätte dann einfach mehr Energie. Ich würde meine Sachen endlich wieder auf die Reihe bringen. Zur Zeit weiß ich nicht, wie ich meine wissenschaftliche Tätigkeit und meine Seminare unter einen Hut bringen kann.
Th.: Angenommen, dies wäre für dich plötzlich – wie durch ein Wunder – möglich, woran würdest du das merken?
Kl.: Ich hätte kein schlechtes Gewissen mehr, wenn ich das eine mache oder das andere mache.
Th.: Was wäre stattdessen da?
Kl.: Ich könnte mich besser konzentrieren; wäre ganz bei der Sache.
Th.: Und wie würdest du dann deine wissenschaftliche Tätigkeit und deine Seminare verteilen?
Kl.: — Ich weiß nicht.
Th.: Irgendetwas wäre wahrscheinlich anders, wenn du beides verbinden könntest.
Kl.: Ja, — vielleicht hätte ich eine regelmäßigere Einteilung. Ich glaube, das Wichtigste wäre meine Gesundheit. Ich glaube, wenn ich gesund bin, dann regelt sich das von alleine, dann habe ich die Kraft dazu. Im Moment muss ich mich dauernd schonen, es geht viel Zeit verloren, aber wenn die Energie da ist, dann schaffe ich das.
Th.: Würden andere das merken, wenn du voll in deiner Kraft bist?
Kl.: Ja, ich wäre freudiger, würde an mehr teilnehmen. Ich glaube, andere würden merken, dass ich mehr auf sie zugehen kann, und sie würden auch wieder mehr auf mich zugehen, es wäre mehr Kontakt da.
Th.: Wie wäre das für dich?
Kl.: Ganz toll.
Th.: Gibt es irgendjemand in deiner Familie, der nicht in seiner vollen Kraft leben konnte?
Kl.: Ja, mein Vater.
Th.: Ich schlage vor, wir machen noch eine Ergänzung zur letzten Aufstellung. Da wir heute keine Gruppe als Repräsentanten haben, nehmen wir Kärtchen, die du auf diesem Papier anordnen kannst. Welche Körperteile möchtest du gerne aufstellen?
Kl. (nach kurzer Überlegung): Das Bauchfell, den Uterus mit den Myomen, die Ovarien mit den Zysten und den Darm.
Th.: Dann suche dir bitte Kärtchen für diese Körperteile aus, – und schreibe auf jedes seinen Namen drauf, – und zeichne einen Pfeil auf das Kärtchen für die Blickrichtung.

Frau I. sucht sich Kärtchen aus und beschriftet sie. Für sie ist es günstig, ohne RepräsentantInnen zu arbeiten, da sie in der ersten Aufstellung Schwierigkeiten hatte, das gestellte Bild von außen nachzuvollziehen. In solchen Fällen sind Aufstellungen mit Symbolen, in diesem Fall mit Kärtchen, hilfreich. Die Symbole markieren dann statt der Repräsentanten die einzelnen Plätze.

Th.: Nun such dir noch ein Kärtchen aus für dich selbst, deinen Vater und für die Mutter deines Vaters, die so früh starb. — Danach kannst du die einzelnen Kärtchen dann jeweils mit deinem Mittelfinger berühren und auf diesem Blatt Papier dahin schieben, wo du gerade das Gefühl hast, dass hier der richtige Platz für dieses Kärtchen ist. Stell zunächst nur dich selbst und danach deine Körperteile auf.

Nachdem Frau I. alle Kärtchen ausgesucht und beschriftet hat, schiebt sie jedes der Kärtchen langsam an seinen Platz, bis schließlich folgendes Bild entsteht:

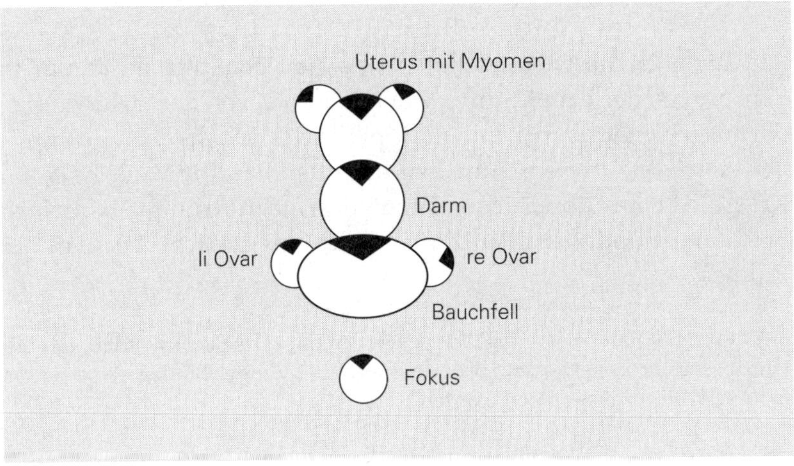

Abb. 8

In dem Bild verdecken die Kärtchen für das Bauchfell teilweise die Kärtchen der Ovarien und des Darms. Die Symbole für die Myome hat die Klientin an das Symbol für den Uterus geklebt.

Zunächst werden wieder alle aufgestellten Teile befragt. Da wir keine Personen als RepräsentantInnen haben, berührt die Klientin jedes Mal ein Kärtchen mit ihrem Mittelfinger und sagt, wie es sich an dieser Stelle anfühlt. Damit die Empfindung im Mittelfinger stärker vom übrigen Körper dissoziiert ist, arbeite ich in der Einzeltherapie mit kataleptischem Finger, das heißt, dass ich der Klientin zuvor Anweisungen gebe, ihren Finger in diesen Zustand zu bringen. Anschließend an jede Berührung mit einem Kärtchen entrollt sich die Klientin wieder, indem sie ihre Hand schüttelt, bevor sie das nächste Kärtchen berührt. Die Anweisungen zum Hineingehen in eine Rolle und zur Entrollung gibt jeweils die Therapeutin. Im Folgenden spreche ich vom Fokus, wenn die Klientin mit ihrem kataleptischen Finger das Fokus-Kärtchen berührt, und von der Klientin (Kl.), wenn die Klientin dissoziiert von der Rolle des Fokus ist, also aus ihrer nicht repräsentierenden Perspektive spricht.

Fokus: Ich fühle mich hier ganz beengt und wie einbetoniert.
Li Ovar: Ich fühle mich zum Weinen. Ich funktioniere ganz normal, aber ich kann mich nicht bewegen. Ich fühle mich wie ein Stück Strumpf, kann mich nicht ausdehnen.

Am Tag nach dieser Aufstellung hatte die Klientin einen Traum, in dem sie von der Familie ihres Vaters träumte, von der viele Mitglieder ausgeblendet waren. Ihr wurde plötzlich klar, was der „Strumpf", den das *linke Ovar* erwähnte, zu bedeuten hat. Ihr Vater hatte im Krieg ein Bein verloren. Jeden Tag zieht er einen Strumpf über seinen Beinstumpf und zieht den Zipfel durch das seitliche Loch an der Prothese.

Re Ovar: Ich schaue weg, muss wegsehen. Ich bin zermatscht worden, mit mir wurde schlecht umgegangen, ich bin nur noch ein Klumpen Bindegewebe, ich bin in diese Position gezwungen worden.

Die Aussagen des *rechten Ovars* haben Sinn, wenn man die Vorgeschichte der Klientin betrachtet. Nach ihrer zweiten Bauchoperation 1993 konnte das rechte Ovar aus unerfindlichen Gründen nicht mehr aufgefunden werden. Sie hatte einen extrem hohen Blutverlust und eine überdurchschnittlich lange Operationsdauer. Nach dieser Operation begannen ihre massiven Unterleibsschmerzen.

Gebärmutter: Ich bin in Ordnung, nicht kaputt, fühle mich isoliert, da ist zu viel anderes Gewebe, kann mich nicht bewegen, wenn ich mich bewege, tut das weh.

Th.: Wohin sieht die *Gebärmutter?*
Gebärmutter: Weiß nicht, wohin, ich schaue so vor mich.
Myome: Wenn die medizinische Behandlung nicht gewesen wäre, wären wir nicht hier. Wir sind ein Kunstprodukt der Medikamente.
Darm: Ich fühle mich total gekniffen, hänge mit den anderen Organen zusammen. Bewegung tut mir nicht weh, aber wenn ich mich bewege, tue ich den anderen weh.
Bauchfell: Es ist anstrengend, weil alles so verklumpt ist, ich kann mich nicht bewegen. Ich würde gerne in die andere Richtung sehen und Schutz geben wie ein Zelt.

Die Therapeutin stellt einige Kärtchen um, sodass die *Organe* mehr Platz haben, einander sehen und *Bauchfell* und *Darm* Schutzfunktion übernehmen können. Wir erhalten folgendes Bild:

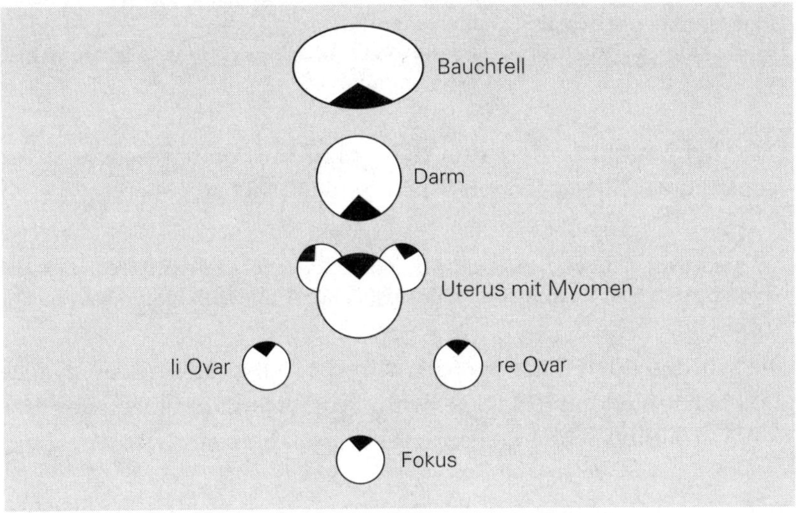

Abb. 9

Als Nächstes lässt die Therapeutin die *Organe* untereinander Sätze der Würdigung sprechen, um ihre Beziehung zueinander zu verbessern.

Th.: Dann sag als *Darm* zu den *Ovarien:* „Ich möchte euch schützen, aber ich enge euch ein, es tut mir Leid."

Der *Darm* (d. h. die Klientin mit ihrem kataleptischen Finger auf dem Symbol für den Darm) wiederholt diesen Satz. Die *Ovarien* reagieren zustimmend.

Danach fordert die Therapeutin den Darm auf, folgende Sätze zur *Gebärmutter* zu sagen:

Darm (schaut zur *Gebärmutter*): Ich weiß, ich bin mit dir verwachsen. Wir haben beide das gleiche Schicksal. In dieser Zwangsgemeinschaft leben wir.

Anschließend lässt die Therapeutin den Fokus den Einsatz des Bauchfells und des linken Ovars mit folgenden Worten würdigen:

Fokus zu Bauchfell: Danke, dass du meine Organe schützt. Du hast deine Aufgabe gut erfüllt, für die Beengung kannst du nichts.
Fokus zu linkem Ovar: Schön, dass du so gut funktionierst und so lebendig bist, auch wenn du dich wie in einem Strumpf fühlst.

Die Therapeutin fordert nun den Fokus auf, dem geschrumpften rechten Ovar mit folgenden Worten einen Platz zu geben:

Fokus zum rechten Ovar: Schön, dass du noch da bist. Auch wenn ich nicht weiß, wo du bist, so hast du immer einen Platz bei mir. Hab Dank für deinen Einsatz.

Die würdigenden Sätze werden von den entsprechenden *Organen* dankbar aufgenommen. Die Klientin reagiert auf die einzelnen Sätze der Würdigung sehr angerührt, sie beginnt heftig zu weinen.

Kl.: Es ist mein Vater, mit dem die Schmerzen zu tun haben. Es kommt mir der Satz: Ich würde dir all meine Organe geben. Mein Vater verlor im Krieg ein Bein. Seither leidet er unter Phantomschmerzen. Die Schmerzen, die ich habe, sind seine Schmerzen. Ich habe seine Phantomschmerzen übernommen. Auch schon vor dieser Aufstellung habe ich oft gesagt: „Der Schmerz, die Erkrankung gehört nicht mir, ich bin gesund, ich muss etwas ertragen und weiß nicht, warum und für wen." Jetzt wird mir klar, für wen ich die Bauchschmerzen trage und warum.

Die Therapeutin lässt die Klientin ihren Vater aufstellen. Wir erhalten so das dritte Bild:

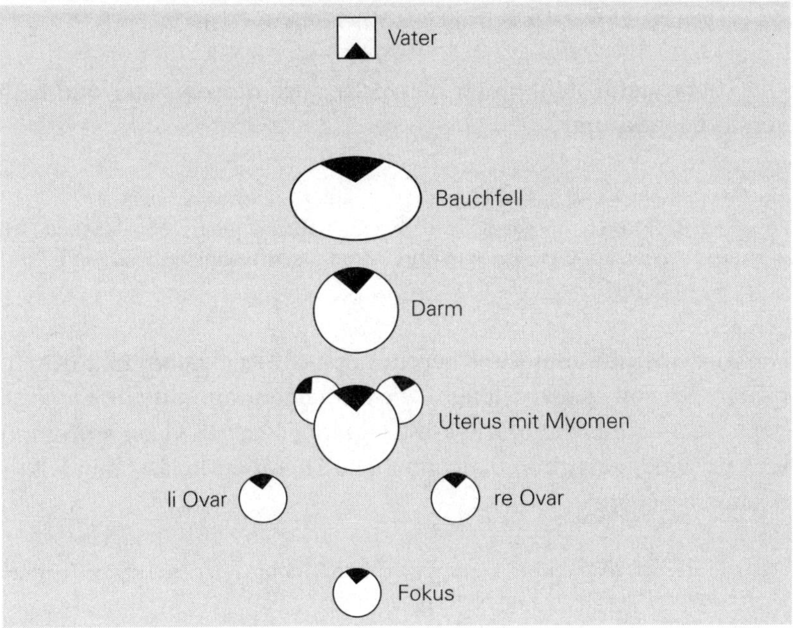

Abb. 10

Th.: Geh mit deiner Hand über das Aufstellungsbild, und spür nach, welches der *Organe* auf die Veränderung reagiert.
Gebärmutter: Mir zieht sich alles zusammen.

Die Therapeutin lässt den Fokus folgende Sätze zu ihrem *Vater* sprechen:

Fokus: Für dich hätte ich all meine Organe gegeben. Ich lasse jetzt dein Schicksal bei dir und ehre dich auf andere Weise.
Kl.: Ich sehe ein Loch an der Stelle seines fehlenden Beins.

Die Therapeutin lässt zusätzlich das fehlende Bein des Vaters aufstellen (rechts dicht neben den *Vater)* und fordert den Fokus auf, noch folgende Sätze zum *Vater* zu sprechen:

Fokus: Meine Organe können dein Bein nicht ersetzen, und meine Schmerzen können dir deine Phantomschmerzen nicht nehmen. Ich lasse dein Schicksal jetzt ganz bei dir.

Kl.: Ich glaube, *ich* war das Bein meines Vaters. *Ich* war seine Stütze.

Die Therapeutin stellt hinter den *Vater* noch dessen Vater und früh verstorbene Mutter.

Th.: Sag deinem *Vater,* dass du ihn ab jetzt seiner Linie anvertraust.
Fokus: Ich dachte, ich müsste dich stützen. Du brauchst mich nicht als Stütze. Ich vertraue dich jetzt deiner Linie an, dort bekommst du deine Stütze.
Vater: So ist es recht.

Die Therapeutin lässt die Klientin noch ein Rückgaberitual durchführen: Sie soll sich vorstellen, wie sie gemeinsam mit den *Organen* dem *Vater* eine Last vor die Füße legt, der *Vater* die Last aufnimmt und sie wieder an ihren Platz geht. Die Therapeutin lässt den Fokus nochmals sagen:

Fokus: Deine Stütze und Kraft kommt von hinten. Ich bin nur deine kleine Tochter. Dein Bein und dein Schicksal bleiben bei dir.
Th.: Sag jetzt zu deinen *Organen,* dass sie nur noch deine Organe und frei von der fremden Last sind.
Fokus: Ihr seid jetzt nur noch meine Organe. Ihr seid frei, ihr seid erlöst.
Th.: Wie geht es dem Bein des Vaters?
Bein: Mir geht es gut, ich kann jetzt (weg-)gehen.

Das *Bein* wird in größerer Entfernung gestellt. Wir erhalten so als Schlussbild:

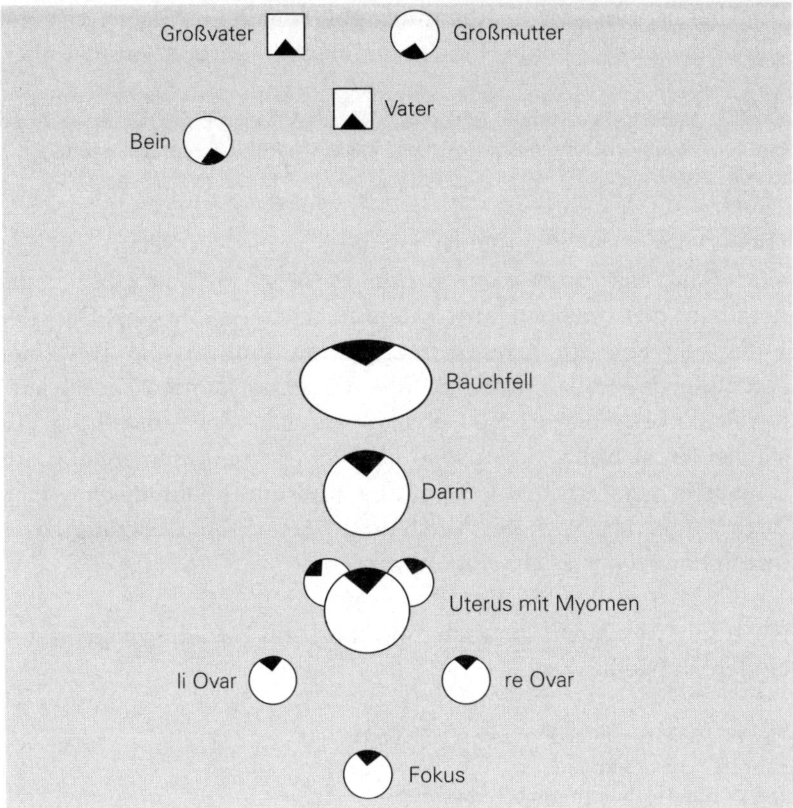

Abb. 11

Th.: Wie geht es den *Organen?*
Bauchfell: Erleichtert.
Darm: Freier.
Uterus mit *Myomen:* Beweglicher.
Li Ovar: Besser.
Re Ovar: Eingebundener.
Th.: Wie geht es dem *Vater* und *seinen Eltern?*
Vater: Ich bin froh, dass sie mir meine Last zurückgegeben hat. Es ist so für mich viel besser. Meine *Eltern* im Rücken geben mir viel Kraft.
Großvater: Ich stütze ihn gerne.
Großmutter: Ich bin froh, Kontakt mit ihm zu haben.
Th.: Wie geht es jetzt dem Fokus?
Fokus: Ich fühle mich freier und mit meinen *Organen* mehr verbunden.

Die Therapeutin lässt die Klientin das Bild mit ihren Augen und einer Handbewegung – beide Hände zum Herzen führend – aufnehmen.

Th.: Du kannst dich immer wieder an dieses Bild und das Rückgaberitual erinnern. Vielleicht unterstützt es dich, wenn du künftig hinter deinem Vater dessen Eltern siehst.

Hier erwies es sich als nützlich, mit der Klientin eine Rekonstruktion eines Rahmens zu erwirken, in dem es für sie um eine Übernahme der Phantomschmerzen ihres Vaters aus Liebe zu ihm ging. Dass der Vater sein Bein im Krieg verlor, könnte dann als ein Teil einer Nachfolgedynamik zu seiner Mutter aufgefasst werden. Diesen letzten Gedanken äußerte Frau I. etwas später nach der Aufstellung. Für sie stellten sich ihre Schmerzen in einem Sinnzusammenhang mit ihrer früh verstorbenen Großmutter und den Phantomschmerzen ihres Vaters dar. Nach der Aufstellung war sie sehr überzeugt, dass ihre Schmerzen jetzt abnehmen werden.

Nach fünf Monaten führte ich mit Frau J. ein Nachgespräch zu den beiden Aufstellungen.

Th.: Wie geht es dir jetzt? Was hat sich verbessert?
Kl.: Mir geht es sehr gut.
Th.: Was hat sich körperlich verbessert?
Kl.: Ich trau mich es ja fast kaum zu sagen, aber ich habe kaum noch Migräne. Ich hoffe, das bleibt so.
Th.: Wie häufig waren die Kopfschmerzen zuvor, und wie häufig sind sie jetzt?
Kl.: Früher hatte ich mehrmals die Woche Kopfschmerzen, jetzt maximal einmal im Monat. Die Schmerzen sind auch schwächer geworden.
Th.: Haben sich die Bauchschmerzen auch verbessert?
Kl.: Ich brauche jetzt fast keine Tabletten mehr. Früher, bevor ich die Aufstellungen gemacht habe, musste ich beim Aufstehen morgens täglich starke Tabletten nehmen.
Th.: Hat sich sonst noch etwas verändert?
Kl.: Meine Regelblutung ist weniger schmerzhaft, und die Blutung ist insgesamt weniger geworden. Die Schmerzen kamen da wohl von der Endometriose.
Th.: Wenn du insgesamt die Bauchschmerzen mit früher vergleichst, um wie viel haben sie sich vermindert?
Kl.: Früher hatte ich ständig sehr starke Schmerzen, auch dann, wenn ich Tabletten nahm. Jetzt habe ich wohl noch ständig etwas Schmerzen. Die Schmerzen sind etwa von 100 % auf 30 % gesunken.
Th.: Hat sich sonst noch etwas verändert?

Kl.: Ja, meine Bindung an meinen Vater hat sich in positiver Weise vermindert. Ich kann ihn jetzt mehr alleine lassen und fühle mich nicht mehr ständig für ihn verantwortlich. – Mir ist auch noch klar geworden, dass ich die Kopfschmerzen für meine Mutter getragen habe und die Bauchschmerzen für meinen Vater.

V.2 Integration der lösungsfokussierten Kurztherapie (SFT) in die Systemischen Strukturaufstellungen (SySt)

Meist wird eine Therapie mit einem Gespräch begonnen und erst zu späterer Zeit eine Aufstellung durchgeführt. In Selbsterfahrungsgruppen kommt es jedoch durchaus vor, dass Aufstellungen ohne längeres Vorgespräch durchgeführt werden. Bert Hellinger verfährt in seinen Familienaufstellungen meistens auf diese Weise. Im Gegensatz zur Meinung von Bert Hellinger hat es sich bei meinen KlientInnen als günstig erwiesen, Folgesitzungen durchzuführen und Ergänzungen zu Aufstellungen vorzunehmen und zwischen Aufstellungen (siehe auch V.1.4) mit Methoden der lösungsfokussierten Kurztherapie zu arbeiten. Hierbei wird dann die SFT in die Aufstellungsarbeit integriert. Ein Beispiel für eine derartige Integration stellt das folgende Fallbeispiel einer Familien-Strukturaufstellung dar. Hier wird auch deutlich, inwiefern Folgesitzungen die Impulse, die sich aus einer Aufstellung ergeben, nicht schwächen, sondern diese im Gegenteil fördern.

V.2.1 Fallbeispiel 3: Wenn Lasten übernommen werden

Die folgende Aufstellung fand in einer Selbsterfahrungsgruppe statt, die Folgesitzungen wurden als Einzeltherapie durchgeführt. („Therapeutin" wird im Folgenden wieder abgekürzt mit „Th." und „Klientin" mit „Kl.".)

Th.: Was ist jetzt im Moment dein Anliegen?
Kl.: Ich habe seit frühester Kindheit mit meiner Mutter Streit. Wir haben kein normales Verhältnis miteinander, und mein Wunsch ist, mit ihr ins Reine zu kommen.
Th.: Ist etwas vorgefallen zwischen euch?
Kl.: Nein, es gibt keine Erklärung dafür.
Th.: Hast du Geschwister?
Kl.: Ja, zwei jüngere Brüder.
Th.: Haben die auch mit deiner Mutter Probleme?
Kl.: Nein, da läuft alles normal.

Th.: Gibt es Ausgeschlossene in deiner Familie? (Die Teilnehmerin hatte bereits mehrere Aufstellungen in der Gruppe miterlebt.) Du kennst die Frage ja jetzt schon.
Kl.: Die Mutter meiner Mutter war sehr depressiv und kam in die Psychiatrie, wo sie nach einigen Jahren starb. Meine Mutter hat sie nicht kennen lernen können, denn sie durfte sie nie in der Klinik besuchen. Es ist auch möglich, dass sie in der Klinik umgebracht wurde; es war die Nazizeit. Wir haben das nie genau erfahren. In unserer Familie wurde das Thema vermieden.
Th.: Wie möchtest du dein Ziel nennen?
Kl.: „Bei mir sein können." — Wenn ich mit meiner Mutter zusammen bin, bin ich irgendwie nicht mehr ich selbst.
Th.: Such dir jetzt jemanden aus der Gruppe aus — für dich, — für deine Ausgeglichenheit, — deine Mutter — und deine Großmutter. — Wähle dann noch jemanden aus für deinen Vater — und deine Brüder; — die werden wir erst später aufstellen.

Wenn RepräsentantInnen gewählt, aber noch nicht aufgestellt werden, nennen wir sie **gewählte RepräsentantInnen.** Auch wenn sie noch nicht gestellt sind, haben sie häufig dennoch die repräsentierenden Empfindungen und können, wenn sie befragt werden, ihre Reaktionen auf das Aufstellungsgeschehen mitteilen, sodass ihre Perspektiven deutlich werden.

Th.: Beginne jetzt, *dich*, dein *Ziel*, deine *Mutter* und deine *Großmutter* aufzustellen. — Fokus, *Ziel* und *Mutter* können nachspüren, was sich ändert, wenn die *Großmutter* dazukommt.

Die Klientin wählt aus der Gruppe die RepräsentantInnen aus und stellt sie der Reihe nach auf. Wir erhalten folgendes Bild:

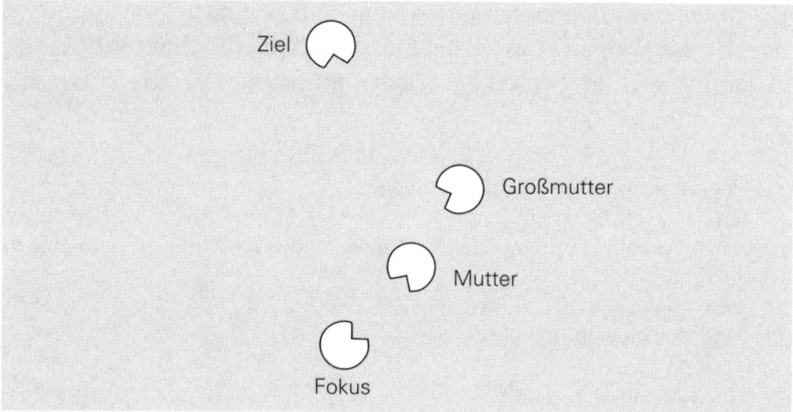

Abb. 12

Th.: Wie geht es dem Fokus?
Fokus: Ich steh meiner *Mutter* gegenüber und bin wütend auf sie. Mein *Ziel* kann ich nicht sehen. Als die *Großmutter* kam, spürte ich einen Schauer.
Th.: Wie geht es dem *Ziel?*
Ziel: Es stört mich, dass sie nicht zu mir hersieht. Ich werde ärgerlich, wenn sie das so macht.
Th. (zum Fokus): Das *Ziel* wartet schon auf dich, es ist bereit für dich. — *(zur Mutter)* Was hat sich für dich verändert, als du aufgestellt wurdest?
Mutter: Ich wusste irgendwie, dass ich an diese Stelle geführt werden würde. Ich mag meine *Tochter,* ich bin auf sie nicht ärgerlich, aber ich merke, dass sie sich unwohl fühlt, wenn sie zu mir schaut. Das belastet mich. Als meine *Mutter* aufgestellt wurde, spürte ich im Rücken Kälte. Ich habe keinen Kontakt zu ihr.
Th.: Wie geht es der *Großmutter?*
Großmutter: Ich spüre auch kalte Schauer. Meiner *Tochter* gegenüber bin ich ganz wohlwollend. Ich hätte gerne Kontakt mit ihr. Meine *Enkelin* kann ich nicht sehen, sie tat mir Leid, als sie sprach.
Th. zu Kl.: Passt das Bild für dich?
Kl.: Ja, ganz wie ich das kenne, bis auf das, was meine *Großmutter* sagte, die habe ich ja nie kennen gelernt.
Th. zur Mutter: Dreh dich um, und sieh deine Mutter *(Großmutter)* an.

Der Fokus folgt der Anweisung der Therapeutin.

Th.: Wie geht es dir dabei?
Mutter: Sie ist ganz fremd für mich.
Th.: Sag zu ihr: „Du bist meine Mutter und ich deine Tochter." Was verändert sich für dich?

Die *Mutter* wiederholt die Worte der Therapeutin. Die *Großmutter* sieht sie ganz erfreut an, die *Mutter* beginnt zu weinen.

Th.: Sag zu ihr: „Ich habe dich nicht kennen lernen können. Sie haben dich mir weggenommen." Du darfst deine Mutter *(Großmutter)* auch umarmen, wenn du möchtest. In Aufstellungen ist das möglich.

Die *Mutter* wiederholt die Worte unter Tränen.

Mutter: Ich mag sie nicht umarmen. Das war zu schlimm für mich.
Th.: Sag zu ihr: „Ich grolle noch. Du hast mir so gefehlt, das war zu früh für mich."

Die *Mutter* wiederholt die Worte der Therapeutin.

Th.: Was hat sich verändert?
Mutter: Ich werde jetzt ganz traurig, der Groll ist weg.
Th.: Dann kannst du jetzt deine Mutter *(Großmutter)* umarmen.

Die *Mutter* umarmt die Repräsentantin ihrer Mutter. Beide beginnen danach zu strahlen.

Mutter: Es tut mir so gut, sie zu sehen und zu spüren. Sie hat mir so gefehlt.
Th.: Du kannst dich jetzt wieder zu deiner *Tochter* umdrehen und spüren, wie jetzt deine *Mutter* hinter dir steht. — Du kannst dich immer wieder zu ihr umwenden, wann immer du das möchtest.

Die *Mutter* wendet sich wieder zur *Tochter* und dreht sich noch zweimal zur Repräsentantin ihrer Mutter um. Man sieht ihrem Gesicht an, dass sie jetzt von ihrer Mutter *(Großmutter)* nehmen kann.

Th.: Was hat sich für den Fokus geändert?
Fokus: Ich sehe meine *Mutter* jetzt anders. Sie ist für mich viel menschlicher geworden. Wenn ich die *Großmutter* ansehe, schaudert mich immer noch.
Th. zu Kl.: Stell noch jemanden auf für den Einfluss der Nazizeit.

Die Klientin wählt aus der Gruppe jemanden aus und stellt ihn dazu. Wir erhalten folgendes zweite Bild:

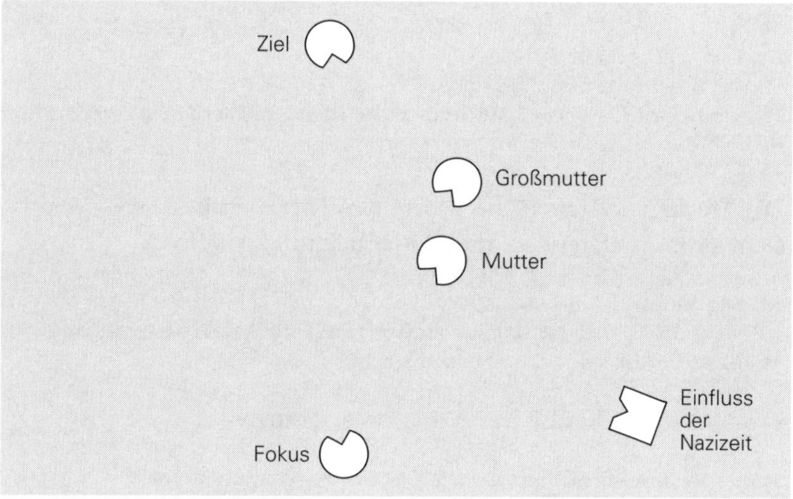

Abb. 13

Th.: Was hat sich für den Fokus verändert?
Fokus: Die kalten Schauer werden immer stärker.
Th.: Für die *Mutter?*
Mutter: Auch ich spüre die Schauer stärker.

Th.: Für die *Großmutter*?
Großmutter: Ich habe starke Angst und spüre ein Zittern im Körper.
Th.: Was hat sich für das *Ziel* geändert?
Ziel: Mein Ärger ist weg. Jetzt tut mir der Fokus Leid, ich möchte ihn gerne beschützen. Der *Einfluss der Nazizeit* ist bedrohlich.
Th.: Wie geht es dem *Einfluss der Nazizeit*?
Einfluss: Ich fühle mich mächtig und stark. Sie sind alle meine Marionetten.
Th.: Wir führen jetzt ein Rückgaberitual durch.

Die Therapeutin überreicht dem Fokus eine Tasche als Symbol für eine schwere Last.

Th.: Sag jetzt folgende Worte zu deiner *Mutter*: „Über dich ist eine schwere Last bis zu mir gelangt. Ich gebe sie dir jetzt zurück, damit sie über dich an den Platz kommt, an den sie gehört." Und lege dann die Tasche vor die Füße deiner *Mutter*. — Jetzt kannst du wieder an deinen Platz zurückgehen, und die *Mutter* kann die Tasche aufnehmen und sie so zu sich nehmen (Therapeutin deutet an, die Tasche an den Oberkörper zu drücken).

Der Fokus spricht die Worte nach, legt die Tasche vor die Füße der *Mutter* und geht danach an seinen Platz zurück. Die *Mutter* nimmt die Tasche hoch und hält sie sich vor den Oberkörper.

Th.: Was hat sich für den Fokus geändert?
Fokus: Ich bin erleichtert, obwohl es nicht leicht war, die Last zurückzugeben. Ich konnte es tun, weil meine *Mutter* sie nicht behält, sondern an den rechten Platz bringt.
Th.: Wie geht es der *Mutter*?
Mutter: Die Last gehört nicht zu mir. Vielleicht ein Teil davon.
Th.: Vielleicht kannst du zu deiner *Tochter* sagen: „Es ist gut, dass du die Last an mich zurückgegeben hast. Sie gehört nicht dir."

Die *Mutter* spricht die Sätze zu ihrer *Tochter*. Diese nickt erleichtert.

Th. zur Mutter: Dann wende dich um, und sag zu deiner Mutter (*Großmutter*): „Ich habe viel für dich mitgetragen, — aus Liebe, — aber ich bin nur deine Tochter, und du bist die Große. — Ich gebe dir das deine zurück, — meinen Teil behalte ich." — Leg jetzt die Tasche vor die Füße deiner Mutter *(Großmutter)*.

Die Repräsentantin der Mutter wiederholt die Worte und folgt den Anweisungen nur zögernd.

Th.: Gib die Tasche zurück wie in einem Experiment und lass dich überraschen, wie das wirkt.

Die *Mutter* legt die Tasche der Repräsentantin ihrer Mutter vor deren Füße. Diese nimmt die Tasche auf.

Th. zur Mutter: Was hat sich für dich verändert?
Mutter: Es war nicht leicht, die Last zurückzugeben. Ich möchte ihr nichts zumuten. Jetzt ist mir leichter geworden.
Th.: Wie geht es der *Großmutter*?
Großmutter: Es ist richtig, dass sie die Last weggeben hat. Doch nicht die ganze Last gehört zu mir.
Th.: Dann sag zu ihr: „Es ist gut, dass du mir die Last zurückgegeben hast. Ich bringe sie an den rechten Platz."

Die *Großmutter* wiederholt die Sätze. Die *Mutter* atmet erleichtert auf.

Th. zur Großmutter: Sieh jetzt zu dem *Einfluss der Nazizeit* und sag zu ihm: „Die meine Last nehme ich zu mir, — aber dein Handeln und deine Verantwortung gehören zu dir. — Meine Familie hat unter Euch viel zu leiden gehabt, — insbesondere ich. — Deine Schuld gebe ich dir jetzt zurück." — Leg nun die Tasche vor die Füße des *Einflusses,* und geh an deinen Platz zurück. — Der *Einfluss* kann anschließend wieder die Tasche zu sich nehmen.

Die *Großmutter* spricht die Worte der Therapeutin Satz für Satz nach, legt die Tasche vor die Füße des *Einflusses* und geht wieder an ihren Platz zurück. Der *Einfluss* nimmt die Tasche auf.

Th.: Was hat sich für die *Großmutter* verändert?
Großmutter: Zunächst war es sehr bedrohlich für mich, zum *Einfluss* zu sprechen. Aber es ging. Jetzt ist etwas von mir abgefallen, ich fühle mich mehr bei mir selbst.
Th.: Wie geht es mittlerweile dem Fokus?
Fokus: Sehr viel besser. Die Schauer sind jetzt weg. Ich kann jetzt zu meiner *Mutter* und auch zur *Großmutter* schauen.
Th.: Sag zu deiner *Großmutter*: „Du bist meine Großmutter, — und ich bin deine Enkelin. — Ich gebe dir einen Platz in meinem Herzen. — Für mich gehörst du jetzt dazu. — In Zukunft ehre ich dich auf andere Weise als zuvor, — indem ich mehr ich selber werde."

Der Fokus wiederholt die Worte der Therapeutin Satz für Satz. Die *Großmutter* lächelt ihr freundlich zu.

Th.: Prüf, ob du den Segen deiner *Großmutter* hast.

Der Fokus nickt.

Th.: Wie geht es mittlerweile dem *Ziel*?
Ziel: Für mich war das ein Wechselbad der Gefühle. Jetzt bin ich ganz erleichtert und ruhe in mir.

Th. zu Fokus: Blick jetzt zu deinem *Ziel*. — Was verändert sich für dich?
Fokus: Ich kann mein *Ziel* zum ersten Mal sehen. Das tut mir sehr gut.

Die Therapeutin stellt jetzt *Mutter* und *Großmutter* hinter den Fokus. Den *Einfluss* stellt sie seitlich etwas weiter weg. Wir erhalten folgendes Bild:

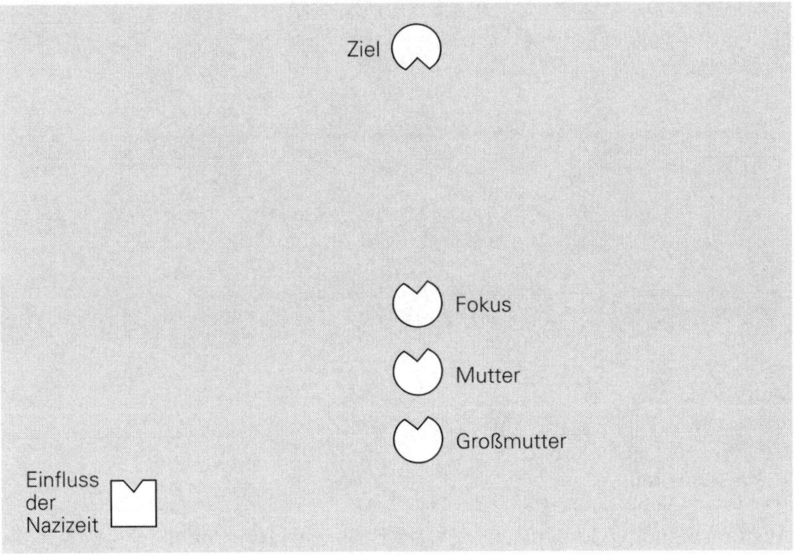

Abb. 14

Th.: Der *Einfluss* kann sich jetzt mit dem Symbol seiner Last auch setzen. Zeitliche Einflüsse gehen vorbei. Wenn sie das ihre genommen haben, können sie sich auch als Zeichen, dass diese Zeit jetzt vorbei ist, setzen.

Der *Einfluss* setzt sich.

Th.: Ist das in Ordnung für die anderen?

Die anderen RepräsentantInnen nicken.

Th.: Wie geht es inzwischen dem Fokus?
Fokus: Noch viel besser, seit ich meine *Mutter* und *Großmutter* hinter mir spüre.
Th. zu Kl.: Stell jetzt noch deine *Brüder* links von dir auf und deinen *Vater* rechts neben die *Mutter*. Wie heißen deine Brüder?
Kl.: Wilfried und Peter.
Th.: Dann stell sie jetzt alle dazu, die *Brüder* in der Altersreihenfolge von rechts nach links.

Die Klientin folgt dieser Anweisung. Wir erhalten folgendes Lösungsbild:

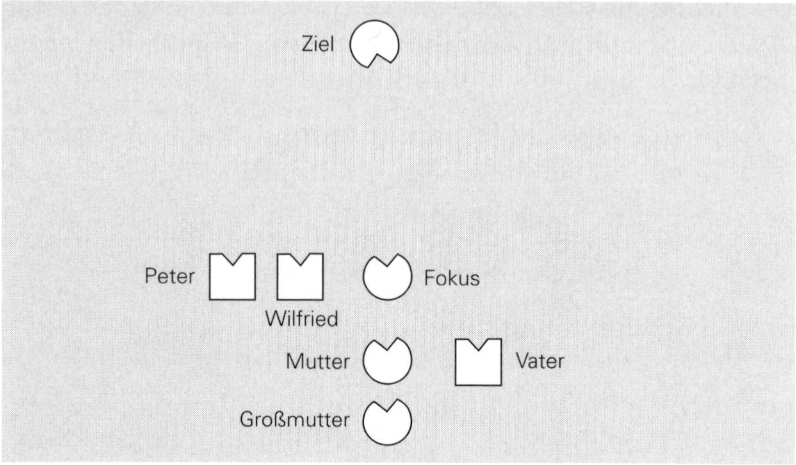

Abb. 15

Th.: Wie geht es dir jetzt?
Fokus: Ganz toll.
Th.: Wie geht es den *Brüdern?*
Wilfried: Während der Aufstellung war ich sehr dabei und fühlte auch die Schauer und Belastung. Jetzt geht es mir hier sehr gut. Ich freu mich mit für sie.
Peter: Mir ging es auch so während der Aufstellung. So als ob ich bereits aufgestellt wäre. Ich habe alles intensiv miterlebt. Jetzt bin ich sehr erleichtert.
Th.: Wie geht es dem *Vater*?
Vater: Jetzt geht es mir gut hier. Ich war zwischendurch sehr besorgt um meine *Frau* und meine *Tochter.*

Gewählte RepräsentantInnen erleben häufig das Geschehen intensiv mit und können dann, sobald sie aufgestellt werden, auch über eigene Veränderungen in der Zeit davor berichten. Bereits die Auswahl als RepräsentantInnen verändert für sie die Wahrnehmung des Aufstellungsgeschehens, sie erleben aus der Perspektive derjenigen, die sie repräsentieren. Für die Aufstellung stellt es eine Komplexitätsreduktion dar, wenn nicht bereits im ersten Bild alle RepräsentantInnen aufgestellt werden müssen.

Th. zu Kl.: Jetzt kannst du dich an die Stelle deines Fokus stellen.

Die Klientin macht dies und beginnt zu strahlen.

Th.: Schau sie alle an. — Lass dir Zeit dabei. — Erinnere dich an die Sätze, die gesagt wurden, — und die Rituale. — Lass das auf dich wirken. — Nimm jetzt das Bild mit dieser Handbewegung zu dir (die Therapeutin führt beide Hände zu sich und legt sie auf ihren Oberkörper), — und lass es dort wirken. — Lass dich überraschen, was daraus entsteht.

1. Folgesitzung

Nach zwei Wochen kam die Klientin zu einer Einzeltherapiesitzung. Es folgen Auszüge aus dieser Stunde.

Th.: Was hat sich für dich in der Zwischenzeit geändert?
Kl.: Ja, in der Zwischenzeit bin ich meiner Mutter einmal auf der Straße begegnet. Das Treffen war vollkommen problemlos. — Ich hatte keinen Groll mehr gegen meine Mutter. Es war so, als ob ich eine Freundin treffe. Ich war ganz überrascht. — Sonst bekam ich immer ungute Gefühle, wenn ich sie sah. Diesmal war es einfach gut so.
Th.: Das freut mich. — Was war für dich besonders überraschend?
Kl.: — Dass meine Gefühle anders waren als sonst. — Ich konnte mehr bei mir sein.
Th.: Woran hast du das bemerkt?
Kl.: Ich fühlte mich nicht mehr so befangen. — Ich konnte sie auch etwas fragen. — Ich habe sonst immer nur reagiert —
Th.: Hm. (Nickt.)
Kl.: Auf ihre Unnatürlichkeit, sie strahlt sonst immer so etwas Bedrückendes aus und sagte dann nicht mehr, was sie wollte. — Ich weiß dann nicht mehr so recht, woran ich bin, ob sie etwas so meint, wie sie sagt, oder es ganz anders ist.
Th.: Wie bist du diesmal damit umgegangen?
Kl.: Ich habe sie beim Wort genommen, — nicht mehr überlegt, was sie meint, — ja, irgendwie bin ich anders auf sie zugegangen. —
Th.: Ist sonst noch etwas anders?
Kl.: — Was auch für mich ganz neu ist, ist, dass ich mich auf den Tag freuen kann. Wenn ich aufwache, kommen mir gleich Gedanken, was ich machen könnte. —
Th.: Zum Beispiel?
Kl.: — Ich habe Lust, etwas zu lesen oder jemanden zu treffen.

Die Klientin schildert ausführlich, wen sie wieder treffen möchte und was sie im Einzelnen mit den Freundinnen und Freunden plant.

Kl.: — Irgendwie freue ich mich viel mehr am Leben. Früher war alles irgendwie mühsam für mich. Es kam nicht so von innen heraus. — Ich hatte mich wohl auch sehr zurückgezogen. Das wird mir erst jetzt klar. – – –
Th.: Hat sich sonst noch etwas geändert?
Kl.: — Ich kann viel besser sagen, was ich will. — Ich kann auch mal etwas ablehnen. — Das fiel mir früher besonders schwer. Da habe ich oft etwas gemacht, zu dem ich eigentlich keine Lust hatte, mich aber verpflichtet fühlte. Das war teilweise sehr bedrückend für mich.
Th.: Wie machst du das jetzt, wenn du etwas nicht willst?
Kl.: Ich sage, was ich möchte. Wenn jemand das nicht recht ist, macht mir das jetzt nichts mehr aus.

Die Klientin schildert ausführlich zwei Situationen, in denen sie im Gegensatz zu früher ihre Meinung sagte und wie sie dabei mit dem Ärger von zwei Freundinnen umging. Mit der einen kam es zur Trennung, und bei der anderen wurde ihr klar, was sie mit ihr machen möchte und was nicht.

Th.: Da hat sich bei dir ja schon sehr viel geändert in dieser kurzen Zeit.
Kl.: Ja, mal sehen, ob das so bleibt, ich kann das noch nicht recht glauben.
Th.: Woran würdest du merken können, dass du der Veränderung trauen kannst?
Kl.: Nächste Woche besuche ich meine Eltern und Geschwister. Das kann mir dann zeigen, ob sich das Verhältnis zu meiner Mutter wirklich geändert hat.

Es wurde eine nächste Sitzung in vier Wochen vereinbart.

2. Folgesitzung

Th.: Es ist nun schon längere Zeit her, dass wir uns sahen. Was hat sich denn in der Zwischenzeit geändert?
Kl.: Seit dem letzten Mal war ich mehrmals bei meinen Eltern. Eine Woche später war ich das erste Mal dort. Es war schwierig, als wir alle zusammen waren. Wilfried hat sich wieder aufgeführt und meine Mutter herumgescheucht. Es war schrecklich, mit anzusehen, wie sie sich das alles gefallen lässt. Ich hab ihn dann zurechtgewiesen, aber das war auch nicht gut; dann gab es Missstimmung.
Th.: Angenommen, du könntest damit umgehen, was würdest du dann tun?
Kl.: — Es würde mich nicht so ärgern, wenn meine Mutter sich nicht wehrt. — Ich könnte besser Abstand halten, — ich wäre mehr bei mir. — Ich würde mich nicht so hineinziehen lassen.
Th.: Gab es auch Treffen mit deiner Mutter in der Zwischenzeit, die unproblematisch waren?
Kl.: Ja, wenn wir etwas zusammen unternommen haben. Früher waren wir dann häufig verschiedener Meinung. Meistens ist sie dann meinem Vorschlag nachgekommen, aber ich habe ständig gemerkt, dass sie das eigentlich nicht will.
Th.: Was war diesmal anders?
Kl.: Irgendwie verstanden wir uns besser. Wir gingen zusammen einkaufen, und ich merkte, dass es ihr auch Spaß machte. Zum Beispiel …

Die Klientin beschreibt einige Situationen, in denen sie das Zusammensein mit ihrer Mutter genießen konnte.

Kl.: Früher war das nie möglich. — Vielleicht habe ich mich auch häufig zurückgezogen. — Von mir aus habe ich nie mit ihr eine Unternehmung gemacht. — Das war mir alles viel zu anstrengend.
Th.: Das ist jetzt neu, dass es auch Spaß machen kann, mit deiner Mutter etwas zu unternehmen?
Kl.: Ja, das ist neu. — Vielleicht war das auch früher manchmal der Fall, aber irgendwie habe ich das nicht bemerkt.
Th.: Gab es auch ein Treffen mit der ganzen Familie, das unproblematisch war?

Kl.: Ganz unproblematisch nicht. Irgendetwas hat mich immer geärgert, aber es war die anderen Male nicht so schlimm wie beim ersten Treffen nach der letzten Stunde.
Th.: Was war da besser?
Kl.: — Ich hatte mehr Abstand.
Th.: Wie war dir das möglich?
Kl.: Wenn mich etwas geärgert hat, habe ich mich mit meinem Vater unterhalten. Mit ihm komme ich sehr gut zurecht.
Th.: Und wie war es dann anschließend für dich, mit deiner Mutter zusammen zu sein?
Kl.: Da war ich wieder mehr bei mir. Das ging dann.
Th.: Gibt es etwas anderes, was du tun könntest, wenn dich etwas ärgert, um wieder bei dir zu sein?
Kl.: — Ja, manchmal hilft es mir, wenn ich kurz auf mein Zimmer gehe und dort etwas mache, was mir Spaß macht, — z. B. lesen oder Musik hören. Danach geht es mir meist auch wieder besser.

Die Klientin schildert mehrere Situationen, in denen sie sich über die Mutter ärgerte und es ihr half, in ihr Zimmer zu gehen und dort etwas für sich zu machen.

Th.: Gibt es noch etwas, was hilfreich ist, um dich vom Ärger zu distanzieren?
Kl.: — Manchmal hilft es auch, in die Natur zu gehen. Da erhole ich mich meistens auch schnell.
Th.: Fällt dir noch etwas ein, was hilfreich ist?
Kl.: — Ich glaub das war's.
Th.: Das sind eine Menge Dinge, die dir da eingefallen sind, was du machen kannst.
Kl.: Ja, das ist wahr. — Das war mir bislang gar nicht bewusst, dass ich da auch etwas tun kann. — Bislang fühlte ich mich immer hilflos ausgeliefert.
Th.: Bis wir uns das nächste Mal treffen, kannst du das eine oder andere ausprobieren, wenn du dich wieder über deine Mutter ärgerst, — dich zurückziehen, — in die Natur gehen — oder mit deinem Vater sprechen — und beobachten, ob es für dich hilfreich ist und sich etwas an der Situation ändert. Vielleicht kannst du auch manchmal mit deiner Mutter etwas unternehmen. Beobachte, ob das einen Unterschied macht, wenn du dich dann mit deiner Familie triffst.

Die Klientin nickt. Es wird ein neuer Termin in sechs Wochen vereinbart.

3. Sitzung

Th.: Nun, wie geht es inzwischen? Was hat sich verändert?
Kl.: Das war sehr hilfreich für mich, was wir letzte Stunde besprochen haben. Ich war in der Zwischenzeit mehrmals zu Hause. Mir ist jedes Mal etwas eingefallen, was ich tun konnte, wenn ich mich geärgert habe.

Die Klientin schildert ausführlich mehrere Situationen, in denen sie sich zurückzog, mit jemandem traf oder selbst etwas unternahm, und wie ihr das jedes Mal half, ihren Ärger loslassen zu können.

Kl.: Inzwischen sehe ich einen Besuch meiner Familie nicht mehr als lästige Pflicht, sondern kann mich sogar darauf freuen. — Es hat sich grundsätzlich etwas geändert. — Ich kann jetzt mit den Situationen umgehen. — Ich sehe auch meine Mutter ganz anders. Irgendwie kann ich sie jetzt besser verstehen.
Th.: Das ist ja höchst erstaunlich, wie schnell du das umsetzen konntest. Da hat sich ja viel geändert.
Kl.: Viele Freundinnen und Kommilitonen sagen das auch, dass ich mich so verändert habe.
Th.: Was bemerken die an dir, was anders ist?
Kl.: Ich gehe mehr auf andere zu, — bin offener, sage mehr, was ich denke. — Sie sagen auch, dass ich viel heiterer bin.
Th.: Hat sich noch etwas geändert?
Kl.: Ich fühle mich hier in München viel wohler. Früher habe ich mich hier nie zu Hause gefühlt und bin viel aufs Land gefahren, aber das war dann immer ein Hin- und Hergefahre, — ich kam nirgends zur Ruhe. Der Zustand war auf die Dauer so für mich untragbar.
Th.: Und jetzt fühlst du dich wohl in München?
Kl.: Ja, auf einmal gefällt es mir hier.
Th.: Was gefällt dir hier?
Kl.: Ich kann die Stadt genießen, — ich habe hier jetzt auch viel mehr Kontakte, — es ist, als ob hier ein neues Leben für mich begonnen hätte. Früher dachte ich, dass ich kein Stadtmensch bin und hier alles zu anonym ist. Doch jetzt kann ich an vielem Gefallen finden.

Die Klientin schildert eine Reihe von Situationen, in denen sie sich jetzt wohl fühlt im Gegensatz zu früher. Es wird dabei deutlich, dass sie jetzt viel mehr Kontakt sucht und auch findet. Sie nennt auch Unterschiede im Studium, die ihr jetzt aufgefallen sind. Sie ist aktiver beteiligt, macht mehr Vorschläge und gewinnt dadurch auch mehr Einfluss.

Th.: Auch in dieser Hinsicht hat sich also für dich wieder eine Menge verändert.
Kl.: Ja, wenn ich das alles so schildere, merke ich erst, wie viel sich verändert hat. Mir war das vorher nicht so klar.
Th.: Möchtest du noch eine weitere Stunde?
Kl.: Ich glaube, ich komme jetzt auch alleine zurecht. Falls ich noch mal ein Gespräch möchte, darf ich doch sicher anrufen?
Th.: Natürlich.

Es wurde keine neue Stunde vereinbart. Die Klientin rief nicht mehr an. Ein halbes Jahr später schickte sie mir aus dem Urlaub eine Karte, auf der sie schrieb, dass sie inzwischen einen Freund habe und die Beziehung zu ihrer Mutter weiterhin gut sei.

VI. Die Neun- und die Zwölffelderaufstellung

Die Zwölffelderaufstellung stellt eine Weiterentwicklung der Neunfelderaufstellung dar. Bei der Zwölffelderaufstellung wird der Unterschied zwischen *Ziel* und *Wunder* noch deutlicher hervorgehoben, indem zwischen naher und ferner Zukunft unterschieden wird. Beide Formen entstanden aus einer Kombination der lösungsfokussierten Kurztherapie mit den Systemischen Strukturaufstellungen.

Zunächst mag sehr ungewöhnlich erscheinen, dass es möglich ist, Aspekte einer reinen Gesprächsform wie der SFT als räumlich angeordnete Beziehungsstruktur in eine Aufstellung zu transformieren. Experimente, bei denen ich Elemente der lösungsfokussierten Kurztherapie aufstellte, sollten dazu dienen, Thesen über Unterschiede und Gemeinsamkeiten der beiden Therapieformen zu entwickeln. Dabei konnten die Entsprechungen verdeutlicht werden, und es wurde sichtbar, welche Teile nicht in der SFT enthalten sind und eine echte Ergänzung zu der SFT darstellen. Mein Wunsch war, die Vorzüge beider Methoden zu vereinen, um die Effektivität noch zu erhöhen. Auf diese Weise entstanden die Neunfelder-, die Zwölffelder-, die Zielannäherungs- und die Lösungsaufstellung sowie das lösungsgeometrische Interview. Diese verschiedenen Kombinationen haben sich in der Praxis sehr bewährt; daher bieten die folgenden Darstellungen neben vielleicht interessanten Einsichten auch viel Anregung für die Praxis.

Die Teile der Neunfelderaufstellung umfassen neun Felder, eine Zeitlinie und Repräsentanten im engeren Sinne. Die Zwölffelderaufstellung wird innerhalb des Bereichs der Zukunft (ausführlich VI.1) noch um drei weitere Felder ergänzt. Die Zielannäherungsaufstellung ist eine verkürzte Form der Zwölffelderaufstellung. Die Lösungsaufstellung besteht nur aus Repräsentanten im engeren Sinne und ist daher den Familienaufstellungen ähnlicher. Die Lösungs- wie auch die Familienaufstellung umfassen beide einen zeitlosen Raum, in dem Zukunft und Vergangenheit nicht festgelegt sind. Das lösungsgeometrische Interview wird partiell oder total mit RepräsentantInnen im engeren Sinn anstelle von realen Gesprächspartnern geführt. Dabei bekommen hier die Aufstellungsaspekte größeres Gewicht als das Interview, d. h., zunächst müssen die Aufstellungsaspekte berücksichtigt, dann erst kann das Interview geführt werden.

VI.1 Entsprechungen zwischen SFT und SySt in der Neun- und Zwölffelderaufstellung

Bei Aufstellungen spielt die räumliche Anordnung eine wichtige Rolle. Bei der lösungsfokussierten Kurztherapie stehen die Lösungen in Gegenwart, Vergangenheit und Zukunft im Mittelpunkt. Daher nenne ich eine Koordinatenachse der Neun- bzw. Zwölffeldertafel die „Zeitachse". Das, was auf den einzelnen Feldern abgebildet wird, sind die verschiedenen Arten von Lösungen. Wenn nun diese verschiedenen Arten von Lösungen Gegenstand einer Aufstellung werden sollen, muss zunächst geklärt werden, auf was sich diese Lösungen beziehen bzw. welche Bereiche sie umfassen können. Im Gegensatz zur Familienaufstellung haben wir es hier mit einer abstrakten Struktur, den Lösungen, zu tun, bei der nicht von vorneherein klar ist, was dazugehört. Lösungen von Problemen können sich als innere Zustände, als Einstellungen, als Situationen und im Verhalten von Personen zeigen. Diese Bereiche: Zustände, Einstellungen, Situationen und Verhaltensweisen werden auf der zweiten Koordinatenachse eingetragen. Wir erhalten so ein von den Koordinatenachsen „Zeit" und „Bereich" aufgespanntes Koordinatensystem.

Diese verschiedenen Bereiche, in denen sich Lösungen zeigen, habe ich in einen internen und einen externen Kontext sowie eine Grenze unterteilt. Die Person stellt dabei die Grenze zwischen internem und externem Kontext dar, sie bildet gewissermaßen die Unterscheidung zwischen diesen Kontexten. Diese Einteilung ist analog zu George Spencer-Browns (s. u.) Begriff der Unterscheidung aufzufassen. Eine Unterscheidung wird getroffen, indem eine Grenze zwischen einem internem und einem externen Bereich gezogen wird.

VI.1.1 Spencer-Browns Begriff der Unterscheidung und dessen Übertragung auf die Aufstellungsarbeit

An dieser Stelle möchte ich einige Stellen aus Spencer-Browns Werk *Laws of Form* (1994) zitieren, um den Hintergrund für die Unterteilung in „internen", „externen Kontext" und „Grenze" zu verdeutlichen.

THE FORM
We take as given the idea of distinction and the idea of indication, and that we cannot make an indication without drawing a distinction. We take, therefore, the form of distinction for the form (ibid., p. 1).

Die Form
Wir nehmen die Idee der Unterscheidung und die Idee des Hinweisens als gegeben sowie den Umstand, dass wir nicht hinweisen können, ohne eine Unterscheidung zu treffen. Daher nehmen wir die Form der Unterscheidung als die Form. (Übersetzung der Autorin.)

Hier wird der Begriff der Unterscheidung als eine Handlung eingeführt, die immer schon mit dem Prozess des Hinweisens verbunden ist. Die Form des Unterscheidungsprozesses und das simultan erfolgende Hinweisen auf etwas wird als „die Form" bezeichnet. Der Formbegriff liegt hier zwischen dem Begriff der Art und Weise bzw. der Möglichkeit eines Geschehens und dem Gestaltbegriff. Bildlich aufgefasst, gestaltet/umfasst die Form zwei Räume mit zwei Seiten, von denen eine benannt ist und die andere nur als Komplement dazu gegeben ist, also zunächst noch keinen eigenen Namen und kein eigenes Motiv hat, ähnlich wie wir von Problem und Nicht-Problem sprechen. Das Nicht-Problem hat noch keinen Namen, sondern stellt zunächst nur ein Komplement zum Problem dar, dessen Namen/Motive durch die Details zur Wunderfrage eruiert werden.

Definition
Distinction is perfect continence.
That is to say, a distinction is drawn by arranging a boundary with separate sides so that a point on one side cannot reach the other side without crossing the boundary. For example, in a plane space a circle draws a distinction (ibid., p. 1).

Unterscheidung ist vollkommener/vollzogener Zusammenhang (Enthaltensein).

Das heißt, dass eine Unterscheidung getroffen wird, indem eine Grenze mit getrennten Seiten gezogen wird derart, dass ein Punkt auf der einen Seite die andere Seite nicht erreichen kann, ohne die Grenze zu überqueren. So trifft beispielsweise ein Kreis in einer Ebene eine Unterscheidung. (Übers. der Autorin.)

Indem eine Unterscheidung gefällt wird, entstehen gleichzeitig zwei unterschiedliche Zustände, deren Existenz von dem Prozess des Unterscheidens nicht getrennt werden kann. Dies bedeutet auch, dass diese Zustände vorher noch nicht da waren und erst und gleichzeitig mit einer Handlung der Unterscheidung zustande kommen. Vorher ist da nur das Nichtunterschiedene, das daher Unnennbare, da jede Unterscheidung fehlt und damit die Basis jedes Hinweisens und Benennens.

Once a distinction is drawn, the spaces, states, or contents on each side of the boundary, being distinct, can be indicated.

There can be no distinction without motive, and there can be no motive unless contents are seen to differ in value.

If a content is of value, a name can be taken to indicate this value.

Thus the calling of the name can be identified with the value of the content (ibid., p. 1).

Wenn eine Unterscheidung einmal getroffen wurde, kann auf die Räume, Zustände oder Inhalte auf jeder Seite der Grenze, da sie verschieden sind, hingewiesen werden.

Es kann keine Unterscheidung ohne Motiv geben, und es kann kein Motiv geben, sofern nicht die Inhalte als von verschiedenem Wert gesehen werden.

Wenn ein Inhalt einen Wert hat, kann ein Name verwendet werden, um auf diesen Wert hinzuweisen.

Daher kann das Nennen des Namens mit dem Wert des Inhalts gleichgesetzt werden. (Übers. der Autorin.)

Auf das Unterschiedene, die zwei getrennten Räume, Zustände oder Inhalte, kann nach der ersten Unterscheidung hingewiesen werden. Dies bedeutet, dass auf das, was unterschieden wurde, von da an Bezug genommen werden kann.

Eine Unterscheidung ist untrennbar von einem Motiv. Dieses Motiv setzt voraus, dass das Unterschiedene für denjenigen, der die Unterscheidung vollzieht, unterschiedliche Werte hat. Der Wert dessen, was unterschieden wurde, kann daher mit einem Namen bezeichnet werden, und das Nennen dieses Namens kann mit diesem Wert gleichgesetzt werden.

Auf das Repräsentieren von Systemteilen in Aufstellungen bezogen, würde dies bedeuten, dass das „Nennen des Namens" mit „dem

Wert des Benannten für den Klienten" gleichgesetzt werden kann. Da in systemischen Aufstellungen die Repräsentanten Elemente des Systems des Klienten, also z. B. Familienmitglieder, repräsentieren, haben sie eine analoge Funktion im Aufstellungsbild wie die Namen im Satz. Das Aufstellen eines Repräsentanten etwa mit der Bezeichnung „Vater" für den Vater des Klienten hat daher eine analoge Funktion zur Verwendung des Namens „Vater" in einem Satz über den Vater, den der Klient ausspricht.

Auf der Grundlage der spencer-brownschen Unterscheidungstheorie genügt dies als Basis elementarer systemtheoretischer Semiotik für systemische Aufstellungen, denn nun kann „das Nennen des Namens", also das Aufstellen des Repräsentanten (z. B. für den Vater des Klienten), mit dem „Wert des Inhalts" für den Sprecher bzw. dem Unterscheidenden gleichgesetzt werden, das heißt im Aufstellungsprozess mit dem, was der Repräsentant für den Klienten verkörpert (im Beispiel: dem Vater, so wie er für ihn war).

Das Interessante an dieser systemtheoretischen Basissemiotik ist, dass sowohl die Verschiedenheit von Zeichen und Bezeichnetem (z. B. Repräsentant für den Vater und Vater) aufrechterhalten wird, da die Gleichsetzung erst vorgenommen wird und nicht etwa vorausgesetzt, andererseits aber das im praktischen Aufstellungsgeschehen immer wieder verblüffende Faktum der exakten Wiedergabe von Reaktionen der repräsentierten Systemelemente durch die Repräsentanten (auf der Basis der repräsentierenden Wahrnehmung) als Ausdruck des elementarsten Identifikationsverhältnisses, das die Basis aller Logik und Sprache und Modellbildung darstellt, verständlich werden lässt. Auf dieser Basis lässt sich, nebenbei bemerkt, eine systemtheoretisch-semiotische Sicht des für die Systemischen Strukturaufstellungen grundlegenden Begriffs der repräsentierenden Wahrnehmung entwickeln.

Wenn wir Unterscheidungen treffen, sind diese also mit einem Wert, den eine der unterschiedenen Seiten für uns hat, verbunden. Damit sind die durch die Unterscheidung entstandenen Inhalte durch unsere Intention auf uns bezogen. Also: Eine Unterscheidung wird aufgrund eines Motivs getroffen, das für uns mit einer Bewertung verbunden ist. Hier zeigt sich, dass das Unterschiedene auf einen Handelnden bezogen ist und dadurch eine subjektive Perspektive haben muss.

Das Unterschiedene ist nicht von vorneherein gegeben. Was gegeben ist, ist die Möglichkeit, zu unterscheiden und damit auf etwas hinzuweisen. Das Grundpaar Unterscheidung/Hinweis wird konstituiert durch eine Handlung, durch die erst Inhalte entstehen. Daher können wir dieses Grundpaar auch als Basis für den Konstruktivismus sehen. Der folgende Auszug aus *Laws of Form* verdeutlicht dies noch:

FORMS TAKEN OUT OF THE FORM
Construction

Draw a distinction.
(ibid., p. 3)

Formen, die aus der Form (durch Unterscheidung) entstehen
Konstruktion
Triff eine Unterscheidung. (Übers. der Autorin.)

Spencer-Brown bezeichnet „das Treffen einer Unterscheidung" als eine Konstruktion.

Content
Call it the first distinction.

Call the space in which it is drawn the space severed or cloven by the distinction.

Call the parts of the space shaped by the severance or cleft the sides of the distinction or, alternatively, the spaces, states, or contents distinguished by the distinction (ibid., p. 3).

Inhalt
Nenne ihn die erste Unterscheidung.

Nenne den Raum, in dem diese getroffen wird, den Raum, den die Unterscheidung unterteilt oder aufspaltet.

Nenne die Teile des Raums, die durch die Unterteilung oder Aufspaltung geformt werden, die Seiten der Unterscheidung oder, alternativ dazu, die Räume, Zustände oder Inhalte, die von der Unterscheidung unterschieden werden. (Übers. der Autorin.)

Bei meiner Unterteilung der Koordinatenachse „Bereich" bei der Neun- und Zwölffelderaufstellung in „internen" und „externen Kontext" sowie die „Grenze" erhalten wir durch das Fällen einer Unterscheidung die Unterteilung des Raums in „internen" und „nicht internen = externen Kontext". Dabei bezieht sich die Grenze auf den, der die Unterscheidung trifft. Wir selbst sind also gegeben durch die Möglichkeit, handelnd zu unterscheiden oder, anders ausgedrückt: Unsere Existenz zeigt sich im Fällen von Unterscheidungen. Das von uns Unterschiedene entsteht dadurch, dass wir Unterscheidungen treffen; und dadurch, dass wir Unterscheidungen treffen, werden wir als Grenze deutlicher. Dies entspricht dem Prozess der Individuation und Abgrenzung.

Unwritten cross
Suppose any so to be surrounded by an unwritten cross.

Call the crosses standing under any cross c, written or unwritten, the crosses pervaded by the shallowest space in c (ibid., p. 7).

Die ungeschriebene Quere
Gehe davon aus, dass jedes s_0 von einer ungeschriebenen Quere umgeben ist.

Nenne die Queren, die unter irgendeiner geschriebenen oder ungeschriebenen Quere c stehen, die vom flachsten Raum in c durchdrungenen Queren. (Übers. der Autorin.)

Der Begriff *cross* wurde von Matthias Varga von Kibéd mit „Quere" übersetzt, da dieser Begriff die Doppeldeutigkeit von Aufforderung und Beschreibung aufweist, wie dies für den Begriff *cross* im Englischen der Fall ist. Der Begriff „Quere" ist ebenso gleichzeitig Nomen und Imperativ: „die Quere" und „Quere!". Nach seiner Deutung weist das in den *Laws of Form* etwas geheimnisvolle *unwritten cross* auf den impliziten Kontext hin.

Dem impliziten Kontext, auf den das *unwritten cross* hinweist, entspricht der Rahmen, innerhalb dessen wir Unterscheidungen treffen. Da, wo wir das Ganze erfahren, nähern wir uns diesem Kontext. In dem Moment, wo wir die Erfahrung jedoch benennen, verlieren wir diesen Bereich, denn die Benennung trennt uns von dem Benannten, und wir bleiben wieder die Grenze zwischen Benanntem (dem externen Kontext) und unserer Erfahrung (dem internen Kontext). Die Annäherung an den impliziten Kontext entspricht dem Prozess der Erweiterung und Auflösung des Subjekts.

VI.1.2 Die Koordinaten und Felder der Neun- und Zwölffeldertafel

Die Neun- und Zwölffeldertafel wird durch zwei Koordinaten aufgespannt, die Zeitachse und die Achse für die Bereiche. Da in der SFT zwischen „dem, was gut ist und so bleiben soll", den Ausnahmen und den Anzeichen des *Wunders* unterschieden wird, habe ich die Zeitachse bei der Neunfeldertafel in drei diskrete Teile unterteilt:

- Vergangenheit,
- Gegenwart,
- Zukunft.

Bei der Zwölffeldertafel wird der Bereich „Zukunft“ noch in die Bereiche „nahe“ und „ferne Zukunft“ aufgeteilt.

Die Achse mit den verschiedenen Bereichen besteht ebenfalls aus drei diskreten Teilen:

- interner Kontext,
- Grenze,
- externer Kontext.

Wir erhalten auf diese Weise neun Felder, wie in folgendem Schema dargestellt ist.

Schema der Neunfeldertafel

Zukunft	1	2	3
Gegenwart	4	5	6
Vergangenheit	7	8	9
Zeit / Bereich	interner Kontext	Grenze	externer Kontext

Abb. 16

Auf den Feldern werden die unterschiedlichen Lösungen eingetragen. Die zu den gegenwärtigen Lösungen zugehörigen Felder, also die Felder 4 bis 6, beziehen sich auf die Frage: „Was bewährt sich gegenwärtig?“, und die Felder zum Bereich vergangener Lösungen, also die Felder von 7 bis 9, auf die Frage: „Welche vergangenen erfolgreichen Lösungen gibt es?“ Hier finden wir also auch die

Ausnahmen vom Problem. Zu den Feldern der zukünftigen Lösungen, also den Feldern 1 bis 3, gehört die Fragestellung: „Woran erkenne ich, dass das Problem gelöst ist?" Die folgende Tabelle zeigt noch einmal in einer Übersicht die Fragestellungen zu den einzelnen Zeitbereichen.

Fragestellungen zu den Zeitbereichen:

Zukunft	Woran erkenne ich, dass das Problem gelöst ist?
Gegenwart	Was bewährt sich gegenwärtig?
Vergangenheit	Welche vergangenen erfolgreichen Lösungen gibt es?

Der zukünftige Bereich wird bei der Zwölffeldertafel nochmals unterteilt werden in nahe Zukunft (Bereich des Ziels) und ferne Zukunft (Bereich des Wunders). Auf diese Weise erhalten wir dann zwölf Felder. Die Unterteilungslinien zwischen den einzelnen Zeitbereichen und den verschiedenen Kontexten bilden statische Grenzen, die für die Arbeit mit der Zwölffeldertafel (und auch mit der Neunfeldertafel) auf dem Boden mit einem Seil markiert oder aufgezeichnet werden können. Auf diese Weise erhalten wir folgendes Einteilungsschema.

Schema der Zwölffeldertafel

ferne Zukunft			
nahe Zukunft			
Gegenwart			
Vergangenheit			
Zeit / Bereich	interner Kontext	Grenze	externer Kontext

Abb. 17

Die zunächst diskret in drei Bereiche eingeteilte Zeitachse kann auch als kontinuierlich aufgefasst werden, was bedeutet, dass innerhalb der Bereiche eine kontinuierliche Zeitlinie verläuft. Sie entspricht der Skalierung in der SFT. Wir haben auf diese Weise eine diskrete und eine kontinuierliche Zeiteinteilung, auf der kontinuierliche und sprunghafte Veränderungsprozesse abgebildet werden können. Damit wird das **Prinzip der Transkontinuität** beachtet.

Dieses Prinzip, das Louis Cauffman aus der Schule der SFT von Brügge (Korzybski-Instituut Brügge) 1997 auf der dortigen EBTA-Conference vorstellte, besagt, dass es für therapeutische Prozesse wesentlich ist, dass allmähliche und plötzliche Veränderungsprozesse miteinander reflexiv verflochten werden. Plötzliche Veränderungsprozesse können oft ermutigen, manchmal erschrecken sie jedoch auch, da sie den gewohnten stabilen Zustand erschüttern. Sie werden häufig als außerhalb der eigenen Beeinflussbarkeit erlebt; allmähliche Veränderungsprozesse sind steuerbarer, aber auch langsam und erfordern daher große Geduld.

Allmähliche Veränderungsprozesse werden bei der SFT durch die Verwendung von Skalen und das Erteilen von Aufgaben unterstützt, plötzliche Veränderungsprozesse durch die Wunderfrage. Die Aufstellungen sind zunächst auf plötzliche Veränderungsprozesse ausgerichtet. Die Aufforderung am Ende einer erfolgreichen Aufstellung

„Nimm dieses Bild auf, und folge den Handlungsimpulsen, die sich daraus ergeben werden!"

unterstützt eine anschließende allmähliche Veränderung.

Die zwölf Felder und die Zeitlinie werden auf dem Boden markiert. Sie entsprechen nichtpersonalen Orten und werden vor der Aufstellung festgelegt. Dies kann durch die Therapeutin geschehen oder durch die Klientin, die nach ihrer Intuition die Zeitlinie legt, nach der das Koordinatensystem ausgerichtet wird. Im inneren Bild der Klientin kann die Zeitlinie auch gekrümmt sein. In diesen Fällen verläuft parallel dazu auch das Koordinatensystem gekrümmt. Der Knickpunkt der Krümmung ist häufig beim Übergang von Gegenwart zu Zukunft. Wir nennen diesen Punkt *Point of Decision*.

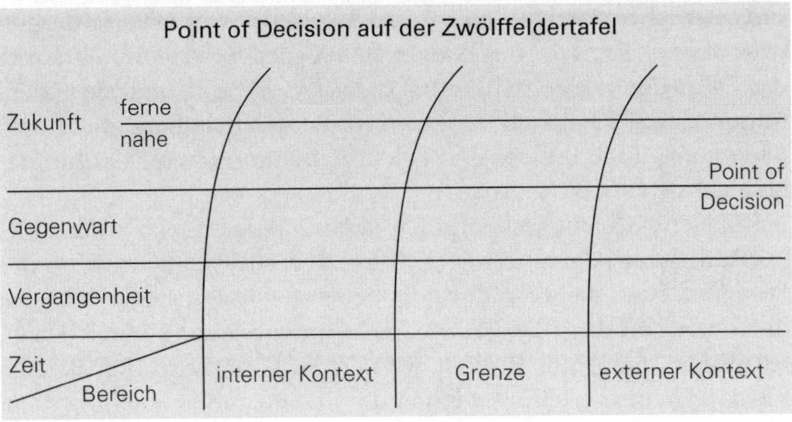

Abb. 18

Die durch die zwei Koordinaten aufgespannten zwölf Felder entsprechen gegenwärtigen, vergangenen und zukünftigen Lösungen für den internen und externen Kontext wie auch für den Bereich der Grenze. Manchmal reagieren die aufgestellten *Lösungen* wie Hindernisse. Dann können diese wie Hindernisse reagierenden RepräsentantInnen mithilfe von Stellungs- und Prozessarbeit einen Platz finden, der ihre Qualität als Lösung deutlich macht.

Die Grenze steht hier für die Person. Diese befindet sich an der Grenze zwischen internem und externem Kontext. Das, was uns ausmacht, ist gewissermaßen der Bereich zwischen innen und außen. Unter internem Kontext verstehe ich hier alle internen Variablen, wie Kognitionen, Emotionen, Körperempfindungen, Körperfunktionen usw.; unter externem Kontext Personen, Situationen, inhaltliche Bereiche usw.

VI.1.3 Die Symbole der Neun- und der Zwölffelderaufstellung

Außer den zwölf Feldern und der Zeitlinie werden bei der Zwölffelderaufstellung noch Repräsentanten im engeren Sinn aufgestellt. Repräsentiert werden Aspekte aus dem lösungsfokussierten Interview, und zwar der Fokus (für die Klientin), das *Ziel*, das *Wunder* und manchmal noch der *Kontext des Wunders* (eine Repräsentantin für die Reaktionen anderer auf die Veränderungen der Klientin). *Ziel* und *Wunder* werden im Allgemeinen von der Klientin im Bereich *Zu-*

kunft/Grenze aufgestellt, wobei das *Wunder* vom Fokus entfernter steht als das *Ziel*, d. h., das *Wunder* steht in der entfernteren Zukunft, das *Ziel* in der näheren Zukunft. Da das *Wunder* eine zentrale Bedeutung in der SFT hat, habe ich die Neunfelderaufstellung zur Zwölffelderaufstellung um die drei Felder der entfernteren Zukunft, des Bereichs des *Wunders*, ergänzt.

Manchmal stellen KlientInnen *Ziel* und *Wunder* auch in ein anderes Feld, dies ist dann bei der Deutung zu berücksichtigen. Wird das *Wunder* z. B. in das Feld *Zukunft/interner Kontext* gestellt, so deutet dies darauf hin, dass das *Wunder* mehr im Vorstellungsbereich liegt. Es müsste dann, um Realität werden zu können, in den Bereich *Zukunft/Grenze* gestellt werden und im Laufe der Aufstellung dann dort auch gut (ohne beeinträchtigt zu sein oder andere RepräsentantInnen zu stören) stehen können. Wird das *Wunder* in der Vergangenheit platziert, kann dies oft als Hinweis gesehen werden, dass eine Verstrickung vorliegt. In so einem Fall überwiegt der *Kontext des Wunders* das *Wunder*. Hier ist es günstiger, das *Wunder* in die Teile *Wunder* und *Kontext des Wunders* aufzuteilen, da wir dann von den RepräsentantInnen differenziertere Antworten erhalten anstelle von vermischten Wahrnehmungen bezüglich *Wunder* und *Kontext des Wunders*.

Es folgt eine Abbildung mit den verschiedenen Symbolen der Zwölffelderaufstellung, wobei die RepräsentantInnen in einer häufig vorkommenden Stellung stehen.

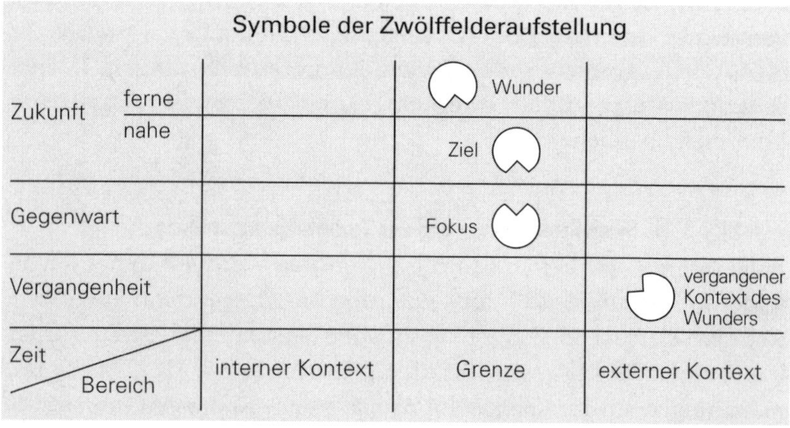

Abb. 19

VI.1.4 Die SFT-Aspekt-Zwölffeldertafel

Die im Interview gewonnenen Inhalte lassen sich den neun bzw. zwölf Feldern zuordnen. In der folgenden Abbildung finden Sie eine Verteilung der inhaltlichen Teile des Interviews auf der Zwölffeldertafel. Diese Verteilung ist prototypisch.

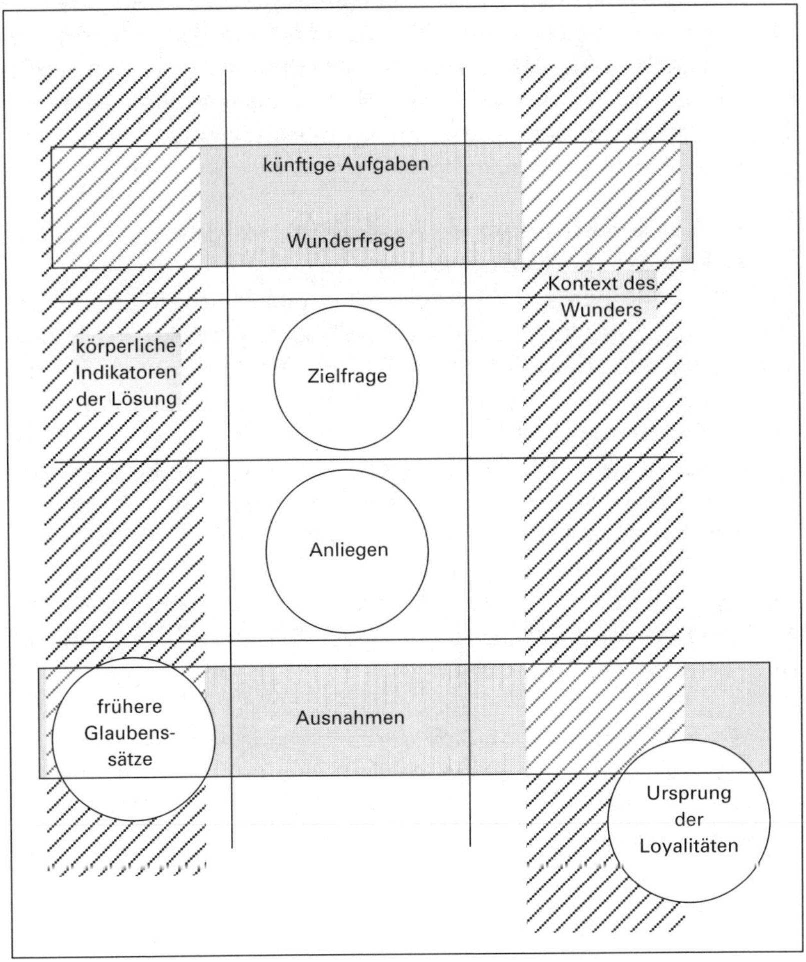

Abb. 20

Die Aufgaben beziehen sich auf den gesamten Bereich der *Zukunft* und die Wunderfrage auf den gesamten Bereich der *ferneren Zukunft*, denn sie umfassen sowohl den *internen* wie den *externen Kontext* wie die *Grenze*. Zum *Kontext des Wunders* gehört der Bereich des *externen Kontexts*, denn sowohl zukünftige Reaktionen wie auch Loyalitäten zu Personen aus der Vergangenheit können in der Wunderfrage berücksichtigt werden. Die Ausnahmen umfassen alle drei Bereiche der Felder der *Vergangenheit*. Die Verwendung ehemals hilfreicher Glaubenssätze stellt auch eine Ausnahmesituation (in der das Problem abwesend war) aus der Vergangenheit dar. Von den körperlichen Indikatoren der Lösung können manche natürlich auch bereits im Feld *Gegenwart/interner Kontext* liegen, da sich Anzeichen der Lösung bereits in der Gegenwart einstellen können.

VI.1.5 Unterschiede zwischen der Neunfeldertafel des NLP und der Neun- bzw. Zwölffelderaufstellung

Im NLP hat Robert Dilts bereits früher eine Zeitlinienarbeit entwickelt und zusammen mit Robert McDonald eine Neunfeldertafel verwendet, die außer der Zeitkoordinate eine Koordinate mit der Einteilung: *Höheres Selbst, Selbst* und *andere Personen* enthält (Isert 2000). Weiterentwickelt wurde dieser Ansatz von Tad James und Wyatt Woodsmall (1992), allerdings ist ihr Modell ziemlich mechanistisch. Sie verwendeten die Zeitlinienarbeit, um negative Erinnerungen durch positive Erinnerungen zu ersetzen, um Zielvorstellungen zu konstruieren, um Glaubens- und Wertekonflikte aufzulösen und die eigene Persönlichkeit zu verändern. Zu dieser Arbeitsweise des NLP bestehen bei der hier verwendeten Zwölffelderaufstellung jedoch beträchtliche Unterschiede:

1. Wir verwenden die Zwölffeldertafel lösungsfokussiert; d. h., es wird nicht nach vergangenen Traumata und deren Auflösung gesucht, wie etwa bei der Zeitlinienarbeit, sondern ausschließlich nach vergangenen Ressourcen. Es kann sein, dass die aufgestellten RepräsentantInnen im ersten Bild noch nicht als Ressourcen wirken, doch werden sie nicht unter dem Aspekt „Hindernis“ aufgestellt.
2. Statt der Arbeit direkt mit der Klientin arbeiten wir mit RepräsentantInnen. Dadurch kann die Klientin die ganze Zeit über eine Metaposition zur Aufstellung einnehmen.
3. Die genaue räumliche Anordnung der Elemente zueinander spielt eine größere Rolle. Winkel, Abstände, Blickrichtungen fungieren als Unterscheidungsmerkmale.

4. Für den Zukunftsbereich unterscheiden wir zwei Zonen: die des Ziels und die des Wunders. Die Zone des Wunders eröffnet dabei noch einmal einen ganz neuen Bereich, nämlich die neue Lebensform der Klientin mit allen Reaktionen der Umwelt. Sie ist nicht wie das Ziel ein abgegrenzter Bereich, sondern einer ständigen Veränderung unterworfen.
5. Die Zonen der horizontalen Koordinate sind bei unserer Zwölffeldertafel allgemeiner zu verstehen und setzen kein Persönlichkeitsmodell von Selbst und Höherem Selbst voraus. Unserer Einteilung liegt der Begriff der Unterscheidung nach George Spencer-Brown zugrunde.
6. Bei der Zeitlinienarbeit nach Robert Dilts sucht die Klientin nach eigenen Ressourcen, die ihren Eltern fehlen und gibt diese an sie weiter, sodass ihre Eltern rückwirkend sich so verhalten können, dass das Trauma nicht entstanden wäre. Diese rückwirkende Veränderung der eigenen Vergangenheit ist noch sehr ursachenorientiert. Es wird dabei die Vorstellung vermittelt, als müsse erst etwas anderes geschehen, bevor eine Lösung eintreten kann. Beim lösungsfokussierten Ansatz ist jedoch gerade das Erstaunliche, dass sich nichts verändern muss und die Lösung wie ein Wunder plötzlich erfolgen kann.

Wenn wir Familienmitglieder bei der Zwölffelderarbeit aufstellen, so unter dem Aspekt, dass sie Ressourcen für uns sind. Sollten Loyalitäten zu ausgeschlossenen Personen Schritte auf das zukünftige Ziel erschweren, so ändern wir nicht die ausgeschlossenen Personen, sondern nur unsere Beziehung zu ihnen: Anstatt mit ihnen zu leiden, verwandeln wir die Loyalität in eine gemeinsame Freude darüber, dass es besser weitergeht. Der Gedanke, die ausgeschlossene Person würde uns Erfolge nicht gönnen oder wünschen, dass wir genauso leiden, verwechselt die Reaktionen einer Person in einem beeinträchtigenden Kontext mit der Essenz dieser Person. Die SFT vertraut darauf, dass wir in unserer Essenz „gut" handeln und unseren Weg kennen, sonst könnte den Antworten auf die Wunderfrage nicht vertraut werden.

VI.1.6 Anwendungsmöglichkeiten der Neun- und Zwölffelderaufstellung

Welche Aufstellungsform wir verwenden, hängt von der Fragestellung der Klientin ab. Die Zwölffelderaufstellung ist ein sehr allgemeines Schema und kann daher auch als Metaaufstellung für Familien- oder Organisationsaufstellungen verwendet werden. In VI.4 wird gezeigt werden, wie die Zwölffelderaufstellung als Metaaufstellung mit anderen Aufstellungsformen kombiniert werden kann. Bei der Zwölffelderaufstellung werden dynamische Aspekte berücksichtigt und Lösungen als Kraftquellen aufgestellt.

Die Zwölffelderaufstellung (wie auch die Neunfelderaufstellung) kann für verschiedene Zwecke genutzt werden:

- Einmal, indem das Interview auf der Zwölffeldertafel geführt wird.
  Dies ist besonders günstig, wenn Klienten im Gespräch Schwierigkeiten haben, sich etwas vorzustellen. Hier kann die räumliche Anordnung einen anderen Erfahrungskanal nutzen.
- Zum andern, indem die Zwölffeldertafel als Ressourcenfeld genutzt wird.
  Diese Form kann verwendet werden, wenn es darum geht, eine gute Richtung durch Ressourcen zu unterstützen.
- Zum Dritten, indem die Zwölffelderaufstellung als Metaaufstellung angewendet wird.
  Bei dieser Form fungiert die Zwölffeldertafel als Matrix für die zweite Aufstellungsform. Z. B. kann eine Familienaufstellung im Rahmen der Zwölffelderaufstellung durchgeführt werden. Dabei wird der lösungsorientierte Rahmen der Zwölffelderaufstellung als Kraftquelle genutzt, um die Schwere und Heftigkeit einer Familienaufstellung auszugleichen, sodass die Klientin nicht wieder in ihr Problembewusstsein verfällt.

In den folgenden Abschnitten werden diese drei Formen an Beispielen erläutert.

VI.2 Das Interview auf der Zwölffeldertafel

Für KlientInnen, die mehr Aktivität in der Therapie wünschen, ist die Neun- bzw. Zwölffeldertafel als Alternative zur Gesprächsform des Interviews eine günstige Möglichkeit. Für manche KlientInnen ist es auch schwierig, im Gespräch Lösungen zu entdecken bzw. Lösungen zu erfahren. Dieser Prozess kann durch eine Aufstellung erleichtert werden. Die Zwölffeldertafel gibt der Klientin zusätzlich die Möglichkeit, sich auf das Feld *Zukunft/Grenze* zu stellen und zu erfahren, wie sich ein zukünftiger Zustand anfühlt, ohne ihn benennen zu können. Die Felder der Zwölffeldertafel wirken als nichtpersonale Repräsentanten für die Bereiche der jeweiligen Schnittpunkte der Koordinatenachsen. Auf diese Weise können auf den einzelnen Feldern entsprechende Erfahrungen unmittelbar gewonnen werden. Dies bedeutet, dass für *Besucher* die Zwölffelderaufstellung zusätzlich eine Möglichkeit bietet, Ideen für Ziele zu entwickeln, indem sie „zukünftige" Erfahrungen vermittelt bekommen.

Im folgenden Experiment können Sie die Zwölffelderaufstellung an einem eigenen Problem erproben.

VI.2.1 Experiment 7

1. Überlegen Sie sich ein Anliegen, an dem Sie jetzt gerne arbeiten möchten.
2. Gehen Sie im Raum herum, und spüren Sie nach, welchen Platz Sie für sich im Moment als stimmig erleben.
3. Bleiben Sie an dieser Stelle stehen, und
4. prüfen Sie, wo Sie die Zukunft empfinden und wo die Vergangenheit.
5. Markieren Sie sich ihren Standort mit einem Bodenanker (z. B. einem Schuhpaar), das dann Ihren Fokus repräsentiert. Ihr Standort liegt im Feld *Gegenwart/Grenze*.
6. Markieren Sie sich mit Schnüren oder Maßbändern, von Ihrem Standort ausgehend, die übrigen elf Felder, sodass auf dem Boden eine Zwölffeldertafel entsteht.
7. Treten Sie an die Stelle Ihres Fokus, und stellen Sie sich folgende Fragen:
   - Was ist Ihr Ziel?
   - Wenn Sie Ihr Ziel erreicht haben, was ist dann statt Ihres Problems da?
   - Woran erkennen Sie, dass Sie einen ersten Schritt auf Ihr Ziel zugegangen sind?
8. Wählen Sie einen weiteren Bodenanker (z. B. ein Schuhpaar, Kissen oder Plättchen) für Ihr Ziel, und gehen Sie mit ihm im Raum herum, bis Sie intuitiv einen Ort für ihn finden, der sich für Sie stimmig anfühlt.
9. Legen Sie das Symbol für Ihr Ziel auf den Boden.
10. Gehen Sie nun an die Stelle Ihres Fokus.
11. Beantworten Sie folgende Fragen, und befolgen Sie die Handlungsanweisungen:
    - Was hat sich für Sie geändert, seit Sie Ihr Ziel sehen?
    - Können Sie Kontakt aufnehmen zu Ihrem Ziel?
    - Gehen Sie einen kleinen Schritt auf Ihr Ziel zu, und beobachten Sie, was dies für Sie für einen Unterschied macht.
    - Wenn dies zu viel war, können Sie auch wieder einen Schritt zurückgehen.

- Wenn dies für sie angenehm war, so können Sie noch einen kleinen Schritt vorwärts machen.
- Welchen Unterschied macht dieser Schritt für Sie?

12. Legen Sie den Bodenanker zurück an die Stelle des Fokus.
13. Gehen Sie nun an die Stelle Ihres Ziels.
    - Wie ändern sich Ihre Empfindungen an dieser Stelle?
    - Welchen Vorschlag möchten Sie an den Fokus aus der Position Ihres Ziels erteilen?
14. Markieren Sie die Stelle Ihres Ziels wieder mit dem Symbol, und
15. gehen Sie wieder an die Stelle des Fokus.
    - Was verändert sich für Sie, wenn Sie den Vorschlag Ihres Ziels hören?
16. Gehen Sie nun um die Zwölffeldertafel außen herum auf das Feld *fernere Zukunft/Grenze* und stellen sich auf diesem Weg die Wunderfrage:

    Angenommen, — nach dieser Aufstellung, — verrichten Sie an diesem Tag noch ihre Arbeit, — essen abends noch zusammen mit ihrer Familie oder Freunden, — und irgendwann werden Sie müde — und legen sich schlafen, — angenommen, — in dieser Nacht geschieht ein Wunder, — und Ihr Problem ist mit einem Schlag gelöst, — einfach so. — Woran würden Sie das am nächsten Morgen bemerken? — Was wäre dann anders?

    Nachdem Sie diese Fragen beantwortet haben, drehen Sie sich um und blicken in Richtung auf den Fokus.

    Würde jemand außer Ihnen das Wunder bemerken?

17. Wenn eine Person auftaucht, dann treten Sie in das entsprechende Feld, vermutlich *externer Kontext/fernere Zukunft,* und markieren die Stelle mit einem Bodenanker.
18. Treten Sie an die Stelle dieser Person, und spüren Sie nach, wie diese reagieren wird, wenn für Sie das Wunder eintritt. Sie können auch als Repräsentantin dieser Person zum Fokus etwas sagen.
19. Treten Sie danach wieder an die Stelle des Wunders, und überprüfen Sie, wie das an dieser Stelle auf Sie wirkt. Sie können auch einen Dialog mit dem Wunder führen, indem Sie abwechselnd an die Stelle des Wunders und die Stelle des Fokus treten. Dazwischen ist es wichtig, dass Sie sich entrollen und wieder eine Metaposition zum Geschehen einnehmen, bevor Sie in die nächste „Rolle“ schlüpfen.
20. Am Platz des Wunders können Sie sich noch folgende Fragen stellen:
    - Wer würde es woran bemerken?
    - Wie würden andere darauf reagieren?
    - Wie reagieren Sie auf die Reaktionen der anderen?,

    und dabei jeweils für auftauchende Personen Plätze in den Feldern des *äußeren Kontexts* suchen und anschließend die Fragen von deren Standpunkt aus beantworten. Sobald Sie den Platz wechseln, ist es wichtig, diesen mit einem Bodenanker zu belegen. Ihre Reaktionen (in der Zukunft, wenn das Wunder eingetreten ist) spüren Sie dann, wenn Sie an die Stelle des Wunders gehen.

21. Tauchen, wenn Sie sich in den zur Grenze gehörenden Feldern befinden, Gedanken, Emotionen oder körperliche Prozesse auf, so treten Sie in das Feld links daneben (interner *Kontext/Zukunft* oder *Gegenwart*) und belegen die entsprechenden Stellen mit Symbolen.
22. Auch hier können Sie in einen Dialog mit Ihren internen Anteilen treten, indem Sie jeweils die Stelle wechseln und wieder mit dem Bodenanker markieren.
    - Welchen Unterschied spüren Sie an der Stelle des Wunders im Vergleich zu dem, was Sie an der Stelle des Ziels gespürt haben?
    - Wenden Sie sich zu Ihrem Fokus um, was würden Sie ihm aus dieser Position sagen wollen?
23. Markieren Sie die Stelle des Wunders wieder mit dem Bodenanker, und gehen Sie zurück an die Stelle des Fokus.
    - Was hat sich inzwischen für Sie geändert?
    - Gehen Sie nochmals einen Schritt nach vorne, und überprüfen Sie, ob das jetzt leichter ist.
24. Gehen Sie langsam in die Vergangenheit zurück und stellen sich dabei die Frage:
    - Gab es in der Vergangenheit Situationen, die Teile des Wunders enthielten?
25. Bleiben Sie stehen, sobald Sie eine solche Situation erinnern. Wenn eine hilfreiche Person auftaucht, gehen Sie in das rechte Feld daneben, in den externen Kontext, und stellen sich an die Stelle der Person.
    - Was würde diese Person zu Ihnen sagen?
26. Markieren Sie den Platz für die fremde Person, und stellen Sie sich wieder an Ihre Stelle in der Vergangenheit.
    - Wie geht es Ihnen, wenn Sie die Worte der hilfreichen Person hören?
    - Was macht das für Sie für einen Unterschied?
27. Sie können der hilfreichen Person auch eine Frage stellen. Gehen Sie dann anschließend an deren Platz, und spüren Sie nach, was an Antwort kommt. Wechseln Sie den Platz wieder, und spüren Sie nach, was die Antwort bei Ihnen bewirkt. Bei jedem Platzwechsel markieren Sie den jeweiligen Ort anschließend wieder mit dem Bodenanker.
28. Sie können noch weiter in die Vergangenheit zurückgehen und spüren, was an hilfreichen Situationen auftaucht.
29. Wenn weitere Personen daran beteiligt sind, können Sie jeweils an deren Platz gehen, ihn mit einem Bodenanker belegen und nachspüren, was diese Person Ihnen sagen oder raten würde. Gehen Sie danach an Ihren Platz zurück, und überprüfen Sie die Wirkung der Worte.
30. Sollten Sie Situationen erinnern, in denen hilfreiche Gedanken oder Emotionen auftauchen, dann können Sie in das Feld links *daneben (interner Kontext/ Vergangenheit)* treten und den Platz für den Gedanken oder die Emotion mit einem Bodenanker belegen.

31. Stellen Sie sich an den Platz des Gedankens oder der Emotion, und sprechen Sie von diesem Ort aus zum Fokus. Wechseln Sie anschließend wieder den Platz, und überprüfen Sie, wie das Gesagte auf sie wirkt.
32. Sie können auch an den Gedanken oder die Emotion Fragen stellen und sich danach an deren Platz eine Antwort holen. Auf diese Weise können Sie mit Personen der Vergangenheit und hilfreichen Gedanken und Emotionen in einen Dialog treten. Im Gegensatz zu einem vorgestellten Dialog kommt hier die Möglichkeit hinzu, als Klientin über die repräsentierende Wahrnehmung Informationen zu erhalten, als ob Fremdpsychisches wahrgenommen werden könnte.
33. Gehen Sie zum Schluss wieder an die Stelle ihres Fokus.
    - Was hat sich für Sie mittlerweile geändert?
    - Welche neuen Perspektiven haben sich eröffnet?
    - Welche Dialoge waren für Sie hilfreich?
    - Was von den Ratschlägen möchten Sie umsetzen?
    - Wie könnten Sie das umsetzen?
    - Gibt es hilfreiche Personen für Ihr Ziel, die Sie aufsuchen könnten?
    - Welche hilfreichen Gedanken und Emotionen möchten Sie in Zukunft häufiger einladen?
34. Machen Sie sich Notizen zu den neu gewonnenen Ideen und Handlungsperspektiven, und versuchen Sie, diese in kleinen Schritten in Ihren Alltag zu integrieren. Hier gilt wieder: Lieber weniger als zu viel.

VI.2.2 Anwendung der Zwölffelderaufstellung im Organisationskontext

Ein weiteres Anwendungsfeld, für das sich die Arbeit mit Zwölffelderaufstellungen besonders bewährt hat, ist die Arbeit mit Organisationen und Institutionen. Im Folgenden gebe ich Beispiele für nützliche Fragen im Organisationskontext bezüglich der zwölf Felder.

Wenn wir für eine Gruppe eine Aufstellung durchführen, ist es erforderlich, dass aus dieser Gruppe zunächst jemand bestimmt wird, der oder die die Auswahl von Fokus und RepräsentantInnen stellvertretend für die Gruppe durchführt. Wir haben es also hier im Organisationskontext mit einem dreistufigen Verfahren zu tun:

- Das Team oder die Abteilung wählt für sich
- eine Stellvertreterin und diese
- den Fokus und die RepräsentantInnen der Systemteile.

Wir sprechen daher von **mehrstufigen Organisations-Strukturaufstellungen.** Bei der Auswahl der Gruppenstellvertreterin ist zu beachten, dass, falls die Geschlechterrolle für die Fragestellung eine

Rolle spielt, es sich als günstig erwiesen hat, in so einem Fall zwei StellvertreterInnen, eine Frau und einen Mann, von der Gruppe auswählen zu lassen, die dann gemeinsam die RepräsentantInnen auswählen. Wenn andere Faktoren eine Rolle spielen, ist es wichtig, von jeder Partei eine Stellvertreterin zu wählen, die dann die Auswahl der RepräsentantInnen wiederum gemeinsam tätigen.

Im Organisationskontext ist es besonders wichtig, darauf zu achten, dass, wenn im Team gearbeitet wird, jeder sein Gesicht wahren kann. Daher sind Organisations-Strukturaufstellungen besonders für diesen Bereich geeignet, da sie **verdeckte Arbeit** ermöglichen. Bei der Zwölffelderaufstellung können z. B. Fokus, Ziel und Wunder aufgestellt werden, ohne dass diese inhaltlich offen gelegt werden müssen. Die jeweilige Klientin kann die lösungsfokussierten Fragen still für sich beantworten, sodass sie weiß, was Ziel und Wunder für sie inhaltlich bedeuten.

Ist in einem Team die Personenzahl sehr gering, so kann anstatt mit Personen als RepräsentantInnen mit Symbolen gearbeitet werden. Diese können dann anstelle der RepräsentantInnen aufgestellt und auf den Boden gelegt werden. Wir sprechen dann von Bodenankern. Damit die Klientin, wenn sie an die Stelle der jeweiligen Bodenanker tritt und zu den anderen Bodenankern blickt, nicht ständig auf den Boden blicken muss, ist es hilfreich, wenn die Therapeutin eine kataleptische Hand über den jeweiligen Bodenanker hält und die Klientin zur Handinnenfläche der kataleptischen Hand blickt. Diese Form ist insbesondere auch für das Coaching geeignet, da dieses ja meistens mit nur einer Person erfolgt.

Die Zwölffelderaufstellung beginnt damit, dass die ausgewählte Stellvertreterin für alle Anwesenden und Dazugehörigen aus der Gruppe die RepräsentantInnen für die Systemteile auswählt und im Raum aufstellt. Wenn die Stellvertreterin der Gruppe den Fokus aufgestellt hat, wird sie gebeten, noch kurz hinter diesem stehen zu bleiben und in die Richtung zu deuten, in der für sie die Zukunft liegt und ab wo für sie die Zukunft beginnt. Danach wird dieser Bereich mit Seilen gekennzeichnet oder auf dem Boden aufgezeichnet. Anschließend wird die Stellvertreterin der Gruppe gebeten, die Richtung anzudeuten, in der die Vergangenheit liegt und wo sie für sie beginnt. Auch dieser Bereich wird anschließend markiert. Es ist auch möglich, die Zeitzonen nicht zu markieren und es bei den Hinweisen, wo die einzelnen Felder liegen, zu belassen. Die Felder sind in dem Moment „aufgestellt", d. h. beginnen zu wirken, in dem sie benannt werden.

Bezüglich der Zeitzonen kann auch der Fokus selbst befragt werden, wo diese für ihn liegen. Dies stimmt im Allgemeinen mit den Angaben der Stellvertreterin für die Gruppe überein. Die Bereiche *interner Kontext* und *externer Kontext* werden kurz von der Leiterin erläutert und neben der inzwischen markierten Spalte für die *Grenze* eingezeichnet. Auf diese Weise wird das Koordinatensystem der Neunfeldertafel aufgestellt. Dieses kann zur Zwölffeldertafel erweitert werden, indem der Fokus gebeten wird, so weit in die Zukunft zu gehen, bis er eine wesentliche Veränderung spürt. Hier wird dann die Grenze zur *fernen Zukunft* markiert.

Eine andere Möglichkeit besteht darin, dass die Leiterin zuerst die Zwölffeldertafel auf dem Boden markiert und anschließend die gewählte Stellvertreterin des Teams bzw. der Abteilung einen stimmigen Platz für den Fokus auf der Zwölffeldertafel finden lässt. Der Vorteil beim davor beschriebenen Vorgehen ist, dass die Festlegung des Koordinatensystems weniger fremdbestimmt ist und die Matrix als passender erlebt wird.

Die Stellung des Fokus auf der Zwölffeldertafel sagt etwas darüber aus, wie weit das Team (die Abteilung) bezüglich ihres Anliegens vom Ziel entfernt ist, ob überhaupt Blickkontakt vorhanden ist und ob Ziel und Fokus sich überhaupt wahrnehmen können. Steht der Fokus nicht im Bereich *Grenze*, so kann dies mithilfe des Koordinatensystems gedeutet werden. Steht der Fokus z. B.

- im *internen Kontext*, dann lebt er mehr in der Imagination;
- im Bereich der *Vergangenheit*, dann könnte ein vergangenes Ereignis einen Fortschritt behindern bzw. der Fokus auf die Vergangenheit ausgerichtet sein;
- im *externen Kontext*, dann könnte ein Mitglied des Teams (der Abteilung) einen Ausgeschlossenen repräsentieren.

Solche Hinweise können als Ideen für Rituale und Umstellungen verwendet werden, sollten jedoch nicht als Deutungen diagnostisch verwendet werden.

Meist stellt die ausgewählte Stellvertreterin des Teams (der Abteilung) den Fokus auf das mittlere Feld *Gegenwart/Grenze*. Hier können wir mit den folgenden Fragen beginnen:

„Was ist das gegenwärtige Anliegen des Teams?"
„Wie sieht die momentane Situation aus?"
„Was soll sich für Sie alle hier verändern?"
„Wenn Sie Ihr Ziel erreicht haben, was ist dann statt des Problems da?"
„Wie möchten Sie Ihr Ziel nennen?"

Jetzt kann die ausgewählte Teilnehmerin des Teams (der Abteilung) eine Repräsentantin für das Ziel wählen und aufstellen. Der Fokus kann gefragt werden:

„Wie ist der Kontakt zum Ziel?"
„Ist es für das Team jetzt schon möglich, einen Schritt weiter auf das Ziel zuzugehen?"

Bezüglich des *externen Kontextes* (drei Felder) kann die Stellvertreterin der Gruppe gefragt werden:

„Welche Kunden sind zufrieden?"
„Was macht sie zufrieden?"
„Wer sind vertrauenswürdige Partner oder Berater?"
„Welches Outsourcing bewährt sich im Moment?"
„Welche Form der Marktorientierung verspricht in dieser Lage Erfolg?"

Anschließend kann sie dann für die entsprechenden Kunden, Partner oder Berater und die Maßnahmen wieder RepräsentantInnen auswählen und aufstellen. Die RepräsentantInnen können dann jeweils gefragt werden, was für sie hilfreich wäre und was im Moment für sie gut ist. Der Fokus kann an die RepräsentantInnen, die im externen Kontext stehen, auch Fragen stellen, die sie dann beantworten können. Dies mag zwar erstaunlich klingen, doch geschieht das Beantworten der Fragen auf die gleiche Weise wie die Wahrnehmung der zum fremden System gehörigen Körperempfindungen. Dabei überlegen sich die RepräsentantInnen keine Antwort, sondern horchen darauf, welche Antwort sich in ihnen meldet bzw. welche Worte ihnen in den Sinn kommen. Dieser Prozess ist analog zur repräsentierenden Wahrnehmung.

Fragen an die Stellvertreterin der Gruppe bezüglich des *internen Kontextes* (drei Felder) wären:

„Welche Strukturen, Maßnahmen, Mitarbeiter bewähren sich zur Zeit im Betrieb besonders?"

„Was von dem, was zur Zeit in der Organisation stattfindet, ist nützlich für das angestrebte Anliegen?“

Wieder können die entsprechenden Personen und Maßnahmen aufgestellt werden und anschließend in einen Dialog mit dem Fokus treten.

Folgende spezifische Fragen können an die Stellvertreterin der Gruppe zum gesamten Bereich der *Vergangenheit* (drei Felder) gestellt werden:

„Wann lief der Betrieb gut?“
„Bei welchen Gelegenheiten war ein ähnliches Problem in der Organisation schon einmal erfolgreich bewältigt worden?,“

und folgende Fragen zum Feld *vergangener externer Kontext:*

„Welche Berater (Partner ...) waren hilfreich?“
„Zu welchen Zeiten waren die Kunden zufrieden?“
„Was hatte sie zufrieden gemacht?“
„Für was wurde die Organisation geschätzt?,“

und zum Feld *vergangener interner Kontext:*

„Welche Maßnahmen, Rituale, Umstrukturierungen innerhalb der Organisation „waren hilfreich?“
„Welche Firmenkultur hat sich bewährt?“

Wieder können die genannten Systemaspekte (Personen, Personengruppen, Einflüsse ...) durch Gruppenmitglieder repräsentiert, aufgestellt und vom Fokus befragt werden.

Werden die bisher aufgeführten Fragen nicht an die Stellvertreterin der Gruppe, sondern an den Fokus der Aufstellung gerichtet, dann ähnelt die Aufstellungsform dem lösungsgeometrischen Interview, bei dem das lösungsfokussierte Gespräch mit RepräsentantInnen statt mit den realen Gesprächspartnern geführt wird (ausführlicher IX).

Findet die **Zwölffelderaufstellung im Einzelcoaching** statt, so geht die Klientin selbst an die Stelle der einzelnen aufgestellten Symbole. An der Stelle des Fokus kann sie all die Fragen an die RepräsentantInnen (symbolisiert durch Bodenanker) im Bereich *interner* und *externer* Kontext stellen, an deren Beantwortung sie interessiert ist. Anschließend stellt sie sich an die Stelle der einzelnen Bodenanker und spürt nach, welche Antworten ihr spontan in den Sinn kommen. Dadurch, dass die Klientin an die verschiedenen Stellen der Bodenanker geht und dabei den Ort jedes Mal wechselt, kann sie die verschiedenen Perspektiven der anderen Systemteile selber erfahren. Dies macht einen Unterschied zum lösungsfokussierten Gespräch, bei dem der Perspektivenwechsel nur in der Vorstellung vonstatten geht. Man kann zwar das lösungsfokussierte Interview, insbesondere die Wunderfrage, als eine Aufstellung im Kopf bezeichnen, doch macht ein realer Ortswechsel in Bezug auf die Intensität der Erfahrung einen Unterschied.

Bezüglich des *ferneren zukünftigen Bereichs* (drei Felder) können folgende Fragen an die Stellvertreterin der Gruppe gestellt werden:

„Welche Visionen haben Sie?"
„Woran würden Sie merken, dass all Ihre Probleme gelöst sind?"

Das Business-Reengineering ist z. B. auch eine Methode, die in einem Schritt in diesen Bereich führt.

Fragen an die Stellvertreterin der Gruppe zum Feld *ferner zukünftiger externer Kontext* wären:

„Welche Kunden, Berater oder Partner werden hinzukommen, wenn das Problem gelöst ist?"
„Mit welcher neuen Marktausrichtung haben wir dann zu rechnen?"

Fragen an die Stellvertreterin der Gruppe zum *nahen* und *ferneren zukünftigen internen Kontext* (zwei Felder) könnten sein:

„Welche Veränderungen werden dann in der Organisation möglich sein?"
„Was erhöht die Einsatzbereitschaft der Mitarbeiter?"

Bei der Beantwortung der Fragen zu den Bereichen *nähere* und *fernere Zukunft/Grenze* kann der Fokus in diesen Bereich hineintreten und die Lösung direkt erfahren. Die erwähnten Personen und Einflüsse können wieder aufgestellt werden und in Dialog mit dem Fokus treten.

Beim Coaching wäre es zum Beispiel auch möglich, wenn die Klientin sich auf das Feld *fernere Zukunft/Grenze* stellt, dass sie aus dieser Perspektive sich selbst (markiert durch einen Bodenanker) im Feld *Gegenwart/Grenze* Vorschläge erteilt beziehungsweise etwas zu sich selbst in der Gegenwart sagt, das ihr auf dem Weg zum *Ziel* hilfreich sein könnte. Die Zwölffelderaufstellung ermöglicht es, die Lösungen selber zu erleben, indem die Klientin unter Anleitung der Beraterin auf die entsprechenden Felder tritt. Aus dieser Erfahrung heraus ist manchmal ein anderes Handeln möglich, als wenn der ganze Prozess nur im Gespräch verläuft. Aus meiner Sicht ist die Zwölffelderaufstellung ein sehr effektives Instrument des Coachings durch Anleitung zum Selbst-Coaching.

VI.3 Die Neun- und Zwölffeldertafel als Ressourcenfeld

Wenn die Neun- oder Zwölffeldertafel als Ressourcenfeld verwendet wird, wird sie zunächst auf dem Boden markiert (oder die Klientin spürt nach, wo sie ihren Platz empfindet und bis wohin für sie die *Gegenwart* reicht, wann für sie die *nahe* und die *ferne Zukunft* beginnt und wo für sie die *Vergangenheit* liegt). Danach stellt die Klientin ihr Ziel auf und stellt sich anschließend in das Feld *Gegenwart/Grenze.*

Von hier aus kann sie über alle Felder ihren Blick schweifen lassen und prüfen, ob auf irgendeinem der Felder etwas für sie auftaucht. Ist das der Fall, kann die Therapeutin eine kataleptische Hand an die Stelle halten, an der jemand oder etwas auftaucht. Die Klientin kann prüfen, ob sie weiß, um wen oder was es sich hier handelt, und sagen, was sich jetzt ändert, wenn sie in die in Augenhöhe gehaltene Handfläche der kataleptischen Hand blickt. Anschließend kann sie auch an die mit der kataleptischen Hand markierte Stelle treten und von hier aus spüren, welche unterstützenden Worte zum Fokus gesprochen werden können. Danach kann sie an der Stelle des Fokus die Wirkung der Worte selbst überprüfen. Sobald die Klientin ihren Platz wechselt, sollte an die frei werdende Stelle ein Bodenanker gelegt werden.

Dieser Prozess kann so lange fortgesetzt werden, bis keine weiteren Ressourcen mehr auftauchen. Die Klientin überprüft dabei, auf welchen Feldern weitere Ressourcen auftauchen, und tritt mit diesen in einen Dialog. Auf diese Weise ist für sie eine vielperspektivische Eigenerfahrung möglich. Zwischendurch kann die Klientin prüfen, ob sie einen Schritt auf ihr Ziel zugehen kann.

Diese Art der Zwölffelderaufstellung kann auch mit einer Integrationsübung von Virginia Satir verbunden werden. Zum Schluss der Aufstellung kann jede einzelne Ressource zur Klientin sagen:

„Ich bin deine Fähigkeit …“ oder
„Ich unterstütze dich durch (mit) …“,

und der Klientin über die Augen etwas geben, gewissermaßen „Energie“ schicken. Dieses Schlussbild kann die Klientin dann in sich aufnehmen.

Im folgenden Beispiel wird eine Neunfelderaufstellung verwendet, da das Ziel der Klientin klar umrissen ist. Die Neunfelderaufstellung wird in diesem Fallbeispiel verwendet, um Ressourcen wieder zu entdecken.

VI.3.1 Fallbeispiel 1: Umwandlung einer traumatischen Situation

Frau L. kam mit dem Anliegen, selbstsicherer zu werden, in eine meiner Selbsterfahrungsgruppen. Es folgt das Vorinterview mit anschließender Aufstellung. („Therapeutin“ wird mit „Th.“ und „Klientin“ mit „Kl.“ abgekürzt.)

Th.: Was ist im Moment Ihr Anliegen?
Kl.: Ich fühle mich oft so unsicher, dass ich Sachen nicht mache, die ich mir eigentlich zutrauen könnte. Ich behindere mich oft selbst dadurch; — auch im Beruf halte ich mich viel zu sehr zurück.
Th.: Wenn Sie nicht mehr unsicher sind, wie sind Sie dann stattdessen?
Kl.: Ich würde die Dinge tun, die ich tun möchte.
Th.: Und das wäre z. B.?
Kl.: Ich wollte mich eigentlich immer schon selbstständig machen in Richtung Organisationsberatung, aber ich habe diesen Schritt nie gewagt. Und die Arbeit an meiner Stelle ist für mich auf Dauer zu anspruchslos, sie ödet mich oft an.
Th.: Wenn sie sicherer sind, was würden Sie dann als Erstes tun, um sich selbstständig zu machen?
Kl.: — Ich würde Beratungen und Kurse anbieten und mehr werben.
Th.: Wie würden Sie das machen?
Kl.: Ich kenne von meiner Ausbildung Leute, mit denen ich zusammenarbeiten könnte und über die ich Beziehungen aufbauen könnte. Ich müsste nur den Mut haben.
Th.: Wenn Sie selbstsicherer handeln, woran würden das andere wahrnehmen?
Kl.: Ich würde mehr mit ihnen reden, — ich würde auch mal meine Meinung sagen, — und ich würde mich mehr an Unternehmungen beteiligen.
Th.: Wie würden andere darauf reagieren, wenn Sie sich plötzlich so anders verhalten?

Kl.: — Sie wären erstaunt, — die meisten würden sich freuen, — es gäb natürlich schon auch den einen oder anderen, der mir das nicht gönnen würde.
Th.: Wie würden Sie dann mit diesem einen oder anderen umgehen, wenn Sie selbstsicherer sind?
Kl.: — Ich würde meine Sachen trotzdem durchziehen.
Th.: Wie würden die dann darauf reagieren?
Kl.: Manche wären ärgerlich, — und manche hätten auch mehr Respekt vor mir.
Th.: Wie würden Sie mit dem Ärger der anderen umgehen, wenn Sie sicherer sind?
Kl.: — Ich würde ganz bei mir bleiben, — und ich würde ruhig bleiben und ganz normal mit ihnen sprechen; ich wäre dann nicht mehr ganz außer mir und nervös.
Th.: Sondern?
Kl.: Ich wäre gelassen; ja, das ist es, ich könnte gelassen bleiben.
Th.: Gäbe es noch irgendetwas anderes, was sich dann noch verändern würde?
Kl.: Ja, ich würde mehr ausgehen und mich mit Freunden treffen; ich habe mich sonst oft sehr zurückgezogen.
Th.: Wie würden Ihre Freunde darauf reagieren?
Kl.: Die würden sagen: Na endlich!
Th.: Gibt es jemanden in Ihrer Familie, der nicht erfolgreich sein durfte aufgrund von irgendwelchen Umständen?
Kl.: — Nicht, dass ich wüsste.
Th.: Oder gibt es jemanden, der ausgeschlossenen wurde? Sie kennen ja jetzt schon diese Frage.
Kl. (lacht): — Eine Cousine von mir hatte einen Unfall, aber sonst fällt mir nichts ein.
Th.: Dann können wir jetzt zu einer Aufstellung übergehen. — Wählen Sie aus der Gruppe jemanden für sich und für Ihr Ziel, wie möchten Sie es nennen?
Kl.: „Selbstsicherheit".
Th.: Und stellen Sie zunächst nur Ihren Fokus auf!
Th. zu Fokus: In welcher Richtung ist für Sie die Zukunft? Und wo die Vergangenheit? Und bis wohin reicht für Sie die Gegenwart?

Der Fokus zeigt vor und hinter sich und gibt die Grenzen des Feldes *Gegenwart/Grenze* an. Die Therapeutin markiert anschließend das Koordinatensystem der Neunfelderaufstellung.

Th.: Hier rechts befindet sich alles, was es an äußeren Einflüssen gibt (zeigt auf die drei Felder des externen Kontextes), — hier links ist der innere Bereich, Ihre Gedanken, Emotionen, körperlichen Reaktionen usw.

Der Fokus nickt. Die Klientin hat sich inzwischen wieder an ihren Platz gesetzt.

Th.: Stellen Sie jetzt als Nächstes Ihr *Ziel*, die Selbstsicherheit, auf.

Die Klientin stellt die zuvor gewählte Repräsentantin auf. Wir erhalten folgendes erstes Bild:

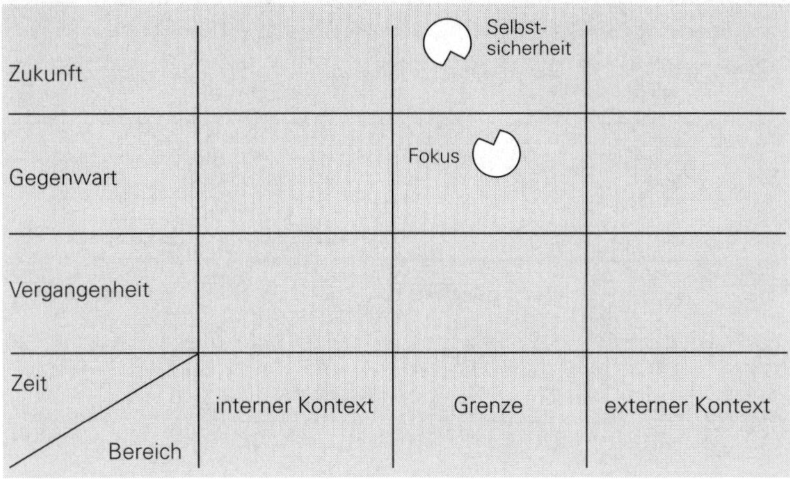

Abb. 21

Als Erstes werden die beiden RepräsentantInnen nach Ihrem Befinden gefragt.

Fokus: Ich sehe mein *Ziel*, habe aber etwas Angst.
Ziel: Ich stehe hier ganz fest, aber ich spüre wenig Kontakt zum Fokus.
Th.: Ist das Bild für Sie stimmig?
Kl.: Ja, völlig.
Th. zu Fokus: Drehe dich einmal im Kreis herum, und schaue, ob in irgendeinem der Felder eine Ressource für dich auftaucht.

Der Fokus dreht sich langsam im Kreis.

Fokus: Ja, dort (weist auf das Feld *Vergangenheit/externer Kontext*).

Die Therapeutin hält über das Feld eine kataleptische Hand und fragt den Fokus, wo genau er die Ressource wahrnimmt. Der Fokus deutet mit „Hier" die entsprechende Stelle an.

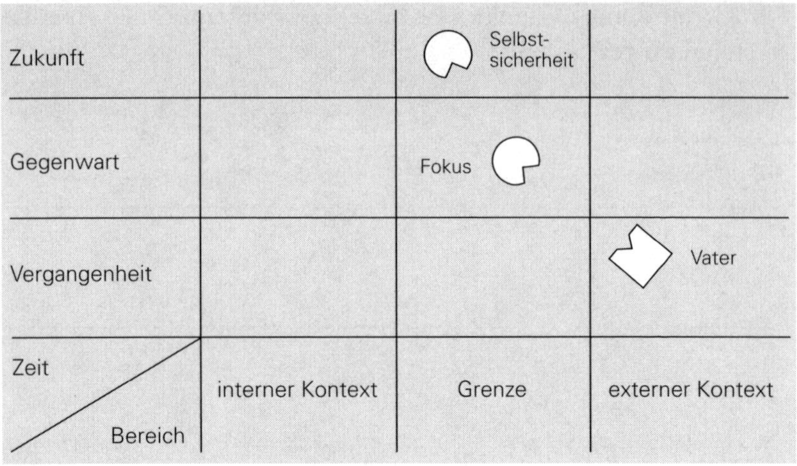

Abb. 22

Fokus (überrascht): Das ist mein Vater. Den habe ich noch nie als Ressource wahrgenommen.

Die Klientin nickt. Die Therapeutin lässt die Klientin einen Repräsentanten für ihren Vater wählen und an die Stelle im Feld *Vergangenheit/externer Kontext* stellen.

Th.: Wie nimmst du jetzt deinen *Vater* wahr?
Fokus: Als Unterstützung.
Th.: Blick dich noch einmal um, wo entdeckst du die nächste Ressource?
Fokus: Dort (weist auf das Feld *Vergangenheit/interner Kontext*).

Die Therapeutin hält wieder über die entsprechende Stelle eine kataleptische Hand.

Fokus: Es tut mir gut, macht mir aber auch Angst, da hinzusehen.
Th. zu Kl.: Wählen Sie aus der Gruppe jemanden aus für „das, was für den Fokus auftaucht".

Die Klientin wählt dafür eine Repräsentantin und stellt sie auf.

Th. zu Fokus: Was verändert sich für Sie?
Fokus (weinerlich mit kindlicher Stimme): Mir wird ganz komisch.
Th. zu Fokus: Nenne eine Zahl.
Fokus: Fünf.

Hier ist der Fokus zu einer **evolutionären Repräsentantin** geworden. Er repräsentierte zunächst die erwachsene Klientin und jetzt kurzfristig die fünfjährige Klientin. Bei evolutionären Repräsentanten sind mehrere Zustände gleichzeitig angelegt, in diesem Beispiel: der erwachsene und der fünfjährige Zustand der Klientin. Evolutionäre Repräsentanten gehören aufgrund ihrer Möglichkeit, verschiedene Altersstufen gleichzeitig zu repräsentieren, zur allgemeineren Form der **ambigen Repräsentanten** (siehe auch III.1.2.3.4). Evolutionäre Repräsentanten helfen, einen Zugang zu traumatischen Situationen zu finden.

Th. zu Kl.: Was geschah, als Sie fünf Jahre alt waren?
Kl.: — Wir waren bei Bekannten von meinen Eltern zu Besuch, und ich warf eine Vase um, und der ganze Tisch wurde nass. Der Mann geriet ganz außer sich vor Zorn und schlug mich, meine Eltern nahmen mich nicht in Schutz. Das war ein großer Schock für mich.
Th. zu Kl.: Wähle noch jemanden aus der Gruppe als Repräsentantin für diese Situation aus.

Die Klientin wählt einen Repräsentanten und stellt ihn auf. Wir erhalten folgendes Bild:

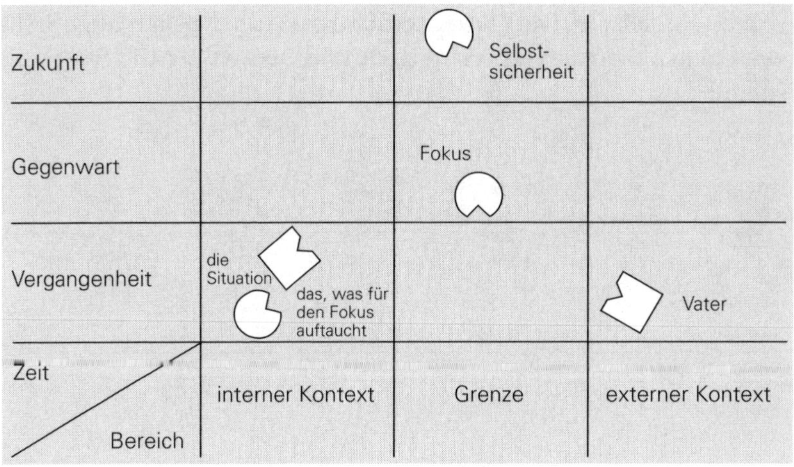

Abb. 23

Th.: Wie geht es jetzt dem Fokus?
Fokus (weint): Mir zittern die Knie, ich habe schreckliche Angst.
Th.: Wie geht es der *Situation*?
Situation: Ich bin hier ganz mächtig.

Th. zur Situation: Gehe langsam nach links bis hinter den Stuhlkreis (der beobachtenden Gruppenmitglieder), und entrolle dich, und setze dich dann.

Die *Situation* folgt den Anweisungen der Therapeutin. Der Fokus und *„das, was für den Fokus auftaucht"* atmen auf.

Th.: Was hat sich für den Fokus verändert?
Fokus: Eine Last fällt von mir ab.
Th.: Situationen gehen vorbei, und wir müssen sie auch vorbeigehen lassen, wir dürfen sie nicht halten. *„Das, was für den Fokus auftaucht"* bist du im Alter von fünf? Geh jetzt zu ihr, und tröste sie, wie man ein Kind tröstet. Wen außer dir hat sie heute schon.

Hier erfolgt eine Umbenennung von *„das, was für den Fokus auftaucht"* in die *Fünfjährige*. Anschließend wird die **Alter-Ego Methode** angewendet: Der Fokus wird aufgefordert, sein Alter Ego, die *Fünfjährige,* zu trösten. Diese Technik erweist sich dann als sinnvoll, wenn vermutet wird, dass die erwachsene Person zu einem ihrer eigenen früheren Zustände schwer in Kontakt treten kann aufgrund von traumatischen Erfahrungen. Mit dieser Methode wird dieser Kontakt wiederhergestellt (siehe auch V.1.3).

Der Fokus geht zu der *Fünfjährigen* und umarmt die Repräsentantin, die sich an ihn schmiegt. Beide weinen noch eine Weile, dann richten sie sich auf. Die Therapeutin führt sie an die ehemalige Stelle des Fokus. Die Klientin weint auch und beobachtet die Szene gespannt.

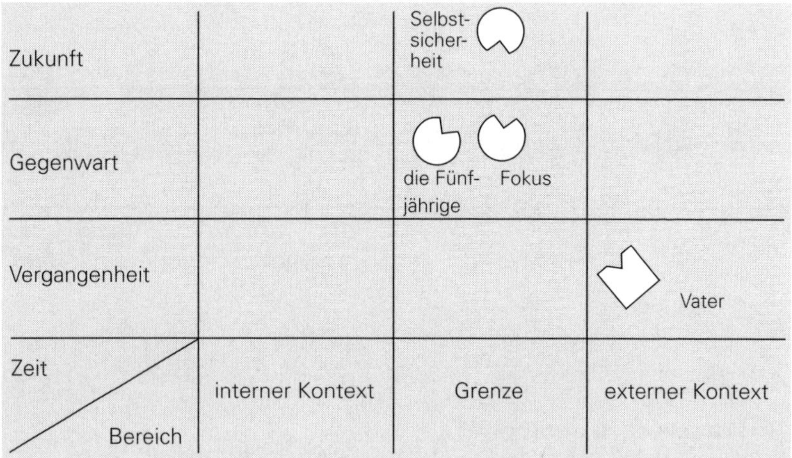

Abb. 24

Th.: Wie geht es dem Fokus jetzt?
Fokus: Jetzt kann ich mein *Ziel* viel klarer sehen und fühle mich von ihm angezogen. Ich könnte auch einen Schritt drauf zugehen.
Th.: Dann tu das zusammen mit der *Fünfjährigen.*

Der Fokus geht langsam drei Schritte mit der *Fünfjährigen* auf das *Ziel* zu.

Fokus: So weit ist es gut im Moment. — Ich spüre auch die Unterstützung von meinem Vater.
Th.: Und wie geht es mittlerweile dem *Ziel*?
Ziel: Ich habe Kontakt bekommen zu dem Fokus. Dass der Fokus die *Fünfjährige* so nah bei sich hat, ist gut. Ich würde dem Fokus so gerne noch mehr geben.
Th. zu Kl.: Jetzt können Sie mit ihrer Repräsentantin den Platz tauschen und an ihre Stelle treten.

Die Klientin wechselt den Platz mit ihrer Repräsentantin.

Th.: Blicken Sie hinter sich, und nehmen Sie Ihren *Vater* als Stütze wahr. — Sehen Sie nun zu Ihrem *Ziel*. Das *Ziel* kann Blickkontakt aufnehmen und über die Augen geben. (Zur Klientin) Und Sie können über die Augen nehmen, so viel, wie gut ist.

Die Klientin folgt der Aufforderung.

Th.: Fassen Sie jetzt die *Fünfjährige* bei der Hand, und gehen Sie gemeinsam mit ihr einen Schritt nach vorne. Wie geht es Ihnen jetzt?
Kl.: Ich kann es kaum glauben; ich bekomme so viel Kraft von meinem *Ziel* und möchte noch näher zu ihm.
Th.: Dann tun Sie das.

Die Klientin geht zusammen mit der *Fünfjährigen* auf ihr *Ziel* zu. Die *Selbstsicherheit* breitet ihre Arme aus, *Ziel* und Klientin fassen sich schließlich bei den Händen. Die Klientin ist tief gerührt.

Th.: Nehmen Sie dieses Bild in sich auf, und lassen sie es dort weiterwirken. Sie können immer wieder an diesen Ort zurückkehren.

Die Klientin schrieb mir später eine Urlaubskarte, auf der sie mitteilte, dass sich in ihrem Leben ganz viel geändert habe und sie inzwischen die ersten Schritte in die Selbstständigkeit gewagt habe. Die Aufstellung habe ihr großes Zutrauen zu sich gegeben.

Da **Situationen als Ereignisse** vergänglich sind, dürfen sie sich aus dem Aufstellungsbild entfernen als Zeichen dafür, dass sie vorbei sind und nicht mehr zum gegenwärtigen System dazugehören. Im Unterschied zu Systemelementen, wie es z. B. Familienmitglieder, Ressourcen, Ziele ... sind, sind Situationen keine Systemelemente, sondern äußere Einflüsse auf ein System. In unserem Beispiel kann die Fünfjährige nach dem „Entlassen" der *Situation* wieder ganz die *Fünfjährige* sein, ohne ständig an die Situation erinnert zu werden. Wenn der Fokus die *Fünfjährige* in den Arm nimmt, integriert er für sich diesen Aspekt selbst. Indem wir äußere Einflüsse und Ereignisse wie Systemmitglieder behandeln, eignen wir sie uns an und können uns danach dann schwer von ihnen lösen. Wir haften an ihnen und bleiben unter ihrem Einfluss. Eine Aufstellung ist ein gutes Mittel, derartig irrtümlich zu Systemmitgliedern gewordene Situationen zu verabschieden.

VI.3.2 Experiment 8

Überlegen Sie sich ein Anliegen, für das es nützlich sein könnte, einige weitere Ressourcen zu entdecken. Markieren Sie sich eine Neunfeldertafel auf dem Boden, wählen Sie ein Symbol als Repräsentantin für sich und eines für Ihr Ziel, und stellen Sie diese beiden Symbole auf der Neunfeldertafel auf. Blicken Sie nun über die am Boden markierten Felder, und prüfen Sie, auf welchem Feld vielleicht als Erstes eine Ressource auftauchen könnte. Markieren Sie die Ressource mit einem Bodenanker, und treten Sie in Dialog mit ihr. Sie können dabei den Platz mit der Ressource wechseln. Danach prüfen Sie, ob weitere Ressourcen auftauchen, und fahren mit diesem Prozess fort.

In solchen Experimenten mit sich selbst besteht häufig die Schwierigkeit, verwickelt und von den einzelnen „Rollen" zu sehr eingenommen zu werden. In einer therapeutischen Situation hat man für solche Fälle immer die Therapeutin als Außenstehende als Hilfe. Während des Experiments ist es daher wichtig, dass Sie selbst immer wieder eine Metaposition einnehmen, indem sie sich nach der Einnahme einer Position wieder gründlich entrollen und das Bild von außen betrachten. Machen Sie das Experiment, so weit Sie kommen. Auch ein kleiner Schritt nach vorne ist ein Schritt nach vorne. Schon ein Aufstellungsfragment kann entscheidende Impulse geben.

Eine Aufstellung wird zur Metaaufstellung, wenn sie als Rahmen für eine andere Aufstellung dient. Hierfür sind natürlich nicht alle Aufstellungsarten geeignet, sondern nur solche, deren Struktur allgemeiner ist und Ergänzungen zulässt. Einen solchen Rahmen können z. B. die Glaubenspolaritätenaufstellung, die Neun- und Zwölffelderaufstellung sowie die Zielannäherungsaufstellung und die Tetralemmaaufstellung liefern.

Bei der *Tetralemmaaufstellung* (vgl. auch III.1.1.2.3.1) gibt es die Möglichkeit, z. B. bei den einzelnen Positionen einen Strukturebenenwechsel in eine Familienaufstellung zu vollziehen, den Rahmen des Tetralemmas aber durchgängig beizubehalten, sodass die Familienaufstellung innerhalb der Struktur des Tetralemmas erfolgt. Der Vorteil einer solchen Vorgehensweise ist, dass, wenn die Klientin z. B. ein Entscheidungsproblem hat, dieses direkt aufgestellt werden kann und Familienthemen, so sie relevant dafür sind, auftauchen können. Es muss dabei das Anliegen der Klientin nicht als ein Familienproblem deklariert und umformuliert werden, sondern die Therapeutin kann mit dem Anliegen auf der Strukturebene arbeiten, auf der es geäußert wird. Bei einer Metaaufstellung werden, wenn ein Familienthema innerhalb der Aufstellung auftaucht, die entsprechenden Personen aufgestellt und die Familienthemen innerhalb der Metaaufstellung behandelt, wobei die Metaaufstellung als Rahmen Schutz für die Familienaufstellung geben kann. Die Positionen des Tetralemmas können in manchen Fällen als *Orte* wie Kraftquellen wirken, deren Anwesenheit die Heftigkeit einer Familienaufstellung mildern kann. Der Rahmen des Dilemmas der Tetralemmaaufstellung determiniert, welcher Teil, z. B. einer Familienaufstellung, für die Fragestellung relevant ist. Dieser kann dann bearbeitet werden, und anschließend kann am Entscheidungsproblem in der Metaaufstellung weitergearbeitet werden.

Die *Glaubenspolaritätenaufstellung* ist auch sehr geeignet zur Verwendung als Metaaufstellung. Bei der Glaubenspolaritätenaufstellung werden *Erkenntnis* (Wissen, Klarheit), *Liebe* (Vertrauen, Mitgefühl) und *Ordnung* (Pflicht, Handlung) als *Orte* in der Anordnung eines Dreiecks aufgestellt, die *Weisheit* als freies Element und der Fokus als Repräsentantin für die Klientin. Hier kann im Rahmen dieser Kraftquellen z. B. eine Familien-, Organisations- oder eine politische Aufstellung durchgeführt werden. In all diesen Fällen wird die Aufstellung in der Aufstellung durch den Kraftrahmen gestärkt, und besonders heftige Themen werden auf ein erträgliches Maß abgemildert.

Die *Neun-, Zwölffelderaufstellung* sowie die *Zielannäherungsaufstellung* geben durch ihren lösungsfokussierten Rahmen – nämlich die Aufstellung von *Ziel* und *Wunder* – einen Kontext, in dem es leichter wird, bei Auflösung von Verstrickungen wieder eine Richtung zu finden. Da auch das aufgestellt wird, was bei Lösung der Schwierigkeiten statt des Leidens, der Verstrickung bzw. des Traumas usw. danach vorhanden ist, nämlich das *Ziel* und das *Wunder*, fällt die Klientin nicht so leicht in ein „Loch", wenn eine Belastung sich auflöst und statt ihrer noch nichts Neues in Sicht ist. Das Verschwinden einer Belastung erleichtert zwar, aber weist noch nicht in eine neue Richtung. *Ziel* und *Wunder* jedoch stehen für das, was nach der Auflösung der Verstrickung da sein wird. Die Klientin hat somit eine neue Ausrichtung und kann zu handeln beginnen. Zu klären, um was es geht, wenn das Leiden vorbei ist, ist daher eine so wichtige Aufgabe des Vorinterviews.

Als Beispiel einer Zwölffelderaufstellung als Metaaufstellung folgt jetzt der zweite Teil zu dem Vorinterview aus V.2.

VI.4.1 Fallbeispiel 2: Kombination einer Neunfelderaufstellung mit einer Familienaufstellung: Wenn Loyalität zu den Eltern den beruflichen Aufstieg erschwert (Teil 2)

Frau S. war zu mir in die Therapie gekommen, um wieder auf ihre bevorstehende Fachabiturprüfung lernen zu können, bei der sie einmal durchfiel und einmal erkrankte. Im Vorinterview stellte sich heraus, dass ihre Mutter gerne Lehrerin geworden wäre, aber nicht studieren konnte, weil sie mit der Klientin schwanger wurde. In diesem Kapitel folgt jetzt die Aufstellung nach dem Vorinterview. („Therapeutin" wird im Folgenden mit „Th." und „Klientin" mit „Kl." abgekürzt. Die Bezeichnungen der RepräsentantInnen werden wieder kursiv gedruckt.)

Th.: Ich schlage Ihnen vor, dass wir jetzt eine Aufstellung zu Ihrem Thema machen. Dies bedeutet, dass Sie sich im Raum zunächst ein Symbol für sich wählen und dieses dann im Raum an eine Stelle legen, die sich für Sie stimmig anfühlt. Ebenso wählen Sie dann für Ihre Prüfung und „das, was danach dran ist" Symbole aus, und ordnen Sie sie im Raum so an, wie Sie das Gefühl haben, dass sie zueinander stehen. Wir haben dann hier ein räumliches Bild für Ihr inneres Bild zu Ihrer Prüfungssituation. Beginnen Sie damit, ein Symbol für sich selbst auszuwählen.

Die Klientin nickt und wählt ein Kissen aus.

Th.: Nehmen Sie das Kissen in Ihre Hände, und gehen Sie damit im Raum umher, bis Sie das Gefühl haben, dies sei der richtige Platz, und legen Sie dort das Kissen auf den Boden.

Die Klientin geht im Raum herum und legt das Kissen auf den Boden.

Th.: In welche Richtung blicken Sie an dieser Stelle?

Die Klientin weist in eine Richtung.

Th.: Treten Sie nun an die Stelle des Kissens und spüren Sie nach, in welcher Richtung für Sie die Zukunft liegt und wo die Vergangenheit.

Die Klientin deutet die Richtung der *Zukunft* vor sich und die der *Vergangenheit* hinter sich an. Die Therapeutin markiert auf dem Boden die Neunfeldertafel.

Th.: Ab welcher Stelle beginnt für Sie die *fernere Zukunft* nach der Prüfung?

Die Klientin zeigt auf eine Stelle, die dann ebenfalls von der Therapeutin markiert wird. Die Therapeutin erläutert anschließend nochmals das Schema:

Th.: Hier ist für Sie die Gegenwart, — hier die Vergangenheit — und hier die nähere und fernere Zukunft. — Stellen Sie sich vor, dass rechts von Ihnen all das ist, was Sie außerhalb von sich erleben: Personen, Situationen, Ereignisse usw., — hier in der Gegenwart, — hier in der Vergangenheit — und hier in der Zukunft. — Stellen Sie sich vor, dass links von Ihnen alles ist, was sich innerhalb von Ihnen befindet, wie Ihre Gedanken, Ihre Emotionen, Ihre körperlichen Prozesse und Ihre Empfindungen, Vorstellungen usw., — hier in der Gegenwart, — dort in der Vergangenheit — und dort in der Zukunft.

Die Klientin nickt zustimmend.

Th.: Suchen Sie sich jetzt ein weiteres Kissen für Ihr Ziel, und legen Sie dieses wieder an einen Platz, der sich für Sie stimmig anfühlt — und geben Sie die Richtung an, in die das *Ziel* blickt.

Die Klientin folgt dieser Anweisung. Auf die gleiche Weise lässt die Therapeutin die Klientin ihre Prüfung, ihr Studium und ihre Goldschmiedekunst aufstellen. Wir erhalten auf diese Weise folgendes Bild:

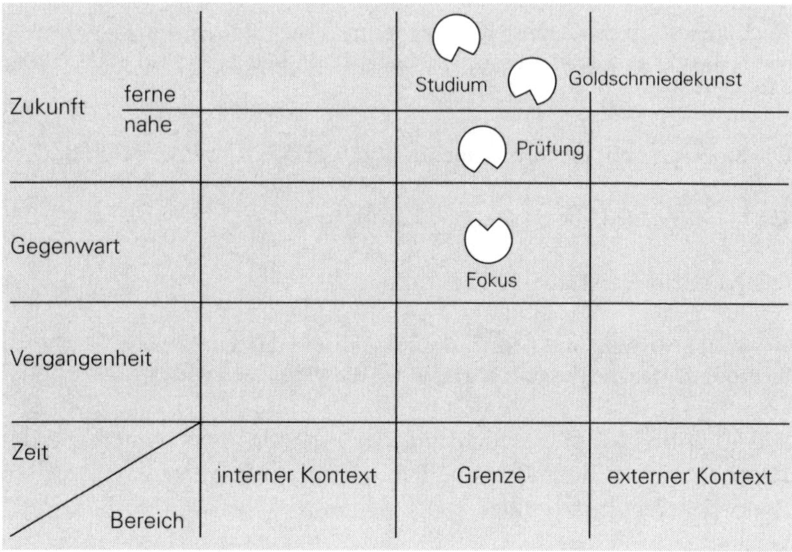

Abb. 25

Th.: Stellen Sie sich jetzt an Ihre eigene Stelle, und spüren Sie nach, wie es Ihnen dort geht. Nennen Sie Ihre Körperempfindungen.
Kl.: Ich spür ein Zittern in den Knien, die *Prüfung* macht mir Angst, bedrängt mich, ich mag gar nicht hinsehen. Das *Studium* und die *Goldschmiedekunst* kann ich nicht sehen.

Ich beschließe, versuchsweise die These zu verwenden, dass ein Teil der Angst durch die Nähe zur Prüfung ausgelöst wird und ein anderer Teil dadurch, dass die Klientin nicht sieht, was danach kommt. Daher stelle ich zunächst *Prüfung, Studium* und *Goldschmiedekunst* um. Wir erhalten so das zweite Bild:

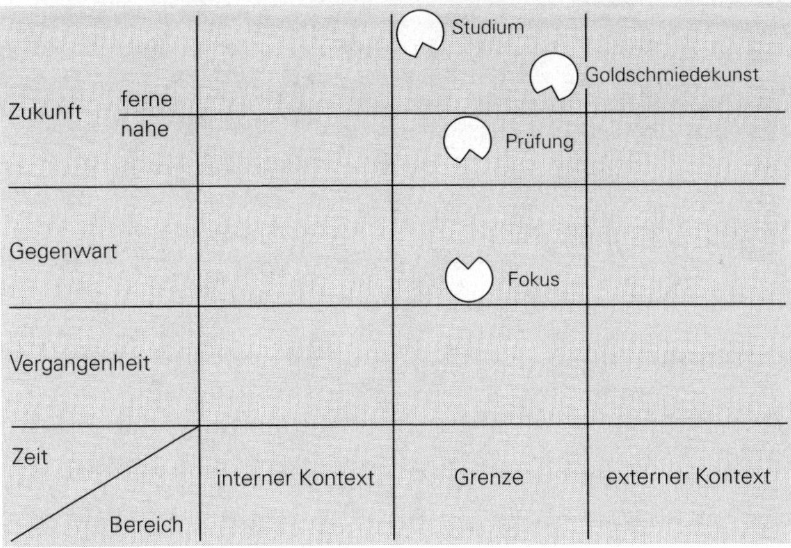

Abb. 26

Th.: Was verändert sich für Sie?
Kl.: Es tut gut, *Studium* und *Goldschmiedekunst* zu sehen, das gibt mehr Sinn, und von hier aus kann ich die *Prüfung* besser sehen.
Th.: Wählen Sie ein Symbol für Ihre Mutter aus, und gehen Sie damit nochmals im Raum umher, und prüfen Sie nach, was Sie als richtigen Platz für Ihre *Mutter* empfinden, und zeigen Sie die Blickrichtung an.

Die Klientin geht im Raum herum und legt schließlich das Symbol an eine Stelle, sodass wir nun das dritte Bild erhalten (siehe Abb. 27):

Th.: Gehen Sie wieder an Ihre Stelle, und prüfen Sie nach, was sich inzwischen geändert hat.
Kl.: Ich spüre, dass jemand hinter mir ist, — irgendwie wie Druck.

Als Nächstes wird die Klientin so gestellt, dass sie Blickkontakt mit ihrer *Mutter* hat (siehe Abb. 28).

Th.: Was hat sich nun für Sie geändert?
Kl.: Ich kann jetzt meine *Mutter* sehen. Es tut gut, sie zu sehen.
Th.: Sagen Sie zu Ihrer *Mutter:* „Liebe Mutter, auch wenn es dir versagt blieb, einen Beruf zu erlernen, ich mache jetzt diesen Schritt."

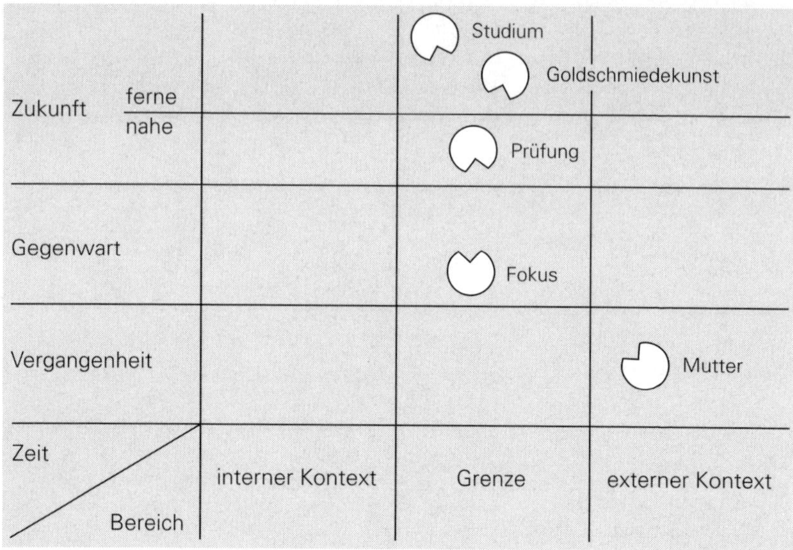

Abb. 27

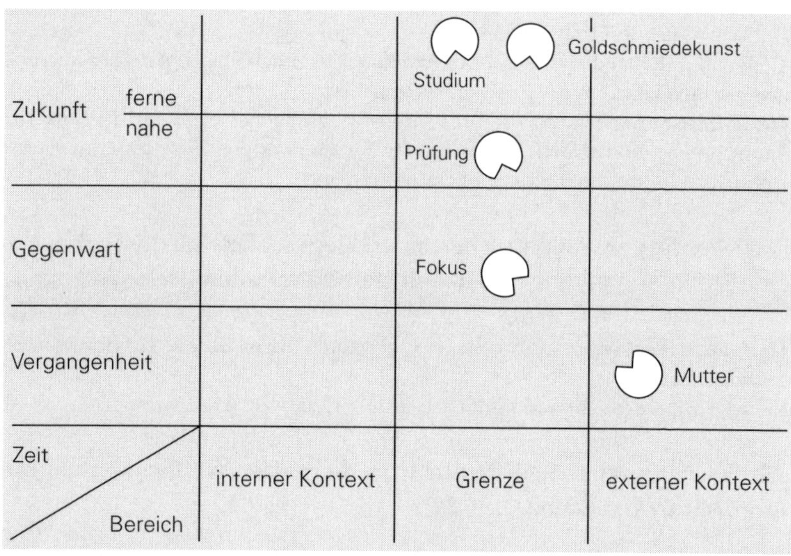

Abb. 28

Die Therapeutin hält in Augenhöhe der *Mutter* eine kataleptische Hand. Der Klientin kommen die Tränen, es fällt ihr schwer, diesen Satz zu wiederholen.

Th.: „Liebe Mutter, du sollst dich mit mir dran freuen können, wenn ich jetzt diesen Schritt mache."

Die Klientin wiederholt unter Tränen diesen Satz.

Kl.: Jetzt wird es leichter. Aber ich fürchte, das ist zu viel für meine Mutter.
Th.: Treten Sie an die Stelle Ihrer *Mutter,* und spüren Sie nach, wie es sich für sie wirklich anfühlt.

Die Klientin wechselt den Platz, und die Therapeutin hält jetzt die andere kataleptische Hand in Augenhöhe der Klientin.

Kl.: Von hier aus ist es gut, ich kann auch sehen, wie die beruflichen Ziele vor ihr liegen.
Th.: Sagen Sie zu Ihrer *Tochter:* „Es freut mich sehr, wenn du machst, wozu ich nicht mehr kam. Du hast meinen Segen dafür."

Die Klientin wiederholt diesen Satz.

Th.: Wechseln Sie jetzt wieder den Platz, und stellen sich an Ihre eigene Stelle. Wie geht es Ihnen jetzt?
Kl.: Viel besser; jetzt kann ich glauben, dass meine Mutter sich freut. Ich konnte es mir vorher nicht vorstellen.

Die Therapeutin dreht die Klientin wieder zu ihrem *Ziel*, der *Prüfung*, um und stellt ihr die *Mutter* etwas näher und ein Symbol für ihren Vater rechts neben die *Mutter*.

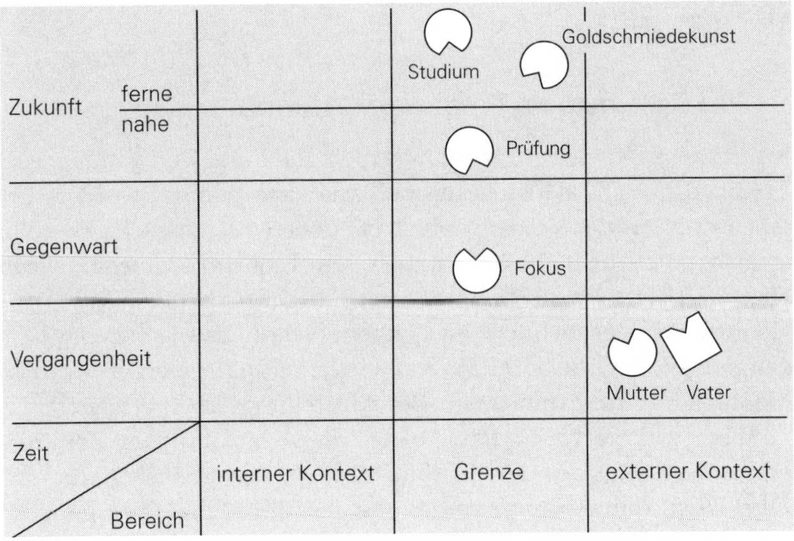

Abb. 29

Th.: Blicken Sie noch einmal nach hinten. Sehen Sie, wie Ihre *Mutter* und Ihr *Vater* Sie unterstützen?

Die Therapeutin hält in Augenhöhe der Eltern zwei kataleptische Hände. Die Klientin nickt.

Th.: Sehen Sie jetzt wieder zu Ihrer *Prüfung*. Was hat sich geändert?
Kl.: Die *Prüfung* ist nicht mehr bedrohlich. Auf das *Studium* kann ich mich freuen, die *Goldschmiedekunst* sieht auch anziehend aus. Jetzt habe ich wieder Hoffnung, dass ich die Prüfung schaffen kann. Von hinten fühle ich mich sehr gestärkt.

Wenn die Klientin hier über *Prüfung* und *Studium* spricht, blickt sie die jeweiligen RepräsentantInnen an, ihr Unbewusstes wird jedoch ihre Sätze auf die reale Prüfung und das reale Studium beziehen. Dadurch wird ein erwünschter hypnotherapeutischer Effekt induziert. Der ständige Wechsel zwischen RepräsentantInnen und Repräsentiertem wirkt hypnotisch so, als ob immer nur vom Repräsentierten die Rede wäre.

Th.: Nehmen Sie das Bild jetzt so in sich auf, und lassen Sie sich überraschen, was sich verändert; — und folgen Sie den Impulsen, die so entstehen.

Die Klientin schaffte ihre Prüfung und entschied sich danach für das Studium.

VI.5 Die Nutzung von Gewesenem für Werdendes

Im Mittelpunkt der Aufstellungsarbeit steht die Vermittlung von Erfahrungen. Die Aufstellungsmethode kann genutzt werden, Erfahrungen aus der Vergangenheit, bei denen das jetzige Ziel bereits erreicht war – also die Ausnahmen vom Problem –, wieder in das Hier und Jetzt zu holen und erneut zugänglich zu machen. Im lösungsfokussierten Interview können solche „Lösungen in der Vergangenheit" (vgl. auch II.1.6) zwar wiedergefunden werden, doch ist die Intensität der Erfahrung in der Aufstellungsarbeit größer.

Eine weitere Möglichkeit bietet die Arbeit mit der Zeitlinie. Wenn der Fokus auf der Zeitlinie in die Vergangenheit zurückgeführt wird, können längst vergessene „Lösungen in der Vergangenheit" auftauchen, an die sich die Klientin in einem Gespräch nicht erinnerte. Die Kombination von lösungsfokussiertem Interview und

Systemischen Strukturaufstellungen erweitert hier die Möglichkeiten, Lösungen in der Vergangenheit aufzuspüren. Die folgende Neunfelderaufstellung ist ein Beispiel dafür.

VI.5.1 Fallbeispiel 3: Angst vor anstehenden Veränderungen in der Zukunft

Die folgende Aufstellung fand im Kontext eines Fortbildungsseminars statt. („Therapeutin" wird wieder mit „Th." und „Seminarteilnehmerin" mit „S." abgekürzt. Die Bezeichnungen für die RepräsentantInnen sind wieder kursiv gedruckt.)

Th.: Was ist im Moment dein Anliegen?
S.: Ich habe Schwierigkeiten, auf etwas, was ich erreichen möchte, wirklich zuzugehen. Meist mache ich dann nur halbherzige Anläufe, oder es verläuft alles nach kurzer Zeit wieder im Sand. Sobald ich dem Ziel näher komme, bekomme ich Angst.
Th.: Welches Ziel strebst du im Moment an?
S.: Ich möchte mich beruflich selbstständig machen.
Th.: Was heißt das für dich konkret?
S.: Ich muss die Sicherheit meiner jetzigen Stelle aufgeben bzw. kann dann dort nur noch Teilzeit arbeiten. Und ich muss eigene Kunden akquirieren. Ich weiß, dass mir die selbstständige Tätigkeit viel mehr Spaß machen wird und ich auch viel eigenständiger arbeiten kann, was mir liegt, aber trotzdem ist dies für mich zunächst ein Sprung ins kalte Wasser.
Th.: Gab es Zeiten, in denen du bereits auf deine Ziele zugehen konntest?
S.: Ja, aber das ist lange her.
Th.: Was war damals anders? — Oder: Wie hast du das damals gemacht?
S.: Ich glaube, da war ich einfach naiver. Wie ich das gemacht habe, weiß ich nicht mehr.
Th.: Ich schlage vor, dass wir eine Neunfelderaufstellung machen. Dafür suchst du dir hier aus der Gruppe erst einmal jemanden als Repräsentantin für dich aus und stellst sie hier im Raum auf.

Die Seminarteilnehmerin folgt der Aufforderung der Therapeutin und stellt ihre Repräsentantin auf.

Th.: Bleibe jetzt hinter deiner Repräsentantin stehen, berühre sie an den Schultern, und spüre nach, wo für dich die Zukunft ist.

Die Teilnehmerin weist in die Blickrichtung ihrer Repräsentantin.

Th.: Spüre jetzt nach, wo für dich die Vergangenheit liegt.

Die Teilnehmerin zeigt in die entgegengesetzte Richtung.

Th.: Vor dir liegt jetzt der Bereich der *Zukunft* und hinter dir der Bereich der *Vergangenheit*. Du kannst dir eine Zeitlinie vorstellen, auf der deine Repräsentantin in der *Gegenwart* steht. Stelle dir nun vor, dass rechts von dir auf einem Streifen parallel zur Zeitlinie alles liegt, was außerhalb von dir ist, z. B. andere Personen oder Bereiche, wie etwa Arbeit oder ein anderes Land. Links von dir ist alles, was sich innerhalb von dir befindet, z. B. deine Empfindungen, Gedanken, inneren Dialoge, Glaubenssätze, Körperreaktionen usw.

Die Teilnehmerin nickt.

Th.: Wähle jetzt noch aus der Gruppe jemanden für dein jetziges Ziel aus, und stelle es auch auf.

Die Teilnehmerin wählt eine Repräsentantin für ihr Ziel und stellt dieses auf. Wir erhalten folgendes Bild:

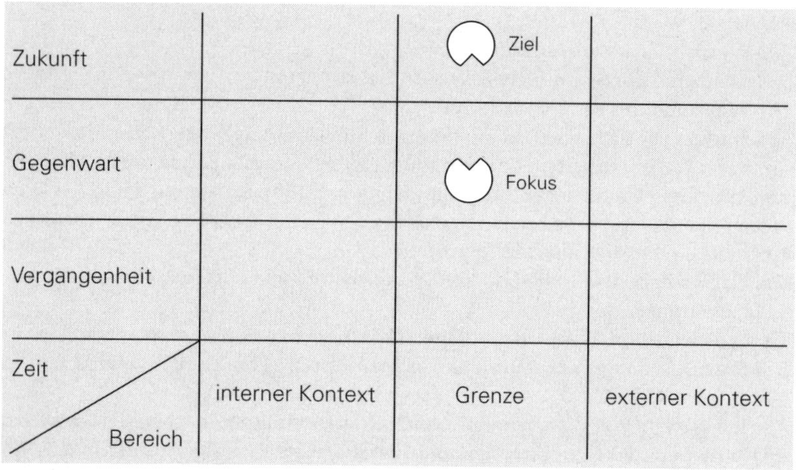

Abb. 30

Th. zum Fokus: Wie geht es dir?
Fokus: Ich sehe das *Ziel*, aber ich fühle mich nicht im Gleichgewicht.
Th.: Mache einen Schritt auf das *Ziel* zu. Was verändert sich für dich?
Fokus: Ich werde unsicher und spüre Angst. Ich weiß nicht, was danach kommt.
Th. zu S.: Passt das für dich?
S.: Ja, genau. Ich weiß nicht, was sich alles ändern wird, wenn ich dieses *Ziel* erreicht habe, und das macht mir Angst.
Th.: Angenommen, du hättest dieses *Ziel* bereits erreicht, woran würdest du das merken?
S.: Ich hätte das Gefühl: Endlich kann ich ganz alleine Entscheidungen treffen. Ich hätte dann genügend Kunden.

Th.: Und wenn einmal weniger Kunden da wären, dein Problem aber bereits gelöst ist, was würdest du dann machen?
S.: Ich würde wohl Anzeigen aufgeben, Prospekte verschicken, und dann müsste ich wohl abwarten, — und davor habe ich Angst, dass dann nicht genügend Kunden kommen.
Th.: Und wenn nun dein Problem gelöst ist, wie würdest du dann damit umgehen?
S.: Ich weiß nicht.
Th.: Nickt und schweigt.
S. schüttelt den Kopf: Da fällt mir nichts ein, — keine Ahnung.
Th.: Nickt und schweigt.
S.: schüttelt weiterhin ihren Kopf.
Th.: Stell noch das auf, was danach deine neue Aufgabe ist.

Die Seminarteilnehmerin wählt aus der Gruppe eine weitere Repräsentantin aus und stellt sie auf. Wir erhalten jetzt folgendes Bild:

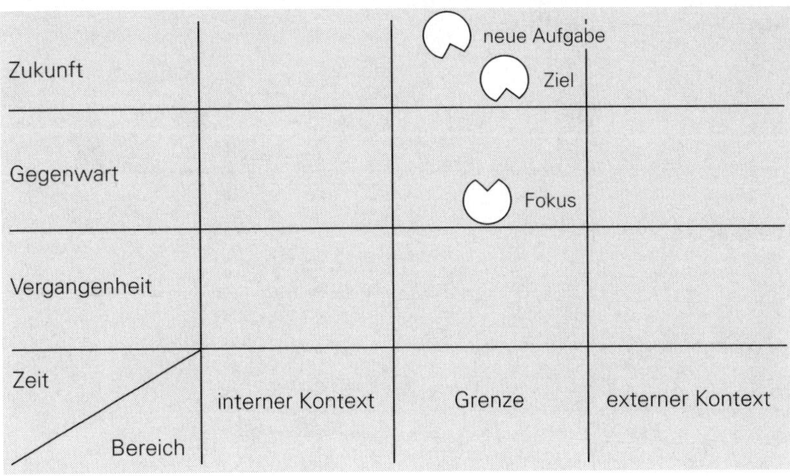

Abb. 31

Th.: Was ändert sich für den Fokus?
Fokus: Es tut gut, wenn hinter dem *Ziel* noch etwas auftaucht, aber die *neue Aufgabe* macht mir auch Angst.
Th.: Geh, noch einen Schritt auf dein *Ziel* zu. Was verändert sich?
Fokus: Die Angst wird stärker.
Th.: Wie geht es der *neuen Aufgabe?*
Aufgabe: Ich sehe den Fokus nur neblig.
Th. zu Fokus: Geh einige Schritte zurück in die *Vergangenheit,* und bleibe dort stehen, wo du bei der Situation angelangt bist, in der du auf die Zukunft zugehen konntest, auch wenn du nicht genau wusstest, wie sie aussah.

Der Fokus geht mit geschlossenen Augen langsam Schritt für Schritt zurück und bleibt dann stehen.

Fokus: Von hier aus kann ich leicht zum *Ziel* sehen und auf es zugehen.
Th.: Was ist an dieser Stelle anders als an der Stelle zuvor?
Fokus: Ich mache mir weniger Gedanken und sehe nur das *Ziel*, so als ob es für mich nichts anderes gibt.
Th. zu S.: Erinnerst du dich an diesen Zustand?
S.: Mir fällt gerade ein, dass ich früher zu mir sagte, „das Ziel ist die Lösung". Später habe ich Erfahrungen gemacht, wo das ganz anders war. Ich sah, dass, wenn ich das Ziel erreicht habe, das noch nicht die letzte Lösung ist, sondern neue Probleme auftauchen können. Früher dachte ich, wenn ich das erreiche, dann ist alles in Ordnung. Jetzt weiß ich, dass Lösungen meist sehr begrenzt sind.
Th.: Stell jetzt noch einen Repräsentanten für den Satz „Das Ziel ist die Lösung" auf.

Die Seminarteilnehmerin folgt dieser Aufforderung, und wir erhalten folgendes dritte Bild:

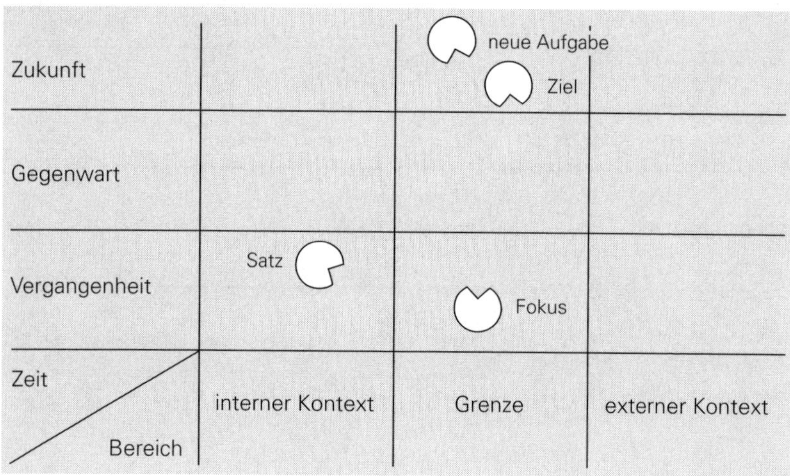

Abb. 32

Th.: Was ändert sich für den Fokus?
Fokus: Ich nehme den *Satz* kaum wahr.
Th.: Sage zu dem *Satz* „Du hast mir viel Kraft gegeben. Mit dir habe ich Schritte auf mein Ziel machen können."

Der Fokus blickt zum *Satz* und wiederholt diesen Satz.

Th. zum Fokus: Was hat sich jetzt für dich geändert?
Fokus: Ich habe mehr Kraft und kann jetzt besser zum *Ziel* sehen.
Th.: Geh einen Schritt auf das *Ziel* zu.
Fokus: Das geht jetzt viel leichter, und ich kann auch zur *neuen Aufgabe* sehen. — Die Angst ist weg.
Th. zu S.: Du kannst jetzt an die Stelle deiner Repräsentantin treten, und deine Repräsentantin kann sich setzen. Sieh alle an, und spüre nach, wie weit du auf dein *Ziel* zugehen kannst.

Repräsentantin und S. tauschen ihren Platz. S. geht ganz langsam auf ihr *Ziel* zu.

Th.: Der *Satz* kann sich jetzt auch umdrehen und gemeinsam mit dem Fokus auf das *Ziel* sehen. (Zu S.) Du kannst dich immer wieder zu deinem *Satz* umblicken und dich danach deinem *Ziel* zuwenden. — Wie geht es dir jetzt?
S.: Mir wurde ganz wohlig warm, als ich so auf mein *Ziel* zuging. Hier ist jetzt ein guter Platz für mich. Ich sehe klar mein *Ziel* als Ausrichtung, und die *neue Aufgabe* dahinter gibt mir Kraft. Den *Satz* spüre ich wohltuend im Rücken, aber die *neue Aufgabe* wird jetzt wichtiger für mich.
Th.: Nimm nun dieses Bild auf, und führe deine beiden Hände zum Herzen als Zeichen dafür, dass das Bild bei dir angekommen ist. Alles Weitere kann dann in der Außenwelt geschehen.

Der Teilnehmerin fiel es nach der Aufstellung leichter, neue Ideen anzugehen und Aufgaben umzusetzen.

VII. Die Zielannäherungsaufstellung

Die Zielannäherungsaufstellung ist eine verkürzte Version der Neunfelderaufstellung. Sie kann zu einer Neunfelderaufstellung ergänzt werden. Sie stellt gegenüber der Neunfelderaufstellung eine Komplexitätsreduktion dar und ist häufig für die Klientin leichter nachvollziehbar.

VII.1 Teile der Zielannäherungsaufstellung

Zur Zielannäherungsaufstellung gehören folgende Teile:

- der Fokus (Repräsentantin),
- eine Zeitlinie (nichtpersonaler Ort),
- das Ziel (Repräsentantin),
- das Wunder (Repräsentantin),
- den Kontext des Wunders, z. B. die Ausgeschlossenen (RepräsentantInnen).

Die ersten drei Teile gehören zu jeder Zielannäherungsaufstellung. Da jede Aufstellung aus einer bestimmten Perspektive gemacht wird, nämlich der Perspektive des Aufstellenden, ist es wichtig, außer den spezifischen Teilen für eine Aufstellungsart auch den Fokus als Repräsentantin der Klientin dazuzustellen.

Eine Aufstellung zeigt also nicht eine Wirklichkeit an sich auf, sondern immer eine Wirklichkeit aus der Perspektive einer sie betrachtenden Person. Damit sagt eine Aufstellung etwas über die Sicht des Aufstellenden aus, aber nicht etwas über eine gemeinsame Wirklichkeit. Natürlich kann die Sicht des Aufstellenden sich mit den Perspektiven der in der Aufstellung vorkommenden Personen decken, sie muss es aber nicht zwangsläufig.

VII.1.1 Perspektiven der Aufstellung

Aufstellungen sind hinsichtlich ihrer Deutungsebenen und in ihrer Symbolik nicht objektiv, sondern werden aus der Perspektive des Aufstellenden unter dem Gesichtspunkt seines Anliegens durchgeführt. Wir haben es hier zunächst einmal zu tun mit der Perspektive

1. des Aufstellenden hinsichtlich seines Anliegens.

Weitere interne Perspektiven, die zur Geltung kommen, sind

2. die der Protagonistin (d. h. Repräsentantin des Fokus),
3. die der RepräsentantInnen,
4. die der anwesenden Systemmitglieder,
5. die der anwesenden teilnehmenden Beobachter und
6. die der anwesenden wissenschaftlich interessierten Beobachter,
7. die der anwesenden ablehnenden Beobachter.

Die Protagonistin nimmt eine besondere Stellung ein, da im Lösungsbild der Aufstellung sich für ihre Konflikte Lösungen zeigen müssen, während es für die übrigen RepräsentantInnen ausreichend sein kann, Hinweise zu geben, welche Prozesse noch durchgeführt werden müssten. Die Reaktionen der anderen RepräsentantInnen müssen zwar berücksichtigt, aber sie können auch mit dem Vermerk „Dies ist jetzt für … relevant, jedoch nicht für den jetzigen Kontext" zurückgestellt werden. Die Wünsche der Protagonistin werden daher etwas mehr berücksichtigt als die Wünsche der übrigen RepräsentantInnen.

Die anwesenden Systemmitglieder spielen insofern eine Rolle, als die Klientin infolge der zu erwartenden Konsequenzen vor z. B. den Familienmitgliedern nicht ganz so frei ist, als wenn sie alleine wäre. Auch die teilnehmenden und insbesondere die ablehnenden Beobachter haben insofern einen Einfluss auf die Aufstellung, als die Klientin in ihrer Gegenwart vielleicht manches zu Intime zurückhält und auch die Therapeutin mit dem, was sie sagt, auf das Schutzbedürfnis der Klientin Rücksicht nehmen sollte.

Außer diesen internen müssen auch noch weitere, externe Einflüsse auf die Aufstellung mit berücksichtigt werden:

8. nicht anwesende Familienmitglieder,
9. nicht anwesende ablehnende Dritte,

10. nicht anwesende kritische Dritte,
11. nicht anwesende Auftraggeber,
12. nicht anwesende und intendierte Adressaten von Berichten.

Bei Aufstellungen spielen nicht nur die anwesenden Beobachter eine Rolle, sondern auch abwesende Personen, denen über die Aufstellung etwas erzählt wird, die das veränderte Verhalten der Klientin wahrnehmen können oder die Berichte über die Aufstellung lesen. Bei all diesen Personengruppen ist es möglich, dass ihre Reaktionen auf die Wirkungen der Aufstellung auf die Klientin zurückwirken. Werden diese letzten fünf Perspektiven nicht berücksichtigt, dann kann durch die Reaktionen nicht Anwesender die Klientin nach der Aufstellung beeinträchtigt werden, und die positive Auswirkung der Aufstellung ist gefährdet.

Werden z. B. die Reaktionen nicht anwesender Auftraggeber, wie z. B. Ärzte oder Eltern, nicht berücksichtigt, so kann die Klientin durch deren möglicherweise ablehnende Reaktionen frustriert werden und die Wirkung der Aufstellung in den Hintergrund treten. Werden dagegen diese möglicherweise negativen Reaktionen berücksichtigt, so kann die Klientin sich auf sie gewissermaßen vorher vorbereiten.

Auch nicht anwesende, intendierte Adressaten, wie Kollegen und Kinder der Klientin, die unmittelbar die veränderte Haltung oder die veränderten Reaktionsweisen der Klientin mitbekommen, könnten verwundert, ablehnend oder erfreut reagieren. Hier ist es auch wichtig, dass die Klientin sich überlegt, wem sie von der Aufstellung erzählt. Dazu kritisch eingestellten Menschen sollte sie anschließend nicht davon erzählen, damit nicht durch eine Diskussion für und wider Aufstellungen die Klientin den Bezug zu ihrer eigenen Erfahrung verliert.

VII.1.2 Festlegung der Zeitlinie

Die Zeitlinie kann, ähnlich wie bei der Neunfelderaufstellung, auf verschiedene Weisen festgelegt werden, indem

- die Therapeutin eine Zeitlinie vorgibt und auf dem Boden markiert,
- die Klientin nachspürt, welcher Platz im Raum für sie der stimmige ist, und dann wahrnimmt, wo für sie Zukunft und wo Vergangenheit ist,

– die Klientin ihre Repräsentantin, den Fokus, aufstellt und dieser angibt, wo für ihn Zukunft und wo Vergangenheit ist.

Im ersten Fall fungiert die vorgegebene Zeitlinie als ein Raster, auf dem die Plätze der danach aufgestellten RepräsentantInnen entsprechend interpretiert werden können und nach dem sich ihre unbewussten (und bewussten) Reaktionen mit ausrichten. Im zweiten Fall erfahren wir etwas über die Topographie der repräsentierten Zeitstruktur der Klientin. Im dritten Fall wird anstelle der Klientin deren Fokus nach der Zeitlinie befragt. Bei Testung zeigt sich, dass die Aussagen der Klientin und ihres Fokus zur Zeitlinie fast immer identisch sind.

Die Bereiche „Gegenwart", „Zukunft" und „Vergangenheit" werden auf der Zeitlinie markiert und von der Klientin bzw. dem Fokus getrennt abgefragt. Wir sprechen dann von einer **dreifachen Kodierung der Zeitlinie**.

VII.1.3 Aufstellung von Ziel und Wunder

Bevor das Ziel aufgestellt wird, ist es wichtig, genau zu klären, was statt des Problems da ist. Das Ziel sollte positiv formuliert, in kleine Schritte unterteilbar und realistisch sein. Wichtig ist auch, zu beachten, dass es um das Ziel der Klientin geht und nicht um das des Überweisers oder das von Familienangehörigen (vgl. auch II.1.5.1).

Eine Repräsentantin für das Wunder kann dazugestellt werden, insbesondere dann, wenn das Ziel zu kurzfristig ist. Das Wunder gibt dann eine längerfristige Perspektive.

Wenn das Wunder aufgestellt wird, kann es sein, dass es zunächst sehr schwach ist. Dies ist insbesondere dann der Fall, wenn der Kontext des Wunders sehr belastend ist, etwa eine wiedererlangte Gesundheit und damit verbundene Energie und Aktivität in der Arbeit auf Konkurrenz und Neid stößt. In so einem Fall erweist es sich als hilfreich, das Wunder in „Wunder" und „Kontext des Wunders" zu splitten. Auf diese Weise kommt die Kraft des Wunders im „Wunder" wieder voll zur Geltung.

VII.1.4 Ergänzung der Aufstellung durch Ausgeschlossene

Zum Kontext des Wunders gehören alle Personen, die auf die Veränderung der Klientin reagieren und solche, die zum vergangenen Kontext gehören, wie etwa Ausgeschlossene. Von der ersten Gruppe sollten auf jeden Fall alle die aufgestellt werden, die negativ reagieren.

Manchmal wird die Dynamik des Problems deutlich, wenn Ausgeschlossene dazugestellt werden. Wir können dann wahrnehmen, welche Auswirkung diese auf das Ziel haben. Haben sie keine Auswirkung auf das Ziel, so kann das zunächst als Hinweis genommen werden, dass sie hier für das Anliegen der Aufstellung eventuell keine Rolle mehr spielen oder sie auf andere Weise bereits integriert worden sind. Die Überprüfung, ob die Ergänzung von Ausgeschlossenen Einfluss auf das Ziel hat, zeigt der Klientin, dass hier nicht nach einer Theorie vorgegangen wird, sondern dass die Hypothesenprüfung im Vordergrund steht. Die Aufstellung korrigiert unsere Irrtümer auf verschiedene Weise und erschließt neue Hypothesenmöglichkeiten.

Werden viele Ausgeschlossene aufgestellt, so findet quasi eine Familienaufstellung innerhalb der Zielannäherungsaufstellung statt. Wir haben es hier allerdings mit einer in ihrer Grammatik veränderten Familienaufstellung zu tun, denn diese „Familienaufstellung" enthält eine Zeitlinie. Wir sprechen hier daher von einer **Familien-Strukturaufstellung,** um den Unterschied zur klassischen Familienaufstellung zu verdeutlichen.

Findet innerhalb einer Zielannäherungsaufstellung eine Familien-Strukturaufstellung statt, so sprechen wir von einer Zielannäherungsaufstellung als **Metaaufstellung** für die Familien-Strukturaufstellung. Der Unterschied zur klassischen Familienaufstellung ist, dass wir hier zusätzlich mindestens eine Zeitlinie und ein Ziel aufgestellt haben. Dadurch wird die neue Ausrichtung betont und durch das Ziel bereits angedeutet.

Das Ziel muss hierbei nicht immer konkret genannt werden. Darin zeigt sich ein Vorteil gegenüber dem lösungsfokussierten Interview. Wir können eine Annäherung an ein Ziel in der Aufstellung auch dann durchführen, wenn die Klientin ihr Ziel nicht beschreiben kann. Für Klientin-Therapeutin-Interaktionen vom Typus Besucherin wäre diese Form einer Zielannäherungsaufstellung also eine Möglichkeit, eine neue Ausrichtung oder ein Ziel kennen zu lernen. Die Zeitlinie hilft dann, dem Anliegen der Klientin, ihrem Ziel näher zu kommen, in der Aufstellung konkret nachzugehen.

Im Folgenden werden anhand von verschiedenen Fallbeispielen unterschiedliche Aspekte der Zielannäherungsaufstellung aufgezeigt.

Dieser Fall stammt aus einem Fortbildungsseminar. Er liefert uns ein instruktives Beispiel dafür, was die Qualität des Wunders in der Zielannäherungsaufstellung ist. Das Wunder hat in dieser Aufstellung die Funktion der Ausrichtung des Fokus über die engeren Ziele hinaus. Die Teilnehmerin hatte Schwierigkeiten, auf die Wunderfrage konkret zu antworten. Ich schlug daher vor, eine Aufstellung zunächst mit den beiden Teilen Fokus und Wunder zu machen. Die Teilnehmerin wählte aus der Gruppe zwei RepräsentantInnen für Fokus und Wunder aus und stellte sie auf.

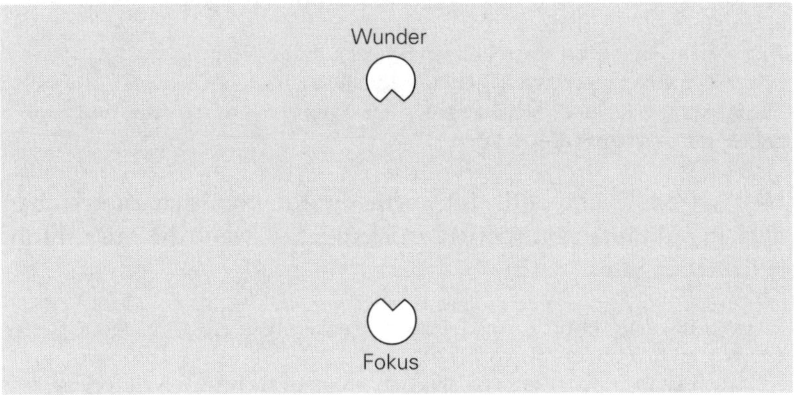

Abb. 33

Th.: Wie geht es dem Fokus?
Fokus: Ich muss immer zu Boden schauen. Ich kann das *Wunder* nicht wahrnehmen.
Th.: Wie geht es dem *Wunder*?
Wunder: Auch ich habe keinen Kontakt zum Fokus.
Th. zu Fokus: Versuche, das *Wunder* anzusehen!

Hier wird die Aufstellung mit Prozessarbeit begonnen, da die Stellung der beiden Repräsentantinnen bereits passend ist.

Fokus: Auch wenn ich hinsehe, habe ich keinen Kontakt.
Th.: Versuche, einen kleinen Schritt auf das *Wunder* zuzugehen.
Fokus: Das ist sehr, sehr mühsam. Ich halte das *Wunder* nicht für realistisch.
Th.: Wie geht es damit dem *Wunder*?
Wunder: Ich bin noch gar nicht da. Ich brauche es, dass man an mich glaubt, um ins Werden zu kommen.

Es ist manchmal überraschend, welche philosophischen Aussagen wir von RepräsentantInnen erhalten und wie genau sie Prozesse beschreiben können. Dies macht Aufstellungen zu einem immer wieder interessanten Unternehmen.

Th. zu Fokus: Wie geht es dir, wenn das *Wunder* das sagt?
Fokus: Das stimmt. Ich kann an das Wunder nicht glauben.
Th. zu Fokus: Sag das zu dem *Wunder*.
Fokus: Ich kann an dich noch nicht glauben.
Th.: Was ändert sich für den Fokus?
Fokus: Es wird für mich etwas klarer.
Th.: Was ändert sich für das *Wunder*?
Wunder: Es tut mir gut, wenn der Fokus sein Misstrauen zugibt. Es wird dadurch klarer.
Th. zu Fokus: Geh noch einen kleinen Schritt auf das *Wunder* zu.
Fokus: Es geht jetzt etwas leichter. — Jetzt muss ich wieder zurück.
Th.: Ja, geh wieder einen Schritt zurück. Manchmal müssen wir vor- und zurückgehen, um uns annähern zu können.

Hier sät die Therapeutin Ideen für die Klientin, sich zu erlauben, auch in Zukunft einen Schritt zurückzugehen, wenn die Ausrichtung beibehalten wird.

Fokus (geht einen Schritt zurück): Jetzt geht es mir besser.
Th.: Was ist hier anders als vorher?
Fokus: Ich kann jetzt das *Wunder* ansehen, wenn es auch noch weit weg ist.
Th.: Was hat sich für das *Wunder* geändert?
Wunder: Ich komme allmählich ins Sein. Ich gewinne Boden unter den Füßen.
Th.: Wie geht es jetzt dem Fokus, wenn er das hört?
Fokus: Auch ich fühle mich stabiler. Es tut mir gut, das *Wunder* zu sehen.
Wunder: Ich bekomme immer mehr Boden unter den Füßen.
Th. zu Fokus: Geh nochmals einen Schritt vor und danach einen kleinen Schritt zurück. Wie ist das für dich?
Fokus: Es tut gut, auch wieder einen Schritt zurückgehen zu können.
Th.: Es ist völlig in Ordnung, vor- und zurückzugehen. Jeder braucht seine eigene Zeit und seine eigene Form der Annäherung.

Hier weist die Therapeutin nochmals darauf hin, dass auch Schritte zurück in Ordnung sind, um der Klientin indirekt mitzuteilen, dass es so, wie sie es macht, in Ordnung ist und sie ihre Selbstzweifel lassen kann.

Th.: Wie geht es jetzt dem *Wunder*?
Wunder: Ich glaube, das ist jetzt ein guter Abstand. Ich stehe jetzt fest auf dem Boden.

Th.: Wir können das prüfen. (Zum Fokus) Geh noch einen kleinen Schritt vor.

Der Fokus kommt der Aufforderung nach. Das *Wunder* zeigt in seiner Gestik, dass dies zu weit ist.

Th. zu Fokus: Geh wieder an die Stelle davor. Weiter können wir hier nicht gehen. (Zum Fokus) Wie geht es dir jetzt?
Fokus: Dieser Platz ist gut. Ich kann jetzt das *Wunder* sehen und bin mit ihm in Kontakt.
Th. zur Teilnehmerin: Geh du jetzt an die Stelle von deinem Fokus.

Der Fokus entrollt sich, und die Teilnehmerin tritt in dessen Fußstapfen.

Th.: Wie geht es dir da?
Teilnehmerin: Gut, sehr viel leichter fühle ich mich als vorher. Es ist ganz neu für mich, das *Wunder* anblicken zu können. (Es kommen ihr die Tränen.)
Th.: Sag zum *Wunder:* „Erst jetzt kann ich dich sehen. Du bist ganz neu für mich."

Die Teilnehmerin wiederholt die Worte, strahlt und ist ganz gerührt dabei.

Th.: Du kannst dieses Bild jetzt so nehmen und in deinem Herzen weiterwirken lassen. Folge den Impulsen, die daraus entstehen.

Diese Aufstellung zeigt sehr schön, wie mithilfe der Zeitlinie Annäherungsprozesse direkt durchgeführt werden können. Durch die Zeitlinie wird die Dynamik deutlicher. Die Aufstellung verlief hier wie ein Gespräch, in dem sich Annäherung und Zweifel abwechseln. Den Reaktionen des Fokus wurde jeweils mit Anordnungsveränderungen oder rituellen Sätzen begegnet.

Die Aufstellung zeigt neben dem Individuellen der Klientin auch etwas darüber, was das Wunder braucht, um Realität werden zu können: Es muss gesehen werden, und es benötigt, dass es für wahr gehalten wird, damit es Wirklichkeit wird. Der Annäherungsprozess in dieser Aufstellung ist gleichzeitig eine schöne Metapher für die Realisierung von Wundern.

VII.3 Fallbeispiel 2: Verschiedene Aufstellungen in einem Therapieverlauf

Der folgende Fall verlief über vier Sitzungen, die in verschiedenen Gruppen und an verschiedenen Orten stattfanden. Dies mag ein ungewöhnliches Setting sein, doch da manche KlientInnen von mir aus größeren Entfernungen anreisen und ich aufgrund meiner häufigen Seminartätigkeit oft verreist bin, ist dies eine Möglichkeit, beides zu verbinden. Die Sitzungshäufigkeit regele ich nach den Bedürfnissen der KlientInnen, und da sind größere Abstände nicht selten. Die jetzt folgenden vier Sitzungen fanden im Laufe eines Jahres statt. Anlass für eine Therapie waren starke Unterleibs- und Menstruationsbeschwerden seit etwa zehn Jahren. Mehrere Operationen hatten nur kurzfristige Erfolge gebracht, sodass die Klientin sehr nach anderen Möglichkeiten suchte. Sie stand vor der Frage, ob sie eine neue Stelle, die ihr angeboten wurde und die für sie sehr attraktiv war, annehmen sollte. Ihre Bedenken waren, dass sie durch ihre häufigen Schmerzzustände zu sehr gehandicapt war.

In der ersten Sitzung war dies das Hauptthema; die folgenden drei Sitzungen beschäftigten sich mit ihren Partnerproblemen. („Therapeutin" wird im Folgenden wieder mit „Th." und „Klientin" mit „Kl." abgekürzt. Die Namen für die RepräsentantInnen sind wieder kursiv gedruckt.)

1. Sitzung

Th.: Was ist jetzt im Moment dein Anliegen?

Kl.: Ich habe seit Jahren sehr starke Schmerzen, besonders während der Periode, aber auch an anderen Tagen. Ich bin dadurch sehr eingeschränkt und kann schwer etwas vorausplanen. Immer können die Schmerzen dazwischenkommen.

Th.: Was sagen denn die Ärzte dazu?

Kl.: Ja, ich habe Verwachsungen aufgrund mehrerer Operationen und eine Neigung zur Zystenbildung. Einige wurden operiert. Anschließend ging es jeweils eine Zeit lang besser, aber das war nur von kurzer Dauer.

Th.: Nun eine vielleicht etwas schwierige Frage: Wenn du morgen wieder nach Hause fährst und deinem Freund von der Aufstellungsgruppe berichtest und ihr vielleicht noch etwas Schönes unternehmt, – und schließlich wirst du am Abend müde und legst dich schlafen, — und angenommen, in dieser nächsten Nacht passiert ein Wunder, — und mit einem Schlag wäre dein Anliegen, das dich hierher brachte, gelöst, — und das wäre ja wirklich ein Wunder, oder? – Und am nächsten Morgen wachst du auf, — und niemand sagt dir, dass dieses Wunder geschehen ist, woran würdest du es merken, wenn du am Morgen aufwachst?

Kl.: — Ich würde voller Energie aufstehen und hätte keine Schmerzen mehr.

Th.: Was wäre dann statt der Schmerzen da?
Kl.: Ich würde mich kräftig und wohl fühlen, wäre unternehmungslustig. Ich würde viel mehr aus mir herausgehen, wäre mehr bei mir. Ich könnte auch viel mehr auf Peter zugehen.
Th.: Wie würde er darauf reagieren?
Kl.: Er würde sich freuen. Er wünscht sich das sehr.
Th.: Was wäre noch anders?
Kl.: Ich würde mir auch zutrauen, ein Kind zu bekommen, Peter würde sich das auch sehr wünschen.
Th.: Und gibt es außerdem noch etwas, das sich ändern würde?
Kl.: Ich habe kürzlich eine Stelle angeboten bekommen, die ich sehr gerne nehmen würde. Aber solange ich so viele Schmerzen habe, ist das nicht möglich. Aber das wäre eine Chance für mich.
Th.: Sonst noch etwas?
Kl.: Ich würde generell mehr aus mir herausgehen, auf andere zu.
Th.: Wie würden Freunde, Kollegen und Bekannte darauf reagieren?
Kl.: Die wären angenehm überrascht. Die finden es oft schwierig, wenn ich mich so zurückziehe.

Die Klientin nennt als Konsequenzen des Wunders nur positive Reaktionen. Dies könnte andeuten, dass hier vielleicht eine Verstrikkung vorliegt.

Th.: Gibt es eine Person, die in deiner Familie sehr früh gestorben ist oder tragisch ums Leben kam?
Kl.: — Es fällt mir niemand ein.
Th.: Ich schlage vor, dass wir eine **Aufstellung des ausgeblendeten Themas** für dich machen. Such dir aus der Gruppe jemanden für dich — und für das offizielle Thema aus, da nanntest du deine Schmerzen. Wir stellen hier den dazugehörigen Körperteil auf, nämlich deine Gebärmutter. — Such dir nun noch jemanden für das ausgeblendete Thema aus. Das wäre in deinem Fall „das, worum es bei den Schmerzen geht".
Kl.: Und dann möchte ich noch Peter aufstellen.
Th.: — Dann suche noch jemanden aus für Peter, das Thema geht ja euch beide an. Und nun stelle die einzelnen Personen auf.

Die Klientin wählt die RepräsentantInnen aus der Gruppe aus und stellt sie der Reihe nach auf. Wir erhalten folgendes erste Bild (das Zeichen □ steht wieder für männliche und das Zeichen ○ für weibliche RepräsentantInnen; das ausgesparte Dreieck gibt die Blickrichtung an):

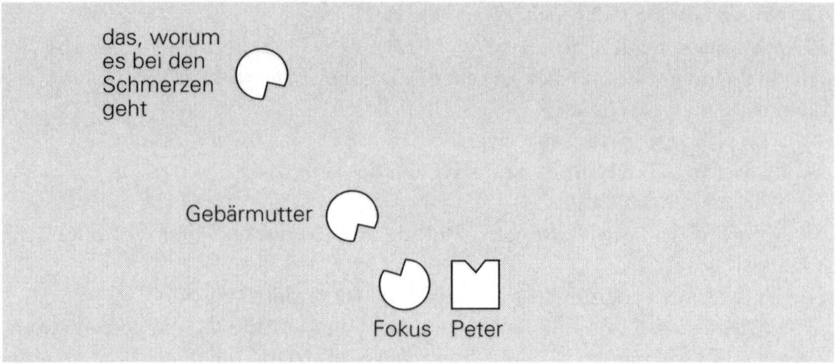

Abb. 34

Th.: Wie geht es dem Fokus?
Fokus: Ich fühle mich beengt und bedrängt und bedroht, mag gar nicht nach vorne schauen.
Th.: Wie geht es *Peter*?
Peter: Ich unterstütze sie (die Klientin) gerne.
Th.: Wie geht es *dem, worum es bei den Schmerzen geht*?
Das, worum es bei den Schmerzen geht: Ich fühle mich mächtig und würde den Fokus gerne mehr sehen.
Th.: Wie geht es der *Gebärmutter*?
Gebärmutter: Ich fühle mich hier sehr beengt, es geht mir sehr schlecht.

Da die *Gebärmutter* „*das, worum es bei den Schmerzen geht*" verdeckt, stelle ich zunächst die Repräsentanten entsprechend um, sodass der Fokus links an der *Gebärmutter* vorbei *das, worum es bei den Schmerzen geht* sehen kann und die *Gebärmutter* in die gleiche Richtung wie der Fokus blickt.

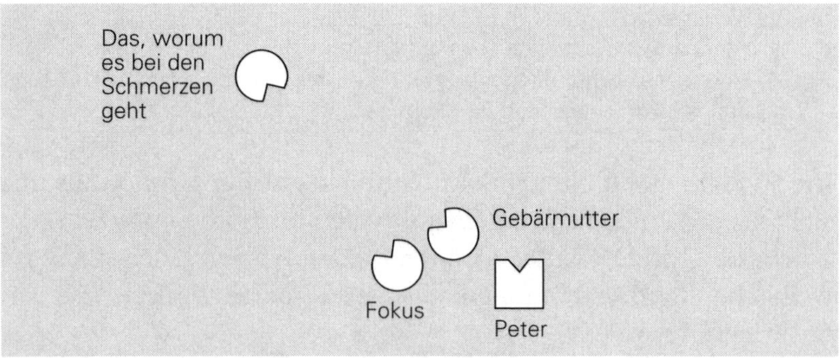

Abb. 35

Th.: Was hat sich für den Fokus verändert?
Fokus: Ich fühle mich bedroht von dort (*dem, worum es bei den Schmerzen geht*).
Th.: Wie geht es der *Gebärmutter*?
Gebärmutter: Etwas besser. Es ist gut, *das, worum es bei den Schmerzen geht* nicht mehr im Rücken zu haben, es ist besser, es sehen zu können.
Th.: Wie geht es *Peter*?
Peter: Ich möchte sie näher bei mir haben, die anderen sind mir nicht geheuer.
Th.: Wie geht es *dem, worum es bei den Schmerzen geht?*
Das, worum es bei den Schmerzen geht: Ich habe ein ganz liebevolles Gefühl für den Fokus.
Th. zu Fokus: Tausch du den Platz mit *dem, worum es bei den Schmerzen geht.*

Fokus und *das, worum es bei den Schmerzen geht* tauschen den Platz.

Th.: Wie geht es dir dort?
Fokus: Viel besser.
Th.: Dann tauscht wieder eure Plätze.

Nachdem der Test auf partielle Musterrepräsentation positiv verlief, folgt nun ein Ritual zur Auflösung dieser partiellen Musterrepräsentation. Der Fokus geht ganz langsam auf *das, worum es bei den Schmerzen geht* zu, bis die Therapeutin ihn neben *das, worum es bei den Schmerzen geht* stellt.

Th.: Was verändert sich jetzt?
Fokus: Ich fühle mich klarer.
Th.: Geht jetzt wieder an eure ursprünglichen Plätze. (Zum Fokus) Wie geht es dir jetzt?
Fokus: Jetzt ist die Bedrohung weg.
Th. zur Klientin: Fällt dir ein, wer das sein könnte (*das, worum es bei den Schmerzen geht*)?
Kl.: — Meine Urgroßmutter starb im Kindsbett bei ihrem sechsten Kind im Alter von 35 Jahren.
Th.: Ja, das ist relevant. *Das, worum es bei den Schmerzen geht* benennen wir jetzt um in *die Urgroßmutter.*

Hier findet jetzt ein **expliziter Strukturebenenwechsel** zu einer **mit einer Körperaufstellung kombinierten partiellen Familienaufstellung** statt. Zur Stärkung des Fokus wird noch eine Repräsentantin für die weibliche Linie hinter ihn gestellt.

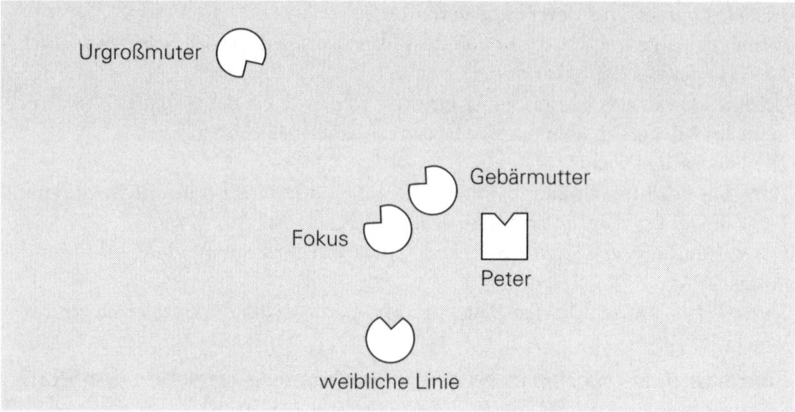

Abb. 36

Th. zu Fokus: Sag zu deiner *Urgroßmutter:* „Du bist meine Urgroßmutter, und ich bin deine Urenkelin. Von deinem schweren Schicksal ist viel bis zu mir gelangt. Es hat mich sehr angerührt, und ich habe viel davon mitgetragen. Doch was ich von dir übernommen habe, das lasse ich jetzt bei dir, – ganz. Jetzt ehre ich dich auf andere Weise, indem ich dir einen Platz in meinem Herzen gebe und es mir von nun an besser gehen lasse. Du sollst dich an mir und meinen Erfolgen freuen können.

Der Fokus spricht die Worte nach. Dabei steigen der Repräsentantin Tränen in die Augen, die Klientin beginnt ebenfalls zu weinen.

Th.: Wie geht es der *Urgroßmutter*?
Urgroßmutter: Ich mag meine *Urenkelin* sehr. Ich wünsche ihr viel Erfolg.
Th. zu Fokus: Wie geht es dir jetzt?
Fokus: Ich bin sehr erleichtert. Es rührt mich, meine *Urgroßmutter* zu sehen.
Th.: Wie geht es der *Gebärmutter*?
Gebärmutter: Sehr viel besser, freier, erleichtert. Beim Fokus fühle ich mich wohl.
Th.: Wie geht es der *weiblichen Linie*?
Weibliche Linie: Ich stütze den Fokus gerne von hinten.

Die Therapeutin fordert die Klientin auf, an die Stelle des Fokus zu treten.

Th.: Sieh deine *Urgroßmutter* an, und sieh, dass sie dir wohlgesonnen ist. Vielleicht kannst du ein Bild von ihr aufstellen. Sieh zu deiner *Gebärmutter*, so kann sie sich bei dir wohl fühlen. Sieh zu *Peter*, er unterstützt dich. Nimm das Bild jetzt so, und lasse es wirken.

2. Sitzung

Die zweite Sitzung findet vier Monate später statt.

Th.: Was hat sich in der Zwischenzeit verbessert, seit wir uns das letzte Mal gesehen haben?
Kl.: Bereits auf der Zugfahrt zurück spürte ich eine enorme Erleichterung, ich bekam Hoffnung, wieder gesund werden zu können. Die Prognosen der Ärzte waren immer sehr schlecht, und ich hatte die Vorstellung, dass es besser werden kann, bereits aufgegeben. Die Schmerzen haben langsam abgenommen, sie sind nicht mehr so stark und etwas seltener; so kann ich jetzt z. B. längere Zeit sitzen, ohne dass ich Schmerzen bekomme. Mein Vertrauen in meinen Körper ist gestiegen. Der Kontakt zu meiner Urgroßmutter stärkt mich; ich habe ein Bild aufgestellt von ihr, und ohne dass ich meiner Mutter von der Aufstellung erzählt habe, hat auch sie inzwischen ein Bild von dieser Urgroßmutter aufgestellt. Die Stelle habe ich angenommen, und sie macht mir sehr viel Spaß. Ich bin aktiver geworden. Als Erinnerung an die Aufstellung lege ich oft meine Hände auf den Bauch an die Stelle, wo die Repräsentantin der Urgroßmutter mich berührt hat. Das beruhigt mich jedes Mal sehr.
Th.: Was ist heute dein Anliegen?
Kl.: Ich will klar sein. Ich will fest auf dem Boden stehen. In meiner Beziehung zu Peter klarer sein und nicht immer woanders hinschwirren.
Th.: Angenommen, du wärst bereits klarer, woran würdest du das merken?
Kl.: Ich könnte sagen: „Das will ich, und das will ich nicht." Ich könnte Grenzen setzen und von mir erzählen und begeistert sein und nicht nur mitlaufen.
Th.: Gab es schon einmal Momente, wo es zwischen dir und Peter klar war?
Kl.: Wenn ich mich spontan freue und es aus mir herauskommt.
Th.: Und sonst?
Kl.: Sonst nicht, und wenn, dann mit viel Mühe und Anstrengung. Es bedeutet viel Stress für mich, mich einzubringen.
Th.: Und wie geht es dir damit?
Kl.: Manchmal bin ich erleichtert, oft aber immer noch gestresst, wenn ich mich zeige.
Th.: Und gibt es eine andere Beziehung, wo du dich klar fühlst?
Kl.: Ja, meine Freundin aus Konstanz und mein Bruder, da ist die Beziehung definiert. Das ist ganz einfach und tut mir gut. Da habe ich keinen Stress, mich zeigen zu müssen, da stimme ich.
Th.: Und was ist bei der Freundin anders?
Kl.: Vielleicht, weil sie weit weg wohnt und ich sie nicht täglich sehe und weil sie selbst viel Klarheit hat.
Th.: Du erinnerst dich an das Wunder über Nacht? (Klientin nickt.) — Woran würdest du merken, dass deine Probleme, die dich hierher führten, gelöst sind?
Kl.: Ich würde es an meinem Körper spüren. Er wäre schwerer, ganzheitlicher – ich könnte ihn ganzheitlicher spüren.
Th.: Woran würde Peter erkennen, dass das Wunder passiert ist?
Kl.: An meinem Blick, ich würde ihn direkter anschauen, – an meiner Stimme, – sie wäre voller und tiefer, – an meinem Körper, an der Körperhaltung, – sie wäre aufrechter.

Th.: Woran noch?
Kl.: Ich würde ihm mehr begeistert von meinem erzählen, was mir gehört. Ich hätte ein besseres Gewissen.
Th.: Würde es noch jemand bemerken?
Kl.: Ja, meine Kolleginnen in der Arbeit.
Th.: Woran würden sie es merken?
Kl.: Am klareren Auftreten. Ich würde weniger Witze machen, mehr mitarbeiten und hätte einen offeneren Blick. Ich würde mich mehr zeigen.
Th.: Wie würden deine Kolleginnen darauf reagieren?
Kl.: Die meisten mit Freude, einige mit Neid; es könnten Missverständnisse auftreten.
Th.: Wie würdest du damit umgehen?
Kl.: Ich würde abwarten und entscheiden, mit wem ich mehr Kontakt haben möchte und mit wem nicht.
Th.: Nun noch eine ganz andere Frage. Hatten Peter und du vorher andere Beziehungen?
Kl.: Ich war davor verlobt. Er hat sich von mir getrennt, allerdings gab ich den Anlass dazu. Nach der Trennung ging es mir lange schlecht. Peter hatte zwei Beziehungen vorher; er ist mit beiden im Guten auseinander gegangen. Wir haben zu den beiden früheren Freundinnen von ihm Kontakt.
Th.: Gut, das werde ich im Auge behalten. Ich schlage vor, dass wir eine Zielannäherungsaufstellung machen. Wie möchtest du dein Ziel nennen?
Kl.: Klarheit, Eindeutigkeit und gutes Gewissen.
Th.: Such dir zunächst jemanden aus als Repräsentantin für dich und jemanden für dein Ziel, und stelle sie auf.

Die Klientin wählt die Repräsentantinnen und stellt diese auf. Wir erhalten folgendes Bild:

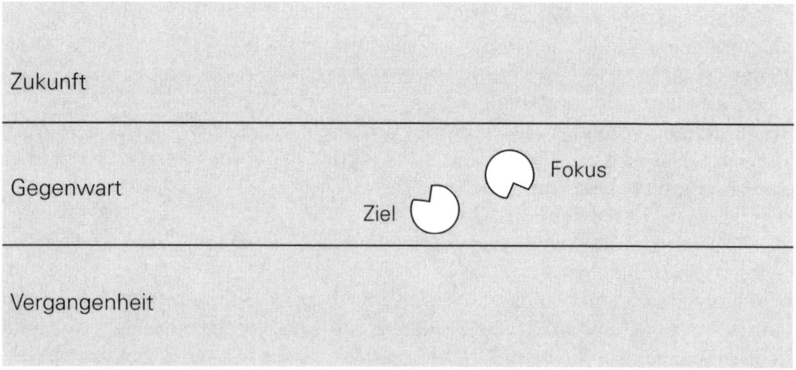

Abb. 37

Th. zu Fokus: Wo ist für dich die Zukunft?
Fokus: Zeigt hinter sich.

Th. zu Fokus: Und die Vergangenheit?
Fokus: Weist in die Richtung vor sich.

Zeitlinien verlaufen keineswegs immer in einer geraden Linie. Manchmal ist für KlientInnen die Zeitlinie auch geknickt. In so einem Fall müssen die Plätze der sonst noch aufgestellten RepräsentantInnen gemäß der Zeitlinie interpretiert werden.

Th.: Wie geht es dem Fokus?
Fokus: Ich hatte Souveränität, aber die ist jetzt verloren. Ich habe, seit das *Ziel* da ist, eine Kühle im Kiefer und in der rechten Schulter.
Th.: Wie geht es dem *Ziel*?
Ziel: Ich bin nicht ausgerichtet; kann nicht nach oben sehen.
Fokus: Wenn das *Ziel* spricht, klingt es wie aus dem Off.

Die Therapeutin stellt das *Ziel* in die *Zukunft* und lässt von der Klientin noch ihre *Urgroßmutter* und deren Mutter dazustellen, um abzuklären, ob in dem inneren Bild der Klientin die im Kindsbett gestorbene Urgroßmutter inzwischen voll einbezogen ist.

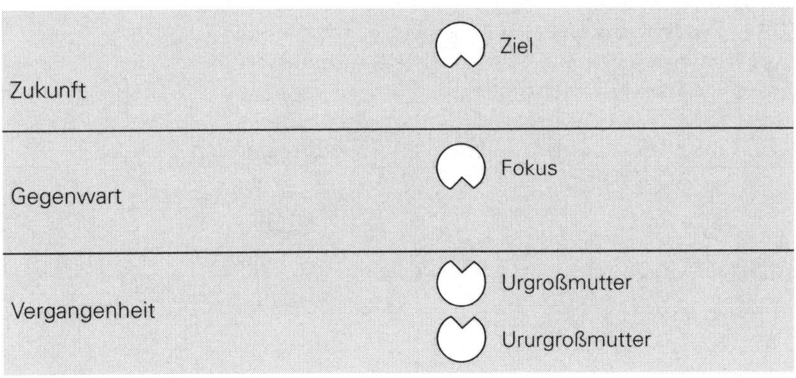

Abb. 38

Th.: Was hat sich für den Fokus verändert?
Fokus: Ich fühle mich angenehm, wie in Trance die ganze Zeit.
Th.: Wie geht es der *Urgroßmutter* und deren Mutter?
Urgroßmutter: Auch wie in Trance, ich mag sie (den Fokus).
Ururgroßmutter: Ich bin weit weg.
Ziel: Ich werde jetzt ärgerlich.

Die Therapeutin dreht den Fokus zum *Ziel* um.

Fokus: Das ist sehr neu. Sie (das *Ziel*) hat eine Haltung (auf die Hüften gestützte Hände), die mir ungewohnt ist, ich bin verdutzt.
Ziel: Ich will sie verführen zum Leben. Wie ein junger Liebhaber will ich ihr zeigen, wie schön das Leben ist – wie vital und lustvoll. (Zum Fokus) Ich bin ein Teil von dir, wohlwollend und habe Kraft für dich. Ich trete auf, damit du dein Leben in die Hand nimmst.
Fokus: Ich bin noch am Aufwachen.

Fokus sieht sich nach *Urgroßmutter* und deren *Mutter* um. Die Therapeutin fordert den Fokus auf, „Bitte schaut freundlich, wenn ich mich jetzt meiner Richtung zuwende" zur *Urgroßmutter* und deren Mutter zu sagen.

Fokus: Bitte schaut freundlich, wenn ich mich jetzt in meine Richtung wende.

Urgroßmutter und deren Mutter nicken zustimmend.

Urgroßmutter: Das, was du in mir in der Vergangenheit hast, findest du zukünftig auch im Ziel.
Ururgroßmutter: Schön, dass du Kraft hast und dich in die Zukunft bewegst, dass du nach vorne gehst.
Fokus: Das ist schön, aber ich weiß nicht, ob ich das will.
Ziel: Ich bin bereit, ihr alles zu geben, was sie braucht, um zu kommen.
Fokus: Ich brauche Unterstützung.

Die Therapeutin lässt die Klientin *Peter* dazustellen.

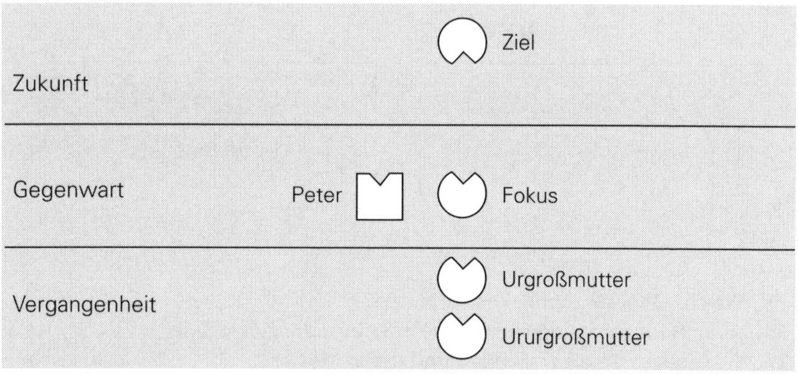

Abb. 39

Th.: Wie geht es *Peter*?
Peter: Ich bin auf sie (Fokus) fixiert.

Th.: Für wen hat sich seit dem Dazustellen von *Peter* etwas verändert?
Fokus: Peter neben mir ist für mich o. k., ich finde das *Ziel* jetzt reizvoll.

Die Therapeutin lässt *Peter* rechts neben den Fokus gehen.

Th.: Hat sich etwas verbessert?
Fokus: Ich empfinde ein Stechen, das ist riskant.
Ziel: Ich will, dass der Fokus sich nicht nur auf *Peter* ausrichtet.

Fokus und *Peter* sehen sich an. Die Therapeutin fordert beide auf, gemeinsam auf das *Ziel* zuzugehen. Die Repräsentanten teilen jedoch mit, dass dies für sie nicht möglich ist. Daher lässt die Therapeutin gegenüber von *Peter* von der Klientin dessen *Ziel* aufstellen. Die Aufstellung wechselt hier zu einer **multifokalen Aufstellung** mit abwesendem zweitem Klienten. Wir haben es hier mit zwei Systemen zu tun, für deren Zusammenspiel es oft wichtig ist, dass ein System nicht sehr viel mehr Aufmerksamkeit bekommt. Darum empfiehlt es sich, wie hier geschehen, beim zweiten System auch dessen Ziel und gegebenenfalls auch dessen Linie aufzustellen.

Th.: Es ist manchmal hilfreich, wenn jeder auf sein eigenes *Ziel* zugehen kann.

Abb. 40

Peter: Jetzt habe ich mehr Kraft.
Fokus: Ich freue mich, dass sein *Ziel* zu ihm schaut und meins zu mir.
Ziel: Ich passe gut auf sie auf, egal, was passiert.

Die Therapeutin lässt die Klientin an die Stelle ihrer Repräsentantin treten.

Ziel: Ich habe unheimlich viel Kraft; ich habe zu geben.
Kl.: Ich habe das Gefühl, dass Peter glaubt, ich würde ihn im Stich lassen oder gar verlassen, wenn ich losgehe.
Th. (zur Klientin): Sage ihm: „Auch wenn ich zum Ziel gehe, bleibe ich bei dir."

Die Klientin wiederholt gegenüber *Peter* diesen Satz. Danach fordert die Therapeutin ihn auf, zu sagen, wie es ihm dabei geht.

Peter: Ich fühle mich eher neutral. Ich habe nichts gegen das *Ziel,* sie darf ruhig gehen.
Kl.: Ich glaube das nicht. Wenn ich ihn ansehe, muss ich weinen.

Die Therapeutin lässt wieder die Repräsentantin an die Stelle der Klientin treten und lässt die Klientin ihren früheren Verlobten dazustellen.

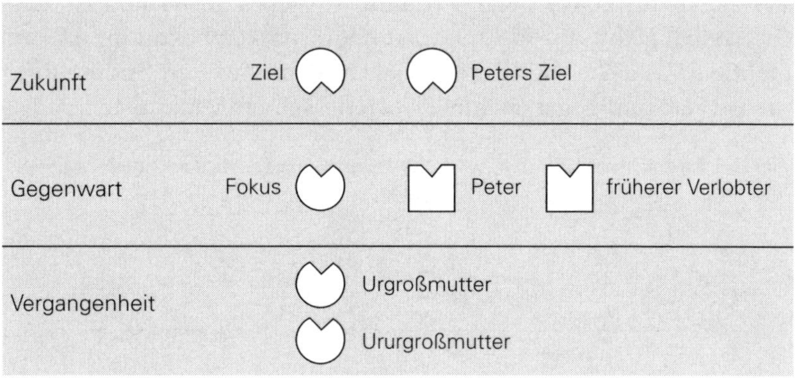

Abb. 41

Th.: Für wen hat sich etwas verändert?
Fokus: Ich bin von meinem *früheren Verlobten* bedrückt. Kontakt habe ich nur zu *Peter.* Es ist, als ob ich etwas angestellt hätte.

Die Therapeutin fordert den Fokus auf, „Du warst mir sehr wichtig, du bleibst der Erste für mich" zu ihrem *Verlobten* und „Er war vor dir, und du kamst danach" zu *Peter* zu sagen.

Fokus zum früheren Verlobten: Du warst mir sehr wichtig, du bleibst der Erste für mich.

Der frühere *Verlobte* nickt erfreut.

Fokus zu Peter: Er war vor dir, und du kamst danach.
Peter nickt: Das war mir klar.

Die Therapeutin fordert *Peter* auf, „Du warst vor mir, und ich kam erst nach dir" zum *früheren Verlobten* zu sagen.

Peter: Du warst vor mir, und ich kam erst danach.
Th.: Was hat sich verändert?
Fokus: Ich fühle mich erleichtert, dass er (der *frühere Verlobte*) mir nicht mehr böse ist. Ich spüre mehr Kraft und kann jetzt auf mein *Ziel* zugehen.
Peter: Für mich ist es so in Ordnung, noch vollständiger.
Verlobter: Ich fühle mich jetzt gesehen und geachtet.

Die Therapeutin lässt die Klientin an die Stelle ihrer Repräsentantin gehen.

Klientin: Ich habe mehr Kraft, wenn ich jetzt auch meinen *Verlobten* sehen kann.

Die Therapeutin lässt die Klientin zu ihrem *früheren Verlobten* sagen, „Bitte, blick freundlich, wenn ich jetzt auf mein Ziel zugehe." Die Klientin wiederholt den Satz.

Urgroßmutter: Ich freue mich über diesen Schritt.
Th. zu Klientin: Geh jetzt mit *Peter* einen Schritt auf dein *Ziel* zu.

Klientin und *Peter* tun dies. Die Klientin ist ganz gerührt, ihr kommen die Tränen.

Th. zur Klientin: Nimm jetzt das Bild so auf, und gehe dabei noch einen weiteren Schritt mit *Peter* in die *Zukunft*. Deine *Urgroßmutter* und deren Mutter geben dir als deine weibliche Linie Kraft dafür. Deine weiteren Schritte erfolgen dann in der Außenwelt.

3. Sitzung

Nach zwei Monaten kommt die Klientin zu einer weiteren Sitzung, diesmal in eine Einzelstunde.

Th.: Was hat sich in der Zwischenzeit verbessert?
Kl.: In meiner neuen Stelle geht es mir sehr gut. Ich schaffe die Arbeit und der Kontakt mit den anderen ist sehr gut, z. B. neulich …

Die Klientin zählt eine Reihe von Ereignissen auf, bei denen sie sich selbstsicherer verhalten konnte als früher.

Th.: Was hat sich sonst noch verbessert nach der letzten Aufstellung?
Kl.: Es war sehr gut, dass das letzte Mal meine Urgroßmutter nochmals aufgestellt wurde. Es tat sehr gut, sie hinter mir zu spüren und wie die weibliche Linie mich unterstützt. Ich kann jetzt mehr aus mir herausgehen und beteilige mich in Gruppen mehr.
Th.: Hat sich sonst noch etwas verbessert?
Kl.: Ja, ich kann besser für mich sorgen und mich besser abgrenzen. Ich mach auch nicht mehr hier dieses und dort jenes, ich bin wesentlich zielorientierter geworden. Auch spüre ich, dass sich mein Unterleib immer mehr entspannt. Das Gefühl dort ist irgendwie anders geworden. Ich empfinde meinen Unterleib mehr als zu mir gehörig.
Th.: Hat sich in deiner Beziehung zu Peter etwas verändert?
Kl.: Ich kann mit Peter besser sprechen, ihm mehr mitteilen, — und ich trau mich auch mehr, meine eigenen Ziele zu verfolgen. Meine Stimme ist voller und tiefer geworden und meine Körperhaltung aufrechter. Aber es ist ein Ereignis eingetreten, was mich im Moment sehr belastet.
Th.: Nickt.
Kl.: Ich habe eine Frau getroffen, die mich sehr anzieht. Ich will das gar nicht. Ich möchte ganz bei Peter sein, aber ich weiß nicht, wie ich damit umgehen soll. Ich weiß nicht, was das bedeutet, vielleicht bin ich ja lesbisch, irgendwie bin ich verwirrt.
Th.: Weiß Peter davon?
Kl.: Ich habe mit ihm noch nicht darüber gesprochen, ich bin selbst so unklar. Ich möchte mit ihm erst darüber sprechen, wenn ich selbst mehr Klarheit habe.
Th.: Wie reagiert er auf deinen unklaren Zustand?
Kl.: Er merkt natürlich, dass etwas nicht stimmt, aber er ordnet das anders ein. Er denkt, ich ziehe mich wie früher zurück. Er fragt auch, was er machen kann, dass alles so ist wie vorher.
Th.: Erinnere dich an das Wunder, — wenn es in der nächsten Nacht eintritt, — und dieses Problem wäre gelöst, — woran würdest du das merken?
Kl.: — Ich würde mich erleichtert fühlen.
Th.: Woran würdest du das merken?
Kl.: Der Druck aus der Brust wäre weg, — ich hätte noch mehr Energie, — ich wäre wieder bei mir, — ich könnte besser denken, für mich etwas tun.
Th.: Was würdest du dann für dich wieder tun?
Kl.: — Ich würde z. B. wieder lesen, — mich meiner neuen Stelle mehr widmen, — ich würde wieder Freundinnen treffen, — und ich könnte wieder offener zu Peter sein.
Th.: Woran würde Peter das merken können?
Kl.: Ich würde mehr mit ihm sprechen, — ihn mehr mit einbeziehen, mehr zusammen mit ihm machen.
Th.: Wie würde er sich das erklären?
Kl.: Er würde denken: Nun kommt sie wieder raus aus ihrem Loch, fein, dass der Rückzug vorbei ist.
Th.: Woran würdest du noch merken, dass das Wunder passiert ist?

Kl.: Ich würde mich von der Freundin trennen, — aber das wäre schwierig, denn ich sehe sie weiterhin in einem Abendkurs, den ich besuche. — Ich weiß nicht genau, wie ich das machen soll.
Th.: Schweigt und wartet ab.
Kl.: — Ich müsste ihr wohl sagen, dass es so für mich nicht länger mehr geht. — Aber ich träume auch nachts von ihr; — was soll ich da machen?
Th.: Ja, das ist wirklich schwierig. Was wirst du dann tun?
Kl.: Es wäre wohl eine schwierige Zeit. — Irgendwie müsst ich da durch. — Aber so ganz sicher bin ich mir da nicht.
Th.: Woran würdest du merken, dass du dir sicherer bist?
Kl.: — Ich wäre klarer; wüsste, was ich will.
Th.: Und was würdest du dann tun?
Kl.: — Ja, dann würde ich mich trennen. Dann würde ich die Schwierigkeiten in Kauf nehmen.
Th.: Wie würdest du auf auftretende Schwierigkeiten reagieren?
Kl.: — Ja, ich glaube, ich würde mit meiner Freundin ganz klar reden, ihr deutlich meine Situation schildern, — eigentlich habe ich sie bisher immer geschont, — ihr nicht gesagt, wie sehr ich auch leide —
Th.: Wie wird deine Freundin reagieren, wenn du ihr deine Situation so klar schilderst?
Kl.: Ich glaube, sie wird mich nicht verstehen, sie würde nur maßlos enttäuscht sein, — sich im Stich gelassen fühlen — (Klientin verfällt wieder in ihre Problemphysiologie.)
Th.: Wenn nun das Wunder geschieht, wie würdest du dann darauf reagieren?
Kl.: Ja dann, — dann würde ich meine eigenen Bedürfnisse mehr akzeptieren, würde mehr zu mir stehen. — Aber ich möchte sie nicht enttäuschen.

An diesen Stellen kann man einen häufigen Wechsel in der Physiologie der Klientin beobachten, nämlich von der Problemphysiologie (gebeugte Haltung, Blässe, angestrengter Gesichtsausdruck) zur Lösungsphysiologie (aufrechte Haltung, Strahlen um die Augen, leichte Rötung der Wangen).

Th.: Kannst du dir eine Situation vorstellen, in der sie nicht enttäuscht wäre?
Kl.: Kann ich mir nicht vorstellen.
Th.: Was vermutest du, was du tun wirst?
Kl.: Ich muss sie wohl enttäuschen, wenn ich selber ehrlich bin. — Und wenn das Wunder geschieht, hätte ich wohl auch die Kraft dazu.
Th.: Wie würde die Freundin reagieren, wenn sie sieht, dass es dir ernst damit ist, mehr auf dich zu achten?
Kl.: Sie würde mir wohl eine Zeit lang grollen und versuchen, mich zurückzugewinnen, — und dann Abstand nehmen.
Th.: Würden das andere in deinem Abendkurs merken?
Kl.: Ja, die würden spüren, dass da was anders geworden ist zwischen uns.
Th.: Wie würden sie darauf reagieren?

Kl.: — Sie würden sich raushalten, — vielleicht würden sie vermeiden, uns zusammen zu sehen.
Th.: Wie wäre das für dich?
Kl.: Nun, das müsste ich wohl in Kauf nehmen.
Th.: Würde sich sonst noch etwas ändern für dich?
Kl.: — Ich hätte weniger Spaß an dem Abendkurs, er wäre dann eine Belastung für mich.
Th.: Wer oder was könnte dir hilfreich sein für diese Situation?
Kl.: — Ich müsste mich wieder mehr auf mich konzentrieren, — ja, und sonst, — ich weiß nicht.
Th.: Ich schlage vor, dass wir noch eine Aufstellung für deine Ressourcen machen.
Kl.: Ja, das brauche ich.
Th.: Such dir eines von den Kissen aus als Symbol für dich, und geh damit im Raum herum, bis du einen passenden Platz für dich gefunden hast. — Und markiere den Platz mit dem Kissen. In welcher Richtung liegt jetzt für dich die Zukunft? — Und wo die Vergangenheit?

Die Klientin folgt den Anweisungen der Therapeutin, stellt das Symbol für sich auf und weist in die Richtung der Zukunft und in die Richtung der Vergangenheit. Die Therapeutin markiert mit Schnüren auf dem Boden eine Neunfeldertafel.

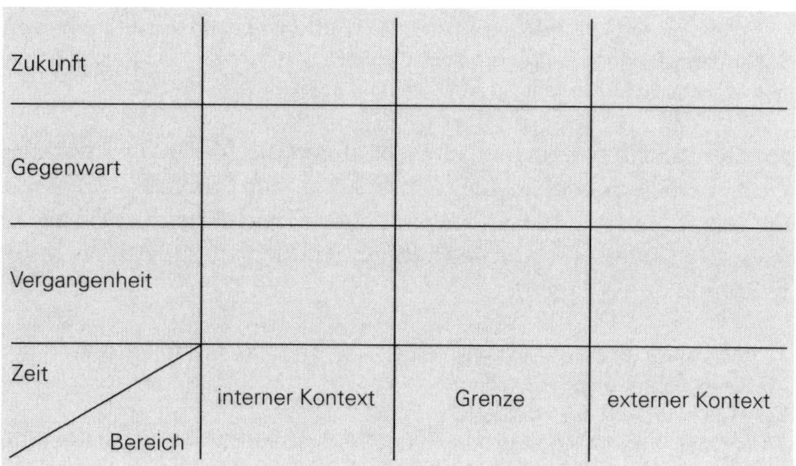

Abb. 42

Th.: Alles, was vor dir liegt, ist Zukunft; alles, was hinter dir liegt, ist Vergangenheit. Hier rechts neben dir auf dieser Linie ist alles, was außerhalb von dir ist, z. B. Peter, deine KollegInnen, Freundinnen, Verwandte und auch Ereignisse und Situationen, wie etwa hier in der Vergangenheit. Hier links auf dieser Linie ist

alles, was innerhalb von dir abläuft, also deine Gedanken, Emotionen, körperlichen Reaktionen; – hier in der Zukunft, dort in der Vergangenheit, also welche inneren Vorstellungen oder Sätze für dich früher hilfreich waren usw.
Ist das so weit klar?
Kl.: Nickt.
Th.: Wie möchtest du dein Ziel nennen?
Kl.: In der eigenen Kraft sein.
Th.: Gut, nennen wir es kurz „Kraft", und du weißt, was damit ausführlich gemeint ist. — Such dir ein Kissen für die Kraft aus und eines für dich, und stell sie beide auf.

Die Klientin wählt zwei Kissen und legt den Fokus in das Feld *Gegenwart/Grenze* und ihr Ziel in das Feld *Zukunft/Grenze.*

Th.: Stell dich an die Stelle des Fokus. Wie geht es dir da?
Kl.: Das *Ziel* sehe ich zwar, aber ich bin nicht im Kontakt mit ihm.
Th.: Entroll dich jetzt kurz. Du kannst das tun, indem du deine Arme und Beine ausschüttelst und innerlich deinen Namen sagst. Jedes Mal, wenn du an die Stelle eines anderen repräsentierenden Symbols trittst, ist es wichtig, dich vorher zu entrollen, damit du nicht in Verwirrung gerätst. – Stell dich jetzt an die Stelle deiner *Kraft*. — Wie geht es dir dort?
Ziel: Ähnlich. Ich kann sie sehen, aber ich habe keinen Kontakt zu ihr.
Th.: Stell dich jetzt wieder an deinen Platz. Blick dich um. Dies sind jetzt Felder, auf denen all deine Ressourcen angeordnet sind. Mit welchem Feld möchtest du beginnen?
Kl.: Zeigt auf das Feld *Vergangenheit/interner Kontext.*

Die Therapeutin hält ihre kataleptische Hand über das Feld *Vergangenheit/interner Kontext* und fordert die Klientin auf, in ihre Hand zu blicken.

Th.: Was taucht für dich hier auf?
Kl.: Mir kommt ein Satz, der früher für mich immer hilfreich war: „Bleib ganz bei dir; lass dich nicht ablenken."
Th.: Sag zu dem *Satz*: „Ich erinnere mich wieder an dich, du warst mir oft hilfreich."
Kl.: Wiederholt diesen Satz.
Th.: Wie geht es dir jetzt?
Kl.: Es tut gut, diesen *Satz* so vor sich zu sehen.
Th.: Geh mal an die Stelle von diesem *Satz.* — Wie geht es dir hier als dieser Satz?

An die Stelle des frei gewordenen Platzes vom Fokus wird ein Kissen gelegt, das ihn repräsentiert.

Kl.: Ich unterstütze sie gerne.
Th.: Sag dies zum Fokus.

Die Klientin wiederholt den Satz und geht danach wieder an ihre Stelle. Der Platz des *Satzes* wird nun mit einem Kissen markiert.

Th.: Schau dir nochmals die Felder an. Wo taucht für dich noch eine Ressource auf?

Die Klientin weist auf das Feld *Vergangenheit/externer Kontext.* Die Therapeutin hält wieder ihre kataleptische Hand über dieses Feld und lässt sich von der Klientin anweisen, welches die Stelle ist, wo etwas auftaucht.

Th.: Wer taucht hier für dich auf?
Kl.: Meine *Großmutter;* die hat mich immer unterstützt als Kind. Sie hat immer zu mir gehalten, auch wenn ich etwas angestellt habe. — Seit meiner ersten Aufstellung ist auch die Urgroßmutter für mich eine Unterstützung, ich habe von ihr ein Bild aufgestellt.
Ich habe ein ganz warmes Gefühl für sie.
Th.: Gut, dann wähle auch für sie ein Symbol, und lege dieses auf die Stelle für sie.

Die Klientin wählt ein weiteres Kissen und stellt dieses auf und begibt sich danach wieder an ihren Platz. Inzwischen erhielten wir folgendes Bild:

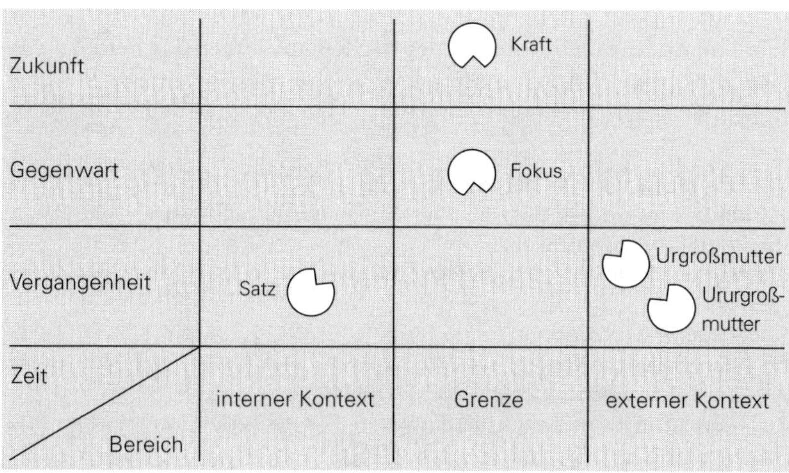

Abb. 43

Th.: Wie geht es dir inzwischen?
Kl.: Ich fühle mich unterstützt und nicht mehr so alleine. Jetzt möchte ich aber auch noch Peter und eine Schulfreundin von mir dazustellen. Von denen wusste ich mich auch immer unterstützt.
Th.: Ja, mach das.

Die Klientin legt noch jeweils ein Kissen für Peter und ihre Schulfreundin dazu und stellt sich danach wieder an ihren Platz.

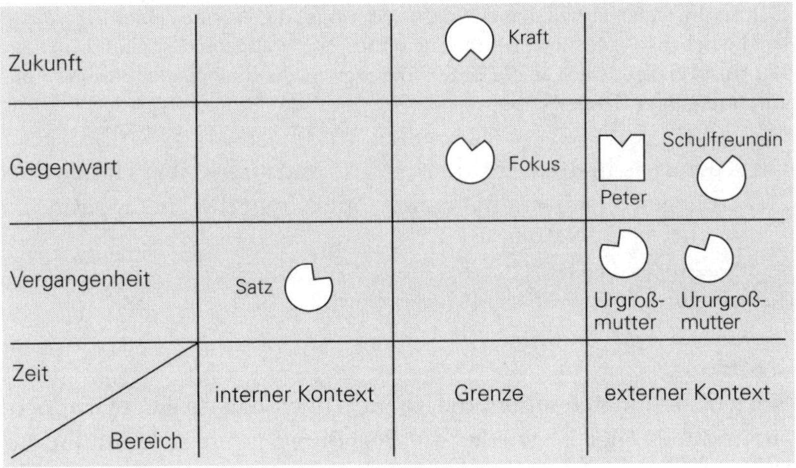

Abb. 44

Th.: Was hat sich inzwischen für dich verändert?
Kl.: Es tut mir sehr gut, so viel Unterstützendes zu sehen. Ich spüre, wie mir das Kraft gibt.
Th.: Blick noch einmal zu jedem Einzelnen hin, und sieh sie alle an. Du kannst Ihnen in die Augen blicken und dir über ihre Augen geben lassen.

Die Therapeutin hält nochmals über die jeweiligen Kissen ihre kataleptische Hand, damit sich die Klientin auf gleicher Blickhöhe die Augen der RepräsentantInnen leichter vorstellen kann. Diese Intervention, sich über die Augen einer Repräsentantin geben zu lassen, ist besonders dann geeignet, wenn vorher wenig Kontakt zu der Repräsentantin war. Die Repräsentantin wird durch dieses Ritual stärker als Kraftquelle und Ressource empfunden.
Die Therapeutin hält noch einmal über jeden Bodenanker ihre kataleptische Hand, in der sich die Klientin die Augen der jeweiligen Repräsentantin vorstellen kann. Die Klientin nimmt von jeder ihrer Ressourcen Kraft auf.

Th.: Blick jetzt zu deinem *Ziel*. Hat sich etwas verändert?

Die Therapeutin hält wieder ihre kataleptische Hand über den Bodenanker.

Kl.: Ja, jetzt habe ich Kontakt zu meiner *Kraft*; ich spüre das, und ich sehe mein *Ziel* deutlicher.
Th.: Spüre, wie dein unterstützender *Satz* von links hinten dir Kraft gibt; erinnere dich an die vielen Hilfen deiner *Großmutter*; spüre die Wärme deiner *Urgroßmutter*, die sich das Beste für dich wünscht; nimm *Peter* wahr, der dir helfend zur Seite steht; und erinnere dich an die Unterstützung von deiner *Freundin*. Nimm sie alle auf, und geh auf dein *Ziel* zu.

Die Klientin geht drei Schritte vorwärts und streckt ihre Hände dem *Ziel* entgegen. Nach einer längeren Pause fragt die Therapeutin:

Th.: Wie geht es dir jetzt?
Kl.: Sehr gut, ich habe wieder Mut bekommen.

4. Sitzung

Nach drei Monaten nimmt die Klientin nochmals an einer Gruppensitzung teil. Hier ist wieder die Beziehung zu ihrer Freundin das Thema.

Ich verwende diesmal eine etwas ungewöhnliche Aufstellung, nämlich eine **Konfliktaufstellung** als Auflösung einer **versehentlichen Aufstellung.** Das Konzept der versehentlichen Aufstellung (vgl. auch Varga von Kibéd u. Sparrer 2000) basiert auf der Beobachtung, dass unter bestimmten Voraussetzungen auch im Alltag aufstellungsähnliche Abläufe stattfinden. Jede Aufstellung setzt voraus, dass jemand die Perspektive des Aufstellenden einnimmt. In manchen Alltagssituationen finden wir diese Perspektive vor, wenn eine Person in einer Gruppe in den Mittelpunkt gerät. Dies ist z. B. bei Familienfesten und manchen Gruppenveranstaltungen der Fall. Bei diesen sind alle Beteiligten wie bei einer Aufstellung oft auf eine Person, z. B. die Veranstalterin, die Vortragende … ausgerichtet. Für diese im Mittelpunkt stehende Person kann nun versehentlich, das heißt, ohne dass sie Personen aufstellt, eine Aufstellung erfolgen. Die Teilnehmer rutschen dann gewissermaßen in diejenigen Stellen des Familiensystems der im Mittelpunkt stehenden Person hinein, bei denen Familienmitglieder mit besonderen Verstrickungen belastet sind. Personen tragen dann quasi ihr ganzes Familiensystem um sich. Die Stellen, an denen sich Ausgeschlossene befinden würden, sind leer und ziehen gewissermaßen Fremde an. Diese können, ohne dass sie etwas tun, dort hineinrutschen.

Wenn wir von diesem Konzept ausgehen, dann können wir manche sonst unverständlichen Zwischenfälle in Gruppen besser verstehen. Manchmal geschieht es bei solchen Veranstaltungen, dass jemand sich plötzlich ohne Anlass völlig anders als „normal" verhält und eine Person aus dem Familiensystem der Hauptperson zu repräsentieren beginnt. Die Teilnehmer sind dann häufig ganz entsetzt über das Verhalten, und es entsteht ein Streit, bei dem niemand so recht weiß, was eigentlich los ist. Situationen, die aus dem Kontext herausfallen, die aus der momentanen Lage nicht verständlich sind, bei denen es „spukt" und bei denen die Akteure selbst nicht verstehen, wieso sie so handeln, wie sie handeln, sind aus unserer Sicht häufig versehentliche Aufstellungen bzw. in nützlicher Weise als solche rekonstruierbar. Solche versehentlichen Aufstellungen ereignen sich wahrscheinlich im Ansatz fast ständig, doch im Allgemeinen löschen sich die verschiedenen Aufstellungen gegenseitig analog zum informationstheoretischen Rauschen. Nur bei Situationen, bei denen eine Person im Mittelpunkt steht, ist alles auf diese ausgerichtet. Dadurch, dass häufig auch aus ihrer Perspektive erlebt wird, ist der Raum um sie für das Auftreten einer versehentlichen Aufstellung gewissermaßen aufgeladen.

Der Vorgang bei einer versehentlichen Aufstellung unterscheidet sich vom Prozess der **Übertragung** dadurch, dass bei der versehentlichen Aufstellung andere Personen in das Familiensystem hineinrutschen und zu RepräsentantInnen von ausgeschlossenen Familienmitgliedern werden, während bei der Übertragung die Hauptperson in anderen Personen Familienmitglieder sieht. Der Prozess der versehentlichen Aufstellung geschieht passiv, während bei der Übertragung die Hauptperson auf andere ein Bild projiziert. Bei der versehentlichen Aufstellung beginnt der Betroffene, eine ausgeschlossene Person aus dem fremden System zu repräsentieren, bei der Übertragung wird in den Betroffenen eine andere Person hineinprojiziert, ohne dass sich sein Verhalten ändern würde. Bei der versehentlichen Aufstellung hingegen verändert der Betroffene sein Verhalten. Dieser Prozess ist also ähnlicher dem Prozess der Gegenübertragung.

Eine solche versehentliche Aufstellung kann aufgelöst werden, indem der abgelaufene Konflikt aufgestellt wird; das heißt, die am Konflikt beteiligten Personen werden nachträglich explizit aufgestellt. In der Aufstellung wird dann sichtbar, ob jemand eine andere Person repräsentierte bzw. ob die Konfliktsituation nützlicherweise so rekonstruiert werden kann, dass sie zu einer Auflösung gelangt. Konflikte, die unerklärlich oder absurd erscheinen, könnten häufig eine versehentliche Aufstellung sein. Es lohnt sich dann oft, eine derartige Hypothese mit einer Konfliktaufstellung zu überprüfen.

In unserem Fallbeispiel liegen zwei Hypothesen nahe. Die Klientin könnte in das System ihrer Freundin hineingerutscht sein und eines ihrer Familienmitglieder zu repräsentieren begonnen haben. Die Gefühle, die sie zu der Freundin hat, wären dann Gefühle, die nicht zu ihr passen, sondern den Gefühlen der Person, die sie für die Freundin repräsentiert, entsprechen. Ebenso kann die Freundin in das System der Klientin hineingerutscht sein und eine wichtige ausgeschlossene Person für die Klientin repräsentieren. Mit einer Konfliktaufstellung versuche ich, diese Hypothesen zu überprüfen.

Th.: Was hat sich für dich, seit wir uns das letzte Mal sahen, geändert?
Kl.: Zunächst gab mir das ganz viel Kraft; ich konnte mit meiner Freundin Klartext reden. Was mir jetzt schwer fällt, ist, dass wir uns nicht mehr ansehen; wir gehen uns aus dem Weg.
Th.: Nach einer Trennung ist das nicht so ungewöhnlich.
Kl.: Ja, aber ich habe das Gefühl, irgendwas ist noch ungeklärt, sonst könnte man wieder reden miteinander; wir würden uns nicht mehr aus dem Weg gehen.
Th.: Wenn alles geklärt ist, was wäre dann anders?
Kl.: Wir könnten uns wieder begrüßen. Ich würde ihr nicht mehr aus dem Weg gehen; wir könnten wieder normal miteinander reden.
Th.: Schaun wir mal, was noch zwischen euch ungeklärt ist. Wir machen jetzt eine Konfliktaufstellung. An dem Konflikt wart nur ihr beiden beteiligt?
Kl.: Ja.
Th.: Dann such aus der Gruppe jemanden für dich aus und jemanden für deine Freundin, und stell beide auf.

Die Klientin wählt aus der Gruppe zwei Teilnehmerinnen aus und stellt sie auf. Wir erhalten folgendes Bild.

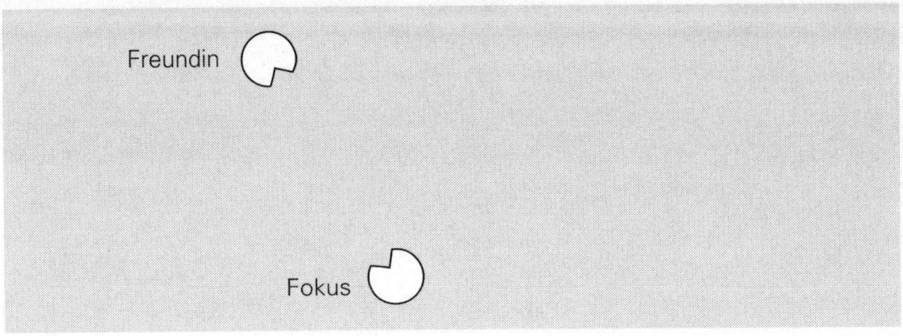

Abb. 45

Th.: Wie geht es dem Fokus?
Fokus: Ich fühle mich beeinträchtigt von der *Freundin*. Sie zieht mich irgendwie an, aber ich will nicht hin zu ihr. Irgendetwas ist zwischen uns.
Th.: Wie geht es der *Freundin*?
Freundin: Ich fühle mich von ihr nicht beachtet, irgendwie im Stich gelassen, — ich grolle ihr.
Th. zur Klientin: Ist das Bild für dich stimmig?
Kl.: Sehr.

Zur Prüfung der Hypothese, ob die Freundin für den Fokus eine Person repräsentiert, hält die Therapeutin hinter den Kopf der *Freundin* ihre kataleptische Hand und bittet den Fokus zu beobachten, ob sich etwas ändert, wenn die kataleptische Hand für ihn sichtbar wird. Die Therapeutin fordert die *Freundin* auf, sich langsam nach links zu bewegen, damit die kataleptische Hand für den Fokus sichtbar wird.

Th.: Ändert sich für dich etwas, wenn die *Hand* sichtbar wird?
Fokus: Die *Hand* ist für mich wichtiger als die *Freundin*.
Th. zur Klientin: Such dir jemanden aus, der oder die das repräsentiert, *was für den Fokus auftaucht*, und stell den Repräsentanten an die Stelle der *kataleptischen Hand*.

Die Klientin befolgt die Anweisungen, sucht eine Repräsentantin aus und stellt diese auf. Wir erhalten folgendes Bild:

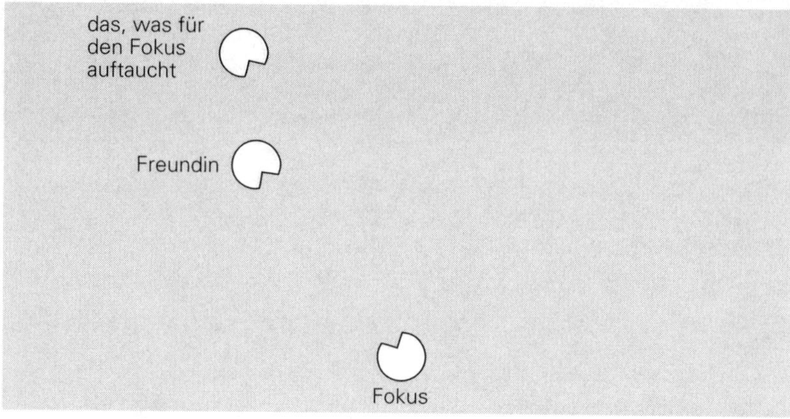

Abb. 46

Th. zu Fokus: Sag zu *dem, was für dich aufgetaucht ist* Folgendes: „Für mich gehörst du dazu, auch wenn ich nicht genau weiß, wer du bist. Ich achte dich, und du hast einen Platz in meinem Herzen".

Der Fokus wiederholt Satz für Satz.

Th.: Was ändert sich für dich?
Fokus: Es tut mir gut, sie zu sehen. Ich habe viel Mitleid mit ihr.

Die Therapeutin gibt dem Fokus ein Kissen in die Hand und fordert ihn auf, zu sagen: „Das habe ich für dich getragen, — aus Liebe, — und auch wenn es mir schwer fällt, gebe ich das an dich zurück, da es nicht zu mir gehört." Anschließend wird der Fokus gebeten, das Kissen vor die Füße von *das, was für den Fokus auftauchte* zu legen. Der Fokus wiederholt die Sätze und legt das Kissen vor die Füße von *das, was für den Fokus auftauchte.*

Th.: Was hat sich für dich geändert?
Fokus: Es geht mir viel besser. Ich kann auch wieder zur *Freundin* blicken.
Th.: Wie geht es *dem, was für den Fokus aufgetaucht ist?*
Das, was für den Fokus aufgetaucht ist: Zu mir gehört diese Last auch nicht.
Th.: Dann sag zum *Fokus:* „Dies gehört nicht zu dir und auch nicht zu mir. Ich lege es an den rechten Platz." Drehe dich danach um, und lege das Kissen dorthin, wo du spürst, dass es passend ist.

Das, was für den Fokus aufgetaucht ist wiederholt die Sätze zum Fokus und legt das Päckchen rechts hinter sich. Danach stellt sich die Repräsentantin wieder an ihren Platz und lächelt entspannt.

Th.: Wie geht es jetzt dem Fokus?
Fokus: Das ist gut für mich.

Jetzt wird noch überprüft, ob die Klientin auch für die Freundin jemanden vertritt. Dazu hält die Therapeutin wieder ihre kataleptische Hand hinter den Fokus und bittet die Repräsentantin der Freundin zu beobachten, ob sich etwas für sie ändert, wenn die kataleptische Hand sichtbar wird. Die Therapeutin bittet den Fokus, sich langsam nach links zu bewegen, sodass die kataleptische Hand für die *Freundin* sichtbar wird. Auf diese Weise werden Fokus und von ihm repräsentierte Person durch zwei RepräsentantInnen vertreten: den Fokus und die *kataleptische Hand.*

Th.: Ändert sich für dich etwas, wenn die *Hand* sichtbar wird?
Freundin: Ich werde ganz magisch von ihr angezogen, der Fokus interessiert mich immer weniger.

Die Therapeutin wählt aus der Gruppe eine Repräsentantin für *das, was hinter dem Fokus aufgetaucht ist* und stellt die Repräsentantin an die Stelle, wo vorher die *Hand* war.

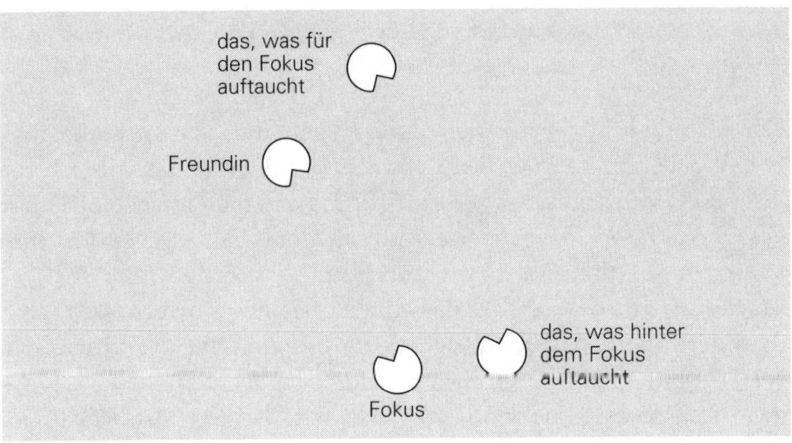

Abb. 47

Th. zur Klientin: Es ist, als ob du für deine Freundin jemanden aus ihrem System repräsentiert hast; so als ob du gewissermaßen in ihr Familiensystem hineingerutscht bist.
Th. zum Fokus: Was hat sich für dich verändert?

Fokus: Ich fühle mich befreit, wie eine Last, die abfällt. Es ist jetzt viel leichter, zur *Freundin* zu sehen; es fehlt diese Anziehung.
Th. zur Freundin: Wie geht es dir jetzt?
Freundin: Mich interessiert *das, was hinter dem Fokus aufgetaucht ist.* Der Fokus ist nicht mehr so wichtig für mich; — der Groll ist auch nicht mehr so stark.
Th. zur Klientin: Geh mal an die Stelle des Fokus.

Der Fokus entrollt sich, und die Klientin geht an seine Stelle.

Th.: Wie geht es dir jetzt dort?
Kl.: Erleichtert, — so als ob etwas von mir abgefallen wäre. Ich kann die *Freundin* jetzt mit anderen Augen sehen. *Das, was dahinter aufgetaucht ist* zu sehen, tut mir gut. Von dort kommt viel Wohlwollen.
Th.: Sag zur *Freundin:* „Du hast mich verwechselt. Es tut mir Leid, dass ich dich so verletzt habe. Auch ich habe in dir jemand anderen gesehen. Vielleicht können wir uns jetzt auf neue Art begegnen."

Die Klientin wiederholt die Worte zur *Freundin.*

Th.: Wie geht es der *Freundin* jetzt?
Freundin: Es tut mir gut, dass sie das gesagt hat. Ich brauche noch etwas Zeit, um ihr neu begegnen zu können.
Th. zur Klientin: Nimm jetzt dieses Bild, und vertraue es deinem Unbewussten an, und lass dich überraschen, was sich ändert.

Der Klientin kommen Tränen in die Augen, und sie nimmt das Bild. Drei Wochen später ruft die Klientin an und erzählt, dass sie sich von ihrer Freundin nun lösen konnte. Ihre Freundin habe sich noch nicht von ihr ablösen können. Sie vermutet, dass sie die Mutter ihrer Freundin vertritt und ihre Freundin eine wichtige Frau für ihre Mutter vertritt. Sie erzählt, dass die Aufstellung ihr geholfen habe, dass der innerliche Schrei, den sie empfunden hat, verschwunden sei. Sie spüre nun keinen Riss mehr in sich. Auch glaube sie nicht, dass sie lesbisch sei, sondern eher bisexuell. Dadurch löste sich für sie auch ihre Unsicherheit bezüglich Peter. Als weitere Verbesserung zählt sie auf, dass die vermehrte Arbeit sie nicht körperlich belastet, sondern im Gegenteil ihr vermehrte Kraft gibt, die sie vor allem in ihrem Unterleib spürt. Sie erwähnt auch, dass der freundliche Blick ihrer Urgroßmutter im Rücken sie weiterhin stärke.

VII.4 Fallbeispiel 3: Die Zielannäherungsaufstellung als Metaaufstellung – „Die Wichtigkeit dessen, was stattdessen da ist"

In der folgenden Aufstellung wird die Zielannäherungsaufstellung als Metaaufstellung verwendet, das heißt, ihre Struktur wird genutzt, um eine andere Aufstellungsart zu unterstützen. Diese zweite Aufstellungsart nimmt die Koordinaten der ersten als Hilfe, das konkrete Ziel des Klienten zu symbolisieren. Der Rahmen der Zielannäherungsaufstellung unterstützt die Lösungsfokussierung und den Prozess der Zielannäherung. Zur Kombination eignet sich eine eher problemorientierte Aufstellungsart, da dann die Vorteile des lösungsfokussierten und des problemorientierten Vorgehens zusammentreffen. Das folgende Beispiel ist eine Kombination von Zielannäherungsaufstellung und Familienaufstellung. Der Nutzen dieser Kombination wird hier besonders deutlich werden.

Die Aufstellung fand innerhalb einer meiner Selbsterfahrungsgruppen statt. (Im Folgenden wird „Therapeutin" wieder abgekürzt mit „Th." und „Klient" mit „Kl." Die Bezeichnungen für RepräsentantInnen sind wieder kursiv gedruckt.)

Th.: Was ist im Moment dein Anliegen?
Kl.: Es geht mir inzwischen schon besser, aber ich habe immer wieder Schwierigkeiten, das zu tun, was mir gut tut. Obwohl ich oft weiß, was ich tun müsste, damit es mir besser geht, tue ich das nicht. Ich versteh das oft selber nicht.
Th.: Was wäre anders, wenn du das machst, was für dich gut ist?
Kl.: Dann wäre ich fröhlicher und erfolgreicher. Mir ginge es einfach gut.
Th.: Wie würden andere auf so eine Veränderung reagieren?
Kl.: Die würden sagen: „Na, endlich, wir wussten, was in ihm steckt."
Th.: Gibt es Leute, die negativ reagieren würden?
Kl.: Nein, bisher nicht. Ich habe ja schon einen ersten Schritt in diese Richtung getan.
Th.: Spielt in deiner Familie das Thema Schuld eine Rolle?
Kl.: — Ja, mein Großvater war bei der SS.
Th.: Suche jetzt jemanden aus für dich, dein Ziel, wie möchtest du es nennen?
Kl.: Freude.
Th.: Und such jemanden für deinen Großvater aus, und stelle sie anschließend auf.

Der Klient wählt die drei Personen aus der Gruppe aus und stellt sie auf.

Th.: Beginne mit dir selbst. Berühre deinen Repräsentanten mit beiden Händen am Rücken, atme gut durch, und spüre, wie deine Füße den Boden berühren. Lass dich von deinen Händen führen, und folge der Bewegung, die von selbst entsteht.

Der Klient stellt seinen Repräsentanten auf.

Th. zum Klienten: In welche Richtung liegt für dich die Zukunft und wo die Vergangenheit und wo die Gegenwart?

Der Klient deutet in die Richtung hinter und vor sich und bezeichnet die jetzige Stellung als Gegenwart.

Th.: Stelle jetzt dein Ziel und deinen Großvater.

Der Klient stellt beide auf, und wir erhalten folgendes Bild:

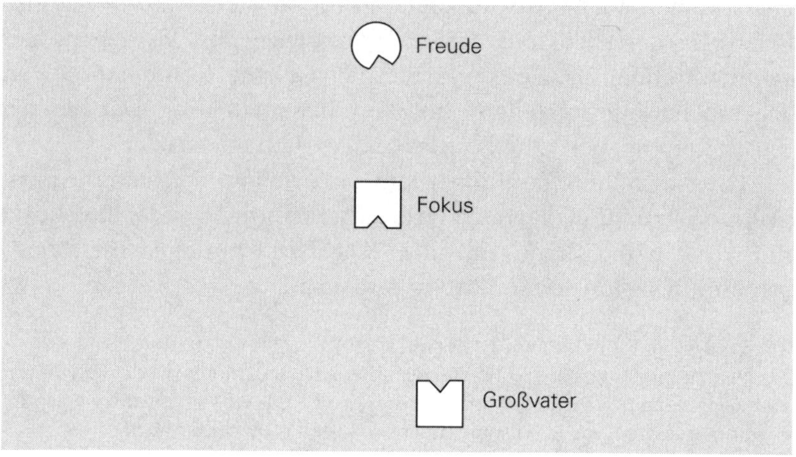

Abb. 48

Das Bild zeigt, dass der Klient der Vergangenheit zugewandt ist und sein *Ziel* gar nicht sieht. So wird verständlich, wieso er nicht macht, was ihm gut tut. Die Vergangenheit bannt ihn.

Th. zum Klienten: Kein Wunder, dass es dir schwer fällt, dein Ziel zu verfolgen.
Th. zum Fokus: Wie geht es dir?
Fokus: Nicht gut. Ich fühle mich ganz schwer und spüre eine Kälte.
Th.: Wie geht es der *Freude*?
Freude: Ich fühle mich ganz unbeteiligt.
Th.: Wie geht es dem *Großvater*?
Großvater: Ich fühle mich mächtig.
Th. zum Klienten: Wähle noch zwei Repräsentanten für die Opfer aus, und stelle sie dazu.

Der Klient kommt der Aufforderung der Therapeutin nach. Als er die beiden *Opfer* dastehen sieht, kommen ihm die Tränen.

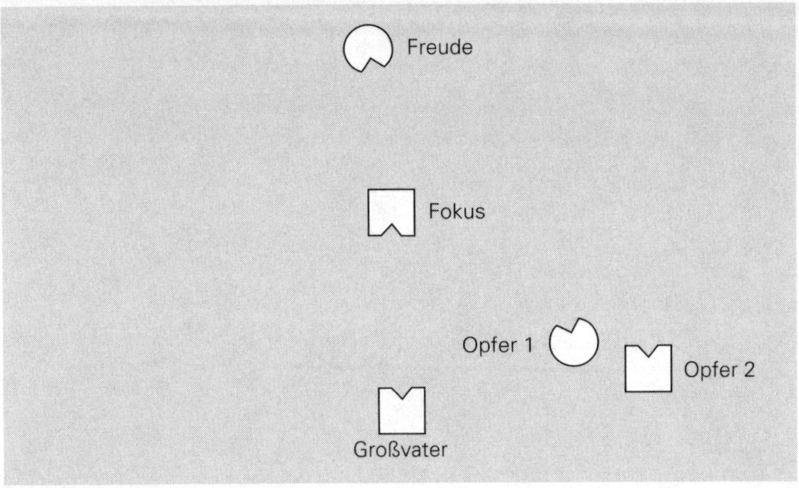

Abb. 49

Th.: Was verändert sich für den Fokus?
Fokus: Es wird schwerer, aber es tut auch gut, die *Opfer* zu sehen.
Th.: Wie geht es dem *Großvater?*
Großvater: Es wird schwerer für mich, ich fühle mich steif.
Th.: Wie geht es den *Opfern*?
Opfer 1: Ich fühle mich zu ihm hingezogen (*Opfer 2*) und möchte hier weg.
Opfer 2: Ich fühle mich mit ihm (*Opfer 1*) verbunden, sonst geht es mir hier schlecht.
Th.: Großvater und *Opfer* können jetzt zur Tür hinausgehen.

Großvater und *Opfer* verlassen den Raum.

Th.: Was hat sich verändert?
Fokus: Es ist etwas leichter, aber hier ist jetzt ein Loch.
Freude: Ich kann aufatmen.

Therapeutin holt *Großvater* und *Opfer* wieder in den Raum. Der Klient verfolgt die Szene ganz gebannt, er ist sehr gerührt.

Th.: Wie ging es euch da draußen?
Großvater: Besser.
Opfer 1: Auch besser.
Opfer 2: Ebenfalls besser.

Die Therapeutin führt *Großvater* und *Opfer* wieder in den Raum und weist sie an, sich nebeneinander auf eine Decke hinzulegen. Alle drei machen das. Der Klient beginnt zu weinen.

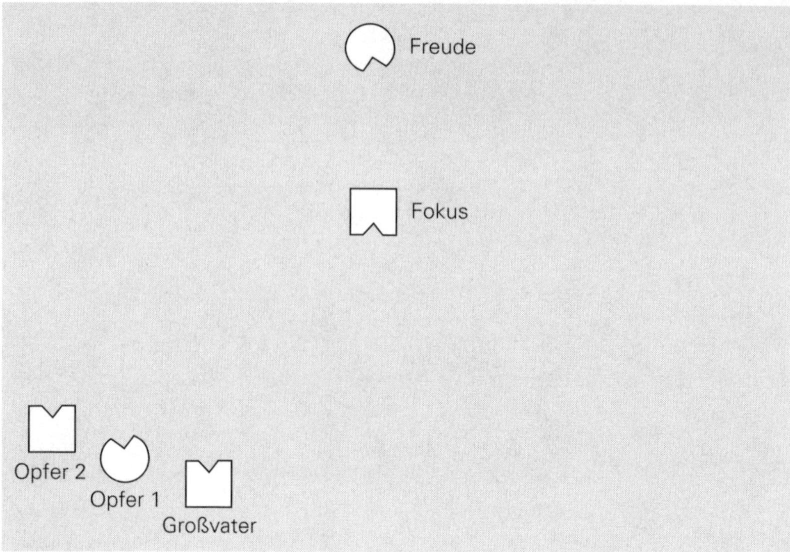

Abb. 50

Th.: Wie geht es jetzt dem *Großvater*?
Großvater: Es gibt mir Ruhe, wenn ich hier liege.
Th.: Wie geht es den *Opfern*?
Opfer 1: Es fühlt sich hier friedlich an.
Opfer 2: Für mich auch.
Th.: Wie geht es dem Fokus, wenn er das sieht?
Fokus: Das berührt mich sehr, es macht mich ruhiger.
Th.: Nimm dieses Kissen als Symbol für die Belastung, die du über deinen Großvater bekamst, und gib ihm das Kissen zurück. Sag ihm jetzt zunächst folgende Worte: „Du bist mein Großvater, und über dich bleibe ich mit meiner Linie verbunden."

Der Fokus wiederholt die Worte.

Th.: Diese Last bekam ich über dich. Sie gehört ganz dir. Ich habe damit nichts zu tun. Ich gebe dir das deine jetzt zurück, ganz.

Der Fokus wiederholt die Worte und legt das Kissen auf den liegenden *Großvater* und geht wieder an seinen Platz zurück.

Th.: Sag jetzt zu den *Opfern:* „Ich habe mit euch gefühlt und mir einiges in meinem Leben versagt, zum Beispiel glücklich zu sein. Aber ich lasse auch euch jetzt euer Schicksal und achte euch jetzt auf andere Weise, nämlich indem ich es mir gut gehen lasse und etwas mache aus meinem Leben. Und ich werde euch etwas widmen.

Der Fokus wiederholt die Worte ganz gerührt. Dem Klienten steigen auch Tränen in die Augen.

Th. zum Fokus: Wie geht es dir jetzt?
Fokus: Sehr erleichtert.
Th.: Wie geht es dem *Großvater*?
Großvater: Das ist in Ordnung mit der Last. Die gehört zu mir.
Th.: Sag zum *Fokus:* „Lass das bei mir, und gehe du deinen Weg."

Der *Großvater* wiederholt diese Worte zum Fokus.

Th.: Wie geht es den *Opfern*?
Opfer 1: Er hat mit unserem Schicksal nichts zu tun, er soll sich nicht einmischen.
Opfer 2: Das ist nicht so wichtig für mich.
Th. zum Fokus: Wie geht es dir jetzt?
Fokus: Ich bin erleichtert, aber ich hab jetzt nichts mehr. Irgendwie war es leichter, die Last zu tragen. Jetzt hab ich gar nichts mehr. Irgendwie möchte ich die Last zurück.

Die Therapeutin dreht den Fokus um 180 Grad, sodass er auf sein *Ziel* schaut.

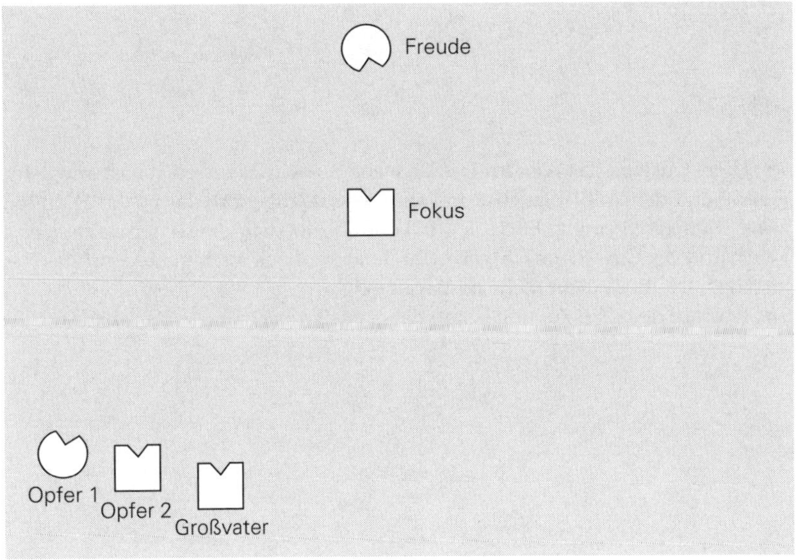

Abb. 51

Fokus: Ja, jetzt wird es besser. Da ist etwas.
Th.: Geh mal einen Schritt auf dein *Ziel* zu.
Fokus: Ich kann nur im Bogen gehen.
Th.: Das ist auch in Ordnung. Nicht immer gehen wir den geradlinigen Weg.

Der Fokus macht einige Schritte auf das *Ziel* zu. Die Therapeutin nimmt ein Gruppenmitglied und stellt dieses als *Wunder* dazu.

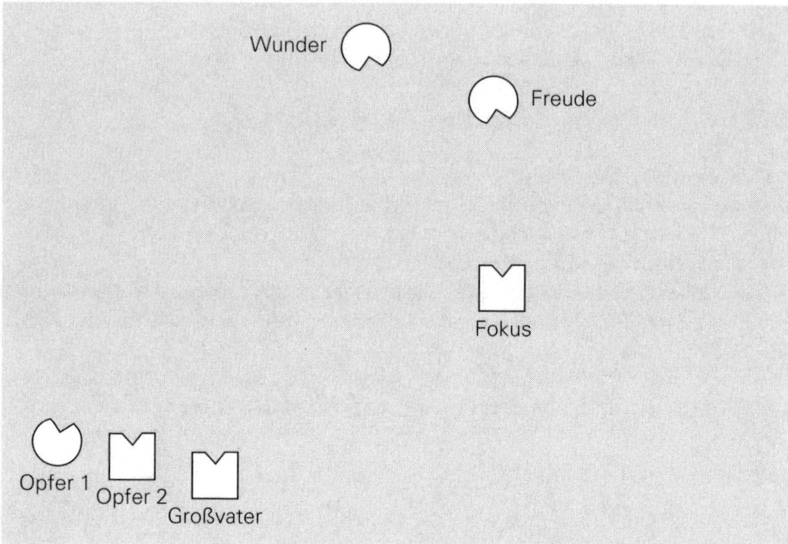

Abb. 52

Th.: Hier steht jetzt das *Wunder.* Das ist, wenn du dein *Ziel* erreicht hast und deine Freude und deinen Erfolg lebst und alles, was dazugehört, das ist das Wunder.
Fokus: Das ist ja unglaublich. Ich bekomme plötzlich eine Energie und eine Lebensfreude. Das kenne ich gar nicht. Jetzt kann ich auch gerade auf das *Ziel* zugehen. Ich muss nicht mehr im Bogen gehen.
Th.: Geh auf dein *Ziel* zu, und schau dabei das *Wunder* an.

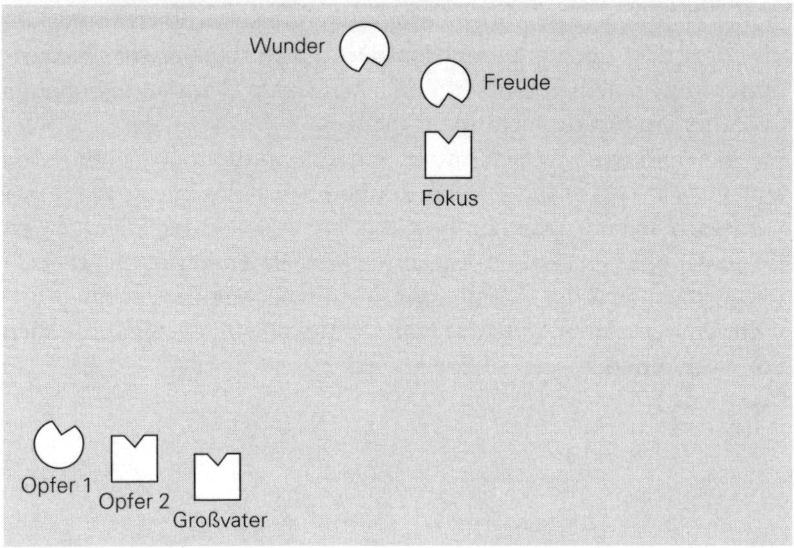

Abb. 53

Der Fokus geht auf das *Ziel* zu, bis er vor ihm steht, und berührt das *Wunder,* das seine Arme nach ihm ausstreckt. Dem Fokus steigen Tränen in die Augen, dem Klienten ebenfalls. Die Therapeutin fordert den Klienten auf, an seine Stelle in der Aufstellung zu treten. Er macht dies und strahlt an seinem Platz.

Th.: Nimm das Bild jetzt so in dir auf. Du kannst immer wieder an diesen Ort zurückkehren und Kraft schöpfen.

Bei dieser Aufstellung wurde sichtbar, wie wichtig es ist, dass statt des Leidens, der Last etwas Neues da ist. Sonst besteht die Gefahr, dass der Klient wieder in sein altes Muster verfällt. Aus diesem Grund verbinde ich jetzt fast immer Familienaufstellungen mit Zielannäherungsaufstellungen.

Ein weiterer Punkt, der hier gut sichtbar wurde, ist, dass bei Tätern in der Familie sowohl die Abgrenzung wie auch die Einbeziehung als Verbindung zur Linie wichtig ist. Ich habe erlebt, wie in Familienaufstellungen nur die Abgrenzung mit „den Täter ziehen lassen" betont wurde und die Klientin anschließend die Verbindung zu einer Linie ihrer Ahnen verlor. Die Einbeziehung mit „über dich bleibe ich mit meinen Ahnen verbunden“ weist auf einen Tatbestand hin, der nicht geleugnet werden darf. Auch die Verwandtschaftsbeziehung zu dem Täter bleibt. „Ziehen lassen“ kann *nicht* bedeuten „von nun an bist du nicht mehr mein …“.

Aufstellungen weisen immer wieder darauf hin, was wir beachten müssen. An ihren Folgen können wir ablesen, ob wir etwas vergessen haben. Dies kann später ergänzt werden. Dies ist ein Gesichtspunkt, unter dem es sinnvoll ist, als Therapeutin zu erfahren, wie es nach der Aufstellung weitergegangen ist. Niemand ist vollkommen, daher kann die Notwendigkeit einer Nacharbeit nicht von vornherein ausgeschlossen werden.

VIII. Die Lösungsaufstellung

Die Lösungsaufstellung entwickelte ich, um eine direkte Übertragung von der SFT in die Aufstellungsarbeit zu erhalten. Hier kann gesehen werden, welcher qualitative Aspekt zum lösungsfokussierten Interview hinzukommt, wenn Teile, wie Lösungen in der Gegenwart, in der Vergangenheit und Lösungen in der Zukunft, aufgestellt werden. Es ist sinnvoll, vor einer solchen Aufstellung ein lösungsfokussiertes Interview durchzuführen, denn zum einen weiß die Klientin dann, was sie sich unter den einzelnen Teilen vorstellen kann, und zweitens wird so der ergänzende Aspekt der Aufstellung deutlicher.

In der Aufstellung können ausgeschlossene Personen auftauchen, die im vorangehenden Interview nicht vorkamen. KlientInnen erinnern sich oft erst während der Aufstellung an ausgeschlossene Personen. Manchmal sind es auch die RepräsentantInnen, die auf Ausgeschlossene hinweisen, indem sie Lücken wahrnehmen oder Kälteschauer empfinden. Dies bedeutet, dass die Erinnerung an Ausgeschlossene oft erst durch den Vollzug der Aufstellung möglich wird.

Es bleibt noch die Frage offen, ob der Einbezug solcher auftauchender Ausgeschlossener notwendig für die Lösung des Problems ist. Eine Vielzahl von Experimenten und praktischen Anwendungen in Therapieverläufen hat mich zu der Annahme geführt, dass Aufstellungen die Lösung erleichtern und beschleunigen. Die Durchführung der Aufgaben und das tägliche Üben hilft den KlientInnen, ihre Zielrichtung beizubehalten. Hier wird durch Handeln und Üben die Energie für die Zielerreichung gewonnen. Die Aufstellung unterstützt den Zielerreichungsprozess durch eine Haltungsänderung. Eine Haltungsänderung finden wir natürlich auch in der SFT, nämlich durch die Beantwortung der Wunderfrage. Hier kann eine Antwort nur gefunden werden, wenn die Klientin ihre Haltung der Problemorientierung in die der Hoffnung und der Dankbarkeit ändert. Meist ist die Aufstellungserfahrung der Vorstellung des Wunders jedoch an Intensität überlegen.

Ich habe in den vorangehenden Kapiteln die lösungsfokussierten Systemischen Strukturaufstellungen, angefangen von der komplexesten zur einfachsten, dargestellt. Betrachten wir den umgekehrten Weg:

Die Lösungsaufstellung enthält keine Zeitlinie, sondern bewegt sich im zeitlosen Raum (wie bei der Familienaufstellung). Allerdings ist die Zeitlinie implizit enthalten. Wenn wir den Fokus zum Schluss auffordern, auf sein Ziel zuzugehen, verhalten wir uns dabei so, als ob eine Zeitlinie zwischen Fokus und Ziel aufgespannt wäre. Durch die Aufforderung, auf sein Ziel zuzugehen, installieren wir implizit eine Zeitlinie, und es ergibt sich ein natürlicher Strukturebenenwechsel zur Zielannäherungsaufstellung.

Auch von der Zielannäherungsaufstellung lässt sich ein natürlicher Übergang zur Neunfelderaufstellung vollziehen. Neben der Zeitlinie der Zielannäherungsaufstellung finden wir häufig bereits implizit rechts und links davon den externen und internen Kontext. Diese Bereiche ließen sich, indem man sie benennt, sofort installieren.

VIII.1. Teile der Lösungsaufstellung

Die Lösungsaufstellung besteht aus Teilen des lösungsfokussierten Interviews. Im Gegensatz zu Zielannäherungsaufstellung und Neunfelderaufstellung hat sie keine Zeitlinie. Ihr fehlt damit der zeitliche und dynamische Aspekt. Es wird ein synchrones Bild konstruiert, das auf die Reihenfolge der Ereignisse im System höchstens indirekt Beziehung nimmt. In dieser Hinsicht ähnelt die Lösungsaufstellung der Familienaufstellung, da auch hier Teile der Gegenwartsfamilie und der Ursprungsfamilie, Verstorbene, Lebende und manchmal frühere PartnerInnen aufgestellt werden.

In einer Lösungsaufstellung werden folgende Teile aufgestellt:

- der Fokus (Repräsentantin der Klientin),
- das Ziel,

- die Ausnahmen,
- das Wunder und
- der Kontext des Wunders.

Diese fünf Teile sind alle RepräsentantInnen im engeren Sinne. Sie können als Koordinaten, auf denen sich das Problem zeigt, aufgefasst werden. In ihrer Anordnung zueinander können wir die Beziehungsstruktur zwischen Fokus, Ziel, Ausnahmen, Wunder und seinem Kontext erkennen. Welcher Teil des Problems auf welchen der Teile der Lösungsaufstellung abgebildet wird, lässt sich im Voraus nicht sagen. In dieser Hinsicht ist die Lösungsaufstellung nicht kanonisch – es gibt keine mechanische Übersetzung.

Wie in Zielannäherungsaufstellung und Neunfelderaufstellung werden Fokus und Ziel aufgestellt. Da die Zeitlinie fehlt, sagt der Platz, an den das Ziel gestellt wird, nichts darüber aus, ob das Ziel von der Klientin in der Zukunft oder in der Vergangenheit gesehen wird.

Der Kontext des Wunders sollte zusätzlich zum Wunder aufgestellt werden, da sich sonst die Inhalte des Wunders und die Reaktionen der Umgebung auf das Wunder vermischen. Um die spezifische Qualität des Wunders zur Geltung zu bringen, muss man hier zwischen Wunder und Kontext unterscheiden. Im Kontext des Wunders können insbesondere Hindernisse für die Zielerreichung oder auch der Nutzen, den die Nichtlösung des Problems mit sich bringt, auftauchen.

In den Ausnahmen können sich manchmal traumatische Ereignisse zeigen. Für die Repräsentantin der Ausnahmen können z. B. Imaginationen oder Gedanken auftauchen, die die Klientin an eine spezifische Situation erinnern können. Wir haben es hier mit **evolutionären RepräsentantInnen** zu tun (ausführlicher III.1.1.2.3), die aus dem Erwachsenenalter zeitlich regredieren können in ein Alter, in dem sich eine traumatische Situation für die Klientin ereignete. Sie repräsentieren dann für die Klientin sowohl das Erwachsenen- wie auch das entsprechende Kindesalter und gehören damit zur Gruppe der **ambigen Repräsentanten** (siehe III.1.1.2.3). Häufig stellen die Ausnahmen jedoch Ressourcen dar – so z. B. im anschließenden Fallbeispiel.

Bei den Systemischen Strukturaufstellungen werden zusätzlich zu den Bezeichnungen abstrakter Teile, wie „Ziel“ und „Ausnahmen", noch jeweils diesen Teilen konkrete Rufnamen gegeben, wie z. B. „Erfolg" und „Arbeitssituation". Dies erleichtert der Klientin den Transfer der Aufstellung in ihre konkrete Situation.

Dass bei der Lösungsaufstellung zunächst Lösungen aufgestellt werden, heißt nicht, dass im ersten Bild bereits die Lösung dasteht, sondern dass die Lösungen in ihrer problemverzerrten Version im ersten Bild gestellt werden. Erst durch Umstellungen und Ritualarbeit gelangen wir zu einer Lösung.

Bei welchem der fünf Teile der Lösungsaufstellung Ausgeschlossene auftauchen, ist auch nicht durch die Aufstellungsart festgelegt. Von Aufstellung zu Aufstellung können sie in verschiedenen Teilen zum Vorschein kommen. Die folgenden Beispiele zeigen verschiedene Arten von Lösungsaufstellungen und sind nicht prototypisch. Lösungsaufstellungen sind einander oft sehr unähnlich. Hilfen für Umstellungen ergeben sich eher aus der Grammatik anderer Systemischer Strukturaufstellungen, z. B. der Problemaufstellung, der Zielannäherungsaufstellung und der Glaubenspolaritätenaufstellung. Mein Motiv für die Entwicklung der Lösungsaufstellung war eine leichtere und fruchtbare Vergleichbarkeit von SFT und Aufstellungsarbeit und zunächst nicht die Entwicklung einer neuen Form einer Systemischen Strukturaufstellung. Die Lösungsaufstellung erweist sich häufig sehr nützlich als eine knappe und prägnante Form.

VIII.2 Die Lösungsaufstellung als Ressourcenfeld

VIII.2.1 Ähnlichkeiten und Unterschiede zwischen Problem- und Lösungsaufstellung

In dem folgenden Fallbeispiel finden wir Ressourcen in den Ausnahmen vom Problem. Die Antwort auf die Wunderfrage hat Ähnlichkeiten mit der „zukünftigen Aufgabe" aus der Problemaufstellung. Diese Parallelen zur Problemaufstellung können helfen, Ideen für Interventionen zu finden. Wir erhalten auf diese Weise ein heuristisches Strukturanalogieschema für die Entwicklung von Interventionen.

Ein Unterschied zwischen Problemaufstellung und Lösungsaufstellung besteht darin, dass das Vorgehen bei der Lösungsaufstellung deutlicher der lösungsfokussierten Haltung entspricht als bei der Problemaufstellung und im Gegensatz zu dieser die Hindernisse (zumindest zunächst) nicht einmal erwähnt werden. Hindernisse können sich in der Beziehungsstruktur der Lösungsaufstellung zeigen. Sie sind also in der Lösungsaufstellung kein Systemelement, sondern zeigen sich in der Struktur, d. h., sie entstehen oder verschwinden während des Veränderungsprozesses als strukturelle Aspekte des Aufstellungsbildes und sind keine aufgestellten Systemelemente. Die Problemaufstellung ist dagegen näher an der Sprache der KlientInnen, was manchmal auch von Vorteil ist.

Da die Lösungsaufstellung im Gegensatz zur Problemaufstellung Hindernisse nicht als Systemelemente voraussetzt, hat sie schwächere Anwendungsprämissen als die Problemaufstellung. Dies trägt zu einer direkteren Zielannäherung bei. Der Vorteil einer Problemaufstellung liegt darin, dass die Klientin lernen kann, dass das, was sie als Hindernis sieht, sich in eine Ressource oder eine bislang nicht gesehene Hilfe verwandeln kann. Die Einsicht in diesen Umwandlungsprozess fehlt in dieser Ausführlichkeit bei der Lösungsaufstellung.

VIII.2.2 Fallbeispiel 1: Mehr Erfolg bei der Arbeit (Teil 1)

Herr P. nahm an einer meiner Gruppen für Aufstellungsarbeit teil; er hatte vor einem Jahr ein Geschäft eröffnet, das nur mäßig läuft. Er schilderte, dass er sehr viel grübele und sich selbst am Erfolg hindere. Mit einer Aufstellung wolle er herausfinden, was für ihn hilfreich wäre, um seinen Umsatz zu erhöhen. Es folgt das Vorinterview mit anschließender Aufstellung. (Statt „Therapeutin" steht im Folgenden wieder „Th." und statt „Herr P." „P.", die Bezeichnungen für RepräsentantInnen sind wieder kursiv gedruckt. In reinen Aufstellungsgruppen verwende ich die Du-Form, da der ständige Wechsel zwischen Sie und Du beim Interview und der Ritualarbeit verwirren kann.)

Th.: Was ist jetzt im Moment dein Anliegen?
P.: Ich möchte erfolgreicher werden. Etwa vor einem Jahr habe ich ein eigenes Geschäft aufgemacht, das aber nur sehr mittelmäßig läuft.
Th.: Was sagen andere dazu? Schätzen die auch ein, dass dein Geschäft eigentlich besser laufen müsste?
P.: Ja, an meinem Standort müsste ich erfolgreicher sein. Ich habe zuvor mit einem Freund dessen Geschäft mit aufgebaut, daher habe ich auch einen Vergleich. Vom Erfolg befinde ich mich vielleicht im unteren Drittel.
Th.: Hm.
P.: Ich habe auch den Eindruck, dass ich mich irgendwie selbst behindere, und das möchte ich mir mit einer Aufstellung ansehen.

Th.: Gibt es Ausnahmen? Läuft das Geschäft manchmal besser?
P.: Ja, es gibt Tage, da habe ich wesentlich mehr Kunden.
Th.: Was machst du an diesen Tagen anders?
P.: — Ich denk nicht so viel vor mich hin; — ich habe mehr Energie und ich bin irgendwie schneller; — ich bin auch nicht so müde wie sonst.
Th.: Und was ist statt der Müdigkeit da?
P.: Ich bin ausgeschlafen, — klar und — wach.
Th.: Machst du an diesen Tagen auch etwas anders?
P.: Ja, ich geh zwischendurch in die Natur. Mein Geschäft liegt in einer sehr schönen Gegend. — Ich könnte die Natur eigentlich öfter genießen, aber irgendwie vergesse ich das.
Th.: Was ändert sich für dich, wenn du in die Natur gehst?
P.: Ich komme auf andere Gedanken; — ich denke nicht ständig darüber nach, was ich noch tun müsste; — und ich erhole mich und komme mehr zu mir.
Th.: Und was ändert sich für dich dann noch?
P.: Ich schaffe dann viel mehr; — ich bin nicht ständig abgelenkt und — gelassener und dann auch effektiver.
Th.: Und was machst du dann in der Zeit, die du einsparst?
P.: Es kommen dann ja mehr Kunden, und ich habe zu tun. Wenn ich so in Fahrt komme, läuft es wie von selbst. Es ist, als ob durch den Erfolg die Arbeit selbst ins Rollen kommt.
Th.: Gibt es noch weitere Situationen, in denen die Arbeit so gut lief?
P.: — ja, wenn mir bewusst wird, wie gut ich es eigentlich habe, — ich meine, dass ich die Natur so in der Nähe habe — und auch das mache, was mir Spaß macht. Wenn ich mich daran erinnere, dann komme ich innerlich zur Ruhe. Manchmal wird mir das plötzlich bewusst, — so wie ein Aha-Erlebnis, und dann läuft die Arbeit.
Th.: Fallen dir noch weitere Situationen ein, in denen die Arbeit so gut läuft?
P.: — Nein, — ich glaube, das war das Wesentliche.
Th.: Gibt es irgendjemanden in deiner Familie, der nicht erfolgreich sein konnte?
P.: — Nein, da fällt mir niemand ein.
Th.: Gut, dann können wir mit der Aufstellung beginnen. Wähle zunächst aus der Gruppe jemanden für dich. — Steh auf, und sieh dich im Kreis um; manchmal geht es leichter im Stehen.

Herr P. wählt einen Repräsentanten für sich aus.

Th.: Nun such dir jemanden für dein Ziel aus. Wie möchtest du es nennen?
P.: „Erfolg".
Th.: Wähle nun jemanden für deinen „Erfolg" aus!

Herr P. Sieht sich im Kreis um und wählt einen Repräsentanten für seinen „Erfolg".

Th.: Als Nächstes wähle einen Repräsentanten oder eine Repräsentantin für die Ausnahmesituationen, in denen du bereits erfolgreich warst. Wie möchtest du die erste nennen?

P.: „Ausreichend Schlaf".
Th.: Nennen wir sie kurz „Schlaf", und du weißt, was für dich damit gemeint ist. Wähle nun einen Repräsentanten für „Schlaf". — Welchen Namen möchtest du der zweiten Ausnahmesituation geben?
P.: „Natur".
Th.: Gut. Und wie möchtest du die dritte nennen?
P.: „Erinnerung".
Th.: Was ist mit „Erinnerung" für dich verbunden?
P.: Wenn mir plötzlich bewusst wird, wie gut ich es eigentlich habe, bzw. ich wieder mehr zu mir finde. Das ist dann wie ein Aha-Erlebnis für mich.
Th.: Gut, dann wähle jetzt noch jemanden für „Natur" und für „Erinnerung", und stelle danach alle Repräsentanten auf. — Beginne mit dem Fokus (Repräsentant für Herrn P.). Geh hinter deinen Repräsentanten, — berühre ihn mit deinen Händen am Rücken, — achte auf deinen Atem, und spüre den Bodenkontakt mit deinen Füßen, — mach einen Schritt nach vorn, und folge der Bewegung, die entsteht.

Herr P. wählt seine Repräsentanten aus und stellt sie der Reihe nach auf. Wir erhalten folgendes Bild:

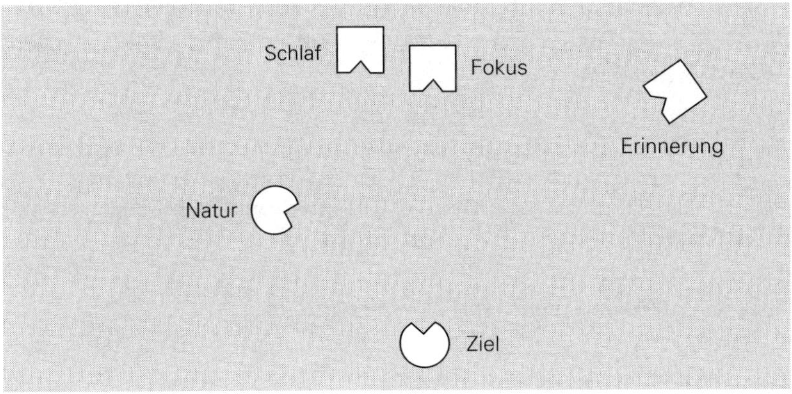

Abb. 54

Th.: Wie geht es dir, wenn du so das Bild von außen siehst?
P.: Ich bin überrascht, wie nah das *Ziel* ist und wie gut sichtbar.
Th.: Manchmal ist das *Ziel* näher, als man denkt. — Wie geht es dem Fokus?
Fokus: Ich sehe das *Ziel* und bin überrascht, wie nah es ist. Rechts fühle ich mich unterstützt vom *Schlaf*. Er dürfte noch etwas näher rücken.
Th.: Wenn das für den *Schlaf* auch o. k. ist, kann er etwas näher rücken.

Der *Schlaf* rückt noch etwas näher an den Fokus. Beide zeigen durch ein freundliches Nicken an, dass es so für sie besser ist.

Th.: Wie geht es dem *Schlaf*?
Schlaf: Ich bin gerne nah beim Fokus. Er beachtet mich nur zu wenig. Es kommt übrigens nicht auf die Schlafdauer an, es reicht, wenn ich tief und kurz bin. Aber er (Fokus) schenkt mir zu wenig Aufmerksamkeit. Er muss mich mehr wahrnehmen.
Th. zu P.: Stimmt das?
P.: Ja, genauso ist mein Verhältnis zum Schlaf. (Herr P. lächelt zustimmend.)
Th. zum Fokus: Sieh dich um zum *Schlaf*, nimm Blickkontakt auf, und lass dir von ihm über seine Augen geben.

Der Fokus dreht sich zum *Schlaf* um und blickt ihm in die Augen. Sie sehen sich längere Zeit an. Der Fokus reagiert angerührt.

Dies ist ein Ritual, das wir in den Systemischen Strukturaufstellungen oft verwenden, um Kontakt zwischen Systemelementen herzustellen oder von einem zu einem anderen Teil – meist einem hierarchisch niedrigeren – Energie fließen zu lassen. Dieses Ritual kann manchmal auch für „Das Nehmen von der Linie" (wenn in den Familienaufstellungen hinter die *Tochter* oder den *Sohn* die *Mutter, die Großmutter* usw. bzw. *Vater, Großvater* usw. gestellt werden) praktiziert werden.

Th.: Wenn es genug ist, kann der Fokus dies durch eine kleine Verneigung zum *Schlaf* andeuten und sich wieder umdrehen. — Wie geht es der *Natur*?
Natur: Ich bin einfach da; — von ihm (Fokus) fühle ich mich unbeachtet, — fast als ob ich überflüssig wäre.

Bei diesen Worten nickt Herr P. zustimmend.

Th. zu *P.:* Kommt dir das bekannt vor?
P.: Hm (lächelt).
Th.: Wie geht es der *Erinnerung*?
Erinnerung: Mir geht es nicht schlecht. Auch ich fühle mich zu wenig beachtet.
Fokus: Auch ihn (Repräsentant für die „Erinnerung") hätte ich gerne näher bei mir. Ich glaube, am besten wäre es, wenn er so wie der *Schlaf* hinter mir stünde.
Th.: Wenn das für die *Erinnerung* recht ist, darf sie ihren Platz so verändern.

Die *Erinnerung* stellt sich neben den *Schlaf*. Fokus, *Erinnerung* und *Schlaf* lächeln sich freundlich an und zeigen so ihre Zustimmung zur Veränderung.

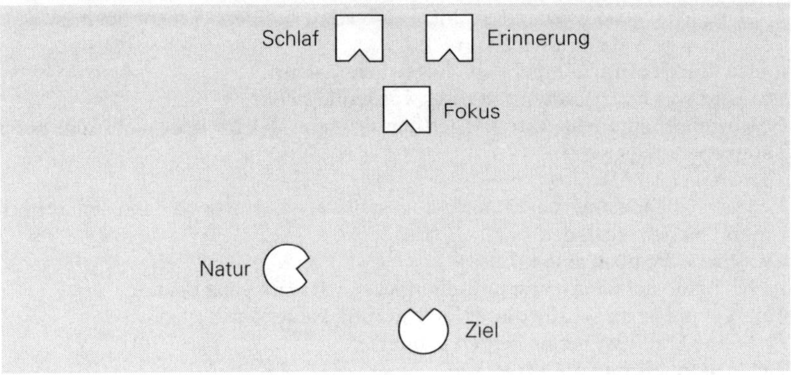

Abb. 55

Th.: Wie geht es dem *Ziel*?
Ziel: Ich sehe den Fokus ganz klar, habe auch Kontakt zu ihm. Aber ich bin nicht alles, es fehlt noch etwas, — das, wie es ist, wenn das Ziel erreicht ist, — so was wie die Familie.

VIII.2.2.1 Eine Zwischenbemerkung über die natürliche Entstehung lösungsfokussierter Interventionsformen bei der Systemischen Strukturaufstellungsarbeit

Hier kam vom *Ziel* der Hinweis, dass die Aufstellung noch unvollständig ist. Die Wunderfrage wurde bislang noch nicht gestellt, da ich die Information aus dem Vorinterview sofort in eine Aufstellung transformieren wollte. Mein Ziel dabei war, Gespräch und Aufstellung ineinander übergehen zu lassen, damit verbale und nonverbale Kommunikation zu einem neuen Ganzen verschmelzen können und beide Zugangsweisen fast gleichzeitig nutzbar werden.

An dieser Stelle der Aufstellung zeigt sich nun, dass die bislang noch nicht gestellte Wunderfrage ein Teil des Lösungsprozesses ist, der sich aus der Aufstellung ganz natürlich ergibt. Es zeigt sich hier, dass die Wunderfrage nicht eine künstliche Methode ist, sondern sich als Frage im Lösungsprozess von selbst stellt.

VIII.2.2.2 Fortsetzung von Fallbeispiel 1: Mehr Erfolg bei der Arbeit (Teil 2)

Th. zu P.: Angenommen, — die Aufstellung ist erfolgreich, — und wenn du heute Abend nach Hause kommst, — deine Familie siehst — und schließlich dich schlafen legst, — und angenommen, — die volle Wirkung der Aufstellung würde sich bereits in dieser Nacht entfalten, — und alles, was dich hierher geführt hat, wäre für dich mit einem Schlag gelöst, — woran könntest du das morgen früh merken?

P.: — Ja, ich wache ganz anders auf, — ich wäre ruhiger, — mehr bei mir.
Th.: Und was wäre dann noch anders?
P.: Ich würde mir nicht mehr so viel Sorgen machen.
Th.: Und was machst du mit der frei werdenden Zeit?
P.: Ich gehe mehr in die Aktivität, ich handle mehr. — Ich würde wohl auch mehr Tätigkeiten delegieren.
Th.: An wen?
P.: Jetzt habe ich eine Verkäuferin angestellt, aber ich würde dann sicher noch jemand Neuen einstellen.
Th.: Was wäre noch anders?
P.: Ich hätte mehr Schwung und Energie, — ich wäre ganz bei mir.
Th.: Wer außer dir würde diese Veränderung bemerken?
P.: Meine Frau und meine beiden Kinder.
Th.: Woran würden die es merken?
P.: Ich hätte mehr Zeit für sie.
Th.: Wie reagieren die dann darauf?
P.: Die würden sich freuen.
Th.: Und wie wäre das für dich?
P.: Wunderbar.
Th.: Würden noch andere die Veränderung bemerken?
P.: Ja natürlich, meine Kunden. Für die wäre das gut.
Th.: Noch jemand?
P.: Ja, meine Freunde.
Th.: Wie reagieren die?
P.: Die würden sagen: „Na endlich", wir haben's doch immer gesagt, dass du es schaffst."
Th.: Dann wähle jetzt noch jemanden aus der Gruppe aus für „das, was nach dem Ziel dran ist", und stell den Repräsentanten auf.

Herr P. sucht eine weitere Repräsentantin aus und stellt sie auf. Wir erhalten folgendes Bild:

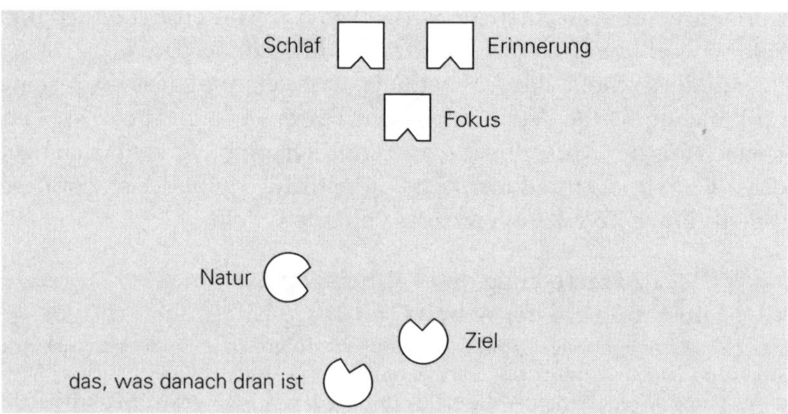

Abb. 56

Th.: Was hat sich für den Fokus verändert?
Fokus: Das *Ziel* ist anziehender geworden und auch näher gerückt. Ich fühle mich jetzt auch sehr unterstützt vom *Schlaf* und der *Erinnerung*. Nur die *Natur* steht für mich noch nicht richtig.
Th.: Was hat sich für die *Natur* verändert?
Natur: Ich werde noch zu wenig beachtet und kann noch nicht wirken.
Th.: Stell dich hinter *Schlaf* und *Erinnerung*. Ist es so für dich besser?

Die *Natur* stellt sich hinter *Schlaf* und *Erinnerung*.

Natur: Viel besser.
Fokus: Auch ich spüre jetzt die *Natur* als Kraft hinter mir.

Auch *Schlaf* und *Erinnerung* nicken zustimmend.

Th.: Was hat sich für das *Ziel* verändert?
Ziel: Es geht mir noch viel besser. Irgendwie ist das Bild jetzt vollständiger. Für mich wäre es gut, wenn auch noch die Familie aufgestellt würde. Ich spüre, dass sie eine wichtige Kraft ist. Da öffnet sich noch mal eine ganz neue Dimension.
Th. zu *P.:* Dann wähle jetzt noch eine Person aus für deine Familie, und stelle sie dazu.

Hier wird die Familie nur durch eine Person repräsentiert, da in diesem Fall weniger die Reaktionen der einzelnen Familienmitglieder interessant sind als vielmehr die Familie im Gegensatz zur Arbeitswelt. Würden wir hier alle Familienmitglieder einzeln aufstellen, könnte dies einen Strukturebenenwechsel in eine Familienaufstellung einleiten. Dies würde die Aufstellung unnötig verkomplizieren und für die RepräsentantInnen durch die Länge ermüdend wirken. Hier gilt: Lieber weniger, dafür aber prägnanter als länger und zu komplex. Daher ist es für die Systemischen Strukturaufstellungen wichtig, einen **angemessenen Grad der Komplexitätsreduktion** zu finden.

Herr P. wählt eine Repräsentantin aus und stellt sie auf die linke Seite des Fokus. Die übrigen RepräsentantInnen zeigen durch Lächeln und Nicken an, dass sie mit der Veränderung einverstanden sind. Wir erhalten folgendes neue Bild:

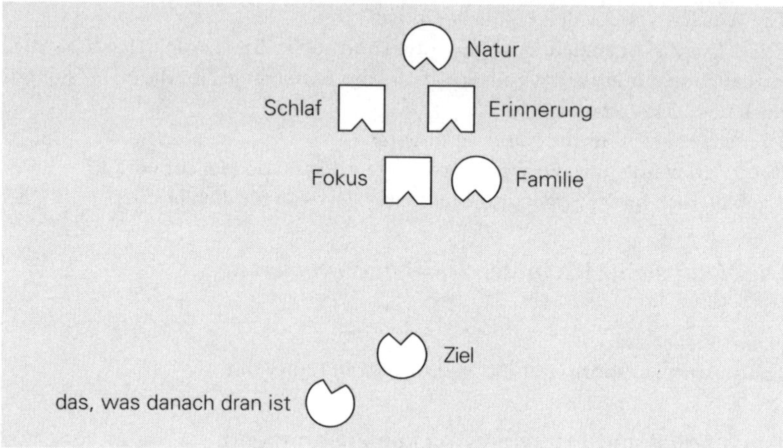

Abb. 57

Th.: Was ändert sich für den Fokus?
Fokus: Ich fühle mich jetzt noch mehr unterstützt. Der Platz hier gibt mir ganz viel Kraft, und das *Ziel* ist für mich wesentlich klarer geworden. Ich weiß jetzt besser, was ich eigentlich will.
Th. zu P.: Du kannst jetzt an die Stelle des Fokus treten, und der Fokus kann sich entrollen und wieder setzen.

Fokus und Herr P. folgen der Aufforderung. Die Augen von Herrn P. beginnen zu strahlen, er blickt der Reihe nach alle RepräsentantInnen an.

Th.: Du (Herr P.) kannst jetzt zusammen mit deiner *Familie* einen Schritt auf dein *Ziel* zugehen. Spüre dabei nach, wie das für dich ist, und nimm das Bild so mit als einen neuen Beginn.

VIII.2.2.3 Eine Zwischenbemerkung über implizite und explizite Zeitlinien

Durch die Aufforderung, einen Schritt auf das *Ziel* zuzugehen, wird indirekt eine Zeitlinie eingeführt. Dadurch wird die Lösungsaufstellung in eine Zielannäherungsaufstellung übergeführt, was hier den Vorteil hat, dass dadurch erste Schritte in eine geeignet geänderte Zukunft ausprobiert werden können.

Aufstellungen haben normalerweise keine *explizite Zeitlinie*, sondern umfassen einen zeitlosen Raum, in dem z. B. Tote wie Lebende gleicherweise anwesend sind. Sie bieten jedoch die Möglichkeit, eine Zeitlinie einzubeziehen. In der klassischen Familienaufstellung nach Bert Hellinger finden wir im Lösungsbild Eltern und Kinder einander gegenüberstehend. Dabei sind die Großeltern im Allgemeinen hinter den entsprechenden Elternteilen angeordnet. In dem Moment, in dem die Therapeutin sagt, dass die Kinder sich in ihre Zukunft umdrehen sollen, wird auch in diesem zunächst zeitlosen Lösungsbild eine eindeutige Zeitachse empfunden, die vorher implizit in der Anordnung von Eltern und Großeltern angelegt war. Dieses Vorgehen bezeichnen wir auch als die Induktion einer *impliziten Zeitlinie.*

VIII.2.2.4 Fallbeispiel 1: Mehr Erfolg bei der Arbeit (Teil 3)

Herr P. und seine *Familie* gehen einen Schritt vor. Dabei macht er einen größeren Schritt als seine *Familie.*

Th.: Wie ist das für die *Familie*?
Familie: Ich komme da nicht mit und bleibe zurück.
Th. zu Herrn P.: Geht nochmal einen Schritt zurück — und jetzt noch mal einen Schritt vor, — (zu P.) aber achte darauf, dass deine *Familie* danach wirklich neben dir steht.

Herr P. und seine *Familie* gehen diesmal ganz langsam einen Schritt nach vorne und sehen sich dabei an.

Th.: Wie geht es jetzt der *Familie*?
Familie: So geht es mir gut.
Th.: Wie geht es jetzt dem Fokus?
Fokus: Das ist anstrengend und ungewohnt, — aber es geht mir damit besser.
Th.: Macht nochmals auf diese Weise einen Schritt nach vorne!

Herr P. und seine *Familie* gehen wieder ganz behutsam und im Augenkontakt einen Schritt vorwärts und lächeln sich dabei an.

Th. zu P.: Dreh dich noch mal zu deinen *Ressourcen* um.

Herr P. blickt sich um und strahlt. Die *Ressourcen* nicken auch zustimmend.

Th.: Wie geht es dem *Ziel*?
Ziel: Das ist für mich ganz wichtig, dass die *Familie* so beachtet wird und bei mir noch *das, was danach dran ist* steht.
Th.: Wie geht es *dem, was danach dran ist*?

Das, was danach dran ist: Mir geht es sehr gut. Der Kontakt zum *Ziel* ist für mich wichtig. Ich bin ganz einverstanden.
Th. zu P.: Du kannst jetzt das Bild mit dieser Bewegung (macht mit beiden Händen eine Bewegung zum Herzen) aufnehmen und dich überraschen lassen, was damit für dich beginnt – denn eine Aufstellung endet immer mit einem Anfang von etwas Neuem. Mache dabei noch mal gemeinsam mit deiner *Familie* einen Schritt nach vorne.

Herr P. folgt dieser Aufforderung.

Ein halbes Jahr nach seiner Aufstellung schildert er, dass er sehr viel mehr Energie habe und sich viel besser fühle. Er schlafe zwar jetzt auch manchmal noch zu wenig, doch helfe ihm die Aufstellung, die Wünsche seines Körpers mehr zu beachten. Beruflich habe er neue Ideen entwickelt, sodass es ihm auch finanziell besser gehe. Er denke, dass sich in Zukunft noch Weiteres ändern werde, und er freue sich schon darauf.

VIII.3 Lösungsaufstellungen mit Strukturebenenwechsel

Auch bei Lösungsaufstellungen kann ein Strukturebenenwechsel zu anderen SySt auftreten, insbesondere zur Familienaufstellung. Wird vor Beginn der Aufstellung die Frage gestellt, ob ein Familienmitglied das Ziel der Klientin nicht erreichen konnte, so wird bei Bejahung dieser Frage natürlich ein zunächst impliziter Strukturebenenwechsel oder eine systematisch ambige Aufstellung induziert. Die erste unten beschriebene Aufstellung zeigt, dass ein solcher Wechsel aber auch spontan eintreten kann.

Die folgende Aufstellung ist in verdeckter Form durchgeführt worden. Dies ist insofern sehr interessant, als sich im Allgemeinen KlientInnen unter „Ausnahmen", „Wunder" und „Kontext des Wunders" nicht sehr viel vorstellen können – anders als unter Teilen anderer SySt, wie z. B. „Hindernis", „ausgeblendetes Thema" oder „Wissen". Die einzelnen Teile der Lösungsaufstellung werden mit kurzen Fragen zwar eingeführt, aber da die Antworten verdeckt bleiben, können sie nicht mit Nachfragen ausführlich spezifiziert werden. Auf diese Weise werden die einzelnen Teile der Aufstellung auch für die Klientin inhaltlich nur angedeutet. Der Verlauf solcher Aufstellungen zeigt, dass dies die Arbeit nicht beeinträchtigt und nicht einmal wesentlich beeinflussen dürfte.

VIII.3.1 Fallbeispiel 2: Verdeckte Arbeit – Der Kontext des Wunders als Hindernis

Die folgende Aufstellung fand in einem Fortbildungsseminar statt und wurde gemeinsam von der Autorin und Matthias Varga von Kibéd geleitet. Auf Wunsch des Klienten wurde diese Aufstellung verdeckt durchgeführt. Manche Kontexte erfordern eine besondere Diskretion. Diese wird durch verdecktes Arbeiten gewährleistet, was mit den Systemischen Strukturaufstellungen erfolgen kann. Dadurch ist ihre Anwendung in Organisationen besonders günstig. Die folgende Aufstellung ist ein gutes Beispiel dafür, dass auch, wenn der Familienhintergrund unbekannt ist, ausgeschlossene Familienmitglieder im Systemteil „Kontext des Wunders" mit eingeschlossen sind und spontan in den Körperempfindungen der Repräsentantin für den Kontext des Wunders auftauchen können. („Therapeutin" wird im Folgenden mit „Th." und „Klient" mit „Kl." abgekürzt, die Namen für RepräsentantInnen sind wieder kursiv gedruckt.)

Th.: Die folgenden Fragen kannst du alle für dich beantworten und brauchst die Antworten nicht laut zu nennen. Formuliere zunächst dein Anliegen für dich.
Kl.: Nickt.
Th.: Wie heißt dein Ziel für dich? — Was ist dann statt deines Problems da? — Ist dir das klar?
Kl.: Nickt.
Th.: Gab es schon einmal eine Zeit, in der dein Ziel erreicht war?
Kl.: Schüttelt den Kopf.
Th.: Vielleicht nur für einen kurzen Moment?
Kl.: Denkt länger nach und schüttelt dann wieder verneinend den Kopf.
Th.: Nun kommt eine etwas schwierigere Frage. — Angenommen, — wir hätten die Aufstellung erfolgreich durchgeführt, und du unternimmst anschließend noch etwas, — und irgendwann am Abend wirst du müde und gehst schlafen. — Angenommen, — in dieser folgenden Nacht geschähe ein Wunder, — und dein Anliegen wäre auf einen Schlag gelöst, — und das wäre ja wirklich ein Wunder, — und du wachst morgen früh auf, — und niemand erzählt dir, dass dieses Wunder eingetreten ist, — woran könntest du merken, dass es eingetreten ist? —
Kl.: Denkt nach und nickt.
Th.: Was wäre das Erste, woran du es merken würdest? — Lass dir Zeit, — und geh den morgigen Tag durch. — Was wäre dann für dich anders? — Was würdest du anderes tun? — Welche anderen Gedanken hättest du? — Gibt es sonst noch etwas, was einen Unterschied macht?
Kl.: Denkt nach und nickt von Zeit zu Zeit.
Th.: Wenn dein Wunder eingetreten ist, wer außer dir bemerkt es noch? — Wie ist seine oder ihre Reaktion?
Kl.: Denkt nach und nickt dann schließlich.
Th.: Gibt es noch andere, die es bemerken? — Gibt es jemand, der oder die negativ darauf reagieren?

Kl.: Ja, im Wesentlichen ist es nur eine Person, die darauf negativ reagiert.
Th.: Die Personen, die auf dein Wunder reagieren, im Wesentlichen also diese eine Person, nennen wir den „Kontext des Wunders", kurz den „Kontext".
Kl.: Nickt.
Th.: Gibt es jemanden aus der Familie, der dein Ziel nicht erreichen konnte?
Kl.: Ja, meine Mutter.
Th.: Die stellen wir auch noch auf. Nun haben wir alle Teile für die Aufstellung. Such dir nun aus der Gruppe jemanden aus für dich, — für dein Ziel, — für das Wunder, — für den Kontext des Wunders und für deine Mutter, und stelle die Repräsentanten der Reihe nach auf. — Tritt zunächst hinter deinen Repräsentanten, — atme gut durch, — berühre ihn mit beiden Händen am Rücken, — mach einen Schritt nach vorne, — und folge der Bewegung, die dabei entsteht.

Der Klient stellt der Reihe nach alle Repräsentanten auf. Wir erhalten folgendes Bild:

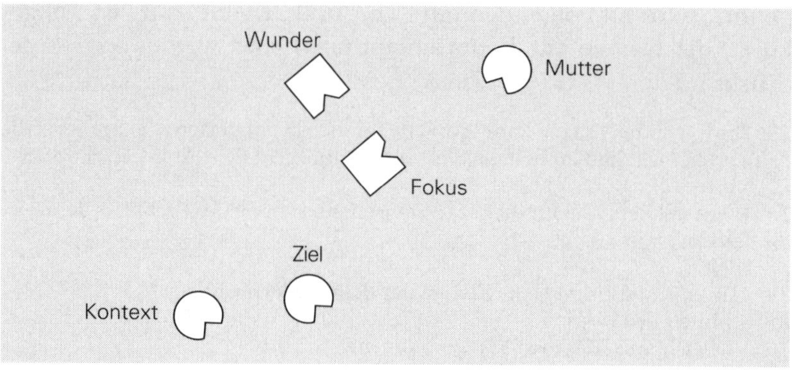

Abb. 58

Die Therapeutin fragt die einzelnen Teile, wie es ihnen geht.

Fokus: Als ich geführt wurde, dachte ich, wo geht es hin. Es war so wie – als ob mich Speisebröckchen anstoßen. Hier am Platz kam zum Schluss eine Kreisbewegung, da spürte ich, dass ich geführt wurde. Ich kippe fast nach hinten. Ich war überrascht, dass das *Ziel* mich anstieß. Danach kam das *Wunder* zu mir wie ein schnaufendes Etwas. Meine Haupttendenz ist, dass ich meine Augen geschlossen halte. Als die *Mutter* dazukam, spürte ich kalte Schauer. Ich hörte kurz auf zu atmen, zog das Genick ein, fühle mich immer noch steif und wie umzingelt. Das wünsche ich nicht einmal meinen Feinden.

Ziel: Ich bin fixiert, ich sehe nach oben, wo die Balken in die Wand gehen. Die linke Schulter tut weh. Es hat mich verstört, als ich an den Fokus anstieß. Das wurde besser, als jetzt der Fokus sprach. Hinter mir ist es zu eng. Sonst fällt mir nichts mehr ein.

Die kalten Schauer beim Fokus, als die *Mutter* auftauchte, und die Fixierung auf einen Punkt an der Decke beim *Ziel* könnten ein erster Hinweis darauf sein, dass hier ein Ausschluss mit einem tragischen Schicksal Thema sein könnte.

Wunder: Ich wurde schwankend geführt. Die letzten Meter musste ich ganz schnell ausatmen, es war wie in einer Schleuse. Ich musste an diesen Platz geführt werden. Der Stau ist in mir selbst. Ich bedaure, dass ich das *Ziel* nicht sehe. Es war beruhigend, als die *Mutter* dazukam.

Hier zeigt sich bereits, dass es für das *Wunder* wichtig ist, dass die *Mutter* noch aufgestellt wurde.

Kontext: Ich habe mich gut gefühlt, als ich geführt wurde. Ich war vorher verwirrt, als die Repräsentanten geführt wurden. Es war wie auf einem Bahnhof, wo ständig Leute rein und raus gehen. Als das *Ziel* sprach, bekam ich Herzklopfen und wurde ganz aufgeregt.
Mutter: Ich wollte nicht so nah ran an den Fokus, er ist so groß vor mir. Ich hatte ein kreiselndes Taumeln. Mein linker Arm zuckte. Als der Fokus sprach, wurde das besser. Es tut mir Leid, dass er sich durch mich bedroht fühlt. Als das *Ziel* sprach, wurde es besser. Ich bin auf den Fokus fixiert.
Fokus: Als das *Wunder* jetzt sprach, wurde es leichter, ich kann besser atmen. Das *Ziel* ist nicht mehr so wichtig. Seit die *Mutter* sprach, falle ich wieder fast nach hinten um. Die *Mutter* ist eine Fehlbesetzung. Die Mutter ist dahinten (zeigt auf *Kontext*).

Es zeigt sich hier, dass es zwischen *Mutter* und *Kontext des Wunders* eine merkwürdige Form von Verwechslung gibt und hierfür eine Prozessarbeit nötig ist.

Ziel: Ich war genervt, als die *Mutter* – (er zeigt dabei jedoch auf den *Kontext des Wunders*) – sprach. Ich freu mich, dass der *Kontext* interessiert ist.
Mutter: Ich war auch genervt, als der *Kontext* sprach.
Kontext: Seit die Mutter das Thema ist, habe ich wackelige Knie.

Hier tauchen weitere Hinweise auf, dass der *Kontext des Wunders* in irgendeiner Form die Mutter vertritt.

Th. zu Kl.: Passt das, was sie sagen, für dich?

Der Klient nickt zustimmend. Die Therapeutin stellt die Repräsentanten um, sodass sie sich gegenseitig besser sehen können und jeweils etwas mehr Platz haben. Wir erhalten folgendes zweite Bild:

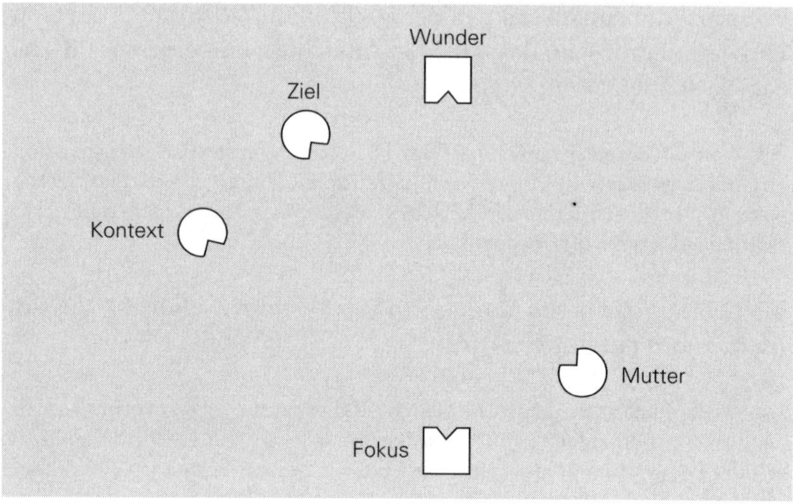

Abb. 59

Th.: Wie geht es dem Fokus jetzt, was hat sich verändert?
Fokus: Ich schau, wer das alles ist. Sie sind mir alle fremd, auch die Frau da (zeigt auf die *Mutter*). Mein linkes Bein ist ganz wacklig. Ich habe Mühe zu begreifen, dass sie da stehen.

Da der Fokus nur so mühsam stehen kann, stellt die Therapeutin hinter ihn drei Repräsentanten für die männliche Linie, beginnend mit dem Großvater.

Th.: Wenn du dich umwendest, kannst du deine *männliche Linie* hinter dir sehen, — sie beginnt mit dem *Großvater,* — dahinter stehen *Urgroßvater, Ururgroßvater* usw. — Stell dir eine lange Reihe hinter dir vor. — Nimm von ihr Energie.

Der Fokus lehnt sich bei seinem *Großvater* an und beginnt zu weinen, schließt dann die Augen und atmet gut durch. Dann öffnet er die Augen wieder.

Fokus: Der *Kontext* und das *Ziel* sind jetzt unwichtiger geworden. Das *Wunder* kann ich besser sehen. Die *Mutter* kenn ich nicht.

Der Hinweis, dass jetzt das *Wunder* wichtiger wird als das *Ziel*, spricht dafür, dass das *Ziel* eher noch die Form hat „Abwesenheit des Problems". Dass das Aufstellen der Ahnenreihe so großen Einfluss hat, könnte darauf hinweisen, dass sie zuvor nicht im Bild des Klienten war, also für ihn gewissermaßen ausgeschlossen war. Daher bittet die Therapeutin den Klienten als Nächstes, an die Stelle seines Fokus zu kommen und selbst die lange Ahnenreihe hinter sich zu spüren.

Kl.: Aber ich kenn sie alle nicht (Bestätigung der Vermutung des partiellen Ausschlusses). Auch an meine Mutter kann ich mich nicht erinnern. Ich bin bei Pflegeeltern aufgewachsen.

Durch diese Mitteilung des Klienten wird jetzt rückwirkend verständlich, warum die *Mutter* als „Fehlbesetzung" und als fremd erlebt wurde und der *Kontext* „wackelige Knie" bekommt, als die Mutter Thema wird. Es liegt die Vermutung nahe, dass der *Kontext des Wunders* die Pflegemutter repräsentiert. Der bereits vorher mehrmals angedeutete Ausschluss von Familienmitgliedern erweist sich jetzt als Ausschluss der Herkunftsfamilie des Klienten.

Th.: Als ihr Nachfahre hast du ein Recht auf sie. Komm, stell dich in ihre Reihe, und spüre, wie sich das für dich anfühlt.

Der Klient kommt der Aufforderung jetzt nach und lehnt sich an seine *Vorfahren* an.

Mutter: Ich hatte einen ganz starken Zug nach links und war völlig erleichtert, als die *Vorfahren* kamen. Jetzt kann ich wieder gerade stehen.
Kl. zu Mutter: Es tut unglaublich gut, das zu hören.
Th.: Du kannst dich auch links von den *Ahnen* hinstellen. Prüf mal, ob das für dich besser ist.
Mutter: Ja, hier fühle ich mich wohler.
Wunder: Es tat mir sehr wohl, als der Fokus nach hinten sah. Es war schön, mit anzusehen, wie er Kontakt aufnahm. Was das *Ziel* von mir will, weiß ich nicht. Den *Kontext* kann ich von hier nicht mehr sehen.

Der Fokus wird gebeten, wieder an seine Stelle zu treten, und der Klient setzt sich wieder an seinen Platz.

Kontext: Es tat mir gut, als die *Ahnen* kamen und dass die *Mutter* weiter hinten steht.

Th. zum Kontext: Sag zur *Mutter:* „Für mich ist es besser, wenn das dein Platz ist: — und ich bin ich, — und du bist du, — und niemand kann dich als Mutter ersetzen." — Und dann füge noch hinzu: „Ich habe da was für dich übernommen, — und das ging nicht." — Und sage nun zum Fokus: „ Ich bin bloß deine Pflegemutter, — dies ist deine richtige Mutter."

Hier findet eine explizite Umbenennung von *Kontext des Wunders* in *Pflegemutter* statt und damit ein expliziter Strukturebenenwechsel in die Familien-Strukturaufstellung.

Der *Kontext* wiederholt diese Sätze gegenüber der *Mutter* und dem Fokus. Anschließend antwortet der Fokus:

Fokus: Jetzt ist sie keine Fehlbesetzung mehr, jetzt ist sie meine Mutter.

Inzwischen haben wir folgendes Aufstellungsbild:

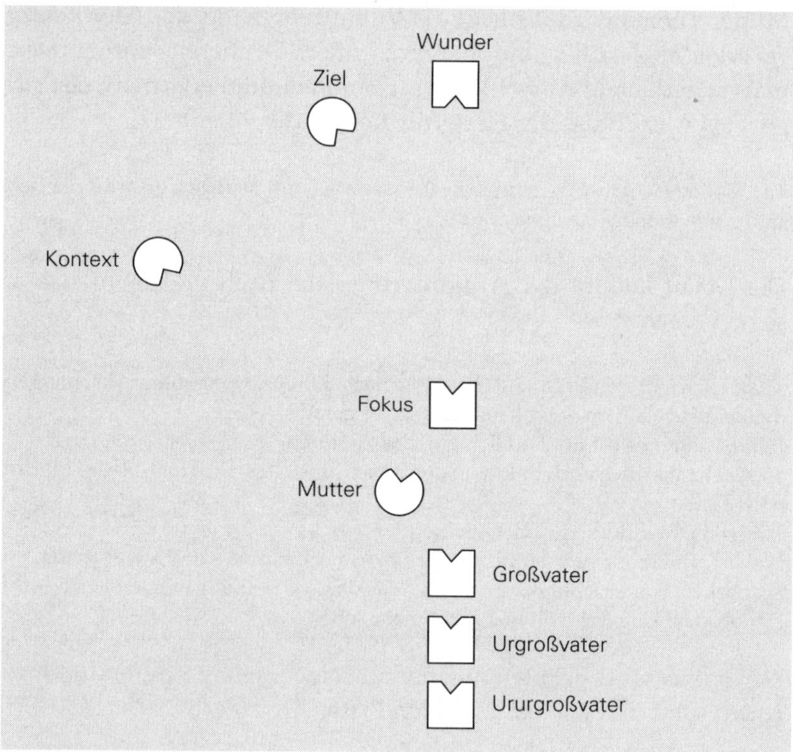

Abb. 60

Die Therapeutin fordert jetzt den Klienten auf, wieder an die Stelle seines Fokus zu treten. Klient und Fokus tauschen den Platz.

Th.: Du kannst zunächst einmal nachspüren, wie es dir hier geht. Wenn du möchtest, kannst du hier auch noch Fragen an die Repräsentanten stellen, und die Befragten können sagen, was immer ihnen einfällt, und sonst einfach abwarten.
Kl. zu Kontext: Warum hast du dich nicht um mich gekümmert?
Kontext: Das Wunder hat mir gefehlt. Gut, dass das *Wunder* da ist. Es ist wie kühlendes Wasser, in dem ich schwimmen kann.
Kl.: Bist du bereit, es jetzt besser zu machen?
Kontext: Mithilfe der anderen, ja.
Kl.: Ich brauche noch etwas von dir.
Th.: Dreh dich um zu deiner *Mutter*, und nimm über die Augen von ihr.

Der Klient folgt dieser Aufforderung, sieht seine *Mutter* an und nimmt über den Augenkontakt von ihr.

Th.: Dreh dich nun wieder um, und sag zum *Kontext:* „Wenn ich etwas brauche, hole ich mir das von ihr (Mutter). Sie kann mir geben, was ich brauche."

Der Klient wiederholt die Worte zum *Kontext*.

Kontext: Erst jetzt beginne ich, dich zu sehen (der *Kontext* lächelt den Kl. an).
Th. zu Kl.: Erinnere dich daran, dass du künftig jederzeit wieder nach hinten blicken und dir von deiner Ahnenreihe und deiner Mutter Energie holen kannst.
Wunder: Statt Vorwürfen zum *Kontext* wäre Achtung und Dankbarkeit besser.
Th. zu Kl.: Das *Wunder* meint, es wäre gut für dich, wenn du das, was du von deiner Pflegemutter erhalten hast, anerkennen könntest.
Kl.: Ich erkenne an, was da war, und was fehlt, war viel, und ich gebe dem jetzt Ausdruck, und das war viel und zu schwer für mich.
Kontext: Das weiß ich erst jetzt.
Kl.: Jetzt kannst du es noch gutmachen.
Th.: So machst du dich von ihr abhängig. Sag zu ihr: „Ich habe meine eigenen Linien hinter mir und weiß jetzt, dass ich von dort genährt werden kann. Was meine Mutter und meine Vorfahren mir geben können, das kann ich von dir nicht bekommen. Und trotz allem Schweren habe ich überlebt."

Der Klient wiederholt diese Sätze.

Th.: Sieh jetzt das *Wunder* an, und nimm über die Augen von ihm. Wenn es genug ist, verneige dich vor ihm, und sieh von dort aus zum *Ziel*. Dies kann zu einer guten Gewohnheit werden.

Der Klient führt die Anweisungen durch.

Ziel: Mir geht es sehr gut, wenn du dort beim *Wunder* auftankst. Das ist eine gute Kraft für uns beide.
Kontext zu *Kl.:* Ich bin sehr froh, dass du zum *Wunder* gegangen bist. Vielleicht gibt es irgendetwas, worin wir beide etwas Schönes sehen können.
Kl.: Das wäre schön.
Th.: Sieh noch einmal zum *Wunder,* und nimm von dort, mit dem Wissen, dass du von hinten gestützt wirst. In diese Richtung geht es weiter. Nimm jetzt das Bild ganz in dich auf, und lass dich überraschen, was dein Herz damit beginnt, — denn eine Aufstellung endet immer mit einem Anfang.

IX. Das lösungsgeometrische Interview

Beim lösungsgeometrischen Interview werden das Aufstellungsverfahren und das lösungsfokussierte Vorgehen in einer interaktiven Weise miteinander verbunden. Das lösungsgeometrische Interview stellt die äußerst überraschende Möglichkeit dar, ein Interview anstelle der realen Interviewpartner teilweise oder völlig mit RepräsentantInnen zu führen. Dabei ist jedoch zu beachten, dass zunächst Ausgeschlossene ergänzt werden müssen. Es ist auch ratsam, zunächst so weit Umstellungen durchzuführen, bis zeitliche Reihenfolgen (z. B. im Team oder in der Geschwisterreihe) berücksichtigt sind und die einzelnen Repräsentanten Blickkontakt miteinander haben, damit eine Gesprächsrunde entstehen kann. Die Aufstellung hat hier Übergewicht über das Interview. Dies bedeutet, dass zunächst die Aufstellungskriterien beachtet werden müssen und erst danach mit dem Interview begonnen werden kann.

Wird jedoch sofort mit dem Interview begonnen, dann herrschen Themen vor, wie Ausschluss von Personen und das Finden einer passenden Anordnung der Teilnehmer. Es können dabei sehr heftige repräsentierende körperliche Empfindungen auftreten. Diese lassen sich wesentlich schneller durch Umstellungen verändern als im Gespräch. Andererseits ist es auch interessant, dass die Möglichkeit besteht, im Gespräch auf diese repräsentierenden Wahrnehmungen einzugehen und mithilfe von Skalierungsfragen Veränderungen einzuleiten und Hinweise auf Umstellungen zu erhalten.

Werden während des lösungsgeometrischen Interviews weitere relevante Personen genannt, so können diese mithilfe von Repräsentanten aufgestellt werden. Auf diese Weise können sie integriert werden und im Gespräch als repräsentierte Anwesende mitwirken.

Der Vorteil dieser Kombination von Aufstellungsverfahren und lösungsfokussiertem Vorgehen liegt in der Möglichkeit, nichtanwesende Personen aufstellen und interviewen zu können. Auf diese Weise können in der Therapie, in der Organisationsberatung und in der Mediation Interviews mit nichtanwesenden Personen durchgeführt werden. Drei der vielen Anwendungsbereiche für die **Aufstellung abwesender Personen** werden im Folgenden dargestellt.

IX.1 Anwendungsbereich: Team – Die Aufstellung des abwesenden Teams

Bei größeren Teams in Kliniken oder Beratungsinstituten kommt es häufig vor, dass nicht das vollständige Team zur Sitzung erscheint. Im Allgemeinen kommen zu einer Sitzung diejenigen, die gerade keine Termine haben und an einer Veränderung interessiert sind, und Letztere sind ja auch im Sinne der SFT eher die Kunden. Trotzdem ist es wichtig, die Perspektive der Nichtanwesenden mitzuberücksichtigen. Hierfür stellt die *Aufstellung des abwesenden Teams* eine gute Möglichkeit dar.

IX.1.1 Die Aufstellung dominiert das Gespräch

Wenn Ausschluss und Nachfolgetendenzen für ein Team zum Thema geworden sind, ist die Aufstellungsmethode eine geeignete Methode, die entsprechenden Personen wieder einzubeziehen und diese Dynamiken aufzulösen. Die Aufstellung kann insbesondere da von Nutzen sein, wo sich Tendenzen in einem Team zeigen, die für die Betroffenen im momentanen Kontext keinen Sinn ergeben. Geht es hingegen mehr um die Lösung momentaner Konflikte oder die Veränderung der Zeitstruktur, der Zusammensetzung des Teams oder der Organisationsstruktur, dann kann das lösungsfokussierte Interview helfen, die nächsten Schritte zu entwickeln. Die Ergebnisse dieses Interviews lassen sich mithilfe der Aufgaben leichter konkret umsetzen.

Die Lösungsfokussierung wird von Organisationen meist eher akzeptiert als im therapeutischen Kontext, da Firmen aufgabenorientierte Systeme sind und ohnehin das Augenmerk auf der Erreichung von Zielen liegt. Familien sind hingegen entwicklungs- und fortpflanzungsorientiert, und ihre Betonung liegt mehr auf Beziehung und Bindung. Trotzdem gibt es auch in Organisationen Situationen und Subsysteme, in denen Bindungen stärker sind und Verstöße gegen die systemtheoretischen Grundprinzipien gravierende Folgen haben können. Der folgende Fall ist ein Beispiel dafür.

IX.1.1.1 Fallbeispiel 1: Nachfolgetendenzen im Team

Herr M. nahm an einer Selbsterfahrungsgruppe teil. Er war neu als Projektleiter in ein seit längerem bestehendes Team eingestellt worden. Sein Vorgänger war beliebt gewesen und sehr plötzlich an einem Herzinfarkt gestorben. Herr M. hatte in letzter Zeit an die zehn Unfälle gehabt, bei denen er fast tödlich verunglückt wäre. Mit einer Aufstellung wollte er prüfen, ob sich diese Tendenz beeinflussen lässt. (Im Folgenden wird „Therapeut" mit „Th." und „Herr M." mit „M." abgekürzt und die Bezeichnungen der RepräsentantInnen kursiv gedruckt.)

Th.: Was ist im Moment dein Anliegen?
M.: Ich hatte in der letzten Zeit eine Häufung von Fastunfällen, und das beunruhigt mich sehr.
Th.: Seit du den ersten Fastunfall hattest, was war in dieser Zeit anders als davor?
M.: Ich habe seit vier Monaten eine neue Arbeitsstelle und muss täglich von meinem Wohnort dorthin fahren, etwa eine Stunde lang. Auf diesen Fahrten passierte es etwa sechsmal, dass ich fast ein Auto gestreift hätte oder aufgefahren wäre. Es ging jedes Mal gut, aber ich erwäge schon, ob ich nicht lieber die Strecke mit dem Zug fahren sollte. Andererseits bin ich auch schon dreimal fast in ein Auto hineingelaufen, obwohl ich mich vorher umgeblickt habe.
Th.: Gab es etwas Besonderes an der neuen Arbeitsstelle?
M.: Mein Vorgänger starb plötzlich an einem Herzinfarkt, und sie brauchten ganz schnell einen Ersatz, da das bestehende Projekt jetzt dem Ende zugeht und die Termine sonst nicht eingehalten werden können. Einer der Mitarbeiter (Herr K.) leidet unter häufigen Tachykardien und fehlt in letzter Zeit häufig.
Th.: Gab es früher schon einmal Zeiten mit häufigen Unfällen?
M.: Nein.
Th.: Ich schlage vor, dass du dich und deine neuen Mitarbeiter aufstellst. Zu wie vielen arbeitet ihr an diesem Projekt?
M.: Wir sind zu sechst, vier Männer und zwei Frauen.
Th.: In welcher Reihenfolge kamt ihr in das Team?
M.: Herr N., Herr K., Herr E. und Frau S. kamen gleichzeitig in das Team, danach Frau F. und dann zum Schluss ich.
Th.: Dann wähle aus der Gruppe jemanden für dich, — für Herrn N., — für Herrn K., — für Herrn E., — Frau S., — Frau F. — und für deinen Vorgänger, den ehemaligen Projektleiter, — und stelle sie der Reihe nach auf. Geh zunächst hinter deinen Repräsentanten, berühre ihn an seinen Schultern, spür in deine Hände hinein, fühle deine Fußsohlen auf dem Boden und mach einen Schritt nach vorne, und folge der Bewegung, die entsteht.

Herr M. stellt der Reihe nach alle RepräsentantInnen auf. Wir erhalten folgendes Bild (der Fokus steht für den Repräsentanten von Herrn M.):

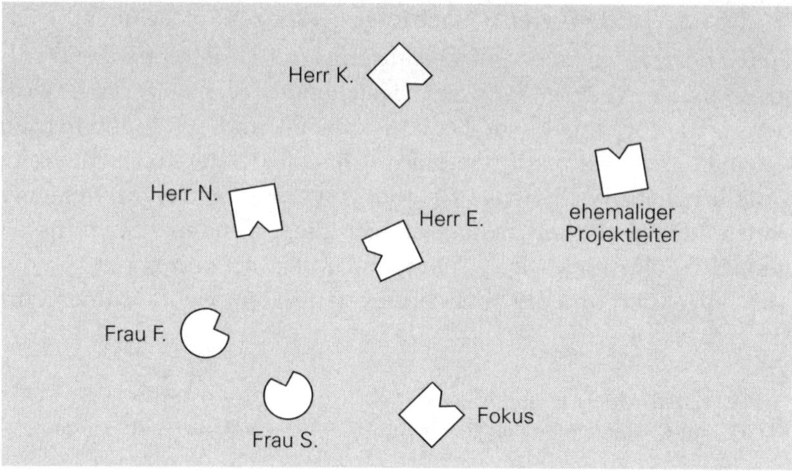

Abb. 61

Zunächst werden alle Repräsentanten von der Therapeutin nach ihren Empfindungen an den jeweiligen Plätzen gefragt.

Fokus: Ich sehe den *ehemaligen Projektleiter,* die Richtung ist für mich interessant. Es zieht mich etwas zu ihm. Ansonsten fühle ich mich nicht so ganz dazugehörig und etwas geschwächt.
Ehemaliger Projektleiter: Ich sehe auf etwas dahinten. Nur das interessiert mich. Das dort hinten geht mich nichts mehr an.
Herr K.: Es ist, als ob mein Herz vibriert. Das beschäftigt mich. Ich bin sehr schwach und erschöpft. Ich sehe nur den *Projektleiter* (er deutet auf den *ehemaligen Projektleiter*).
Herr N.: Irgendwie gehören wir vier zusammen (zeigt auf *Herrn E., Frau F., Frau S.*). Die anderen nehme ich weniger wahr. Ich fühle mich beengt in der Runde. Der Fokus ist für mich nicht sichtbar.
Herr E.: Ich sehe auch nur uns vier. Es beunruhigt mich, was hinter meinem Rücken vorgeht. Ich möchte mich umdrehen.
Frau S.: Ich sehe nur uns vier. Allerdings stehen wir viel zu nahe beieinander. Ich fühle mich so beengt.
Frau F.: Ich bin etwas verwirrt. Ich sehe den *ehemaligen Projektleiter,* aber er dreht uns den Rücken zu. Den *neuen Projektleiter* kann ich zwar sehen, aber ich habe keinen Kontakt zu ihm.
Th. zu Herrn M.: Ist das Bild stimmig für dich?
Herr M.: Sehr stimmig. Mir wird jetzt klar, woher dieser Zug zu den Unfällen kommt.

Als Nächstes erfolgt ein Test. Die Therapeutin hält eine kataleptische Hand über die Stelle, auf die der *ehemalige Projektleiter* schaut.

Th.: Was verändert sich für dich, wenn hier etwas auftaucht?
Ehemaliger Projektleiter: Das tut mir gut. Es geht mir sehr viel besser.
Th.: Sag zu dem, was hier für dich aufgetaucht ist: „Es tut mir gut, dich zu sehen."

An die Stelle der kataleptischen Hand wird eine Person aus der Gruppe gestellt. Der *ehemalige Projektleiter* wiederholt die Worte der Therapeutin.

Th.: Verändert sich sonst für jemanden noch etwas?
Fokus: Mir tut das auch gut. Ich kann jetzt meinen Kopf auch nach links bewegen und die *Teammitglieder* sehen.
Herr K.: Bei mir geht ein Druck weg, und mein Herz beruhigt sich.

Die Therapeutin stellt die Repräsentanten so um, dass die Reihenfolge ihres Dazukommens berücksichtigt ist und die *Teammitglieder* sich untereinander besser sehen können. Wir erhalten folgendes zweite Bild.

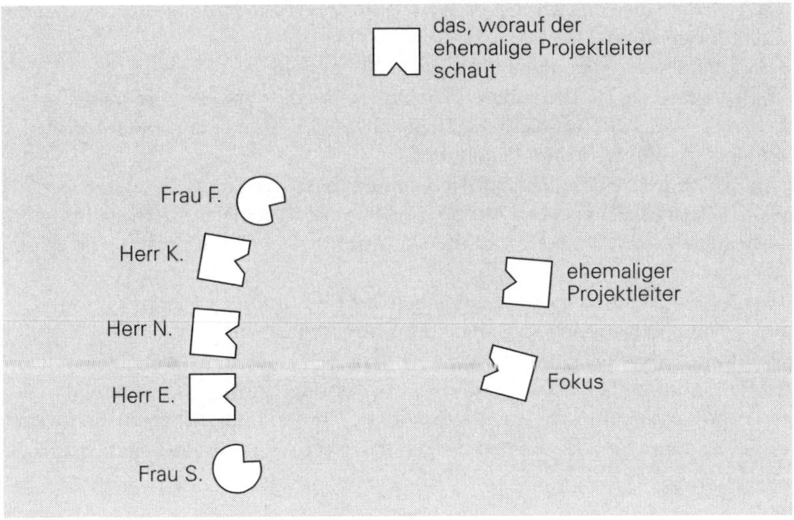

Abb. 62

Th.: Was hat sich für den Fokus verändert?

Fokus: Jetzt sehe ich erstmals mein *Team*. Sie sind für mich ganz neu. Es tut mir gut, meinen *Vorgänger* neben mir zu sehen. Ich fühle mich immer noch etwas wackelig.
Th.: Sag zu deinem *Vorgänger:* „Du warst vor mir, und ich komme nach dir."
Fokus: Du warst vor mir, und ich komme nach dir. — Es tut mir gut, das zu sagen, etwas wird klarer.
Th.: Sag weiter zu ihm: „Etwas Schweres von dir ist bis zu mir gelangt. Dieses hat mit mir nichts zu tun, und ich gebe es daher an dich zurück." Leg ihm dann die Tasche zu Füßen, sodass sie beide Füße berührt.

Dem Fokus wird eine schwere Tasche gegeben. Diese legt er, nachdem er die Worte der Therapeutin wiederholt hat, vor die Füße des *ehemaligen Projektleiters*. Dieser nimmt die Last zu sich, und der Fokus tritt wieder zurück. Indem die Tasche vor die Füße des *Vorgängers* gelegt wird, muss sich der Fokus vor dem *Vorgänger* verneigen, ohne dass dies direkt geäußert wird. Es findet diese Art der Ehrerbietung beiläufig statt, ohne dass Widerstand ausgelöst wird.

Th.: Wie geht es jetzt dem *ehemaligen Projektleiter*?
Ehemaliger Projektleiter: Die Last gehört zu mir. Mir geht es damit besser.
Th.: Wie geht es dem Fokus?
Fokus: Sehr viel besser. Ich kann wieder durchatmen, der ganze Druck ist weg, und ich kann jetzt die *Teammitglieder* deutlicher sehen.
Th.: Der *ehemalige Projektleiter* kann jetzt einige Schritte zurücktreten. Wie ist das jetzt für den Fokus?
Fokus: Jetzt kann's beginnen. Jetzt kann ich handeln.
Th.: Was hat sich für die anderen *Teammitglieder* mittlerweile verändert?
Frau S.: Jetzt geht es mir viel besser. Ich habe jetzt Kontakt zum Fokus und zu den anderen Teammitgliedern bekommen.
Herr E.: Mir geht es ähnlich. Auch ich sehe erstmals den Fokus. Es tat mir sehr gut, als die Last zurückgegeben wurde. Das hat etwas geklärt. Auch als der Fokus sagte, dass er erst danach kam, war das gut für mich. Ich kann ihn jetzt ernster nehmen.
Herr N.: Mir ist auch eine Last abgefallen. Ich fühle mich jetzt sehr viel freier. Den Fokus kann ich jetzt sehen. Er bekommt für mich Gewicht.
Herr K.: Ich glaube, ich muss auch noch so eine Last zurückgeben.
Th.: Hier, nimm dieses Kissen, und lege es vor die Füße des *ehemaligen Projektleiters,* und sag zu ihm: „Du warst sehr wichtig für mich. Ich hab versucht, für dich etwas mitzutragen, das aber zu dir gehört, und ich gebe es jetzt an dich zurück. Zu dir gehört es."

Herr K. nickt bei den Worten der Therapeutin und wiederholt sie langsam. Danach gibt er die Last an den *ehemaligen Projektleiter* zurück. Dieser nimmt das Kissen auf, drückt es an seine Brust und atmet erleichtert auf.

Th.: Sag zum *Fokus:* „Bei mir ist es richtig, hier lass es!"

Der *ehemalige Projektleiter* wiederholt die Worte. *Herr K.* nickt und beginnt zu lächeln.

Th.: Wie geht es dir jetzt?
Herr K.: Ich fühle mich stärker. Mein Herz hat sich ganz beruhigt, und ich nehme jetzt erstmals wahr, dass da noch andere sind im Team. Auch den Fokus sehe ich jetzt erstmals als Leiter.
Th. zu Herrn *M.:* Wie geht es dir jetzt? Ist das nachvollziehbar gewesen für dich?
Herr *M.:* Ich bin überrascht. Es passte so vieles, und dann gab es da auch völlig neue Aspekte, an die ich nicht gedacht habe vorher. Es war für mich sehr schwierig, mit meinen Mitarbeitern Kontakt zu bekommen. Ich habe auch gemerkt, wie sie anfangs mir gegenüber misstrauisch waren, und ich fühlte mich nicht genügend respektiert. Im Moment kann ich mir noch nicht vorstellen, dass sie jetzt anders reagieren.
Th.: Ich schlage vor, dass wir noch ein kleines Interview miteinander führen. Die Repräsentanten können sich jetzt alle auf Stühle setzen. (Zur Gruppe): Stellt doch bitte Stühle hinter die Repräsentanten.

Die Repräsentanten bekommen Stühle und setzen sich. Die Therapeutin setzt sich zu ihnen gegenüber *dem, worauf der ehemalige Projektleiter schaut.*

Th.: Es gab einige Schwierigkeiten in eurer Abteilung, seit euer früherer Projektleiter so plötzlich starb, — und für einige von euch war es schwer, sich so schnell auf eine ganz neue Person einzustellen — und den neuen Projektleiter zu akzeptieren.

Einige der *Teammitglieder* nicken.

Th.: Ich vermute, dass es euch nach den Ritualen, die wir durchgeführt haben, schon leichter möglich ist, miteinander in Kontakt zu kommen.

Die *Teammitglieder* und der *ehemalige Projektleiter* nicken zustimmend.

Th.: Ich möchte euch jetzt eine etwas schwierige Frage stellen, die jeder zunächst für sich beantworten kann. — Anschließend kann jeder, der möchte, den anderen seine Antwort mitteilen. — Wenn ihr nach dieser Sitzung nach Hause geht, — vielleicht eure Familie wiederseht, — noch zu Abend esst, — und irgendwann an diesem Abend werdet ihr müde und legt euch schlafen. — Angenommen, — in dieser Nacht, also von heute auf morgen, — passiert ein Wunder, — einfach so,

— und das Wunder wäre, dass alles, weswegen wir jetzt hier zusammen sitzen, gelöst ist, — und das wäre ja in der Tat ein Wunder, — nicht wahr? — Wenn nun jeder von euch morgen früh aufwacht — und keiner euch erzählt, dass dieses Wunder eingetreten ist, — woran würdet ihr das erkennen können? — Was wären erste Anzeichen für euch, dass das Wunder eingetreten ist? —

Die Therapeutin sieht fragend im Kreis herum.

Th.: Wer möchte beginnen?
Herr N.: Also, ein Teil dieses Wunders ist bereits eingetreten. Ich fühle mich bereits viel wohler im Team, — und den Fokus kann ich jetzt respektieren. — Was vielleicht noch hinzukommen würde, wenn das Wunder geschieht, ist, dass wir wieder Vertrauen zueinander gewinnen.
Th.: Worin würde sich das äußern?
Herr N.: Also ich würde wieder Ideen mitteilen, und ich gehe dann auf den neuen Projektleiter zu, wenn ich etwas brauche. — Er gehört dann zu uns. — Ja, das wäre anders.
Th.: Noch was?
Herr N.: Ja, *Herr K.* wäre wieder häufiger da. Das wäre ein großer Unterschied, dann könnten wir wieder kontinuierlicher arbeiten und müssten nicht ständig überlegen, wer *Herrn K.* vertreten kann.
Th.: Noch was?
Herr N.: Das wär´s.
Herr K.: Ich möchte weitermachen. — Ich würde bereits morgens, wenn ich aufwache, mehr Kraft haben und dem Tag freudig entgegensehen. — Ich hätte dann das Gefühl, den Anforderungen gewachsen zu sein, — und ich glaube auch, dass ich nicht mehr so oft fehlen würde. Das wäre eine große Erleichterung. Mein schlechtes Gewissen, schon wieder zu fehlen, das wäre dann weg.
Th.: Und was wäre stattdessen da?
Herr K.: Ich könnte mich wieder mehr für meine Aufgabe einsetzen, so wie früher. — Und zum *neuen Projektleiter* hätte ich Vertrauen. — Es hat mir sehr geholfen, die Last zurückzugeben. Irgendwie war ich noch ständig auf den *früheren Projektleiter* ausgerichtet, — jetzt kann ich mich dem neuen zuwenden.
Th.: Noch was?
Herr K.: Das ist das Wesentliche.
Herr E.: Ich habe den *neuen Projektleiter* vorher gar nicht gesehen. — Jetzt nehme ich ihn wahr, und er ist mir sympathisch. Ich glaube, ich kann mit ihm jetzt gut zusammenarbeiten.
Th.: Noch was?
Herr E.: Schüttelt den Kopf.
Th.: Wer möchte als Nächstes?
Ehemaliger Projektleiter: Für mich war das Ritual eine große Erleichterung. Es hat mich sehr belastet, dass die anderen so viel von meiner Last getragen haben. Das Ritual war für mich das Wunder.
Das, worauf der ehemalige Projektleiter schaut: Mir geht es auch so. Für mich war es am wichtigsten, einbezogen und vom *ehemaligen Projektleiter* gesehen zu werden.

Mit den anderen habe ich nicht viel zu tun.

Die Therapeutin nickt und blickt fragend in die Runde.

Frau S.: Ich war sehr skeptisch gegenüber dem *neuen Projektleiter,* — und wenn das Wunder passiert, könnte ich meine Skepsis loslassen und auf ihn hören.
Th.: Wie würde sich das zeigen?
Frau S.: Ich würde mit ihm sprechen, ihn auch mal was fragen und ihm nicht mehr aus dem Weg gehen.
Th.: Sondern?
Frau S.: Mehr auf ihn zugehen. —
Th.: Wer möchte sich noch äußern?
Frau F.: Mir geht es ähnlich wie *Frau S.* Das Wunder würde sich für mich in erster Linie darin zeigen, dass ich Vertrauen zu dem *neuen Projektleiter* bekomme.

Die Therapeutin nickt und blickt von einem zum anderen.

Fokus: Ich möchte noch sprechen. — Es hat sich für mich schon ganz viel geändert im Laufe der Aufstellung und auch jetzt während des Gesprächs. — Auch für mich ist schon ein großer Teil des Wunders eingetreten. — Ich bin eine Last losgeworden, — und es tut mir gut, meinen *Vorgänger* und *das, worauf er schaut* im Bild zu haben, — und ich bin erstmals in Kontakt mit meinen *Mitarbeitern* gekommen. Anfangs fühlte ich mich total isoliert und wusste nicht, wie ich mit ihnen zusammenarbeiten könnte. — Es hat mir sehr geholfen zu hören, was sich für sie ändert, wenn das Wunder eintritt. Ich habe jetzt eine Vorstellung davon, wie es weitergehen könnte, und ich kann mich erstmals mit dem Projekt befassen. — Zuvor war da so viel Ungeklärtes. Wir sind jetzt mehr zu einer Gruppe geworden.
Th. zu Herrn M.: Wie geht es dir damit?
Herr M.: Für mich ist jetzt sehr viel klarer geworden und — konkreter geworden. Auch ich fühle mich jetzt mehr im Team angekommen und dabei.

Die Therapeutin fordert Herrn M. auf, an die Stelle seines Fokus zu treten. Herr M. nimmt diesen Platz ein.

Th.: Sieh von hier aus zu allen *Teammitgliedern.* Nimm mit den Augen Kontakt auf. — Sieh dich um zum *ehemaligen Projektleiter,* und sieh, wie er seine Last tragen kann und sie bei ihm gut aufgehoben ist. — Schau zu *dem, auf was er sah,* und sieh, dass das zu ihm gehört. — Sieh zu den einzelnen *Teammitgliedern.* — Nimm dir für jeden einzelnen Zeit.

Herr M. folgt den Anweisungen der Therapeutin.

Herr M.: Es bewegt mich sehr, alle direkt ansehen zu können. Ich fühle mich jetzt erst zugehörig.
Th.: Nimm jetzt das Bild auf. Der Rest geschieht in der Außenwelt.

Die Unfalltendenz von Herrn M. verschwand schlagartig nach der Aufstellung. Mit seinen Mitarbeitern kann er viel besser zusammenarbeiten. Als er das nächste Mal seine Arbeitsstelle betrat, grüßten ihn Frau S. und Frau F. ganz freundlich, als hätten sie etwas von der Atmosphäre der Aufstellung mitbekommen.

IX.1.2 Die Lösung liegt im Gespräch

Im Gegensatz zur letzten Aufstellung ist in der folgenden Aufstellung Ausschluss kein Thema. Dies zeigt sich an Befinden und Anordnung der RepräsentantInnen. Daher kann nach dem Stellen der einzelnen Repräsentanten gleich zum lösungsfokussierten Gespräch übergegangen werden.

IX.1.2.1 Fallbeispiel 2: Wenn die Zusammenarbeit nicht klappt

Die folgende Aufstellung wurde in einem Seminar für Organisations-Strukturaufstellungen durchgeführt. Frau B., deren KollegInnen nicht anwesend waren, wollte an dem Anliegen arbeiten, wie die Zusammenarbeit in ihrer Abteilung verbessert werden könnte. Die Frage, ob jemandem aus ihrer Abteilung gekündigt wurde oder jemand mit Ärger gegangen sei, wurde verneint. Da die anderen Abteilungsmitglieder an dem Seminar nicht teilnahmen, schlug ich vor, dass Sie sich und die abwesenden Abteilungsmitglieder aufstellt und ich dann anschließend das Interview mit den RepräsentantInnen durchführe.

Th.: Mit wie vielen Kolleginnen arbeiten Sie zusammen?
Frau B.: Wir arbeiten zu viert zusammen.
Th.: In welcher Reihenfolge sind die Einzelnen in die Abteilung gekommen?
Frau B.: Am längsten sind Herr L. und Frau W. dabei, anschließend kam ich und danach Frau N.
Th.: Dann suchen Sie sich jetzt aus den Teilnehmern jemanden für sich aus, — jemanden für Herrn L., — jemanden für Frau W. — und jemanden für Frau N. Gehen Sie jetzt hinter Ihre Repräsentantin und achten Sie darauf, ob Sie guten Bodenkontakt mit Ihren Füßen haben und spüren Sie, wie Ihre Hände Ihre Repräsentantin an den Schulterblättern berühren. Machen Sie einen Schritt nach vorne, und folgen Sie der Bewegung, die entsteht.

Frau B. sucht sich aus den Teilnehmern die vier RepräsentantInnen aus und stellt sie auf. Anschließend stellt die Therapeutin hinter jede Repräsentantin einen Stuhl, sodass sich alle für das Interview setzen können. Die Therapeutin setzt sich vor den Halbkreis in die Runde dazu. Wir erhalten folgendes Bild:

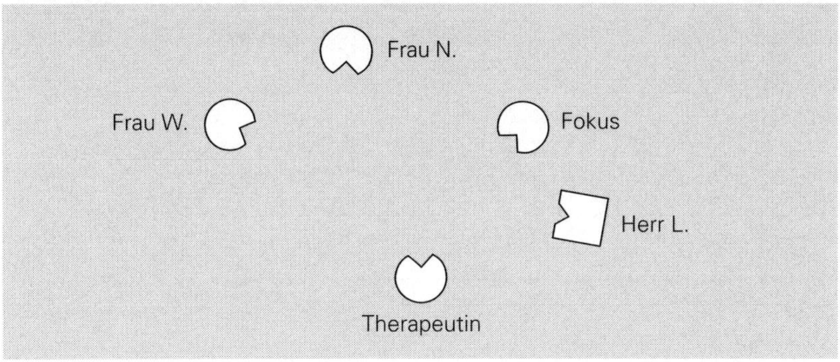

Abb. 63

Th.: Wie geht es dem Fokus?
Fokus: Ich habe zu allen Kontakt, mein Platz ist hier gut.
Th.: Wie geht es *Frau W.*?
Frau W.: Ich spüre eine Missstimmung zwischen *Frau N.* und *Herrn L.* Mir selber geht es an diesem Platz ganz gut.
Th.: Wie geht es *Frau N.*?
Frau N.: Ich bin froh, dass ich nicht neben *Herrn L.* sitze. Es ist, als ob er mir meinen Platz streitig macht. Ich spüre ein leichtes Ziehen im linken Fuß, ansonsten geht es mir gut.
Th.: Wie geht es *Herrn L.*?
Herr L.: Auch ich spüre eine Ablehnung gegenüber *Frau N.*, irgendwie fühle ich mich unwohl, so als ob *Frau N.* mit mir konkurriert.
Th. zu Frau B.: Ist Ihnen etwas davon bekannt? Passt das Bild?
Frau B.: Ja, sehr passend. Frau N. und Herr. L. sind seit längerer Zeit in Konkurrenz miteinander und vermeiden sich. Ansonsten verstehen wir uns gut in der Abteilung; trotzdem klappt es nicht mit der Zusammenarbeit.
Th.: Als Erstes möchte ich *Herrn L.* und *Frau N.* bitten, miteinander den Platz zu tauschen, sodass die Abteilungsmitglieder in der Reihenfolge ihres Eintritts in die Abteilung sitzen.

Herr L. und *Frau N.* setzen sich um. Wir erhalten folgendes zweite Bild:

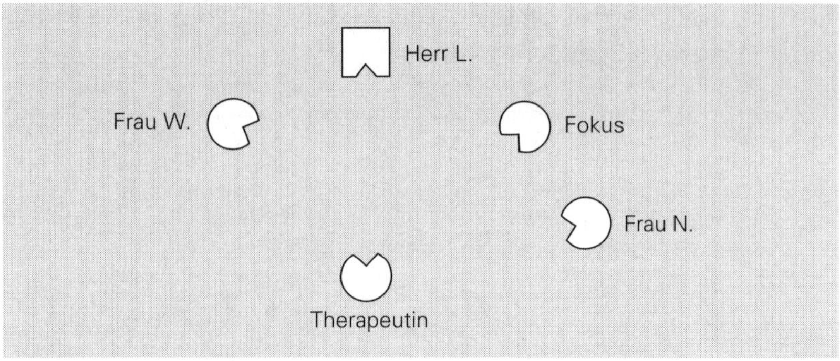

Abb. 64

Th.: Was hat sich für den Fokus geändert?
Fokus: Für mich ist es so stimmiger.
Th.: Was hat sich für *Frau W.* geändert?
Frau W.: Ich finde es so auch besser.
Th.: Wie geht es *Herrn L.* jetzt?
Herr L.: Für mich ist es so wesentlich besser.
Th.: Hat sich für *Frau N.* etwas verändert?
Fr. N.: Das Ziehen ist weg, erstaunlicherweise geht es mir hier besser.
Th.: Ich möchte jetzt eine etwas schwierige Frage stellen. Die Frage kann jeder von Ihnen für sich beantworten. — Sie können anschließend der Reihe nach antworten. — Stellen Sie sich vor, diese Aufstellung wäre erfolgreich gelaufen und unser Seminar wäre schon zu Ende. — Heute Abend gehen Sie nach Hause, sehen vielleicht Ihre Familie oder Freunde wieder, — essen vielleicht noch zusammen, — und dann werden Sie müde, legen sich hin und schlafen ein. — Angenommen, — in dieser, also der nächsten Nacht — passiert ein Wunder, — und das Wunder wäre, dass alle Probleme, weswegen Sie hierher gekommen sind, — auf einen Schlag gelöst sind, — einfach so, — und keiner sagt Ihnen, dass dieses Wunder eingetreten ist. — Woran würden Sie morgen früh merken, dass dieses Wunder eingetreten ist? — Was wäre für Sie anders? — Was wäre an Ihrem Arbeitsplatz anders? — Bemerkt das Wunder außer Ihnen noch jemand? — Wie wären die Reaktionen auf ihr verändertes Verhalten? —
Wer möchte beginnen?
Frau W.: Ich kann beginnen.
Th.: Ja, woran würden Sie morgen früh merken, dass für Sie das Wunder passiert ist?
Frau W.: Ich würde viel lieber zur Arbeit gehen und würde mich freuen, die anderen zu sehen. —
Th.: Was ist noch anders?
Frau W.: Ich bin wieder heiterer, — erzähle wieder Witze, — ich bringe mich dann wieder mehr ein. —
Th.: Und was ist noch anders?

Frau W.: Die Arbeit geht mir wieder leichter von der Hand. — Und wir hätten nicht mehr so viel zu tun.
Th.: Wie kommt das?
Frau W.: Es kämen nicht mehr so viele Aufträge auf einmal.
Th.: Angenommen, es gäbe mal wieder einen Tag, vielleicht nach längerer Zeit, an dem viele Aufträge gleichzeitig kommen. Wenn nun das Wunder passiert ist, wie reagieren Sie dann darauf?
Frau W.: — Wir sprechen uns mehr miteinander ab und beraten, wie wir damit gemeinsam fertig werden.
Th.: Ist das schon manchmal so, dass Sie miteinander sprechen und sich beraten?
Frau W.: Wir wollen das, aber wir kommen nie dazu. Es bleibt keine Zeit.
Th.: Ist noch etwas anders, wenn das Wunder eintritt?
Frau W.: Ja, es wäre nicht mehr so viel Druck da. Wir hätten Zeit, auch mal ein paar Worte miteinander zu wechseln. —
Th.: Ist noch etwas anders?
Frau W.: Ich glaube, das ist es im Wesentlichen.
Th.: Wer möchte noch von seinem Wunder berichten?
Herr L.: Ich kann weitermachen.
Th.: Gut.
Herr L.: Wir könnten dann wieder miteinander reden. Die Spannung und der Stress wären weg. Ich denke, das würden alle merken. Wir wären wieder ungezwungener miteinander. —
Th.: Und was ist noch anders?
Herr L.: Wir würden uns mehr über die Arbeit austauschen, — mehr miteinander reden und Wege finden, wie wir gemeinsam alles angehen können.
Th.: Wann nehmen Sie sich dafür Zeit?
Herr L.: In den Pausen. Es gibt dann wieder Pausen.
Th.: Ist noch etwas anders?
Herr L.: Ja, es wäre nicht mehr so viel Druck da von außen.
Th.: Und angenommen, es gäbe mal wieder sehr viel zu tun, nun ist aber das Wunder geschehen, woran würden Sie das merken?
Herr L.: Wir würden uns mehr absprechen untereinander und mehr zusammenhalten, zusammen könnten wir stark sein. Ich habe ein neues System erarbeitet, das sehr hilfreich wäre für eine Zusammenarbeit. Es fiele viel Arbeit weg, wenn wir manches ganz anders organisieren würden. Ich habe da ein Programm entwickelt, bzw. bin dabei. Es ist noch nicht ganz ausgefeilt, aber ich bin da sehr optimistisch. —
Th.: Gibt es noch etwas?
Herr L.: Ich denke, das ist jetzt alles.
Fokus: Dann mach ich weiter. — Für mich wäre der größte Unterschied, dass der Druck von außen nicht so groß wäre und wir wieder mehr miteinander sprechen würden, — auch wieder mehr scherzten miteinander — und wieder Kaffeepausen zusammen hätten. —
Th.: Noch was?
Fokus: Ich glaube, das wär's im Wesentlichen.
Th.: Und woran würden Sie das Wunder erkennen, *Frau N.*?

Frau N.: Ich hätte den Mut zu gehen. Ich glaube nicht, dass der Druck weniger wird, und dann wäre es am besten, wenn ich ginge.
Th.: Sonst noch etwas?
Frau N.: Ich stimme den anderen zu, dass es gut wäre, wenn wir mehr Zeit hätten, miteinander zu reden, nur glaube ich nicht, dass dies bei dem äußeren Druck möglich ist.
Th.: Gab es eine Zeit, in der der äußere Druck geringer war?
Frau N.: Ja, aber das ist lange her. Da arbeiteten wir an einem anderen Projekt. Ich glaube, die Zeiten haben sich geändert, das wird nicht mehr so wie früher.
Th. zu Fr. B.: Wie war es für Sie, dieses Gespräch zu hören?
Frau B.: Ich bin vollkommen überrascht. Herr L. arbeitet bei uns tatsächlich ständig am Computer und entwickelt immer neue Systeme. Er meint, wir können unser Problem mit einer ganz anderen Organisation untereinander lösen. Und Frau N. sagte neulich, dass sie vorhat zu gehen. — Ich bin sprachlos über so viel Übereinstimmung.
Th.: Ja, das ist immer wieder überraschend. — Ich sehe, dass bei Ihnen sehr viel Druck von außen da ist und Sie andererseits Ideen haben, wie es besser für Sie laufen könnte. Sie haben eine Vorstellung davon, es ist nur unklar, wie Sie diese umsetzen können. Sie sind sich einig darüber, dass es gut wäre, mehr miteinander abzusprechen, mehr auszutauschen. Angenommen, das Wunder wäre bereits geschehen, wann und wie oft in der nächsten Woche würden Sie sich dann zusammensetzen?
Fokus: Also, wir müssten uns mindestens zweimal die Woche treffen (die anderen nicken).
Th.: An welchen Tagen machen Sie das?
Fokus: Ich glaube, am Dienstag- und Freitagvormittag wäre günstig.
Herr L.: Und wir sollten uns eine halbe Stunde Zeit nehmen.

Die Therapeutin schaut fragend in die Runde. Die anderen Repräsentanten nicken.

Th.: Für wie realistisch halten Sie diesen Plan?
Frau W.: Wenn wir uns das wirklich vornehmen, könnten wir das durchziehen.
Frau N.: Es wäre nicht leicht, aber wir könnten es versuchen. Die Arbeit ist ohnehin zu viel, da spielt es auch keine Rolle mehr, wenn wir uns dafür Zeit abzweigen.
Th.: Wie würde ihr Chef darauf reagieren?
Herr L.: Der ist selber so beschäftigt und sehr häufig nicht da. Der würde das zunächst nicht bemerken, nur dann, wenn wir weniger von der Arbeit schaffen. Aber ich glaube, wenn wir uns anders organisieren, dann könnten wir mehr schaffen. Wir sollten das ausprobieren. (Die anderen nicken zustimmend.)
Th. zu Frau B.: Was halten Sie davon?
Frau B.: Ich denke, dass ist eine Idee, die wir ausprobieren könnten. Ich glaube, irgendwie hatten wir alle aufgegeben und dadurch dem Druck nichts mehr entgegenzusetzen gehabt. Ich habe mehr Hoffnung; wir sollten es versuchen.
Th.: Wo würden Sie sich im Moment auf einer Skala von 0 bis 10 einschätzen, wenn 0 für den Zeitpunkt steht, als Sie sich entschlossen, diese Aufstellung zu machen, und 10 für das Wunder steht?

Frau B.: — Bei 6.
Th.: Was hat Ihnen geholfen, von 0 auf 6 zu kommen?
Frau B.: Es war ermutigend, zu sehen, dass wir eigentlich alle das Gleiche wollen. Mir ist auch klarer geworden, dass es der Druck von außen ist, der uns so zusetzt, und nicht die Arbeit, die wir machen. Eigentlich mag ich meine Arbeit gerne. Die Hektik hat mir alles verdorben. Das ist mir jetzt klarer geworden. Ich bin nicht mehr so verwirrt, — und ich sehe jetzt einen Weg.

Diese neue Sichtweise half Frau B. in ihrer Arbeitsstelle, leichter mit der Hektik umgehen zu können und freundlicher ihren MitarbeiterInnen gegenüber zu bleiben. Auf ihre Initiative hin begannen sie, sich zunächst einmal und später zweimal die Woche zu treffen, was das Arbeitsklima sehr verbesserte.

IX.2 Anwendungsbereich: Mediation – Die Aufstellung der abwesenden Konfliktpartner

Ein anderer Anwendungsbereich des lösungsgeometrischen Interviews ist die Mediation. Hier sind zwar häufig beide Konfliktparteien anwesend, doch gibt es Situationen, in denen es von Vorteil ist, wenn auch mit einer Partei alleine gearbeitet werden kann. Wenn z. B. beide Parteien sich weigern, miteinander zu reden, ermöglicht eine Aufstellung, dass an der Voraussetzung für ein gemeinsames Gespräch gearbeitet werden kann. Wenn bei einer Ehemediation der Konflikt auf einer Verstrickung der Partner mit ihren Herkunftsfamilien beruht, kann die Aufstellung diese direkt aufzeigen und damit die dadurch entstandenen Verwirrungen klären helfen. Ein Beispiel hierzu finden Sie in IX.3.1 Das folgende Fallbeispiel zeigt, wie Konflikte angegangen werden können, wenn nur eine Konfliktpartei der Auftraggeber ist und auch nur dieser anwesend ist.

IX.2.1 Fallbeispiel 3: Konfliktlösungen aus der Ferne

Frau T. hatte Ärger mit drei Kolleginnen, mit denen sie früher an einem Projekt zusammengearbeitet hatte. Sie arbeitete inzwischen mit anderen Kolleginnen an einem neuen Projekt, traf jedoch die früheren Kolleginnen häufig, da sie alle in der gleichen Abteilung arbeiteten. Dadurch konnte sie sich schwer von der damaligen belastenden Situation distanzieren. Die folgende Aufstellung fand in einer meiner Selbsterfahrungsgruppen statt.

Th.: Was ist im Moment dein Anliegen?
Frau T.: Mir haben drei Kolleginnen ganz übel mitgespielt. Wenn ich ihnen jetzt in der Abteilung begegne, zieht sich bei mir alles zusammen. Ich möchte den Ärger, den ich mit ihnen hatte, vergessen können.
Th.: Was wäre dann bei dir stattdessen da?
Frau T.: Ich könnte mich wieder freuen.
Th.: Und angenommen, — bereits in der nächsten Nacht würde ein Wunder geschehen, — und das Wunder wäre, dass alles, weswegen du diese Aufstellung machen möchtest, gelöst wäre, — und wenn das so plötzlich geschieht, wäre das wohl ein Wunder? — Woran würdest du morgen früh merken, dass das Wunder eingetreten ist?
Frau T.: Wenn ich die drei sehe, würde mir das nichts mehr ausmachen.
Th.: Was wäre dann stattdessen?
Frau T.: Sie wären mir gleichgültig.
Th.: Was wäre noch anders?
Frau T.: Ich könnte mich voll meinem neuen Projekt widmen.
Th.: Wäre noch etwas anders?
Frau T.: Ich wäre meinen neuen Kolleginnen gegenüber weniger misstrauisch.
Th.: Wie wärst du dann ihnen gegenüber stattdessen?
Frau T.: Ich hätte mehr Zutrauen zu ihnen.
Th.: Wäre noch etwas anders?
Frau T.: Ich glaube, das ist alles.
Th.: Gut, dann stell mal zunächst jemanden für dich auf, für dein Ziel, dann noch jemand für das Wunder und jeweils für jede der drei Kolleginnen.

Frau T. wählt aus der Gruppe die einzelnen RepräsentantInnen aus und stellt diese auf. Wir erhalten folgendes Bild:

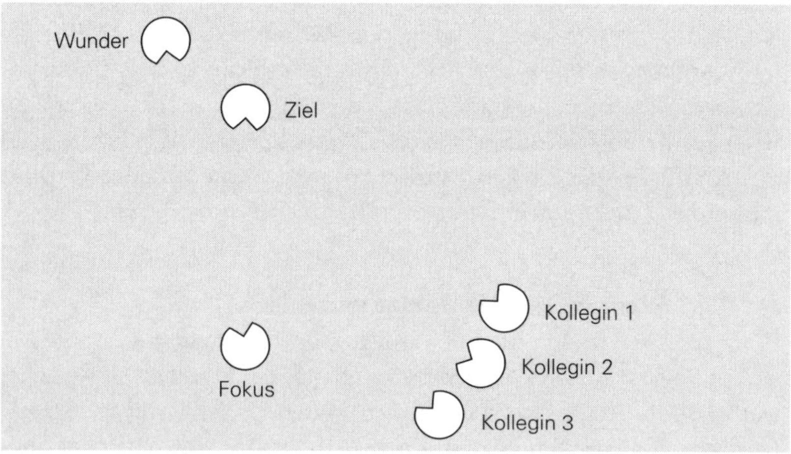

Abb. 65

Th.: Wie geht es dem Fokus?

Fokus: Ich seh', mein *Ziel* und wundere mich, dass es so nah ist. Die *Kolleginnen* nehme ich nicht wahr.
Th.: Wie geht es dem *Ziel*?
Ziel: Ich kann den Fokus sehen und bin ganz ungeduldig; er soll schnell zu mir kommen. Das *Wunder* hinter mir tut mir sehr gut. Ich bekomme von ihm Kraft.
Th. zum Fokus: Das *Ziel* jedenfalls lädt dich sehr herzlich ein. Geh einen Schritt auf dein *Ziel* zu. Was verändert sich für dich?
Fokus: Ich spüre jetzt sehr viel Groll gegenüber meinen *Kolleginnen*.
Th.: Wende dich nach rechts, und blicke zu deinen *Kolleginnen*, was ändert sich?
Fokus: Der Groll ist verschwunden. Ich bin ganz verwundert. Das habe ich nicht erwartet.
Th.: Was ist statt des Grolls da?
Fokus: Ich kann sie ansehen wie normale Menschen.
Th.: Sag zu ihnen: „Ihr habt mir böse mitgespielt, aber jetzt ist es vorbei. Ich wende mich jetzt meinem Ziel zu."

Der Fokus wiederholt die Worte der Therapeutin.

Th.: Wende dich jetzt deinem *Ziel* zu. Wie ist das jetzt für dich?
Fokus: Ich kann jetzt auf mein *Ziel* zugehen. Der Groll ist weg. Ich sehe jetzt auch das *Wunder*.
Th.: Wie geht es dem *Wunder*?
Wunder: Sehr gut, seit sie sich wieder ihrem *Ziel* zuwendet.
Th.: Wir stellen jetzt Stühle hinter die Repräsentanten, sodass sie sich alle setzen können. Der Fokus soll sich seinen *Kolleginnen* zugewandt setzen.

Den einzelnen Repräsentanten werden Stühle hingestellt, auf denen sie Platz nehmen. Die Therapeutin setzt sich in die Runde dazu. Wir erhielten inzwischen folgendes Bild:

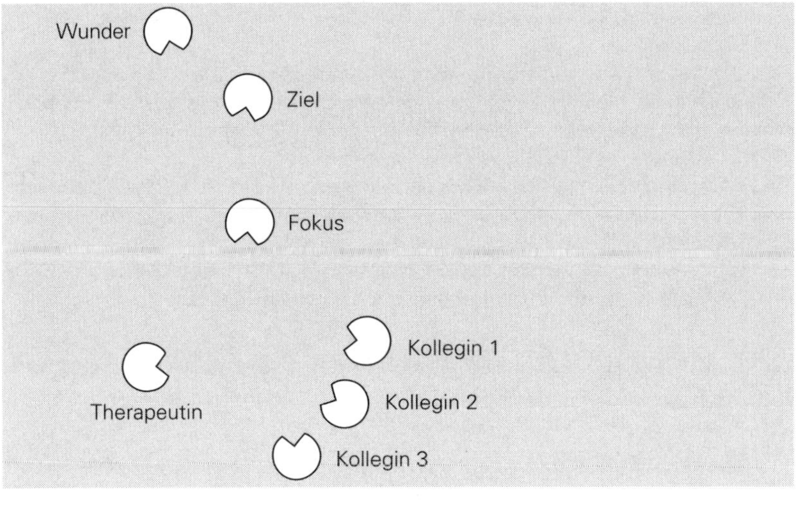

Abb. 66

Th.: Was hat sich für die *Kollegin 1* mittlerweile geändert?
Kollegin 1: Ich bin froh, dass der Fokus sich zum Schluss seinem *Ziel* zugewandt hat. Es war für mich schlimm, als er auf uns ausgerichtet war. Ich fühlte mich wie auf einem Richtplatz. Ich hatte jetzt das Gefühl, ich muss mich verteidigen.
Th.: Wie ist es der *Kollegin 2* gegangen?
Kollegin 2: Ein bisschen ähnlich. Als sie sich uns zuwandte, bekam ich zuerst einen Schreck, dann war ich ganz erleichtert, als sie sagte, dass ihr Groll weg ist. Wie sie wieder auf ihr *Ziel* blickte, ging es mir noch besser.
Th.: Wie geht's der *Kollegin 3*?
Kollegin 3: Als sie uns ansah, wurde mir mulmig zumute. Seit sie sich wieder ihrem *Ziel* zuwandte, geht es mir besser.
Th. zu Fokus: Wie ist das für dich, wenn du sie reden hörst?
Fokus: Ich merke, wenn ich grolle, lass ich sie schmoren und gebe ihnen von meinem Ärger etwas zurück. Aber mir geht es besser, wenn ich sie sein lasse und auf mein *Ziel* schaue.
Th.: Angenommen, der Fokus macht die gerade begonnene Bewegung weiter und geht freudig zum Arbeitsplatz, widmet sich der neuen Aufgabe, und das Wunder nimmt immer weiter Gestalt an. Woran würdet ihr das merken? — Wer möchte beginnen?
Koll. 1: Der Fokus wäre wieder freundlicher zu mir und nicht mehr so verschlossen.
Th.: Und was würde sich für dich dadurch ändern?
Koll. 1: Ich wäre nicht mehr so befangen. Die Atmosphäre würde sich ändern, wir könnten uns wieder ungezwungener verhalten.
Th. zu Koll. 2: Was würde sich für dich ändern?
Koll. 2: Der Druck wäre weg, es wäre vieles wieder leichter. Die Situation zwischen uns würde sich wieder normalisieren.
Th.: Und woran würdest du das merken?
Koll. 2: Wir könnten uns wieder normal begrüßen, wenn wir uns begegnen, und auch mal ein paar Worte wechseln.
Th.: Noch was?
Koll. 2: Ich wäre sehr erleichtert, wenn das wieder so wäre.
Koll. 3: Ich auch. Diese angespannte Atmosphäre ist sehr belastend für mich. Ich wäre so froh, wenn alles wieder seinen normalen Verlauf nimmt.
Th. zu Fokus: Wie geht es dir, wenn du das so hörst?
Fokus: Ich möchte eigentlich auch, dass der Ärger vorbei ist. Ich bin überrascht, dass die *Kolleginnen* nichts Böses gegen mich im Sinn haben. Da hatte ich andere Erwartungen.
Th.: Sag zu ihnen: „Ihr habt mir schlimm mitgespielt. Aber es ist jetzt vorbei. Das eure lasse ich euch, und ich wende mich jetzt meinem Ziel zu."

Der Fokus wiederholt diese Worte. Die RepräsentantInnen der Kolleginnen nicken zustimmend.

Th.: Jetzt können alle Repräsentanten nochmals aufstehen und die Stühle beiseite rücken. Der Fokus kann sich mit Blick auf *Ziel* und *Wunder* stellen. Wie geht es dem Fokus jetzt?

Fokus: Jetzt kann ich noch leichter auf mein *Ziel* zugehen. Die *Kolleginnen* hinter mir spüre ich jetzt nicht mehr als Bedrohung.
Th. zu Frau T.: Du kannst jetzt an die Stelle des Fokus treten — und einen weiteren Schritt auf das *Ziel* zugehen. — Dreh dich um, und prüfe nochmals, wie du die *Kolleginnen* wahrnimmst.

Frau T. geht an die Stelle ihres Fokus und beginnt zu strahlen. Sie blickt sich um, und die *Kolleginnen* nicken ihr freundlich zu. Sie geht einen Schritt auf ihr *Ziel* und das *Wunder* zu und nimmt das Bild mit einer Handbewegung (sie führt beide Hände zum Herzen) auf.

Frau T. war sehr überrascht, dass sich ihr Groll, den sie den Kolleginnen gegenüber hatte, so schnell auflösen ließ. Sie berichtete später, dass sie jetzt wieder mit einem freudigen Gefühl zur Arbeit gehen und dort, wenn sie die Kolleginnen trifft, mit ihnen wieder ganz normal kommunizieren kann.

IX.2.2 Fallbeispiel 4: Eine wunderbare Begegnung

Die folgende Aufstellung fand in einem Fortbildungsseminar statt. Das Thema ist ein Konflikt zwischen Mutter und Sohn, wobei der Sohn an dem Seminar nicht teilnahm. Die Aufstellung zeigt, auf welche Weise das lösungsgeometrische Interview Situationen verdichtet und wie sich die Qualitäten beider Verfahren – die Erfahrung in der Systemischen Strukturaufstellung und die Spezifizierung von Handlungen und Lösungen im lösungsfokussierten Gespräch – zu einem neuen Ganzen verbinden.

Th.: Was ist dein Anliegen?
Mutter: Ich habe seit längerem einen Konflikt mit meinem Sohn, den ich gerne klären möchte.
Th.: Such dir jemanden aus der Gruppe aus als Repräsentantin für dich und jemanden für deinen Sohn, und stelle sie beide auf. Beginne mit deiner Repräsentantin.

Die Teilnehmerin folgt der Aufforderung und stellt beide RepräsentantInnen auf. Danach setzt sie sich wieder in den Kreis der Gruppe. Wir erhalten folgendes Bild:

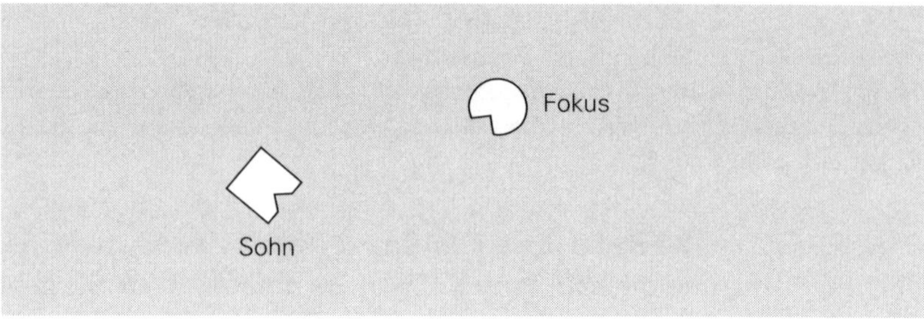

Abb. 67

Th.: Wie geht es der Repräsentantin der Mutter, dem Fokus? Was hat sich für dich verändert, seit du aufgestellt wurdest?
Fokus: Ich sehe in die Weite, ganz verträumt. Ich kann meinen *Sohn* nicht ansehen. Er steht mir auch im Weg.
Th.: Wie geht es dem *Sohn*?
Sohn: Ich mag sie nicht ansehen und schaue auf die Wand. Die ist ganz uninteressant.
Th.: So, wir können jetzt das Gespräch mit den Repräsentanten durchführen. Ihr könnt euch währenddessen auch setzen.

Den RepräsentantInnen werden Stühle hingestellt, sodass sie sich an ihrem Platz setzen können. Die Therapeutin setzt sich zu ihnen.

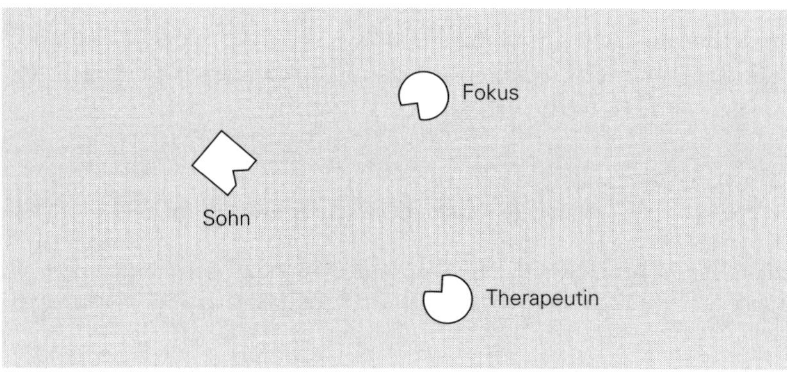

Abb. 68

Th.: Ich stell jetzt eine etwas schwierige Frage, deren Beantwortung schon etwas Fantasie braucht. — Angenommen, — unser Treffen heute ist für euch hilfreich, und später fahrt ihr wieder nach Hause — und geht euren Alltagspflichten nach, — und irgendwann am Abend werdet ihr müde — und legt euch schlafen. —

Angenommen, — in dieser Nacht passiert ein Wunder, — und das Wunder wäre, — dass alles, — weswegen ihr zu diesem Gespräch gekommen seid, — gelöst ist — auf einen Schlag, — und das wäre ja wirklich ein Wunder, nicht wahr? — Wenn ihr nun am nächsten Morgen aufwacht — und keiner euch sagt, dass das Wunder eingetreten ist, — woran könnte jeder von euch merken, dass dieses Wunder passiert ist? — Wer von euch möchte mit der Antwort beginnen?
Fokus: Ich kann beginnen. —

Der Fokus beginnt zu lächeln und sieht zum *Sohn*. Der *Sohn* nimmt ebenfalls Blickkontakt zum Fokus auf. Beide sehen sich überrascht und innig an.

Fokus (ganz gerührt): Ich kann ihn sehen. Und er sieht zu mir. Vorher habe ich ihn nicht wahrgenommen.
Th.: Was ist noch anders?

Dem Fokus steigen Tränen in die Augen.

Fokus: Wir könnten jetzt miteinander reden. — Wir könnten auch etwas zusammen unternehmen. — Ich kann ihn jetzt wahrnehmen.
Th. (zum *Sohn*): Woran bemerkst du das Wunder?
Sohn: Ich sehe sie. — Ich schaue sie gerne an. Ich bin ihr gegenüber offener.
Th.: Was ist noch anders?
Sohn: Wir könnten uns wie Freunde unterhalten, nicht mehr wie Mutter und Sohn.
Th.: Was ist für dich anders, wenn ihr euch wie Freunde unterhaltet, anstatt wie Mutter und Sohn?
Sohn: Sie würde nicht mehr ständig etwas von mir wollen. Es wäre kein Zwang mehr da. — Wir könnten ungezwungen miteinander reden.
Th. (zur Mutter): Passt das für dich? Erkennst du etwas wieder?
Mutter: Das hat mich sehr angerührt, was meine Stellvertreterin gesagt hat. — Ja, wir können uns seit längerem nicht in die Augen sehen und auch nicht miteinander reden. Und es stimmt, ich will ihn oft zu etwas zwingen, er ist so in sich versponnen, da möchte ich ihm auf die Sprünge helfen.
Th. (nickt und wendet sich wieder Fokus und *Sohn* zu): Bemerkt jemand außer euch das Wunder?
Fokus: Ja, mein zweiter Sohn und mein Mann.
Th.: Woran?
Fokus: Dass wir wieder miteinander reden. — Könnte mein *Sohn* neben mich kommen, sodass wir in die gleiche Richtung sehen?
Th.: Ja, ihr könnt euren Platz so verändern. Spürt nach, ob das für euch so besser ist.

Der *Sohn* rückt mit seinem Stuhl näher an den Fokus heran und ändert den Winkel so, dass er den Fokus besser sehen kann. Wir erhalten folgendes Bild:

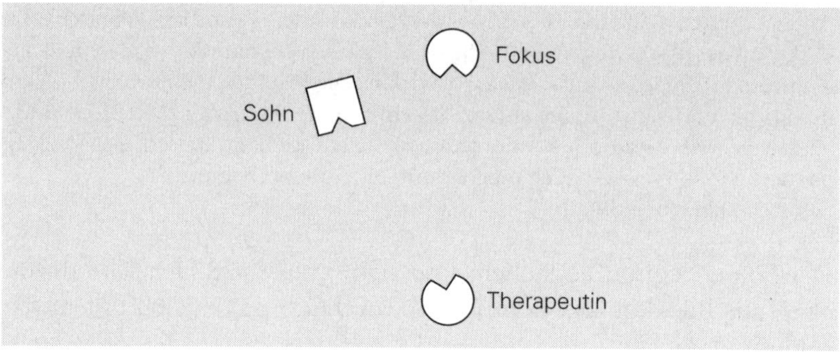

Abb. 69

Th.: Was hat sich für euch geändert?
Fokus: So ist es besser für mich. Wir können beide in die gleiche Richtung sehen.
Sohn: Für mich ist es auch besser. Ich kann meine *Mutter* ansehen, wenn ich will, und kann auch in meine Richtung schaun. Ich behalte die Freiheit, zu wählen.
Th. (zur Mutter): Jetzt kannst du an die Stelle des Fokus gehen.

Die Mutter nimmt den Platz des Fokus ein.

Th.: Wie geht es dir da?
Mutter: Gut, ich sehe meinen *Sohn*. Ich kann ihn jetzt ganz anders wahrnehmen. So habe ich ihn vorher noch nicht gesehen.

Mutter und *Sohn* sind ganz gerührt und sehen sich an.

Mutter: Alles, was auch vorher passiert ist, war jetzt in der Aufstellung für mich verdichtet enthalten. Kürzlich sah ich ihn mal anders als sonst. Ich sah seine Schönheit, die nehme ich sonst nicht wahr. Und das hat sich jetzt in der Aufstellung fortgesetzt.
Th.: Ja, das ist gut. Lass das jetzt in dir weiterwirken.

In der Aufstellung zeigt sich sehr schön, inwiefern das Wunder unabhängig von den vorausgegangenen Konflikten ist. In diesem Aufstellungsgespräch findet eine Begegnung zwischen Mutter und Sohn statt. Die Beziehung zwischen beiden verändert sich nach der Wunderfrage. Und in dieser neuen Art, sich zu begegnen, liegt die Lösung. Mutter und Sohn verändern beide ihren Zustand und können dadurch miteinander anders umgehen. Für die Klientin war das Gespräch wie eine ganz wirkliche anrührende Begegnung mit ihrem Sohn. Das lösungsfokussierte Interview erlaubt offenbar, auch die sprachlichen Reaktionen der RepräsentantInnen untereinander und gegenüber der Klientin in der repräsentierenden Wahrnehmung einzubeziehen.

IX.2.3 Fallbeispiel 5: Ein schwieriger Freund

Auch dieses Fallbeispiel stammt aus einem Fortbildungsseminar. Es handelt sich um eine Konfliktsituation, die sich eine Teilnehmerin ansehen wollte. Im Gegensatz zur vorangehenden Aufstellung sieht hier nur einer der Partner den Konflikt als ein Problem an. („Th." steht für „Therapeutin" und „T." für „Teilnehmerin".)

Dieses Fallbeispiel zeigt sehr schön, wie nah das lösungsfokussierte Interview mit RepräsentantInnen zu einer Gesprächssituation mit den realen TeilnehmerInnen ist.

Th.: Was ist dein Anliegen?
T.: Ich habe zur Zeit mit einem Mann einen Konflikt. Wir sind eigentlich befreundet, aber in letzter Zeit verhält er sich für mich unberechenbar, und ich weiß nicht, wie ich damit umgehen soll.
Th.: Ist dieser Konflikt für euch beide ein Problem oder nur für dich?
T.: — Für beide.
Th.: Gut, such dir jemanden aus der Gruppe aus für dich und jemanden für diesen Mann. — Und stell dann beide auf.

Die Teilnehmerin wählt zwei RepräsentantInnen aus und stellt sie auf. Wir erhielten folgendes Bild:

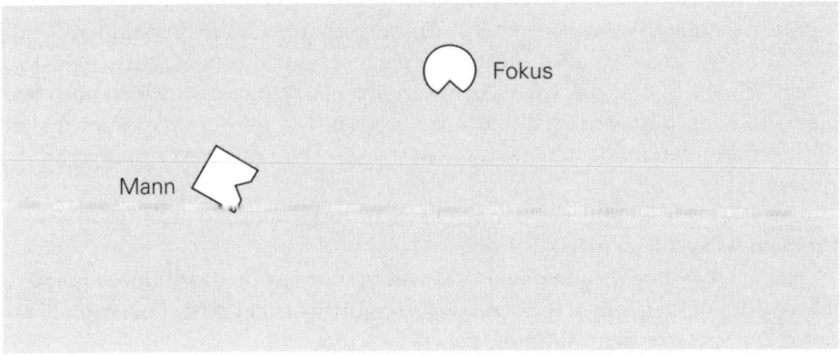

Abb. 70

Th.: Wie geht es dem Fokus? Was hat sich für dich geändert, seit du aufgestellt bist?

Fokus: Ich sehe da raus. Ihm gegenüber spüre ich nichts Besonderes.
Th.: Wie geht es dem *Mann*? Was hat sich für dich geändert?
Mann: Ich kann sie sehen, aber auch ich spüre nichts Ungewöhnliches.
Th. (zur T.): Passt das Bild für dich?
T.: Ja, das stimmt so.
Th.: Gut, dann könnt ihr euch an dieser Stelle setzen zum Gespräch.

Den RepräsentantInnen werden Stühle hingestellt, und die Therapeutin setzt sich zu ihnen.

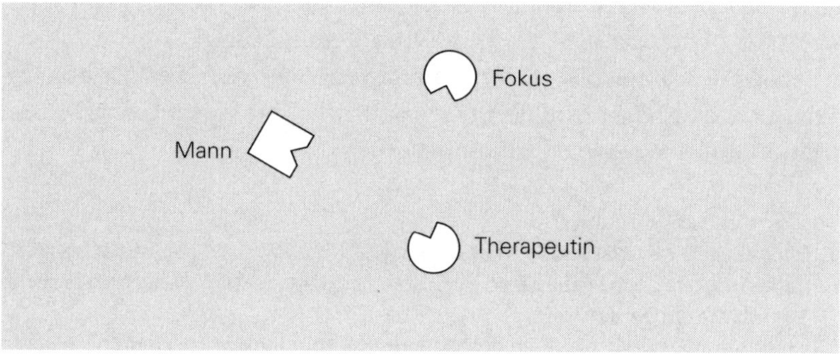

Abb. 71

Th.: Jetzt möchte ich euch beiden eine etwas ungewöhnliche Frage stellen, die jeder von euch anschließend beantworten kann. — Angenommen, das folgende Gespräch ist für euch beide hilfreich. — Wenn ihr dann danach wieder nach Hause fahrt, — jeder in seine Wohnung, — und dort wieder eure Familie seht und in euren Alltag zurückkehrt, — und irgendwann am Abend werdet ihr müde und legt euch schlafen. — Angenommen, in dieser Nacht geschähe ein Wunder, — und das Wunder wäre, dass alles, weswegen ihr hier seid, auf einen Schlag gelöst ist, — einfach so, — und das wäre doch wirklich ein Wunder? — Wenn euch nun niemand sagt, dass dieses Wunder eingetreten ist, — woran könntet ihr am nächsten Morgen merken, dass es passiert ist? — Wer möchte beginnen mit der Antwort?
Mann: Also, ich konnte mit der Frage nicht mitgehen. Für mich gibt es kein Problem. Was soll da gelöst werden.
Th.: Ja, in Ordnung. (Zum Fokus) Und woran würdest du das Wunder merken?
Fokus: Wir könnten miteinander reden. Wir würden auf gleicher Ebene miteinander reden, es wäre dann stimmiger zwischen uns.
Th.: Woran würdest du das merken?
Fokus: — Wir könnten anders aufeinander zugehen. Wir würden uns mehr treffen, nicht aneinander vorbeireden.
Th.: Und wenn ihr mal aneinander vorbeiredet, — und jetzt wäre das Wunder geschehen, — wie würdest du dann reagieren?

Fokus: Dann würde ich klar Position beziehen, klarer sagen, wo ich stehe, und eventuell mehr Abstand nehmen.
Th.: Wie ist das für dich, wenn sie das sagt?
Mann (ärgerlich): Endlich kann ich reden. Ich wäre beinahe geplatzt. Ich muss mich doch äußern können. Ich kann doch nicht immer vorsichtig abtasten, auf welcher Ebene sie ist, und mich anpassen, dann bin ich nicht mehr ich selbst. Ich kann doch nicht alles so sagen, wie sie es will, ich muss doch auch meine Meinung sagen dürfen, das ist doch sonst keine Auseinandersetzung mehr. Ich möchte ein klares Gegenüber haben. Für mich wäre das gut, wenn sie Position bezieht.

Die Therapeutin blickt zur Klientin.

Fokus: Er kann doch nicht einfach tun, was er will. Er verhält sich wie ein Elefant im Porzellanladen.
Mann: Jetzt hat sie mich schon wieder missverstanden. Sie will mich auf ihre Ebene ziehen. Ich will so sein, wie ich bin. Das wäre für mich gut, wenn sie klarer sagt, was sie will.
Fokus (nachdenklich): Ja, ich kann das klarer sagen.
Th.: Wenn er tut, was er will, und das Wunder geschehen ist, was würdest du dann machen?
Fokus: Ich würde mehr Abstand nehmen und mich zurückziehen.
Th.: Kannst du dich an solche Situationen erinnern, was damals half?

Es mag ungewöhnlich erscheinen, dass die Therapeutin diese Frage an die Repräsentantin richtet und nicht an die Teilnehmerin. Doch hier erlaubt die repräsentierende Wahrnehmung, dass die Repräsentantin nicht nur Empfindungen der repräsentierten Teilnehmerin stellvertretend wahrnimmt, sondern auch inhaltlich passend antworten kann. Dies hat sich bisher in vielen lösungsgeometrischen Interviews gezeigt und weist darauf hin, wie weit reichend Repräsentation sein kann.

Fokus: — Mit ihm fällt mir eine solche Situation nicht ein, wo ich das geschafft hätte. Ich glaube, bei ihm gelang mir das noch nie. — Ich glaube, das hat damit zu tun, dass er ein Mann ist. Bei Frauen kann ich das eher.
Th. zu T.: Passt das so für dich?
T.: Ich war sehr überrascht über die Frage und neugierig, wie meine Repräsentantin sie beantwortet. Mir war das nicht bewusst. Aber es ist stimmig, was sie gesagt hat. Das ist sehr interessant für mich.
Th.: Tritt jetzt an die Stelle von deinem Fokus.

Die Teilnehmerin nimmt ihren Platz in der Aufstellung ein.

Th.: Wie geht es dir da?
T.: Er ist bedrohlich für mich. Ich hätte Angst, dass er mir eine reinhaut. Ich trau ihm nicht.

Th.: Wie kannst du dich schützen?
T.: Ich müsste Abstand nehmen, etwa einen Meter.
Th.: Dann mach das.

Die Teilnehmerin rückt mit ihrem Stuhl etwa 20 cm zurück.

Mann (weichere Stimme): Ich wollte nie etwas gegen dich tun oder dich gar verletzen.
T. (angerührt): Das tut mir gut, dass du das sagst.
Mann: Ich möchte nicht, dass du Abstand nimmst von mir. Ich möchte die Nähe zu dir. Ich bin froh, dass du nicht einen Meter, sondern nur 20 cm von mir abgerückt bist. Wenn du das brauchst, geht das für mich so auch.
T.: Es ist schön, dass du das sagst.
Th. zu T.: Wie geht es dir jetzt?
T.: Es hat mir gut getan, was er mir gesagt hat. Hier fühle ich mich jetzt mehr bei mir.
Th.: Ich glaube, wir können es hier jetzt lassen. Du kannst nun deine Repräsentanten wieder entlassen.

Die Teilnehmerin bedankt sich bei ihren RepräsentantInnen und setzt sich wieder an ihren vorherigen Platz in der Runde.

Dieses Fallbeispiel zeigte sehr gut, wie nah ein lösungsfokussiertes Interview mit RepräsentantInnen einer Gesprächssituation mit den realen TeilnehmerInnen ist. Gegenüber anderen Systemischen Strukturaufstellungen wird hier die **repräsentierende Wahrnehmung** noch zusätzlich **um den inhaltlichen sprachlichen Bereich erweitert.** Dies vermehrt die Anwendungsmöglichkeiten Systemischer Strukturaufstellungen sehr und erlaubt es, noch lösungsfokussierter zu arbeiten.

IX.3 Kombination des lösungsgeometrischen Interviews mit der Konfliktaufstellung zur Lösung versehentlicher Aufstellungen

Wenn nach Konfliktsituationen einer der Konfliktpartner die Situation klären möchte, so kann dies auch in Abwesenheit der übrigen Konfliktpartner geschehen. Das lösungsgeometrische Interview kann hier helfen, die abwesenden Konfliktpartner einzubeziehen und ihre Rolle beim Konflikt zu verdeutlichen.

Bei Konflikten ist es möglich, dass einer oder mehrere der Konfliktpartner in das Familiensystem eines der anderen Partner hineingeraten. Wir können uns das etwa so vorstellen, dass Ausgeschlossene unseres Familiensystems quasi wie freie Valenzstellen (wie bei einer chemischen Verbindung) um uns gespeichert sind, sodass Personen, die wir häufig treffen, manchmal beginnen, sich wie diese für sie unbekannten ausgeschlossenen Personen zu verhalten. In solchen Fällen passt dann das von ihnen gezeigte Verhalten nicht mehr zu ihnen und auch nicht zum momentanen Kontext, sondern zur repräsentierten Person aus dem fremden System. Ein solches Verhalten wirkt oft im gegenwärtigen Kontext absurd und verletzend. Dadurch können Konflikte entstehen, die für alle Beteiligten unverständlich und heftig sind. Gespräche über „wie das kommen konnte" oder „wieso der Konfliktpartner so verletzend ist" sind dann wenig konstruktiv. Am ehesten hilft noch eine Musterunterbrechung in Form eines Abbruchs des Gesprächs und eine Terminvereinbarung zu einem späteren Zeitpunkt.

Auf diese Weise ausgelöste Konflikte nennen wir **versehentliche Aufstellungen**. Zur Klärung einer solchen versehentlichen Aufstellung dient dann die **Konfliktaufstellung**. Bei dieser wird in Form einer Art Fallrekonstruktion das reale Konfliktgeschehen wie eine Aufstellung behandelt, die nicht zu einem geeigneten Lösungsbild geführt, sondern in Konflikt und Belastung unterbrochen wurde. Durch geeignete Interventionen wird nun in der Konfliktaufstellung das Konfliktgeschehen zu einem Lösungsbild weitergeführt. In diesem Sinne ist die Konfliktaufstellung dreistufig (Repräsentantin vertritt reale Person, die in der realen Situation jemand aus einer früheren Situation vertritt), während die meisten anderen Aufstellungen nur zweistufig sind.

Eine solche Konfliktaufstellung kann zeigen, wer in wessen „leere Valenzstelle" hineingeraten ist. Mithilfe dieser Aufstellung wird ein neuer Kontext gesucht, in dem das zunächst rätselhafte Verhalten in der Konfliktsituation sinnvoll wäre und auf den dieses Verhalten implizit bezogen ist. Durch das Betrachten dieses neuen Sinnkontextes kann für die Konfliktpartner untereinander ein neues Verständnis entwickelt werden. Beide Konfliktpartner erleben den anderen nicht mehr als Aggressor, sondern als verstrickt im fremden System. Diese neue Sichtweise erlaubt es ihnen, von der Konfliktsituation loszulassen und wieder neu miteinander in Beziehung zu treten.

IX.3.1 Fallbeispiel 6: Wenn eine Freundin zur Repräsentantin wird

Die folgenden beiden Aufstellungen fanden in einer fortlaufenden Selbsterfahrungsgruppe statt. Die Klientin hatte seit einem halben Jahr ein Problem mit ihrer Freundin, die sie schon seit vier Jahren kannte. Obwohl sie mit der Freundin viele Gespräche geführt hatte, konnten beide diesen Konflikt nicht miteinander klären. (Im folgenden wird „Therapeutin" wieder mit „Th." und „Klientin" mit „Kl." abgekürzt, die Bezeichnungen der RepräsentantInnen werden kursiv gedruckt.)

Erste Aufstellung

Th.: Was ist im Moment dein Anliegen?
Kl.: Ich habe einen Konflikt mit meiner Freundin, und obwohl wir schon öfters darüber gesprochen haben, sind wir zu keinem Ergebnis gekommen.
Th.: Woran würdest du merken, dass der Konflikt sich löst?
Kl.: Dann könnten wir wieder normal miteinander reden, ich wäre nicht mehr so aufgeregt und so leicht verletzt, — es wäre wieder so wie früher. Meine Freundin weiß inzwischen gar nicht mehr, wie sie mit mir umgehen soll.
Th.: Ich mache jetzt einen Vorschlag, der vielleicht zunächst überraschend sein mag. — Such dir aus der Gruppe jemanden als Repräsentantin für dich und für deine Freundin aus, und stell sie auf. Wir werden dann unser Gespräch mit den Repräsentantinnen weiterführen.
Kl.: Ja, das klingt zunächst schon seltsam.

Die Klientin sucht sich RepräsentantInnen für sich und ihre Freundin aus und stellt sie beide auf. Danach setzt sie sich wieder an ihren Platz. Wir erhalten folgendes Bild:

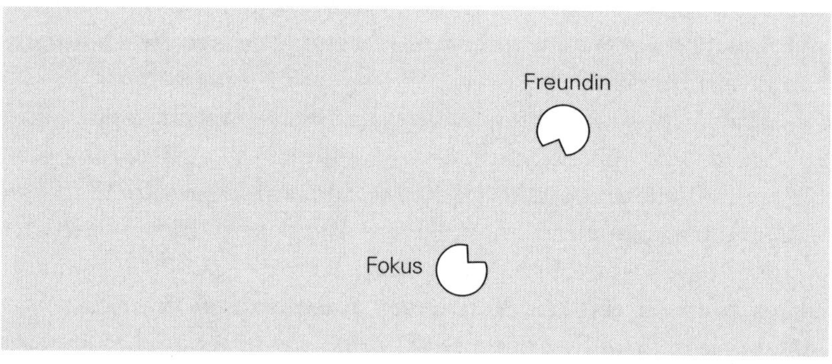

Abb. 72

Th.: Wie haben sich die Empfindungen für den Fokus geändert, seit er aufgestellt wurde?

Fokus: Ja, ich spüre meinen Herzschlag vermehrt, bin ganz aufgeregt, ich wage kaum, sie anzusehen.
Th.: Was hat sich für die *Freundin* geändert?
Freundin: Ich bin ganz verunsichert, ich fühle mich beklommen, wenn ich sie ansehe, und ich bin leicht schwindlig.
Th. zu Kl.: Passt das für dich?
Kl.: Ja, ganz genau.
Th.: Dann geh du jetzt an die Stelle deiner Repräsentantin, und deine Repräsentantin kann sich entrollen und sich wieder in die Gruppe setzen.

Die Klientin folgt der Aufforderung. Die Therapeutin setzt sich zu ihr und der Repräsentantin der Freundin und führt in dieser Anordnung das Gespräch weiter. Wir haben jetzt folgende Anordnung:

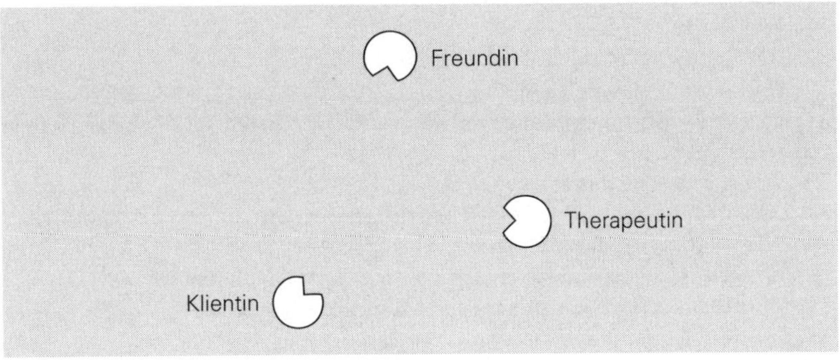

Abb. 73

Th.: Jetzt kommt eine etwas schwierige Frage, die ich an euch beide stellen möchte. Angenommen, die Aufstellung und unser Gespräch sind zu Ende, — und jeder von euch geht nach Hause, — macht dort noch etwas, — ihr esst zu Abend, — und irgendwann werdet ihr müde und geht schlafen. — Angenommen, in dieser kommenden Nacht — passiert ein Wunder, — und das Wunder wäre, dass das, weswegen wir hier nun zusammensitzen, gelöst ist, — und das wäre doch wirklich ein Wunder? — Und nun wacht jede von euch morgen früh in ihrem Bett auf, — und niemand sagt euch, dass dieses Wunder passiert ist, — woran könntet ihr erkennen, dass das Wunder eingetreten ist? — Wer möchte beginnen?
Kl.: Ich würde erleichtert aufwachen, und wenn ich an meine Freundin denke, wäre kein beklommenes Gefühl mehr da. —
Th.: Was wäre stattdessen da?
Kl.: Mit meiner Freundin wäre es wieder wie früher. Wir könnten wieder ungezwungen miteinander reden. Ich könnte mich wieder auf anderes konzentrieren. Ich würde mich freier fühlen. — Wir arbeiten in derselben Firma, — ich könnte mich dann wieder auf die Arbeit freuen und wäre nicht ständig mit den Gedanken bei meiner Freundin. — Ich könnte mich wieder konzentrieren.

Th.: Wer außer dir würde bemerken, dass das Wunder passiert ist?
Kl.: Meine Freundin natürlich.
Th.: Woran würde sie das bemerken?
Kl.: Ich wäre entspannter und hätte weniger Erwartungen ihr gegenüber. — Ich wäre zufriedener mit dem, was ist.
Th.: Wie würde deine Freundin darauf reagieren?
Kl.: Die wäre vollkommen erleichtert, ich glaub, es wäre wieder wie früher.
Th.: Was war da anders?
Kl.: Wir konnten einfach munter miteinander plaudern. Es war auch o. k. für mich, wenn wir uns mal längere Zeit nicht gesehen haben. Ich war ruhig und ausgeglichen, und das würde ich mir auch jetzt wieder wünschen.
Th.: Wer würde es noch merken?
Kl.: Ich habe einen Freund, mit dem ich ab und zu ausgehe. Der wäre auch ganz erleichtert. Er merkt, dass irgendetwas nicht stimmt zwischen meiner Freundin und mir. Und ich würde auch mehr auf ihn zugehen.
Th.: Wer merkt es sonst noch?
Kl.: Meine Arbeitskollegen.
Th.: Und woran merken die das?
Kl.: Ich wäre wieder mehr dabei und ansprechbarer. In letzter Zeit habe ich mich zurückgezogen.
Th.: Wie würden sie darauf reagieren?
Kl.: Die würden sagen: „Na, endlich bist du wieder normal. Was war los mit dir?"
Th.: Wie würdest du darauf reagieren?
Kl.: Ich würde lachen und sagen: „mir geht es jetzt wieder besser."
Th.: Würde sonst noch jemand auf dein Wunder reagieren?
Kl.: Mir fällt niemand mehr ein.
Th. zur Freundin: Woran würdest du das Wunder bemerken?
Freundin: Ich wäre auch ganz erleichtert. Ich wüsste dann, woran ich mit ihr bin. Irgendwie wäre es wieder klarer zwischen uns. Ich könnte wieder mit Freude an sie denken und mich freuen, wenn ich sie sehe. Auch ich würde wieder lieber zur Arbeit gehen als jetzt. Es wäre eine große Erleichterung. Ich würde wieder mit ihr Pläne schmieden.
Th.: Wer außer dir würde bemerken, dass das Wunder geschehen ist?
Freundin: Natürlich Sabine (die Klientin). Sie würde merken, dass ich mich wieder freue, wenn ich sie sehe.
Th.: Würde es sonst noch jemand bemerken?
Freundin: Vielleicht einige Arbeitskollegen.
Th.: Woran?
Freundin: Ich wäre wieder heiter, insbesondere wenn Sabine dabei ist. Zur Zeit meide ich ja noch den Kontakt mit ihr.

Beide Frauen sprechen nicht von Groll und Verletzung, sondern sind nur froh, dass für sie der Konflikt vorbei ist. Dies und die Heftigkeit der Empfindungen, das weitgehende Fehlen geeigneter Anlässe, die vielen vergeblichen Lösungsversuche und das fehlende Verstehen beider spricht dafür, dass eine versehentliche Aufstellung stattgefunden hat. Daher stelle ich im Folgenden Fragen zu möglichen ausgeschlossenen Personen.

Th. zur Kl.: Gibt es jemanden in deinem Familiensystem, von dem erst spät die Rede war, der oder die ein schweres Schicksal hatte oder früh starb?
Kl.: Eine ältere Schwester meiner Mutter starb ganz früh, einige Wochen nach der Geburt.
Th.: Dann stellen wir jetzt noch diese Tante auf und dein Ziel. Wie möchtest du dein Ziel nennen?
Kl.: „Ausgeglichenheit".
Th.: Such nun weitere zwei RepräsentantInnen aus der Gruppe aus, und stell sie auf. Dein Fokus kann wieder an deine Stelle treten.

Die Therapeutin setzt sich wieder in den Kreis der Gruppe. Der Fokus tritt an die Stelle der Klientin. Die Klientin stellt die weiteren zwei RepräsentantInnen auf. Wir erhielten jetzt folgendes Bild:

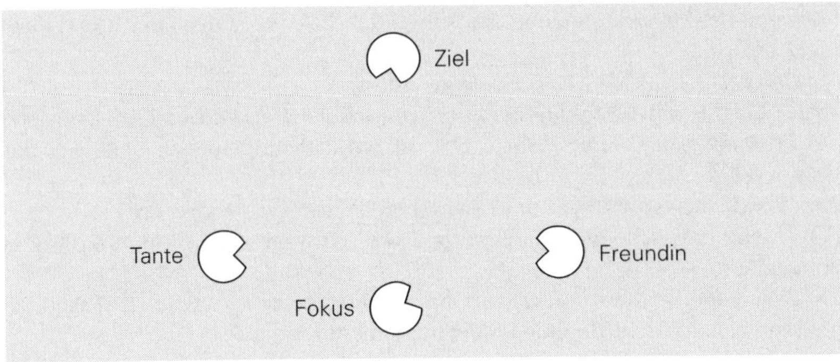

Abb. 74

Th.: Was hat sich für den Fokus verändert?
Fokus: Ich sehe nur auf sie (die *Freundin*) und bin ganz aufgeregt; mein *Ziel* nehme ich nicht wahr.
Th.: Wie geht es dem *Ziel*?
Ziel: Ich fühle mich unsicher, schwach und fröstle am ganzen Körper.
Th.: Was hat sich für die *Freundin* verändert?
Freundin: Zunächst wurde mein Schwindel stärker. Als die *Tante* aufgestellt wurde, kam eine ganz tiefe Traurigkeit über mich.

Dass die *Freundin* auf eine Person aus dem System des Fokus reagiert und der Fokus nur auf die *Freundin* ausgerichtet ist, spricht dafür, dass die Freundin die Tante repräsentieren könnte. Die Therapeutin führt daher den Test für partielle Musterrepräsentationen durch und lässt *Tante* und *Freundin* den Platz wechseln (Parametertausch als Test).

Th. zur Freundin: Geht es dir an diesem Platz hier besser oder schlechter?
Freundin: Viel besser.
Th.: Dann tausch wieder den Platz mit der *Tante.*

Freundin und *Tante* gehen wieder an ihre ursprünglichen Plätze. Die Therapeutin führt ein Ritual zur Auflösung von partiellen Musterrepräsentationen durch. Die *Freundin* geht auf Anweisung der Therapeutin langsam auf die *Tante* zu. Als sie ganz dicht vor der *Tante* steht, stellt die Therapeutin sie neben die *Tante*. Anschließend stellen sich beide wieder an ihre ursprünglichen Plätze.

Th. zur Freundin: Was hat sich für dich geändert?
Freundin: Das Herzklopfen und der Schwindel sind weg. Auch bin ich jetzt nicht mehr traurig.
Th. zum Fokus: Was hat sich für dich geändert?
Fokus: Auch bei mir ist das Herzklopfen weg, ich stehe jetzt sicherer. Ich kann jetzt die *Freundin* ganz anders sehen. Das ist wirklich unglaublich, wie sich das geändert hat.
Th.: Wende dich so, dass du dein *Ziel* sehen kannst. Was ändert das?
Fokus: Jetzt habe ich eine Ausrichtung. Doch ich wage noch nicht, auf das *Ziel* zuzugehen.
Th.: Sieh deine *Tante* an, und sage zu ihr: „Du bist meine *Tante,* die ich nie kennen gelernt habe. Ich gebe dir einen Platz in meinem Herzen."

Der Fokus wiederholt diese Worte.

Th.: Und nun sage noch zu ihr: „Und künftig ehre ich dich auf andere Weise, indem ich nämlich auf mein Ziel zugehe, — und du sollst dich mit mir dran freuen können."

Der Fokus wiederholt diese Worte. Dies fällt ihm anfangs schwer, erst der letzte Satz lässt bei ihm Freude aufkommen.

Th.: Was hat sich für dich jetzt geändert?
Fokus: Jetzt zieht mich das *Ziel* viel mehr an.
Th.: Wie geht es dem *Ziel*?
Ziel: Ich fühle mich jetzt stark und ausgeglichen.
Th. zum Fokus: Dann geh jetzt einen Schritt auf dein *Ziel* zu.

Der Fokus macht dies und lacht dabei.

Th. zur Klientin: Du kannst jetzt an die Stelle des Fokus treten.

Die Klientin folgt dieser Anweisung.

Th.: Wie geht es dir?
Kl.: Es ist wirklich unglaublich, ich sehe meine *Freundin* jetzt ganz anders. — Der Blick auf mein *Ziel* tut mir sehr gut.
Th.: Dann sieh jetzt alle an, und mach einen Schritt nach vorne.

Die Klientin macht dies und lacht dabei.

Th.: Mach noch einen Schritt auf dein *Ziel* zu, und nimm das Bild mit der Bewegung auf.

Zweite Aufstellung

Einige Wochen später kam die Klientin nochmals für eine Aufstellung in die Gruppe.

Th.: Was hat sich für dich inzwischen geändert?
Kl.: Mit der Freundin geht es mir besser, aber bei meinem Freund bin ich mir unsicher, was ich eigentlich will von ihm.
Th.: Dann stell jetzt jemanden für dich und für ihn auf.

Die Klientin sucht aus der Gruppe zwei RepräsentantInnen aus und stellt sie auf. Wir erhalten folgendes Bild:

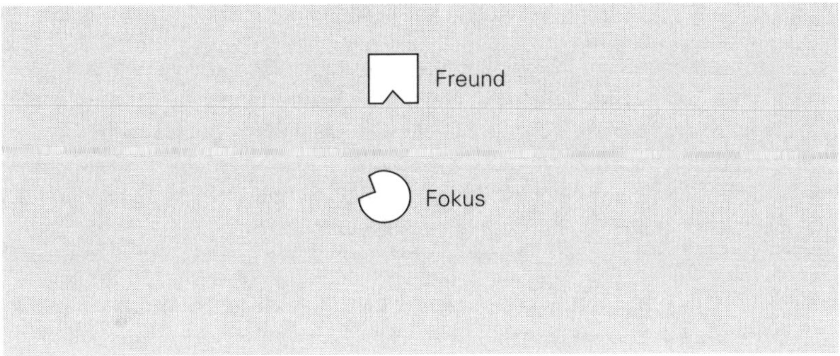

Abb. 75

Th.: Wie geht es dem Fokus?
Fokus: Ich sehe nicht auf meinen *Freund*, sondern schaue an ihm vorbei.
Th.: Wie geht es dem *Freund*?
Freund: Ich wende mich ihr zu, aber sie sieht nicht auf mich.

Die Therapeutin hält an die Stelle, auf die der Fokus schaut, ihre Hand im kataleptischen Zustand.

Th.: Was verändert sich für dich?
Fokus: Das tut mir gut.
Th. zur Kl.: Stell eine Person an diese Stelle; wir nennen sie „worauf der Fokus schaut".

Die Klientin sucht sich eine Repräsentantin aus und stellt sie an den Platz bei der kataleptischen Hand. Wir erhalten folgendes Bild:

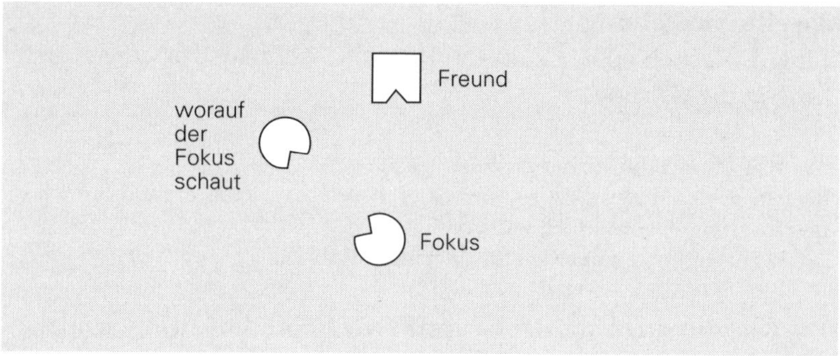

Abb. 76

Th.: Gibt es jemanden in deiner Familie, der unglücklich verliebt war?
Kl.: Vor meiner Mutter hatte mein Vater eine Freundin, die er verließ. Über die durfte nicht gesprochen werden. Für sie war das damals ganz schlimm.
Th. zum Fokus: Sag, zu *worauf der Fokus schaut*: „Du warst meinem Vater wichtig vor meiner Mutter. Bei mir hast du einen Platz in meinem Herzen. Ich ehre dich als die, die meinem Vater wichtig war vor meiner Mutter."

Die Klientin wiederholt diese Sätze, einen nach dem anderen. *Worauf der Fokus schaut* wird jetzt in *Freundin des Vaters* umbenannt.

Th.: Und nun sag noch: „Bitte schau freundlich, wenn es mir jetzt besser geht als dir und ich mehr Glück habe mit der Liebe.

Die Klientin wiederholt diese Sätze. Die *Freundin des Vaters* sieht sie dabei sehr freundlich an.

Th. zum Fokus: Was ändert sich für dich, wenn du jetzt zum *Freund* siehst?
Fokus: Ich kann ihn erst jetzt wirklich sehen. Ich sehe ihn ganz neu.
Th.: Wie geht es dem *Freund*?
Freund: Das tut mir sehr gut.
Th. zu Kl.: Jetzt kannst du an die Stelle des Fokus gehen. Wie geht es dir?

Die Klientin geht an die Stelle des Fokus. Sie beginnt zu lächeln.

Kl.: Ich kann meinen *Freund* ganz neu wahrnehmen, und ich finde ihn jetzt attraktiv.
Th.: Nimm das Bild so auf, und lass es in dir wirken. Von da aus geht es weiter.

X. Vorteile der Kombination von lösungsfokussierter Kurztherapie (SFT) und Systemischer Strukturaufstellung

In diesem Kapitel zeige ich einige Vorteile, die sich aus der Kombination von SFT und SySt ergeben. In den vorangegangenen Kapiteln habe ich bereits einige dieser Vorzüge erläutert, doch sollen hier die neuen Aspekte und Perspektiven dieses Ansatzes nochmals zusammengefasst und verdeutlicht werden.

X.1 Integration des Nichtgewählten in das Gewählte: Der Wert des Problems

Im lösungsfokussierten Ansatz wird das Anliegen der Klientin zwar erfragt, jedoch wird nicht eruiert, was genau ihr Problem ist, wann und wo es mit wem auftritt, in welchem Kontext es erscheint und wie es verläuft; kurz, es wird keine Problemanalyse erstellt. Da die meisten anderen therapeutischen Methoden sich jedoch sehr ausführlich mit Problemen befassen, könnte man denken, dass der SFT ein wesentlicher Aspekt fehlt.

Wie in II.1.2 dargestellt, finden wir die Kehrseite des Problems im Kontext des Wunders wieder. Dies zeigt, dass in der SFT Probleme zwar berücksichtigt werden, dass aber nicht betrachtet wird, welchen Nutzen das Problem für die Klientin bringt und welche Lernmöglichkeit in dem Problem für die Klientin enthalten ist.

Dieser Aspekt, der Wert eines Problems, ist für die Aufstellungsarbeit zentral. Wenn wir in den Aufstellungsbildern Verstrickungen betrachten, so wird mit diesen achtungsvoll umgegangen. Es zeigt sich, dass das vermeintlich böse oder absurde Verhalten von Personen oft durch die Liebe zu ausgeschlossenen Personen bestimmt wird. Dieser positive Aspekt solchen Verhaltens erscheint beim Betrachten des Problems in dessen Beziehungssystem. Durch diese Art,

Probleme zu sehen, kann etwas, das als übel erschien, mit neuen Augen gesehen werden. Unsere Haltung zum vermeintlich Üblen kann sich auf diese Weise ändern.

Wir lernen so, weniger zu urteilen und andere mit größerer Milde zu betrachten. Dadurch haften wir weniger an schmerzlichen Ereignissen, denn Ablehnung und Verurteilung bewirken, dass wir uns mit dem abgelehnten Verhalten befassen und die Erfahrung damit schwerer loslassen können. In dem Moment, in dem wir etwas ablehnen, haben wir das Abgelehnte in unserem Bewusstsein, und solange wir die Ablehnung emotional spüren, sind wir mit dem Abgelehnten auf diese Weise verbunden. Die Aufstellungsmethode kann nun helfen, in eine andere, neue Beziehung zum Abgelehnten zu treten und die Beziehung der Ablehnung in die einer achtungsvollen Begegnung zu verwandeln.

Dieser *Umwandlungsprozess* wird in Aufstellungen deutlich. In der lösungsfokussierten Arbeit gehen wir einen Schritt über diesen Prozess hinaus und fragen, wie die Welt nach diesem Umwandlungsprozess aussieht. Damit haben wir diesen Prozess zwar integriert, aber wir erleben die Umwandlung nicht direkt mit, sondern machen die Erfahrung, wie es ist, wenn diese Form der Aussöhnung bereits erfolgt ist.

Das Erleben dieses Prozesses der Aussöhnung kann jedoch durchaus für sich gesehen wertvoll sein. Wir machen dabei die Erfahrung, dass das, was wir zunächst ablehnten, auch ganz anders gesehen werden kann. Ich verwende im Folgenden den Tetralemmaprozess als Verdeutlichung für die verschiedenen Formen der Kontexterweiterung beim lösungsfokussierten Vorgehen.

Im Tetralemmaprozess würde der Aussöhnungsprozess dem Schritt von Position 1 auf Position 2 hin zu Position 3 entsprechen. Hierbei ist wichtig, dass bei diesem Schritt das Gelernte bzw. der Wert von Position 1 mitgenommen wird, um von Position 2 zu Position 3 zu gelangen. Hierdurch wird beispielsweise das Nichtgewählte (z. B. Position 1) in das Gewählte (Position 2) integriert. Oder, anders ausgedrückt: Wenn wir bei Position 2 den Inhalt von Position 1 integriert haben, sind wir eigentlich bereits bei Position 3 angelangt. Bei Position 3 haben wir eine Form von „Beides". Position 4 entspräche dann der Einbeziehung von Ausgeschlossenem.

Die lösungsfokussierten Fragen, insbesondere die Wunderfrage, bewegen sich vom Problem unmittelbar zu Position 3. Es wird gefragt, wie es dort ist und wie, falls Schwierigkeiten bei Position 3 auftauchen, diese überwunden werden können. Position 4 entspricht der Integration des Kontextes des Wunders.

Das Erleben des Umwandlungsprozesses ermöglicht dem Betrachter, seine innere Einstellung zum Abgelehnten zu verändern und sich mit dem, was er verachtete, ablehnte oder übersah, auszusöhnen. Diese Veränderung der inneren Haltung kann heilend wirken, insbesondere dann, wenn sie als ein Prozess begriffen wird, der zwar in einer spezifischen Situation erlebt, jedoch allgemein auf abgelehnte Beziehungen angewendet werden kann. Wir können bei einer derartigen Erfahrung lernen, was Aussöhnung heißt bzw. auf welche andere Art wir mit der Welt in Beziehung treten können.

Eine derartige Aussöhnung ist oft der erste Schritt, um eine belastende Situation loslassen zu können. Solange wir uns in Ärger oder Ablehnung mit etwas befassen, sind wir im Allgemeinen nicht bereit, unsere Aufmerksamkeit auf etwas anderes zu lenken. In diesem Sinne hält uns Ärger, Hass und Ablehnung gefangen. Erst eine Aussöhnung verändert unsere Motivation und kann eine Sehnsucht nach etwas Neuem zulassen. Und diese Sehnsucht nach etwas Neuem hilft uns, Vergangenes loszulassen, sodass sich eine neue Perspektive eröffnen kann. Hier setzt die lösungsfokussierte Methode an. Sie hilft, eine neue Richtung zu finden und das, wohin es gehen soll, klarer zu formulieren.

Die Kombination beider Methoden erlaubt nun, den Wert der Aussöhnung bei der Aufstellungsarbeit zu erfahren und mit der Fokussierung auf die Lösung entsprechend der Methode der SFT das bei der Aufstellung Erfahrene in eine konkrete Richtung zu lenken sowie es unter Umständen mithilfe von Aufgaben direkter und leichter anzugehen.

X.2 Integration des Tetralemmas in die Zielannäherungsaufstellung als integriertes Entwicklungsmodell im linearen Ablauf des lösungsfokussierten Vorgehens

Die Zielannäherungsaufstellung ist als eine Form, die entwickelt wurde, um das lösungsfokussierte Interview mit der Aufstellungsarbeit zu verbinden, bereits lösungsfokussiert ausgerichtet. Die Tetralemmaaufstellung ist stark prozessorientiert und ein Modell für Kontexterweiterungen. Das Tetralemma (und seine Negation) ist in der Art, wie wir es in der Tetralemmaaufstellung rekonstruiert haben, ein allgemeines Schema zur Integration von Gegensätzen und enthält ein Grundschema einer kanonischen Schrittreihenfolge für systematische Kontexterweiterungen. Insofern lässt es sich überall dort anwenden, wo es darum geht, Gegensätze zu vereinbaren, Blockaden zu überwinden und Stagnationen in Prozesse umzuwandeln.

Das Tetralemma kann als ein allgemeines Entwicklungsmodell aufgefasst werden, das sich insbesondere auf Lernprozesse anwenden lässt. Die systematische Abfolge der verschiedenen Arten von Kontexterweiterungen gibt strukturelle Hinweise dafür, wie der nächste Schritt gefunden werden kann. Die Art, wie hier der nächste Schritt gefunden werden kann, unterscheidet sich vom lösungsfokussierten Vorgehen, das ganz auf die spezifische Lösung in Form des Wunders der Klientin ausgerichtet ist. Hier kommt die Kraft aus der Lösung und das Handeln aus den neuen Impulsen, die die neu gewonnene Hoffnung vermittelt.

Beim Tetralemma gibt es keine Lösung, sondern nur einen fortlaufenden Prozess. Keine der einzelnen Positionen ist an sich besser als die vorangehende. Es gibt auch nicht etwas Bestimmtes, das zu erreichen wäre. Gelangen wir in die „fünfte, Nicht-Position", so hört hier nicht etwa der Prozess auf; es kann danach vielmehr eine neue kreative erste Position geben, die bildlich gesprochen auf einer anderen Ebene liegt. Wir können uns den tetralemmatischen Entwicklungsprozess als eine Art von Spirale vorstellen, die unendlich weiterverläuft.

Da sowohl das lösungsfokussierte Vorgehen als auch der Tetralemmaprozess sehr hilfreiche Methoden der Kontexterweiterung sind, könnte es lohnend sein, beide zu vergleichen und das allgemeine Schema des Tetralemmas auf die Zielannäherungsaufstellung anzuwenden.

Beim lösungsfokussierten Vorgehen haben wir einen Prozess, der von einer Problemsituation in eine Lösungssituation führt. Diesem Prozess entspricht im Tetralemma der Weg von Position 1 zu Position 2 (aus der Sicht von Position 1). Dies heißt keinesfalls, dass Position 2 schon eine endgültige Lösung darstellt. Das, was zunächst als Lösung erschien, kann später zu einer neuen Aufgabe werden. Denken Sie etwa an das Absolvieren einer Prüfung. Die bestandene Prüfung wird zunächst als eine Lösung empfunden. Kurze Zeit später führt sie jedoch zu einer neuen Aufgabe, etwa dem Suchen einer neuen Stelle.

Soll die Wahl des Wertes von Position 2 stabil sein, so muss der Wert von Position 1 in Position 2 integriert werden, und wir gelangen zu Position 3. In unserem Beispiel könnte das Lernen auf die Prüfung dazu dienen, diese zu bestehen, um danach das Gelernte anwenden zu können. Wenn das Gelernte in den neuen Beruf integriert wird, wird die Prüfung als etwas Sinnvolles erlebt.

Zur Stabilisierung der Integration gehören beim lösungsfokussierten Vorgehen Fragen nach dem Kontext des Wunders. Wir sind damit bei Position 4 angelangt. Der Wert der Nichtlösung (Position 1) zeigt sich unter anderem in dem, was vermieden werden kann, wenn das Wunder noch nicht erreicht ist, wie etwa in unserem Beispiel Stellenbewerbungen oder in anderen Situationen ärgerliche Reaktionen vom Partner, Neid am Arbeitsplatz, Loyalitätsverletzungen gegenüber Ausgeschlossenen. Durch die Frage

„Wenn jetzt das Wunder eingetreten ist, wie gehen Sie dann mit dieser Schwierigkeit um?"

wird die Klientin dazu gebracht, die auftretenden Hindernisse zu integrieren, indem sie unter der Annahme des Wunders als Ressource nun in der Lage ist, das bisher Unüberwindbare meistern zu können, sich die Probleme also für sie auflösen. Das Wunder in *Erwägung* zu ziehen entspricht im Tetralemma der Annahme, dass es eine Position „Beides" gibt. Die Antwort auf die Wunderfrage enthält Teile von Position 3 und Position 4 des Tetralemmas.

Position 4 ist im lösungsfokussierten Vorgehen nicht systematisch enthalten, sondern kann implizit in den Antworten auf Fragen nach dem Kontext des Wunders enthalten sein. Position 4 berücksichtigt den Kontext des Dilemmas zwischen Position 1 und Position 2. Dabei können wir mindestens vier verschiedene Formen von Kontexten unterscheiden:

- Der vergangene Kontext: Wie kam es zu der Frage das *Eine* oder das *Andere*?
- Der gegenwärtige Kontext, z. B.: Wo habe ich zur Zeit einen blinden Fleck, sodass ich glaube, mich zwischen dem *Einen* und dem *Anderen* entscheiden zu müssen?

- Der zukünftige Kontext: Womit müsste ich fertig werden, d. h., welcher Kontext in der Zukunft hindert mich daran, mein Problem (bzw. mein Dilemma) zu lösen?
- Der zeitlose Kontext, z. B.: In welchem Kontext hat das Problem (bzw. Dilemma) einen Sinn?

Der Kontext, in dem das Problem einen Sinn hat oder in dem es zu der Fragestellung „das *Eine* (Problem) oder das *Andere* (Ziel)" kam, wird beim lösungsfokussierten Vorgehen nicht angesprochen, da dieses keine Problemanalyse enthält. Daher erfahren wir im Allgemeinen nichts über die Entstehung des Problems und den Kontext, in dem es einen Sinn gehabt haben könnte. Antworten auf derartige Kontextfragen können im Kontext des Wunders auftauchen, doch ist dies keinesfalls zwingend. Der vergangene und der Kontext, in dem das Problem einen Sinn hat, werden in den SySt berücksichtigt. Daher liegt in der Berücksichtigung dieser Kontexte die Erweiterung der lösungsfokussierten SySt (LFSySt) gegenüber der SFT. Es könnte somit sein, dass in manchen Fällen Lösungen, die durch Anwendung der LFSySt gewonnen werden, stabiler sind als Lösungen, die durch alleinige Anwendung der SFT erlangt werden. Dieser Unterschied könnte dann auftauchen, wenn es für die Klientin entscheidend ist, einen Kontext zu finden, in dem das frühere Problem einen Sinn hatte. Dies trägt zwar nicht inhaltlich zur Lösung bei, aber es hilft, die Vergangenheit hinter sich lassen zu können. Die Wirkung könnte darin erkennbar werden, dass die Klientin sich *schneller* der Lösung zuwenden kann.

Die Position 4 als gegenwärtiger oder zukünftiger Kontext, der die Lösung erschwert, wird beim lösungsfokussierten Vorgehen berücksichtigt: Auf Fragen nach dem Kontext des Wunders erhalten wir Antworten darauf, was danach, wenn das Problem gelöst ist, als Schwierigkeiten auf uns zukommen kann und wofür wir im Problemzustand blind waren. Die Induktion des Lösungszustands durch die Wunderfrage hilft, diese blinden Flecken zu berücksichtigen, auch ohne dass sie benannt werden könnten. Sie werden also in der Lösung berücksichtigt, auch wenn sie als Problem nicht bekannt waren.

Die fünfte, Nicht-Position ist in der Tetralemmaaufstellung direkt und im lösungsfokussierten Vorgehen indirekt enthalten, z. B. in der nicht urteilenden Haltung der Therapeutin, in ihrem Schweigen oder in der Erfahrung des Wunders. Der Prozess des Tetralemmas wird in der Tetralemmaaufstellung meist nach einem Hin- und Herschwanken zwischen Position 1 und 2 in der Reihenfolge der Positionen durchlaufen.

Dies gilt ebenso für das lösungsfokussierte Vorgehen: Das Hin- und Herschwanken zwischen Position 1 und Position 2 zeigt sich dort häufig in „Aber"-Einwänden der Klientin, in ihren so genannten Rückfällen und darin, dass die Klientin häufig wieder in ihren Problemzustand „verfällt" und noch nicht völlig wagt, in den Lösungszustand zu gehen. Der Position 3 entspricht die Beantwortung des ersten Teils der Wunderfrage, und die Position 4 entspricht den Antworten auf Fragen zum Kontext des Wunders, also nach den Reaktionen der Außenwelt und ihren Konsequenzen.

In der Zielannäherungsaufstellung als einer lösungsfokussierten Aufstellung beginnen wir mit Position 1 des Tetralemmas, wenn die Klientin das erste Bild stellt. Im ersten Bild ist Position 2 implizit enthalten, nämlich durch das Aufstellen des Ziels und gegebenenfalls durch das Aufstellen des Wunders.

Der Vergleich mit dem Tetralemma weist auch darauf hin, dass, auch wenn wir hier von Ziel sprechen, dieses ein vorläufiges ist und kein endgültiges. So wie keine Position im Tetralemma besser ist als eine andere, ist in der Zielannäherungsaufstellung das Ziel nicht besser als das, worauf das Problem hinweist. Gerade deswegen müssen wir, um im Tetralemmaprozess uns vorwärts zu bewegen, den Wert von Position 1 in Position 2 integrieren. Und auch nach einer gelungenen Integration – Erreichung der Position 3 – geht es weiter mit Fragen bezüglich des Kontextes. Wir bleiben im Prozess und haben nie eine beste Position. Wir besitzen die Lösung nicht, sondern wir können sie immer nur wieder berühren; wir besitzen das Wunder nicht, sondern wir können uns nur immer wieder an das Wunder erinnern. Es ist gleichzeitig ganz nah, auch wenn wir es im Problemzustand als weit entfernt erleben.

Im ersten Bild der Zielannäherungsaufstellung können oft Ziel und Wunder nur sehr begrenzt wahrgenommen werden. Dies weist darauf hin, dass die Klientin noch sehr an ihrem Problem haftet und wenig Vorstellung von der Lösung hat. Im Prozess der Aufstellung wird Position 2, also Ziel und Wunder, immer deutlicher und ihre RepräsentantInnen kräftiger und stabiler. Hierfür ist oft hilfreich, dass Ausgeschlossene aufgestellt werden. Damit sind wir bei Position 4 in Form des vergangenen Kontextes angelangt bzw. haben sie berührt und einbezogen.

Position 3 und 4 sind über den gesamten Prozess der Zielannäherungsaufstellung verteilt, und zwar in Form von Prozessarbeit, etwa wenn rituelle Sätze gesprochen, Beziehungen geklärt oder Ausgeschlossene einbezogen und vergangene Lasten zurückgegeben werden. Zu dieser Prozessarbeit gehört bei Position 3 noch dazu, dass die Klientin sich zu ihrem Ziel wendet (manchmal auch, dass sie sich umdreht, um es direkt ansehen zu können). Sowohl der Aussöhnungsprozess als auch die Hinwendung zum Ziel gehören zu Position 3 und zu Position 4, wenn es sich um den Einbezug von Ausgeschlossenen handelt. Im „Wunder" ist auch die Position 3 enthalten.

Die fünfte, Nicht-Position ist in der Zielannäherungsaufstellung nicht explizit enthalten. Häufig jedoch bekommt das „Wunder" diese Qualität. Wenn es erst im späteren Verlauf der Zielannäherungsaufstellung aufgestellt wird, wirkt es oft als besonders starke Kraftquelle, die die folgenden Prozesse sehr erleichtert. Bei der Zielannäherungsaufstellung kann man das „Wunder" als freies Element in Analogie zur fünften, Nicht-Position des Tetralemmas aufstellen. Dies gibt der Zielannäherungsaufstellung dann nochmals eine neue Dynamik, da nun zusätzlich ein bewegliches Element als Kraftquelle und „Supervisor" genutzt werden kann.

Mit dem „Wunder" kommt manchmal jedoch auch der zukünftige Kontext, also eine Form der Position 4, ins Spiel. In solchen Fällen können problematische Aspekte sich mit dem „Wunder" mischen. Hier ist es günstig, das „Wunder" in „Wunder" und „Kontext des Wunders" aufzusplitten und für den „Kontext des Wunders" zusätzlich eine neue Repräsentantin aufzustellen.

Die Betrachtung der Zielannäherungsaufstellung unter Gesichtspunkten des Tetralemmas ermöglicht, verschiedene Arten von Kontexterweiterungen in dieser Aufstellungsform bewusster zu berücksichtigen und gegebenenfalls die Zielannäherungsaufstellung noch um ein freies Element zu ergänzen.

Eine ganz andere Form der Verbindung finden wir vor, wenn die **Zielannäherungsaufstellung als Tetralemmaaufstellung** durchgeführt wird. In diesem Fall werden neben dem Fokus noch der Ist-Zustand und das Ziel als das „Eine" bzw. das „Andere" aufgestellt. „Beides" und „Keines von Beidem" können im nächsten Bild als abstrakte Positionen ergänzt und anschließend die vier Positionen in Form eines Quadrats (oder Rechtecks) umgestellt werden.

Die vierte Position, „Keines von Beidem", beinhaltet einen allgemeinen und einen spezifischen Aspekt. Eine spezifische vierte Position sind z. B. ausgeschlossene Personen und Personen, die negativ auf das Wunder reagieren würden. Letztere tauchen im lösungsfokussierten Interview im Kontext des Wunders auf. Möchte man beide Aspekte bei der vierten Position verdeutlichen, so kann man außer der allgemeinen Form „Keines von Beidem" noch zusätzlich spezifische ausgeschlossene Personen aufstellen. Dies hat den Vorteil, dass, falls man bei der vierten Position ausgeschlossene Personen vergessen hat, diese bei der Repräsentantin der allgemeinen Form „Keines von Beidem" in Gestalt von unangenehmen, merkwürdigen Empfindungen oder als Kälteempfindungen auftauchen.

Das Wunder entspräche dann der fünften, Nicht-Position im Tetralemma. Das Wunder ist ein größerer Kontext, der nicht vollständig beschrieben werden kann und über den wir nicht verfügen. Die Symbolkategorie des freien Elements kann daher das „Wunder" in mancher Hinsicht angemessener repräsentieren, als es z. B. die Symbolkategorie „Repräsentanten im engeren Sinne" kann.

Dieser Vergleich zwischen Zielannäherungsaufstellung und Tetralemmaaufstellung verdeutlicht neue Aspekte der einzelnen aufgestellten Elemente. Wir können z. B. das Wunder, wenn wir es als freies Element entsprechend zur fünften, Nicht-Position des Tetralemmas aufstellen, als übergeordnete Kraftquelle zu verstehen lernen oder den Weg zwischen Position 1 und Position 2 als Weg zwischen Problemzustand und Zielzustand zu sehen beginnen. Auf diese Weise können auch Aspekte des lösungsfokussierten Vorgehens und des rein prozessorientierten Vorgehens der Tetralemmaaufstellung ineinander übersetzt und innerhalb einer Aufstellungsart ergänzt werden.

X.3 Integration vorbereitender Aspekte für Veränderungsbereitschaft

In der SFT wird bei der Vergabe einer Aufgabe unterschieden zwischen Besuchern, Klagenden und Kunden. Dabei ist es wichtig, dass die Therapeutin bei der Kategorie der Besucherin auf Interventionen weitgehend verzichtet und mit ihr nur höflich umgeht, sie nicht bedrängt und ihr keine Vorschläge macht. In der SFT wird versucht, dass der Impuls, zu einer Klagenden oder Kundin zu werden, bei der Klientin selber erwächst.

Die Therapeutin unterstützt nur. Die Ziellosigkeit einer Besucherin hat Konsequenzen: Es verändert sich nichts. Von therapeutischen Gesprächen wird jedoch erwartet, dass sich etwas verändert. Dauert diese Nichtveränderung eine längere Zeit an, so werden Besucherinnen oft ungeduldig und erwarten Ratschläge. Bleibt hier die Therapeutin standhaft, indem sie schweigt oder lösungsfokussierte Fragen stellt, wird die Besucherin auf sich selbst zurückgeworfen und muss eigene Impulse entwickeln und sich selbst ein neues Ziel suchen. Das lösungsfokussierte Vorgehen unterstützt sehr, Zukunftsentwürfe selbst zu entwickeln. Die SFT vermeidet es, Anregungen zu geben und Impulse von außen zu setzen. Für Zustände, in denen jegliche Orientierung fehlt und wenig Antrieb vorhanden ist, können jedoch Impulse von außen hilfreich sein.

An dieser Stelle kann die Aufstellungsarbeit sehr unterstützen. Bei den Systemischen Strukturaufstellungen können auch Teile aufgestellt werden, die unbekannt sind oder von denen man erschließen kann, dass es sie geben muss. Bei der Zielannäherungsaufstellung können daher z. B. das Ziel und das Wunder aufgestellt werden, ohne dass die Klientin eine inhaltliche Vorstellung von ihnen haben muss. Auf diese Weise ist es möglich, dass die Klientin, wenn sie in die Fußstapfen ihres Fokus tritt, die **Erfahrung machen kann, wie es ist, ein Ziel zu haben**. Dies kann ihr helfen, Impulse zu entwickeln, sich ein Ziel zu suchen bzw. sich über das eigene Ziel klarer zu werden.

Noch auf eine andere Weise kann hier die Aufstellungsarbeit nützlich sein. Die Klientin kann von außen die Interaktion zwischen ihrem Fokus und dem Ziel bzw. dem Wunder beobachten. Sie kann z. B. kennen lernen, wie eine schrittweise Annäherung an ihr Ziel ihren eigenen Zustand verändert, welche Hindernisse auftauchen können und was hilfreich ist, sie zu überwinden. Durch diese **Vorwegnahme zukünftiger Ereignisse** können für die Klientin neue Wege gebahnt werden. Die Aufstellungsarbeit ermöglicht dadurch aktives Lernen.

Auch für KlientInnen, die Mühe äußern, sich innerlich Bilder vom Tag nach dem Wunder vorstellen zu können, gibt die Aufstellungsarbeit eine Vorstellungshilfe. Über die RepräsentantInnen können **stellvertretend Erfahrungen** gemacht und **Informationen**

gewonnen werden. Dadurch, dass die Klientin die RepräsentantInnen stellt, gibt sie die ersten Impulse für den Aufstellungsprozess. Dies erleichtert es ihr, von den RepräsentantInnen Informationen annehmen zu können.

Von der Aufstellungsarbeit etwas zu lernen erfordert auch, dass die Klientin für Veränderungen offen ist; es erfordert jedoch nicht, dass die Klientin weiß, in welche Richtung der Veränderungsprozess läuft. Dies bedeutet, dass ihr das Ziel unklar sein darf. In den Fällen von Besucherinnen, in denen Veränderungen gewünscht werden, jedoch die Orientierung unklar ist, kann Aufstellungsarbeit eine sehr wertvolle Ergänzung zum lösungsfokussierten Interview bilden, natürlich auch in Fällen zur Auflösung von Verstrickungen und Einbeziehung von ausgeschlossenen Personen, die im lösungsfokussierten Interview oft nicht erwähnt werden.

Es folgt ein Fallbeispiel, das die genannten Vorzüge einer Kombination von lösungsfokussiertem Vorgehen und Aufstellungsarbeit zeigen soll.

X.3.2 Fallbeispiel: Wie aus einer Besucherin eine Kundin wird

Die folgende Aufstellung fand in einer Selbsterfahrungsgruppe statt. („Therapeutin" wird wieder mit „Th." und „Klientin" mit „Kl." abgekürzt, die Bezeichnungen der RepräsentatInnen sind kursiv gedruckt.)

Th.: Was ist dein Anliegen?
Kl.: Ich weiß nicht recht, es ist alles so viel. Ich weiß gar nicht, wo ich anfangen soll.
Th.: Was ist dir im Moment wichtig?
Kl.: Mir ist gar nichts mehr wichtig.
Th.: Was möchtest du im Moment?
Kl.: Ich weiß nicht.
Th.: Hm.
Kl. (schüttelt den Kopf): — Eine Freundin hat mir empfohlen, eine Aufstellung zu machen.
Th.: Was möchtest du, dass anders wird?
Kl.: Ich möchte, dass alles wieder wie früher ist.
Th.: Was war da anders?
Kl.: Da hatte ich nicht so viel Streit mit anderen. Ich bekomme mit jedem, mit dem ich rede, Streit, ich weiß auch nicht warum.
Th.: Was war noch anders?
Kl.: Mein Sohn lebte noch. — Er nahm sich vor zwei Jahren das Leben. Seither ist alles für mich sinnlos.
Th.: Woran erkanntest du vorher, dass dein Leben einen Sinn hatte?
Kl.: Ich sorgte für meinen Sohn, und das machte ich gerne.

Th.: Und sein Vater?
Kl.: Der lebt nicht mehr. Der kam durch einen Autounfall ums Leben.
Th.: Hast du noch weitere Kinder?
Kl.: Nein, ich hatte nur meinen Sohn.
Th.: Machst du dir Vorwürfe wegen seines Selbstmords?
Kl.: Ich frage mich immer, was ich noch hätte tun können. Aber ich weiß nichts.
Th.: Jetzt kommt eine etwas schwierige Frage. — Wenn heute die Gruppe zu Ende ist und du nach Hause gehst, — vielleicht noch etwas erledigst am Abend, — und schließlich wirst du müde und legst dich schlafen. — Angenommen, — in dieser Nacht passiert ein Wunder, — und das Wunder wäre, — dass alles, weswegen du hierher kamst, für dich gelöst ist, — und das wäre doch wirklich ein Wunder? — Wenn du nun morgen früh aufwachst — und niemand dir sagt, dass das Wunder geschehen ist, — woran könntest du das erkennen?
Kl.: — Da fällt mir nichts ein.
Th.: Hm.
Kl.: Das ist nicht möglich.
Th.: Irgendeinen Unterschied muss es doch machen, wenn dein Problem gelöst ist?
Kl.: Ja, — ich kann mir das nur nicht vorstellen. — Ich hab keine Ahnung.
Th.: Dann schlage ich vor, dass wir aufzustellen beginnen. Vielleicht wird dadurch etwas für dich klarer?
Kl.: (nickt)
Th.: Dann such jemanden aus für dich, für deinen Sohn und für das Wunder, und stell alle drei auf.

Die Klientin sucht sich drei RepräsentantInnen aus und stellt sie der Reihe nach auf. Wir erhalten folgendes Bild:

Abb. 77

Th.: Was hat sich während des Aufstellungsprozesses für den Fokus geändert?
Fokus: Ich fühle mich ganz matt und wie nicht mehr da. Ich sehe nur meinen *Sohn*, und das macht mich traurig.

Th.: Wie geht es dem *Sohn*?
Sohn: Ich sehe meine *Mutter*. Es belastet mich, dass sie so traurig ist.
Th.: Wie geht es dem *Wunder*?
Wunder: Ich werde nicht wahrgenommen; — *so* kann ich nicht wirken.
Th. zu Kl.: Was meinst du dazu?
Kl.: Es tut mir gut zu hören, dass mein *Sohn* mir keine Vorwürfe macht.
Th.: Ich lasse jetzt einige Sätze sagen, und dann sehen wir weiter.
Th. zu Fokus: Wiederhole jetzt folgende Sätze zu deinem *Sohn,* und prüfe jedes Mal, ob sie so passen. Sonst kannst du sie ändern. „Dass du gegangen bist, war für mich sehr schwer. — Ich habe es fast nicht ertragen. — Ich achte deine Entscheidung — und lasse sie bei dir, — ganz. — Du bist mein Sohn, und ich bleibe deine Mutter. — Daran hat sich nichts geändert. — Du bist schon tot, — ich lebe noch eine Weile, — und ich mach etwas aus meinem Leben, — sodass du dich mit mir dran freuen kannst.

Der Fokus wiederholt Satz für Satz, zögert manchmal, aber spricht doch alle Sätze nach. Er ist sehr angerührt und weint dabei. Der Klientin kommen ebenfalls die Tränen.

Th.: Was hat sich für den Fokus verändert?
Fokus: Es tut mir gut, das auszusprechen. Ich bekomme dadurch einen anderen Kontakt zu meinem *Sohn.*
Th.: Wie geht es dem *Sohn*?
Sohn: Ich möchte, dass es meiner *Mutter* gut geht, das entlastet mich. Mir geht es jetzt besser.
Th. zu Fokus: Wende dich jetzt einmal um zum *Wunder*. Was verändert sich für dich?

Die Therapeutin stellt den *Sohn* links neben den Fokus. Wir erhalten nun folgendes Bild:

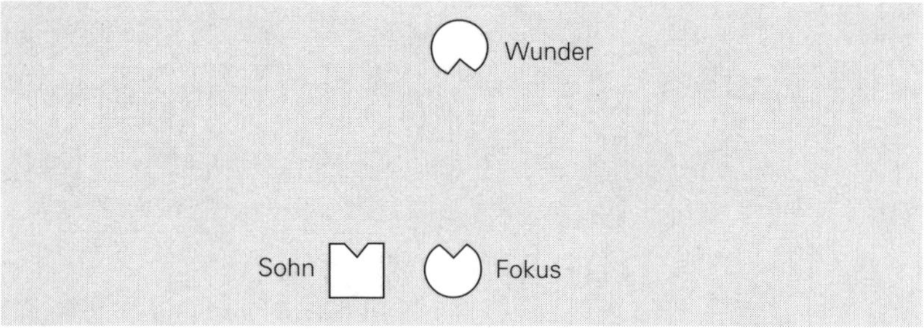

Abb. 78

Th.: Wie geht es dem Fokus jetzt?
Fokus: Das ist sehr überraschend, dass da etwas vor mir ist. Ich weiß nicht, was das ist, aber es ist angenehm.

Th.: Wie geht es dem *Wunder*?
Wunder: Es ist gut, dass sie zu mir sieht. Ich werde etwas lebendiger.
Th.: Wie geht es dem *Sohn*?
Sohn: Ich bin erleichtert, wenn meine *Mutter* auf ihr *Wunder* sieht.
Th. zu Kl.: Stell dich jetzt an die Stelle deines Fokus.

Die Klientin tauscht mit dem Fokus den Platz.

Th.: Wie geht es dir an dieser Stelle? Was ist jetzt anders?
Kl.: Das ist sehr ungewohnt.
Th.: Ja, natürlich.
Kl.: Es stärkt mich, etwas vor mir zu sehen. Ich weiß aber nicht, was das ist.
Th.: Spüre nur den Unterschied, den es macht, wenn vor dir etwas in der Zukunft liegt.
Kl. (nickt): Meinen *Sohn* kann ich so gut sehen. Das ist angenehm für mich. Die Fragen, die mir immer im Kopf herumgingen, sind jetzt weg. Das ist sehr angenehm.
Th.: Nimm jetzt dieses Bild in dich auf, und lass dich überraschen, wie es wirkt.

Die Klientin rief eine Woche nach der Aufstellung an und berichtete, dass sie jetzt wieder Lebensmut gefasst habe und es ihr besser gehe. In den nächsten Monaten begann die Klientin, neue Ziele für sich zu entwickeln, sie wurde aktiver, und die vielen Streitigkeiten mit anderen Personen nahmen ab.

X.4 Integration von Veränderung durch Nichtveränderung oder: Wie Verhalten sich ändert, wenn die innere Haltung eine andere geworden ist

Sowohl die SFT wie auch die SySt enthalten Beispiele, wie Veränderungen erzielt werden können, indem einer Nichtveränderung zugestimmt wird. In beiden Methoden werden auf unterschiedliche Weise Impulse zur Veränderung gesetzt und auch Nichtänderung akzeptiert.

Das zugrunde liegende Prinzip der *Aufstellungsarbeit* ist die Akzeptanz dessen, was ist. Alle weiteren Grundprinzipen und Interventionen können aus diesem Metaprinzip abgeleitet werden. Wenn z. B. in der Prozessarbeit Verwandtschaftsbeziehungen, Emotionen oder Tatbestände ausgesprochen werden, so dient dies dem Ausdruck und der Anerkennung dessen, was da ist. Hierbei ist nur wichtig, dass die Sätze achtungsvoll formuliert werden. Und gerade dies bildet den Unterschied zu Sätzen, mit denen im Alltag Entsprechendes ausgedrückt wird. Im Alltag formulieren wir meistens Impulse, Wünsche und Bewertungen anstelle dessen, was sich im Augenblick zeigt.

Statt etwa Sätzen, wie:

> „Ich hasse dich",
> „Ich will dich nie wieder sehen",
> „Ich werde dich vernichten",

werden in der Prozessarbeit der SySt Sätze verwendet, wie:

> „Das war sehr schlimm für mich",
> „Du kannst das nicht mehr ausgleichen",
> „Ich bin dir noch böse",
> „Ich grolle dir",
> „Ich habe mit dir noch ein Hühnchen zu rupfen."

Der Unterschied bei dieser zweiten Serie von Sätzen ist, dass sie keine Aussagen über die andere Person machen, sondern nur die Emotionen der Person, die spricht, in Worte fassen. Auf diese Weise wird das negative Geschehen zwar ausgedrückt, doch dem Täter gegenüber werden keine Konsequenzen angedroht. Hier wird ausgesprochen und anerkannt, was ist.

In Seminaren werde ich häufig gefragt, ob es denn nicht wichtig sei, dass auch negative Gefühle ausgedrückt werden, ob durch den achtungsvollen Ausdruck nicht den negativen Impulsen von vorneherein die Kraft entzogen wird und ob dadurch nicht diese Form der Schattenseite des Lebens ausgeschlossen wird. Wenn negative Gefühle nicht spontan entladen werden, findet hier etwas anderes im Vergleich zum Alltag statt. Dadurch unterbrechen wir ein Muster, das im Allgemeinen nicht hilfreich ist. Das Ausagieren negativer Gefühle fördert oft nicht die Aussöhnung, sondern schafft neue Verletzungen. Wäre es hilfreich, würden die KlientInnen nicht zu uns in Therapie kommen. Es ist notwendig, dass Negatives anerkannt wird und seinen Platz findet. Es ist für eine Lösung jedoch nicht erforderlich, dass Negatives ausagiert wird.

Das Anerkennen von Tatsachen erfolgt in der Prozessarbeit der SySt häufig durch

- das Aussprechen von Verwandtschaftsbeziehungen, wenn diese geleugnet oder missbraucht wurden,
- das Klären von Reihenfolgen, wenn diese vergessen wurden,
- das Anerkennen von Einsatz, wenn dieser nicht gesehen wurde,
- das Anerkennen von Leistung und Fähigkeiten, wenn diese nicht wertgeschätzt wurden.

In all diesen Fällen wird nur ausgesprochen, was bereits ist, aber nicht gesehen wird. Auf diese Weise wird etwas sichtbar, gewürdigt und anerkannt, was bis zu einem bestimmten Grad vorher ausgeschlossen war. Dieses Anerkennen bewirkt eine Veränderung, obwohl es gerade das Bestehende zum Thema hat.

In diesem Sinne greifen die Sätze der Prozessarbeit nicht vor, sondern sie beschreiben etwas, das ist. Erst wenn dieses ausgedrückt ist, vollzieht sich ein natürlicher Veränderungsprozess innerhalb der SySt. Die Aufstellungsarbeit bahnt uns einen Weg in die Zukunft durch die Einbeziehung ausgeschlossener vergangener Kontexte. Es ist, als ob das Ausgeschlossene uns an einer Vorwärtsbewegung hinderte.

Die Prozessarbeit innerhalb der SySt widmet sich ganz diesem sorgfältigen Beobachten dessen, was ist. Erst danach können Sätze ergänzt werden, die zukünftiges Handeln betreffen, wie etwa:

„In Zukunft beziehe ich dich auf andere Weise ein und gebe dir einen Platz in meinem Herzen."

Die *SFT* richtet durch ihr konsequentes Fragen nach Lösungen ihren Blick mehr in die Zukunft. Das Anerkennen dessen, was ist, erfolgt hier auf andere Weise. Die Therapeutin hält sich zurück mit Vorschlägen, eigenen Meinungen und Veränderungsimpulsen. In dieser Zurückhaltung liegt bei der SFT die Anerkennung dessen, was ist. Die stärkste Form dieser Anerkennung zeigt sich wohl im Schweigen, in dem gerade nicht eine Veränderung propagiert, sondern das Bestehende gelassen wird, selbst dann, wenn die Schwere dessen, was ist, nach einer Veränderung ruft. Dieses Seinlassen ist es wohl, was bei der Klientin einen natürlichen Veränderungsimpuls erwachen lässt.

Auch hier treffen wir wieder dieses Paradox an, dass da, wo wir nicht handelnd eingreifen, Veränderungen spontan entstehen. Den anderen so sein lassen können, wie er ist, bewährt sich hier als Kunst. Dabei ist es natürlich wichtig, dass dieses Seinlassen nicht die Form annimmt von „Du bist mir egal". Höchstes Mitgefühl und äußerste Zurückhaltung müssen hier Hand in Hand gehen.

Selbst bei dem Erteilen einer Aufgabe am Ende der Sitzung ist es wichtig, es der Klientin zu überlassen, was sie verändern will. Gerade bei den Aufgaben muss darauf geachtet werden, dass ihr Schwierigkeitsgrad den Fähigkeiten und der Veränderungsbereitschaft der Klientin entspricht, also anerkannt wird, was ist. Steve de Shazer betont, dass wir daran, ob die Klientin die Aufgabe gerne erfüllt, erkennen können, ob sie richtig gestellt ist. Dies zeigt, dass die Aufgaben, obwohl sie von der Therapeutin gegeben werden, letztlich kein Impuls von außen sind, sondern sich in der Aufgabe zeigt, was die Klientin bereit ist zu tun und welche Veränderung sie selber anstrebt. Die Aufgabe spiegelt gewissermaßen extern wider, was sich bereits darin zeigte, wie die Klientin die Fragen beantwortete. Neu bei der Aufgabenstellung ist

- die Art der Kombination der von der Klientin bereits genannten Handlungen,
- das Hinzufügen eines Zufallselements (Würfel, Münzwurf) und
- der Kontext, in den das Verhalten gesetzt wird (wenn z. B. etwas auf neue Weise an einem anderen Ort getan wird).

Auf diese Weise mischen sich bei den Aufgaben das Element „Anerkennen dessen, was ist" und das Setzen eines neuen Impulses.

Den Aufgaben entspricht bei der Aufstellungsarbeit das Hineintreten in das Lösungsbild mit der Aufforderung, dieses Bild wirken zu lassen. Diese Anweisung ist gleichzeitig passiv und aktiv. Passiv insofern, als die Klientin zu keiner Handlung aufgefordert wird, und aktiv insofern, als es wichtig ist, dass die Klientin dieses Bild in sich aufnimmt und den daraus hervorgehenden Impulsen folgt. Manchmal kann zusätzlich auch noch eine Aufgabe gestellt werden.

Das Nehmen des Bildes ist nicht ein Nichtstun, sondern ein Auf-sich-wirken-Lassen. Dieses erfordert die Zustimmung zu einer Nichtveränderung, da sofortiges Handeln die Wirkung abschwächt. Durch diese Zustimmung verändert sich unsere Haltung, und aus dieser neuen Haltung können neue Impulse erwachsen, die zu Handlungen führen. Der Wendepunkt für eine Veränderung ist also eine Änderung unserer Haltung. Wenn wir die Haltung zur Welt ändern, ändern sich die Grenzen unserer Welt. Diese neue Welt ist für uns ein neuer Kontext, in dem neues Verhalten möglich wird, nicht indem sich das Einzelne ändert, sondern indem sich das Ganze ändert. Der inneren Haltungsänderung folgt im Äußeren ein verändertes Verhalten.

Bei der SFT wird diese Haltungsänderung durch die Wunderfrage bewirkt, durch die Annahme, die Lösung sei schon da. Wir erfahren bei dieser Frage, in welcher Weise sich die Welt der Klientin ändert und welches veränderte Verhalten diese Haltungsänderung – dass eine Lösung möglich ist – mit sich bringt. Auch hier entspringt die Verhaltensänderung einer Haltungsänderung. Auch beim Erteilen einer Aufgabe in der SFT ist es nicht wichtig, ob die Klientin die Aufgabe erfüllt, denn auch hier geht es nicht um eine Verhaltensänderung. Ist durch die Wunderfrage die Haltung der Klientin geändert worden, so hilft die Aufgabe, die innere Änderung in eine Form nach außen zu bringen.

Eine Haltungsänderung wird häufig als veränderter energetischer Zustand empfunden, als ein Zustand, in dem sich die Möglichkeiten erweitern und damit der Aktivitätspielraum vergrößert wird. Die erhöhte Veränderungsbereitschaft und Mobilität wird als vermehrte Energie erlebt. Die lösungsfokussierten SySt bewirken in erster Linie einen derartigen höheren Energiezustand bei der Klientin. Im Lösungsbild erlebt sie das bisher Problematische als geordnet und ausgesöhnt und erfährt eine neue Richtung, in die sie sich bewegen kann. Welche Handlungen aus diesem veränderten Zustand und dieser neuen Haltung erfolgen, ist am Ende einer Aufstellungssitzung noch offen und wird oft erst in den nächsten Sitzungen klarer.

Im Gegensatz dazu kann beim lösungsfokussierten Interview die Aufgabe eine erste Orientierungshilfe bezüglich dessen bieten, welche Handlungen aus der neuen Haltung erwachsen könnten. Dies erleichtert es der Klientin, ins Handeln zu kommen. Während der Veränderungsprozess eher ein passiver ist, in dem anerkannt wird, was ist, erwächst aus der darauf folgenden Haltungsänderung eine Motivation zu handeln. Sobald wir handeln können, gewinnen wir Einfluss auf die Veränderung.

Der Beginn der Veränderung ist die Haltungsänderung, die oft sogar wie ein Geschenk erlebt wird. Um dieses Geschenk nutzen zu können, ist es wichtig, die veränderte Haltung durch Handlungen in unseren Alltag wirken zu lassen. Beide Aspekte, der passive und der aktive, gehören zusammen. Für den ersten Teil ist eine Bereitschaft nötig, für den zweiten Teil ein Engagement.

Den nicht handelnden oder zulassenden Anteilen des Veränderungsprozesses entsprechen auf der Seite der Therapeutin:

- die allparteiliche Haltung und
- die Zurückhaltung im Erteilen von Vorschlägen sowie
- Teile der Prozessarbeit bei den SySt.

Zu den handelnden Anteilen auf Seiten der Therapeutin gehören:

- das Stellen der Fragen und das Erteilen von Hausaufgaben bei der SFT,
- das Umstellen, die Übernahme von Teilen der Prozessarbeit und die Durchführung von Tests bei den SySt.

So wie aufseiten der Klientin nichthandelnde und handelnde Teile zum Veränderungsprozess gehören, trifft dies auch für die Seite der Therapeutin zu.

Bei der Integration beider Verfahren ist es sinnvoll, zur Abklärung des gegenwärtigen Zustands mit lösungsfokussierten Fragen zu beginnen und danach die Aufstellungsarbeit ins Auge zu fassen. Diese ist in erster Linie auf Aussöhnung mit Vergangenem ausgerichtet und liegt daher vom zeitlichen Ablauf vor der SFT. Für die Nacharbeit können die Methoden der SFT herangezogen werden.

Eine andere Möglichkeit der Kombination ist, mit der SFT zu beginnen und zu beobachten, ob die Ergebnisse stabil sind. Ist dies nicht der Fall, kann eine Aufstellung gegebenenfalls zeigen, was vergessen wurde. Bei beiden Vorgehensweisen ergänzen sich beide Methoden.

Je mehr in der Aufstellungsarbeit und insbesondere in der Prozessarbeit nach Unterschieden bei den RepräsentantInnen gefragt wird und je weniger die Äußerungen konkret gedeutet werden, umso leichter lassen sich beide Vorgehensweisen vereinbaren, da sie dann nicht mehr in Widerspruch zueinander stehen. In die Prozessarbeit kann die Haltung der SFT einfließen und auch ihre Möglichkeiten der Aufgabengestaltung. Dadurch treten handelnde und nichthandelnde Anteile der Veränderungsarbeit noch intensiver in eine positive Wechselwirkung.

XI. Integration von systemisch-phänomenologischem und systemisch-konstruktivistischem Ansatz*

Die SFT gilt allgemein als eine systemisch-konstruktivistische Methode, die Aufstellungsarbeit als systemisch-phänomenologische Methode. Der Aufstellungsarbeit wird häufig von Vertretern der konstruktivistisch-systemischen Therapie das Prädikat „systemisch" abgesprochen. Dabei bleibt unbeachtet, dass beide Ansätze sowohl phänomenologische wie auch konstruktivistische Teile enthalten. Dies bildet auch die Grundlage für die Möglichkeit der Integration beider Ansätze in den lösungsfokussierten Systemischen Strukturaufstellungen. So gegensätzlich beide Ansätze zunächst erscheinen mögen, ist es doch möglich, auch die philosophische Basis beider Methoden in Verbindung zu bringen, was ich im Folgenden ausführlicher darlege.

XI.1 In welcher Hinsicht SFT und SySt systemische Methoden sind

Wenn wir das Prädikat „systemisch" betrachten, sollten wir es besser nicht als Eigenschaft von Systemelementen sehen, sondern wir sollten berücksichtigen, in Bezug auf welche Aspekte etwas *systemischer* ist als etwas anderes. Wir können von (einer Methode, einer Intervention, einer Betrachtungsweise ...) X nicht sagen, „X ist systemisch", sondern höchstens, „X ist hinsichtlich a systemischer als Y hinsichtlich a", wobei X und Y Methoden (Interventionen, Betrachtungsweisen usw.) und a ein Teilaspekt, der sowohl in X wie in Y vorkommt, sind. Sind X und Y Methoden, Therapieformen o. ä., so könnte a eine Methode sein, die in beiden verwendet wird, oder ein Symptom, mit dessen Behandlung beide Therapieformen sich befassen. Sind X und Y Betrachtungsweisen, so könnte a ein Verhaltens-

* Eine geringfügig erweiterte Version dieses Kapitels erscheint in Weber 2001.

muster sein, auf das sich beide anwenden lassen, usw. Welcher Ansatz der systemischere ist, hängt weniger von der Methode ab als vielmehr von der Art und Weise, *wie* er durchgeführt wird. Systemischer ist eine Methode gegenüber einer anderen Methode dann, wenn in ihr

- mehr Kontexte berücksichtigt werden,
- die Beobachterperspektive durchgehender nicht als absolut gegeben angesehen wird,
- mehr Perspektiven in Betracht gezogen und
- in höherem Maße Unterschiede anstatt Eigenschaften fokussiert werden und
- der Interaktionsbegriff vermehrt anstelle der Zuschreibung von Eigenschaften als Grundlage verwendet wird.

Da aus unserer Sicht der Begriff des Systemischen als ein komparativer Begriff, genauer: als ein Aspektwechselprädikat gegeben ist, ist es natürlich unsystemisch, den Begriff „systemisch" wie eine bloße Eigenschaft von Systemelementen zu verwenden. Stattdessen können wir die Anwendung einer Methode nach dem Ausmaß des Vorliegens systemischer Züge zu skalieren versuchen und sie auf dieser Skala der Einschätzung von „systemisch" mit anderen Methoden vergleichen. Wir können hier verstehen, was „systemischer" bedeutet, ohne wissen zu müssen, was „systemisch" heißt. In diesem Sinne ist der Begriff des Systemischen von seiner Funktion kein Prädikat für Theorien, Therapieformen usw., sondern eher ein komparativer Begriff, ein Aspektwechselprädikat, das den Übergang zu einer Sichtweise charakterisiert, die stärker von Einzelpersonen, Eigenschaften absieht und stattdessen Interaktionen bzw. Interaktionseigenschaften und -invarianzen, unterschiedliche Perspektiven sowie Kontexte betrachtet.

Bei den *Systemischen Strukturaufstellungen* werden Interaktionen der RepräsentantInnen beobachtet und die RepräsentantInnen nach Empfindungsunterschieden in Bezug auf die verschiedenen einzelnen Aufstellungsbilder befragt. Je mehr wir nach Unterschieden fragen statt nach den „absoluten Werten", umso unabhängiger werden wir von Deutungen. Wir vernachlässigen also noch so interessant klingende farbige Mitteilungen über Empfindungsqualitäten zugunsten von Mitteilungen über die Veränderungsrichtung. Auf die Mitteilung „Ich stehe jetzt viel schwerer auf dem Boden“ kann daher die Frage „Und ist das für Sie besser, schlechter, gleich wie zuvor oder einfach schwerer?“ folgen. Die Richtung der Unterschiede dient als Maßstab für Verbesserung und Verschlechterung. Bei den Familienaufstellungen dagegen werden die RepräsentantInnen nach ihrem jeweiligen Befinden befragt und dieses zum Teil Familienangehörigen und Situationen zugeordnet. Daher sind, so gesehen, die SySt systemischer als die Familienaufstellungen.

Zu den Systemischen Strukturaufstellungen gehören jeweils auch die verschiedenen Perspektiven der anwesenden beteiligten und beobachtenden Personen sowie der nicht anwesenden wichtigen Kontaktpersonen der Klientin oder der nicht anwesenden Personen, von deren Meinung über Aufstellungen die Klientin hören kann. Dementsprechend unterscheiden wir sieben interne und fünf externe Perspektiven (ausführlich VII.1.1). Es gibt die verschiedenen internen (darunter die des Therapeuten) und externen Perspektiven, die möglichst alle bei einer Aufstellung berücksichtigt werden sollten. Das Aufstellungsgeschehen ist also höchst komplex, und sein Kontext gehört mit zur Aufstellung.

Die Skalierungsmethode der *SFT* nutzt Unterschiede als Messinstrument; in der Wunderfrage werden die veränderten Interaktionen der Klientin mit ihrer Umwelt eruiert. Situationen werden unter dem Interaktionsaspekt betrachtet, mit zirkulären Fragen die vermuteten Perspektiven möglichst vieler Beteiligter erfasst und statt Eigenschaften die Verhaltensweisen der beteiligten Personen untersucht. Der Therapeut wird als zum beobachteten System zugehörig betrachtet. Es gibt keinen objektiven Außenstandpunkt, d. h., es wird kein letzter Kontext festgelegt.

Beide Methoden, die SySt und die SFT, berücksichtigen also alle fünf oben angegebenen Kriterien für „systemischer“ mehr als die gängigen Aufstellungsmethoden, die Satirsche Arbeit usw. Das stellt natürlich kein Werturteil dar: Es wäre nämlich unsystemisch, anzunehmen, dass weniger systemische Vorgehensweisen nicht manchmal nützlicher sein könnten.

XI.2 Was Konstruktivismus und Phänomenologie verbindet

Was sind nun die Unterschiede zwischen den systemisch-phänomenologischen und den systemisch-konstruktivistischen Methoden? Aus meiner Sicht handelt es sich dabei nur um einen Unterschied in der didaktischen Betonung, nicht um einen grundsätzlichen Unterschied. Die Aufstellungsarbeit kann auch als konstruktivistischer Prozess gesehen werden, und es ist sogar möglich, die SFT als eine phänomenologische Methode zu betrachten (ausführliche Darstellung siehe weiter unten). Dabei haben die SySt mehr konstruktivistische Elemente als etwa die Familienaufstellungen. Dies kommt daher, dass bei den SySt

- die Unterschiede gegenüber den nicht komparativen Empfindungsäußerungen stärker betont werden,
- syntaktischer gearbeitet wird und
- eine größere Anzahl von internen und externen Perspektiven berücksichtigt werden.

Beide Methoden, die phänomenologische und die konstruktivistische, gehen aus von der **Beeinflussung des Wahrgenommenen im Wahrnehmungsprozess** durch den Wahrnehmenden. Beide Richtungen sind sich der Tatsache bewusst, dass wir die ontische Wirklichkeit nicht direkt erkennen können; in diesem Sinne können beide Haltungen als konstruktivistisch aufgefaßt werden. Wenn wir das Absolute, die Welt an sich, nicht fassen können, wie können wir dann zu Objektivität gelangen, und wie ist es möglich, Fortschritt zu erkennen? Beide Richtungen geben darauf unterschiedliche Antworten.

Zunächst möchte ich einen Weg von der Phänomenologie zum Konstruktivismus aufzeigen, um Bindeglieder und Gemeinsamkeiten zwischen beiden Methoden zu verdeutlichen. Ich stelle dar, inwiefern die phänomenologische Methode als ein Dekonstruktionsprozess verstanden werden kann und Wittgensteins Ansatz als operative Phänomenologie zur Schaffung einer Verbindung zwischen Phänomenologie und Konstruktivismus geeignet ist. Zwei weitere wichtige Bindeglieder zwischen Konstruktivismus und Phänomenologie finden wir in der Nichtbeliebigkeit der Konstruktionen und der Rolle der subjektiven Perspektive beim Heilungsvorgang.

XI.2.1 Die phänomenologische Methode als Dekonstruktionsprozess

Die Phänomenologie versucht, durch unterschiedliche Formen der Reduktion das Wahrgenommene von Vorurteilen, subjektiven Erfahrungen, Kulturellem, Geschichtlichem, gelerntem Wissen und

Nichtdenknotwendigem zu reinigen und dabei sogar von der Existenz des Wahrgenommenen abzusehen, um zum puren, intentional auf einen Gegenstand gerichteten Bewusstseinsakt zu gelangen. Es geht hier gewissermaßen um einen Dekonstruktionsprozess, um die Dekonstruktion des Wahrgenommenen, um zum Ich-Pol des puren Bewusstseinsstroms zu gelangen. Diesen nennt Husserl das transzendentale Ich.

Steve de Shazer steht Derrida näher als dem Konstruktivismus. Die lösungsfokussierte Vorgehensweise kann als eine Dekonstruktion negativer Haltungen und problematisierender Sichtweisen aufgefasst werden, um zu dem zu kommen, was sich zeigt. Mithilfe der Wunderfrage wird dann gewissermaßen wieder etwas Neues aufgebaut. Das Neue kann jedoch nicht auf beliebige Weise „konstruiert" werden, sondern steht in einer Beziehung zu dem, was bereits gegeben ist bzw. muss dieses Gegebene berücksichtigen. Die Art und Weise, in der dieses berücksichtigt wird, weist darauf hin, was gegeben ist. Wir haben hier also beide Aspekte, „die Konstruktion" und „das Gegebene", in Verbindung zueinander.

XI.2.2 Wittgensteins Ansatz als operative Phänomenologie

In Wittgensteins Begriff der Form können wir ein Pendant zu einem Aspekt des transzendentalen Ich bei Husserl finden. Das transzendentale Ich bei Husserl bezeichnet eine Möglichkeitsstruktur und generiert eine Aktivität in der Zeit. Wittgenstein unterscheidet Form und Struktur, wobei die Form die Möglichkeit der Struktur ist (*Tractatus*, 2.033). Wenn wir die Perspektive des puren Bewusstseinsflusses als Möglichkeit der Struktur deuten, so können wir von hier aus die Welt konstituieren. Auf „die Möglichkeit" als einen Aspekt vom „Wesen der Welt" weist Wittgenstein hin, wenn er im *Tractatus* (3.3421) schreibt:

> „Eine besondere Bezeichnungsweise mag unwichtig sein, aber wichtig ist es immer, dass diese eine *mögliche* Bezeichnungsweise ist. Und so verhält es sich in der Philosophie überhaupt: Das Einzelne erweist sich immer wieder als unwichtig, aber die Möglichkeit jedes Einzelnen gibt uns einen Aufschluß über das Wesen der Welt."

Der Unmittelbarkeit der Wesensschau bei Husserl entspricht bei Wittgenstein die Unmittelbarkeit der Sprachhandlung, wenn auch Husserl den Prozess dorthin vom Subjekt aus beschreibt und Wittgenstein mit seiner Sprachspieltheorie einen Interaktionsbegriff zugrunde legt. So bezeichnet Wuchterl (1999) Wittgenstein als operativen Phänomenologen, da bei ihm die letzte Gewissheit durch eine Handlung erlangt wird. Wittgensteins Begriff des Zeigens hat operativen Charakter. Wir gelangen zu Evidenz durch die Möglichkeit des Zeigens. Diese Art von nichtsprachlichen Hinweisen finden wir fortwährend in Aufstellungen: Das Wesentliche zeigt sich in ihnen. Jede Interpretation nimmt etwas von dem, was sich zeigt, und „Wovon man nicht sprechen kann, darüber muss man schweigen" (*Tractatus*, 7).

In *Tractatus*, 3.343, heißt es

„Definitionen sind Regeln der Übersetzung von einer Sprache in eine andere. Jede richtige Zeichensprache muß sich in jede andere nach solchen Regeln übersetzen lassen: *Dies* ist, was sie alle gemeinsam haben."

In der Möglichkeit einer solchen Übersetzbarkeit zeigt sich die Richtigkeit der Annahme einer Gemeinsamkeit. Die grammatischen Regeln, die sich in der Verwendung der Sprache zeigen, können nach Wittgenstein nicht als ein „Etwas" gesehen werden, sondern als ein Umstand, der sich zeigt: Regeln zeigen sich, indem sie befolgt werden. Sie sind nicht als Entitäten unabhängig davon da. Nach Wittgenstein äußern sich Regeln in ihrer Anwendung (Wittgenstein 1989a, S. 201):

„... daß es eine Auffassung einer Regel gibt, die *nicht* eine *Deutung* ist; sondern sich, von Fall zu Fall der Anwendung, in dem äußert, was wir ‚der Regel folgen', und was wir ‚ihr entgegenhandeln' nennen."

Regeln beziehen sich auf eine Gemeinschaft, in der sie gemeinsam befolgt werden (S. 202):

„Darum ist ‚der Regel folgen' eine Praxis. Und der Regel zu folgen *glauben* ist nicht: der Regel folgen. Und darum kann man nicht der Regel privatim folgen, weil sonst der Regel zu folgen glauben dasselbe wäre, wie der Regel folgen."

Und Regeln sind nicht als Ursache einer Handlung zu verstehen (S. 217):

„Wie kann ich einer Regel folgen?, – wenn das nicht eine Frage nach den Ursachen ist, so ist es eine nach der Rechtfertigung dafür, daß ich *so* nach ihr handle."

Das Wesen von etwas als einen Umstand, der sich zeigt, zu betrachten, war wohl nicht Husserls Intention, doch ist es meines Erachtens hier nicht abwegig, eine solche Sichtweise einzunehmen.

Diese Art der Gegenüberstellung von „Wesen“ und „etwas, das sich zeigt“ kann mit einem Klappbild verglichen werden, bei dem es unentscheidbar ist, welche Sichtweise die richtige ist, und bei dem beide Sichtweisen abwechselnd eingenommen werden können.

Versuchen Sie bei folgendem Klappbild, der berühmten Hasenente von Wittgenstein (1989a), beide Bilder nacheinander zu sehen:

Abb. 79

Dies gelingt, wenn Sie bei diesem Bild einmal links den Schnabel fokussieren und danach die Einkerbung rechts am Hinterkopf der Ente.

Versuchen Sie nun, beide Bilder ganz schnell sich abwechseln zu lassen. Welchen Eindruck gewinnen Sie?

Peter Molzberger führte an der Universität der Bundeswehr in München Experimente mit Studenten durch, in denen diese aufgefordert wurden, Klappbilder innerlich ganz schnell wechseln zu lassen. Die Studenten berichteten von neuen Qualitäten, die auftraten:

Bewegung,
Farben,
Tönen.

In diesem Experiment zum Wechsel des Aspektsehens taucht etwas Neues auf, das eine Form von *„Beides“* (im Sinne des Tetralemmas) darstellt. Hase und Ente sind zueinander komplementär, es kann entweder das eine oder das andere gesehen werden, indem wir die Hasenente betrachten. Durch das Einnehmen einer Perspektive sehen wir das eine oder das andere. Lassen wir die Bilder schnell hin- und herchangieren, dann gewinnen wir plötzlich einen neuen Eindruck. Es fragt sich, zu was wir gelangen, wenn wir zwischen

- der Sicht als Wesen und der Sicht des Sichzeigens,
- Eigenschaft und Interaktion sowie
- Konstitution und Operation

abwechseln. Zu was führt uns hier die Perspektive „Beides"?

Kehren wir wieder zur Phänomenologie zurück. Bei Husserl klingt durchaus auch manchmal etwas an, das Wittgensteins Begriff „die Form der Darstellung" verwandt ist, etwa an folgender Stelle (Husserl 1950, S. 12):

„... dass es eigentlich gar keinen Sinn (hat), von den Sachen zu sprechen, die einfach da sind und eben nur geschaut werden brauchen, sondern dieses ‚einfach dasein', das sind gewisse Erlebnisse von spezifischer und wechselnder Struktur, als da ist Wahrnehmung, Phantasie, Erinnerung, Prädikation u. s. w., und in ihnen sind nicht die Sachen etwa wie in einer Hülse oder einem Gefäß, sondern in ihnen konstituieren sich die Sachen, die reell in ihnen gar nicht zu finden sind. ‚Gegebensein der Sachen', das ist sich so und so in solchen Phänomenen *darstellen* (vorgestellt sein)."

Gegebensein der Gegenstände bei Husserl ist „sich so und so in solchen Phänomenen darstellen (vorgestellt sein)", während es bei Wittgenstein „in einer Form der Darstellung als Teil eines Bildes gegeben sein" heißen könnte. Man kann die in der Wesensschau vollzogene Objektkonstitution als Gesetz auffassen, das die Grenzen der Möglichkeiten festlegt. Der Begriff „darstellen" betont eher einen ruhenden Zustand, der Begriff „Form der Darstellung" bezeichnet ein Ergebnis einer Handlung und gibt damit einen Hinweis auf vollzogene Handlungen.

Wenn wir den Konstitutionsbegriff auf diese Weise weiterführen und Husserls Begriff des transzendentalen Ich auffassen als die Möglichkeitsstruktur des Seins, lässt sich eine Verbindung zum

Konstruktivismus aufzeigen, nämlich in der Nichtbeliebigkeit der Konstruktionen.

XI.2.3 Die Nichtbeliebigkeit der Konstruktionen

In der systemischen Ausbildung ist es ein gängiges Vorgehen, zu Demonstrationszwecken eine Familiensituation zu simulieren, indem Gruppenteilnehmern Rollen (wie Mutter, Vater und Kinder) zugewiesen werden. Die Rollenspieler scheinen zunächst beliebig interagieren zu können, aber bereits nach der Rollenverteilung und erst recht nach den ersten miteinander in der Rolle gewechselten Worten wird das, was sie sagen, empfinden, und die Art, wie sie reagieren können, eingeschränkt. Die anfängliche Beliebigkeit der Handlungsmöglichkeiten geht verloren. Die Rollenspieler reagieren auf das bereits Gesagte und Getane. Über einen analogen Zusammenhang im Rahmen der Logik spricht Wittgenstein in seinem *Tractatus* (3.342):

> „An unseren Notationen ist zwar etwas willkürlich, aber *das* ist nicht willkürlich: Daß, *wenn* wir etwas willkürlich bestimmt haben, dann etwas anderes der Fall sein muß."

Bei den Familienaufstellungen haben wir es auch mit dieser Art von Konstruktion und Nichtbeliebigkeit zu tun. Die anfängliche Freiheit in den möglichen Empfindungen bei den RepräsentantInnen verringert sich zunehmend mit der Rollenzuweisung und dem Prozess des Aufstellens, mithilfe dessen der momentane Platz im Familiensystem dargestellt wird. Da Rollen- und Platzzuweisungen von der Klientin vorgenommen werden, sagt die Aufstellung auch etwas über ihre Sichtweise aus. Selbstverständlich sagt eine Aufstellung nichts Objektives über die Beziehungen des dargestellten Systems aus. Und ich denke, gerade das ist es, was häufig in Familienaufstellungen hineininterpretiert wird.

XI.2.4 Die subjektive Perspektive beim Heilungsvorgang

Wir haben es mit subjektiven Perspektiven zu tun, und unser Ziel ist es ja auch, subjektives Leiden zu mildern. Durch therapeutische Methoden ändern sich zunächst nicht die Tatsachen der Welt, sondern die Art und Weise, *wie* wir sie wahrnehmen. Eine gewisse Parallele dazu findet sich bei Wittgenstein (*Tractatus*, 6.43):

„Wenn das gute und böse Wollen die Welt ändert, so kann es nur die Grenzen der Welt ändern, nicht die Tatsachen; nicht das, was durch die Sprache ausgedrückt werden kann."

Es geht bei Fragen der Heilung nicht darum, wie Dinge an sich sind, sondern mehr darum, wie sie uns erscheinen und welche Haltung wir ihnen gegenüber einnehmen. Folgende jüdische Lehrgeschichte (nach Singer 1999, S. 129) mag das verdeutlichen:

Ein Familienvater kommt zum Rabbi und klagt, dass seine Stube zu eng geworden sei und ob er ihm einen Rat geben könne. Nach langem Nachdenken antwortet der Rabbi: „Sag doch, wer wohnt in der Stub mit dir?" – „Ich und mein Weib, mein alter Vater und meine Schwiegermutter – und meine fünf Kinder, das sind zusammen neun." – „Gut", sagt der Rabbi, „der Fehler ist, dass ihr zu wenig seid. – Wer wohnt noch in deinem Haus?" Der Mann antwortet: „Unsere Magd, die melkt die Kuh, und dann gibt es noch zwei Ziegen." – „Nimm die alle mit in deine Stub, und komm in einer Woche wieder her." Der Familienvater versteht das zwar nicht, aber da der Rabbi es sagt, wird es schon richtig sein.

Nach einer Woche kommt der Familienvater wieder, und der Rabbi begrüßt ihn mit der Frage: „Nu, is' es besser geworden?" Da beginnt der Mann bitterlich zu klagen, und der Rabbi entgegnet ihm: „Tu raus die Kuh aus deiner Stub und lass sie wohnen im Stall. Und komm in einer Woche wieder."

„Nu, wie is' es jetzt?", forscht der Rabbi eine Woche später. „Etwas besser is' schon." – „Siehste, nu' geh nach Haus, und tu raus die zwei Ziegen aus deine Stub. Und komm in einer Woche wieder."

Als es dem Mann nach der kommenden Woche noch viel besser geht, fordert ihn der Rabbi auf, auch die Magd wieder aus seiner Stube zu entlassen.

In der darauf folgenden Woche kommt der Mann mit verklärt strahlendem Gesicht: „Rebbe, Rebbe", ruft er, „was seid Ihr für ein weiser, heiliger Mann, dass Ihr mir habt geholfen! Spaß, is' mein Stub jetzt ein Vergnügen!"

XI.3 Verträglichkeit von phänomenologischer Methode und konstruktivistischer Sicht: Eine Gegenüberstellung einiger wichtiger Begriffe

Nachdem ich einzelne Bindeglieder zwischen Phänomenologie und Konstruktivismus dargestellt habe, greife ich nun zentrale Begriffe beider Methoden auf und zeige, in welcher Hinsicht sie einander entsprechen können.

XI.3.1 Epoché und Neutralität

Die Aufstellungsarbeit, insbesondere die Familienaufstellungen, wird häufig fälschlicherweise als manipulativ und normativ aufgefaßt, doch damit wird die Methode verkannt, das, was die Aufstellungen uns zeigen können, missverstanden und die Dynamiken, die sich im Bild zeigen, als Regeln missgedeutet. Gerade wenn die Aufstellungsarbeit phänomenologisch aufgefasst werden soll, werden die oben genannten Auffassungen damit zurückgewiesen (was nicht heißt, dass Aufstellungen nicht zu den oben genannten Zwecken missbraucht werden können).

Wenn wir die Aufstellungsmethode als phänomenologische Methode ernst nehmen, so muss sie dem Prinzip der Urteilsenthaltsamkeit bezüglich der ontischen Wirklichkeit genügen, was nach Husserl die Grundvoraussetzung für die phänomenologische Methode ist. Das heißt, es dürfen keine absoluten Urteile bezüglich einer ontologischen Wirklichkeit gefällt werden. Dies wird von Husserl als Epoché bezeichnet. Er schreibt (1950, S. 204):

> „Die transzendentale Welt erhält ihre ‚Klammer', wir üben in Beziehung auf ihr Wirklichsein Epoché ... Mit der ganzen physischen und psychischen Welt ist das wirkliche Bestehen des realen Verhältnisses zwischen Wahrnehmung und Wahrgenommenem ausgeschaltet ... Hier haben wir an die Wahrnehmung und auch an einen beliebig fortgehenden Wahrnehmungszusammenhang keine Frage der Art zu stellen, ob ihm in ‚der' Wirklichkeit etwas entspricht."

Husserl fordert hier ontologische Neutralität. Dies bedeutet z. B., dass in gewissem Sinne existierende Gegenstände nicht von vornherein einen größeren Wirklichkeitsanspruch haben als eine Vorstellung oder eine Fantasie. Die Anwendung von Epoché bedeutet auch, dass Aussagen nicht mehr betrachtet werden können unter dem Aspekt ihrer Wahrheit oder Falschheit, sondern nur noch geprüft werden kann, ob sie miteinander verträglich oder widersprüchlich sind, denn die ontische Wirklichkeit wird ja ausgeklammert. Dies erinnert an den Begriff des „Passens" im Konstruktivismus.

Ob und in welcher Form es eine ontische, von uns unabhängige Wirklichkeit gibt, ist für Husserl eine sinnlose Frage. Damit sagt er weniger über die Wirklichkeit an sich aus, als es die radikalen Konstruktivisten tun, wenn sie sagen, dass unsere Wahrnehmungen kein Abbild der ontischen Wirklichkeit sind, womit sie immer noch etwas über absolute Wirklichkeit aussagen. Die Aufstellungsmethode kann also als verträglich mit konstruktivistischen Vorstellungen gesehen werden. Dem Prinzip der Urteilsenthaltsamkeit entspricht in konstruktivistisch-systemischen Therapieformen das Prinzip der Neutralität, dem die Leiterin bzw. Therapeutin Folge leisten sollte.

Das Prinzip der Urteilsenthaltsamkeit der Therapeutin weist auch darauf hin, dass die sich in den Aufstellungen zeigenden Dynamiken und heilenden Rituale nicht normativ aufgefasst werden dürfen und von der Leiterin nicht verbalisiert werden sollten. Die Klientin darf ihre Aufstellung aus der Beobachterperspektive betrachten und für sich auswerten, doch ist wichtig, dass dieser Prozess von ihr ausgeht und nicht von der Therapeutin nahe gelegt wird.

XI.3.2 Eidetische Reduktion im Aufstellungsprozess und in konstruktivistisch-systemischen Verfahren

Phänomenologisch wahrnehmen bedeutet nicht, die ontische Wirklichkeit zu erfassen, sondern die in der Wahrnehmung enthaltenen subjektiven Begriffsbildungen, Urteile und Färbungen, die durch Erfahrung und Vorstellungen geprägt wurden, zu minimieren und auf die grundlegenden Konstituenten des Wahrnehmungsprozesses zu reduzieren. Die Phänomenologie beschreibt, *wie* wir unsere Wirklichkeit konstruieren. Sie befasst sich damit, was für Existenzannahmen und Vorurteile in unsere Wahrnehmung einfließen. Sie zeigt z. B., welche Merkmale unser Wahrnehmungsprozess enthalten muss, wenn wir etwas als wirklich, als Traum oder als Fantasie bezeichnen.

Die wichtigsten Methoden der Phänomenologie sind die Urteilsenthaltsamkeit und die eidetische Variation, eine Form natürlicher Variation der Gegenstände beim Wahrnehmungsprozess (real oder in der Vorstellung), womit sie auf ihre Konstituenten hin analysiert werden. Das Wesen eines Gegenstandes wird definiert als „Invarianz unter eidetischer Variation".

Ein Aspekt des Aufstellungsprozesses entspricht der Anwendung der Methode der eidetischen Variation. Wenn Systemteile aufgestellt werden, entsprechen sie einem Bild des repräsentierten Systems. Sehen wir Aufstellungen als eine Abfolge von Bildern, so können wir sie mit gedanklichen Vorstellungsprozessen, zu denen die eidetische Variation gehört, vergleichen. Das Umstellen der RepräsentantInnen, das Vorgeben von Sätzen und die Durchführung von Ritualen mit dem Ziel der Beobachtung von Unterschieden können als eine phänomenologische Untersuchungsmethode gesehen werden, die angewendet wird, um zu erkennen, was dazu beiträgt, dass wir leiden oder zufrieden sind. Wir fragen daher bei Systemischen Strukturaufstellungen die RepräsentantInnen immer nach den Unterschieden in ihrer Körperwahrnehmung (anstatt nach den jeweiligen Körperempfindungen) im Anschluss an die therapeutischen Interventionen.

Analog dazu kann das Befragen der Klientin nach den Reaktionen der Umwelt auf das geänderte Befinden und Verhalten der Klientin in der Wunderfrage als eine andere Form eidetischer Variation bezüglich des Gegenstandes „Eingetretensein des Wunders" gesehen werden.

XI.3.3 Objektivität in der Phänomenologie: Evidenz und Intersubjektivität

Den Analyseprozess der eidetischen Reduktion sieht Husserl als eine wissenschaftliche Untersuchungsmethode, die dazu dient herauszufinden, wie die Gegenstände uns erscheinen. Wenn das Ergebnis der Analyse deckungsgleich mit unserer Wahrnehmung ist, spricht er von Evidenz.

Der Evidenzbegriff wird häufig als Begründungshilfe für Absolutheitsaussagen missverstanden. Husserl gibt mit dem Evidenzbegriff eine Antwort auf die Frage, wie wir, obwohl wir die ontische Wirklichkeit nicht erkennen können, dennoch über die Subjektivität hinausgelangen können (1950, S. 127):

> „Bei der strengen Fassung des Evidenzbegriffes, die wir hier zugrunde gelegt haben, ist es offenbar, dass Zweifel derart, wie sie in neuerer Zeit zu gelegentlicher Äußerung kamen, absurd sind: nämlich ob nicht mit derselben Materie A bei dem einen das Erlebnis Evidenz und bei dem anderen das der Absurdität verknüpft sein könnte. Dergleichen Zweifel waren nur so lange möglich, als man Evidenz und Absurdität als eigenartige (positive bzw. negative) Gefühle deutete, welch dem Urteilsakte zufällig anhängend, ihm jene besondere Auszeichnung erteilen, die wir logisch als Wahrheit bzw. Falschheit bewerten."

Husserl definiert nun Evidenz folgendermaßen (ebd.):

> „Erlebt jemand die Evidenz A, so ist es evident, dass kein zweiter die Absurdität desselben A erleben kann; denn, dass A evident ist, heißt: A ist nicht bloß gemeint, sondern genau als das, als was es gemeint ist, auch wahrhaft gegeben; es ist im strengsten Sinne selbst gegenwärtig."

Weiter weist er in seiner formalen und transzendentalen Logik darauf hin, dass auch Täuschung eine Evidenzerfahrung ist (ebd., S. 164):

„Selbst eine sich als apodiktisch ausgegebene Evidenz kann sich als Täuschung enthüllen und setzt doch dafür eine ähnliche Evidenz voraus, an der sie ‚zerschellt'."

Husserls Evidenzbegriff entspricht hier gewissermaßen der grammatischen Einsicht beim mittleren und späten Wittgenstein. Etwas ist dann evident, wenn es gar nicht anders erlebt werden kann, da die Form seines Erlebens in die Grundkategorien unserer Wahrnehmung passt. Evidenzen sind gewissermaßen die Basis von Erkenntnis und nur korrigierbar durch tiefere Evidenzen. D. h., nach Husserl haben nicht alle Erfahrungen gleiches Gewicht, sondern diejenigen haben mehr Gewicht, die zunächst prinzipiell nicht widerlegt werden können. Hier zeigt sich der intersubjektive Charakter von Evidenz, und es zeigt sich auch, inwiefern Evidenz nicht ein einmaliges Erlebnis ist, sondern wie es durch Wiederholung zu tieferen Evidenzen kommen kann und es somit einen Entwicklungsprozess gibt, also einen Fortschritt im Erkennen, ohne dass eine Übereinstimmung mit einer ontischen Wirklichkeit überprüft werden müsste (was ja auch nicht möglich wäre).

Während die Konstruktivisten die Aktivität eines Konstrukteurs beim Wahrnehmungsprozess betonen, beschreibt Husserl die Konstitution des Wahrnehmungsprozesses. Die Konstruktivisten heben die Subjektseite des Wahrnehmungsprozesses hervor, während Husserl versucht, die Merkmale des Interaktionsprozesses zwischen Subjekt und Objekt zu erfassen.

XI.3.4 Objektivität im Konstruktivismus

Auch im Konstruktivismus wird versucht, zu objektiven Urteilen zu gelangen, hier mithilfe der Prinzipien der Viabilität, des Passens, der aktiven Wiederholbarkeit von Wahrnehmungen und der intersubjektiven Bestätigung. Erkenntnis ist hier nur möglich im Sinne von „besser passen" und von Vermeidung von empirischer Unverträglichkeit mit der Wirklichkeit.

Konstruktivisten beschreiben den Wahrnehmungsprozess als durch das Anstoßen an die Wirklichkeit negativ gegeben. Die über die Wahrnehmung gewonnene Landkarte der Wirklichkeit muss nur dem Überleben dienen, sie muss nicht einmal strukturähnlich zur ontischen Wirklichkeit sein. Diese können wir nicht schauen, da wir sie durch unsere Wahrnehmung interaktiv verändern. Wir sind Teil des Wahrnehmungsprozesses. Wir können unseren Erkenntnisprozess nicht von außerhalb beobachten, da wir Teil von ihm sind. In der Phänomenologie weist der intentionale Anteil der Wahrnehmung auf diesen Aspekt hin. Der Gegenstand ist nur in seiner Bezogenheit auf das Subjekt gegeben.

Die „Wirklichkeit" zeigt sich dort, wo unsere Konstruktionen scheitern. Unsere Sinnesorgane und unser Gehirn konstituierten die Art und Weise, wie wir wahrnehmen. Wir erhalten von der Außenwelt nur physikalisch-chemische Reize, die wir im Gehirn zu Bildern, Tönen, Empfindungen usw. verarbeiten. Dies bedeutet, dass wir Teil unserer eigenen Wahrnehmung sind und das Wahrgenommene gleichzeitig während der Wahrnehmung verändern. Es liegt also nicht ein unabhängiges Verhältnis zwischen dem Wahrnehmen und der Welt vor. Damit sind unsere Modelle Konstruktionen einer Wirklichkeit, die wir selbst erschaffen.

Ein anderes Argument für die Unmöglichkeit, unsere Umwelt zu erkennen, bringt Heinz von Foerster mit einem Vergleich zwischen unserer Reizverarbeitung im Gehirn und der analytischen Unbestimmbarkeit nichttrivialer Maschinen (Gumin u. Meier 1992). Dies sind Maschinen, deren Operationen von den jeweiligen inneren Zuständen abhängen, die von den vorangegangenen Operationen beeinflusst wurden. Bereits bei den einfachsten dieser Maschinen ist ihr Verhalten so gut wie nicht vorhersagbar und ihr Operationsmechanismus in den meisten Fällen praktisch und in vielen Fällen faktisch nicht analysierbar.

Dies wirft nun die Frage auf, wie dann noch ein Erkenntnisfortschritt bzw. objektive Erkenntnis möglich ist oder wie wir zwischen Illusion und Wirklichkeit unterscheiden können. Konstruktivistische Lösungen dieser Frage sind die folgenden:

1. Je verlässlicher wir eine Erfahrung aktiv wiederholen können, umso wirklicher ist sie für uns. Damit lassen sich Stufen der Wirklichkeit unterscheiden. Wir können feststellen, was wirklich*er* ist, jedoch nicht *wie* die Wirklichkeit ist. (Dies erinnert an das Stufenmodell der Evidenzen bei Husserl (1950, S. 127):

Evidenzen, die nicht widerlegt werden können, haben mehr Gewicht als andere.)

2. Je mehr wir in unserem eigenen Erleben von anderen bestätigt werden, umso realer wird es für uns. Intersubjektive Wiederholung war auch für Husserl ein Kriterium für Evidenzerlebnisse. Hier kommen Phänomenologie und Konstruktivismus zu ähnlichen Ergebnissen.
3. Je mehr unsere konstruierten Modelle der Wirklichkeit viabel und passend sind, umso realer werden sie für uns, was hier nicht heißt, dass das Modell ein Abbild der Wirklichkeit darstellt.

Wenn wir Menschen nur dann mit der Wirklichkeit in Kontakt kommen, wenn wir durch fehlerhafte Konstruktionen an sie stoßen, sind wir dann nicht beim Solipsismus angelangt?

Dies weist Heinz von Foerster auf sehr einfache Weise mit seinem Relativitätspostulat zurück. Dieses besagt, dass eine Hypothese, die für A wie auch für B gültig ist, dann verworfen wird, wenn sie nicht auch für beide gleichzeitig zutrifft. A und B sind hierbei die Anwendungsbereiche der Hypothese. Dieses Relativitätspostulat dient wie das ockhamsche Prinzip der Vereinfachung. Auf den Solipsismus angewendet, besagt dieses Prinzip, dass, wenn ein Solipsist sagt, er sei die einzige Realität, obwohl es in seiner Wahrnehmungswelt andere Personen gibt, die das Gleiche für sich beanspruchen können, diese Sichtweise in irrelevanter Weise komplex ist. Zu einem Symbol gehört nur die relevante Komplexität; in dem Sinne ist irrelevante Komplexität vergleichbar mit Beliebigkeit bei einer Konstruktion.

Eine nützliche Unterscheidung führte Paul Watzlawick mit seiner inzwischen klassischen Einteilung von Wirklichkeit erster und zweiter Ordnung ein (Gumin u. Meier 1992). Zur Wirklichkeit erster Ordnung gehören dabei die naturwissenschaftlichen Gegebenheiten. In diesem Einteilungsschema müsste man wohl die ontische Wirklichkeit als Wirklichkeit nullter Ordnung bezeichnen. Damit würden wir jedoch etwas über die ontische Wirklichkeit aussagen, nämlich wie sie sich zu unserer wahrgenommenen Wirklichkeit verhält. Hier ist die Phänomenologie strenger, wenn sie jegliche Aussage über eine ontische Wirklichkeit unterlässt und sogar von deren Existenz absieht. Im psychologischen Bereich haben wir es im

Schema Watzlawicks mit der Wirklichkeit zweiter Ordnung zu tun, insbesondere dann, wenn es um Problemlösung und Heilung geht. Hier ändert sich meist zunächst nichts in der Wirklichkeit erster Ordnung, jedoch alles in der Wirklichkeit zweiter Ordnung.

XI.3.5 Kurative Prinzipienauffassung als konstruktivistische Sicht der Aufstellungsarbeit

Wenn das, was sich in der Aufstellungsarbeit zeigt, weder normativ generalisierend noch deskriptiv generalisierend aufgefasst werden sollte, wie ist es dann zu verstehen? Zusammen mit Matthias Varga von Kibéd habe ich hierfür den Begriff einer **kurativen Prinzipienauffassung** eingeführt. Diese besteht darin, ein Prinzip so aufzufassen, dass es in seinem Wesen adäquat erfasst wird, wenn man sieht, inwiefern es zur Heilung, insbesondere durch geeignete Musterunterbrechung, beiträgt. Bei dieser Art des Prinzipienverständnisses kann vom deskriptiven und normativen Gehalt der Prinzipien abgesehen werden. Wird das, was sich bei den Aufstellungen zeigt, nicht beachtet, so stoßen wir, konstruktivistisch gesehen, an die Wirklichkeit an und scheitern mit unseren bisherigen Konstruktionen. Wird das, was sich in den Aufstellungen zeigt, beachtet, so erhalten wir die Chance, eine passendere Konstruktion zu entwerfen, die unser bisheriges Muster unterbricht. Heilung entsteht dort, wo wir mehr im Einklang stehen – mit was? Wir könnten es „mit der Wirklichkeit" nennen, aber es zeigt sich nicht durch Vergleich. Die Auffassung der Aufstellungsmethode als kurativ schützt vor voreiligen Verallgemeinerungen des Wahrgenommenen und beschränkt die Erfahrung auf die jeweilige Anwendung. Jede Aufstellung spricht zunächst für sich und sagt nicht von vorneherein etwas über eine Ähnlichkeitsklasse von Situationen aus. Der Anspruch, über eine geeignete Ähnlichkeitsklasse zu verfügen, verlässt den Boden sowohl des systemischen wie des konstruktivistischen und des phänomenologischen Vorgehens. Hier beginnt eigenmächtige Interpretation und Machtausübung.

XI.4 Konstruktivistische Elemente der Aufstellungsarbeit

Die Aufstellungsarbeit wird meist nicht als konstruktivistische, sondern als phänomenologische Methode betrachtet. Daher möchte ich im Folgenden darstellen, in welcher Hinsicht sie trotzdem konstruktivistische Elemente enthält. Hierdurch möchte ich verdeutlichen, dass die philosophische Basis beider Verfahren nicht so unterschiedlich ist, wie häufig angenommen wird.

XI.4.1 Konstruktivistische Elemente im Lösungsbild

Das Lösungsbild einer Aufstellung zeigt eine mögliche Lösung, nicht aber die Einmaligkeit der Lösung. Zum Lösungsbild gehört auch der Weg zur Lösung. Die Lösung hat somit Prozesscharakter, sie ist nicht statisch, sondern ist durch einen Verlauf gegeben. Die Lösung darf hier nicht als Ende des Problemzustands gesehen werden, sondern eher als Beginn eines Lösungsprozesses oder, konstruktivistisch ausgedrückt, als Beginn einer neuen Konstruktion der Wirklichkeit.

XI.4.2 Intentionalität und Perspektivität der Aufstellungsbilder

So wie der neue Zukunftsentwurf konstruktivistische Elemente aufweist, enthält selbstverständlich auch das Problembild konstruktivistische Elemente; denn ein Problem im therapeutischen Kontext liegt ja in der Art und Weise, wie wir mit der Welt in Beziehung treten, und nicht in den Tatsachen der Welt. Dies zeigt sich bei den Aufstellungen darin, dass das Anfangbild immer aus einer Perspektive heraus gestellt wird, nämlich aus der Perspektive der Klientin. Stellt ein anderes Familienmitglied die gleiche Familie, so gibt es oft Abweichungen, was wiederum darauf hinweist, dass wir es mit einem perspektivenabhängigen Bild zu tun haben und nicht mit einer Abbildung der Familiensituation an sich.

Eine weitere Perspektive kommt darin zum Ausdruck, dass jede Aufstellung auf ein spezifisches Anliegen hin ausgerichtet ist. Zu einem anderen Anliegen kann sich für die gleiche Familie ein anderes Aufstellungsbild ergeben. Hierin kommt die Abhängigkeit des Aufstellungsbildes von der Absicht des Aufstellenden zum Ausdruck. Auf den intentionalen Akt beim Wahrnehmungsprozess weist auch Husserl hin (1968, S. 378), wenn er schreibt:

> „Im Bilde entspricht der Tätigkeit des Abzielens als Korrelat diejenige des Erzielens (das Abschließen und Treffen). Genau ebenso entsprechen gewissen Akten als Intentionen (z. B. Urteils-, Begehrungsintentionen) andere Akte als ‚Erzielungen' und ‚Erfüllungen'".

Das Aufstellungsbild existiert nicht getrennt vom Aufstellenden, sondern ist in einem intentionalen Akt mit ihm verbunden. In diesem

Sinne enthält das Aufstellungsbild einen starken konstruktivistischen Aspekt.

Bei der Fortführung der Aufstellungen werden noch weitere Perspektiven sichtbar. So wird das von der Klientin gestellte Bild aus der Perspektive der Protagonistin und aus der der übrigen RepräsentantInnen unterschiedlich empfunden. Während auf Verbesserungen der Positionen insbesondere bei der Protagonistin (als Repräsentantin der Klientin) geachtet wird, da für sie das zukünftige Lösungsbild besonders gut passen sollte, treten manche Veränderungswünsche der übrigen RepräsentantInnen demgegenüber zurück.

Dies zeigt deutlich, dass der Prozess zum Lösungsbild davon beeinflusst wird, wer die Klientin ist, für die die Aufstellung gemacht wird, und in Bezug auf welches Anliegen die Aufstellung durchgeführt wird. Dies gilt insbesondere für die Frage, was berücksichtigt und was in den Hintergrund gestellt wird, welche Spur verfolgt und welche fallen gelassen wird. Anders ausgedrückt, die Ausführlichkeit eines Prozesses oder Rituals hängt davon ab, inwieweit dieses in der Folge zur Verbesserung der Befindlichkeit der Protagonistin und damit schließlich der Klientin beiträgt.

Manches sieht aus einer anderen Perspektive ganz anders aus (aus Fiddy 1990):

Außer den bisher aufgeführten internen Perspektiven:

1. der Perspektive der Klientin und des zu bearbeitenden Anliegens,
2. der Perspektive der Protagonistin,
3. der Perspektive der übrigen RepräsentantInnen,

können wir noch vier weitere interne Perspektiven unterscheiden:

4. die Perspektive der anwesenden Systemmitglieder,
5. die Perspektive der Leiterin,
6. die Perspektive der teilnehmenden Beobachter, d. h. Beobachter, die sich mit Anteilnahme aus der Beobachtungssituation in das Aufstellungsgeschehen einfühlen,
7. die Perspektive der anwesenden kritischen Beobachter,

sowie fünf externe Perspektiven:

8. die Perspektive der nicht anwesenden Systemmitglieder,
9. die Perspektive der intendierten Adressaten von Berichten wie z. B. der Auftraggeber, der Überweisenden,
10. die Perspektive der nicht intendierten Adressaten von Berichten, auf die das Aufstellungsergebnis einen Einfluss haben kann, die jedoch sonst mit dem Aufstellungsgeschehen nichts zu tun haben, wie etwa Arbeitgeber, Freunde usw.,
11. die Perspektive der ablehnenden, kritischen, skeptischen Dritten,

12. die Perspektive der experimentierenden forschenden Dritten und indirekten Beobachter, die z. B. die Aufstellung auf Video sehen.

Aus den genannten sieben internen Perspektiven kann der Wahrnehmungsprozess der Aufstellung jedes Mal anders betrachtet und beschrieben werden. Die Reaktionen der unterschiedlichen anwesenden Personen sollten während des Aufstellungsprozesses berücksichtigt werden, damit anschließende Reaktionen von diesen die Wirkung des Lösungsbildes nicht gefährden.

Ähnliches gilt für die externen Perspektiven. Werden diese nicht berücksichtigt, dann kann die Klientin nach der Aufstellung, wenn sie mit den entsprechenden Personen in Kontakt kommt oder auch nur von Meinungen anderer über Aufstellungen hört, das Lösungsbild und ihre Erfahrungen während der Aufstellung infrage stellen. Dies stört dann ihren inneren Prozess, der einer Aufstellung folgt. Im lösungsfokussierten Vorinterview wird versucht, mögliche externe Kontaktpersonen und das „Image“, das das Verfahren bei der Klientin und ihrer Umwelt hat, zu erkunden und zu berücksichtigen.

Eine Aufstellung ist also sicher nicht die Abbildung *einer* Wirklichkeit, sondern eher vergleichbar mit einem bunten Strauß aus verschiedenen perspektivischen Bildern von verschiedenen konstruierten Wirklichkeiten. Im therapeutischen Prozess sollte die Möglichkeit dieser verschiedenen Perspektiven berücksichtigt werden, damit der beginnende Lösungsprozess sich nach der Aufstellung realisieren kann und diese neue „Konstruktion“ der Wirklichkeit nicht an den Reaktionen der Umwelt scheitert. Wir sehen, dass auch ein äußerlich einfacher Aufstellungsprozess ein hoch komplexes Geschehen ist, in das viele Sichtweisen einströmen und das gewiss nicht nur *ein* Bild schafft, sondern viele.

Eine Aufstellung lehrt gleichzeitig auch, die eigene Perspektive zu verlassen und die anderer kennen zu lernen. Erleben wir die Welt nur von unserem Standpunkt aus, so kann es uns wie der Eintagsfliege in folgender Geschichte (Poppe 1990, S. 76) aus dem Sufismus gehen:

„Wie absurd!“, sagte die Eintagsfliege, als sie zum ersten Mal das Wort „Woche“ hörte.

XI.4.3 Erkennen von Fortschritt in der Aufstellungsarbeit

Der ganze Prozess der Aufstellungsarbeit ist auf die Verbesserung der Befindlichkeit der Klientin ausgerichtet. Dabei müssen wir nicht wissen, was für die Klientin gut (im absoluten Sinne) ist, sondern es reicht die Wahrnehmung von Unterschieden in Richtung auf eine Verbesserung aus – und was besser für sie ist, entscheiden die KlientInnen! Auch dies ist mit einer konstruktivistischen Weltsicht vereinbar.

XI.4.4 Auswahl und Benennung der genannten Empfindungen bei den RepräsentantInnen

Ein weiteres konstruktivistisches Element der Aufstellungsarbeit ist die Auswahl, die die RepräsentantInnen bei den auftretenden Körperempfindungen treffen. Selbst wenn sie sich beschränken auf die Körperempfindungen, die einen Unterschied machen im Verhältnis zu der Situation, in der sie noch nicht aufgestellt waren, so können sie doch niemals alle nennen. Bereits die Begriffsbildung für die wahrgenommenen Körperempfindungen ist konstruiert, nämlich abhängig vom jeweiligen Sprachspiel.

XI.4.5 Widerstand als geachteter Kommunikationspartner

Wenn ein Aufstellungsprozess verantwortungsvoll geleitet werden soll, so sind alle internen und möglichst alle externen Perspektiven zu berücksichtigen, da sonst die Verwirklichung des Ergebnisses beeinträchtigt werden kann. Verabsolutierende Äußerungen, die im Gegensatz zur phänomenologischen Sichtweise stehen, stören die Beziehung zwischen Therapeutin und Klientin und können zu Widerstand aufseiten der Klientin führen, was die Annahme des Lösungsprozesses bei der Klientin stören kann. Von phänomenologischer Seite aus können wir hier den Begriff der Evidenz ins Spiel bringen, der nach Husserl nur dann verwendet werden darf, wenn eine erlebte Evidenz auch für andere Menschen zu einem Evidenzerlebnis führt (Husserl 1950, S. 127). In diesem Sinne sind viele bei Aufstellungen übliche Haltungen weder phänomenologisch noch konstruktivistisch zu rechtfertigen.

Etwas, das der Therapeut sieht und das von der Klientin negiert wird, hat also keine Evidenz. Wenn dieses Prinzip stärker beachtet wird, wird die Gefahr vermindert, dass die Familien- und andere

Aufstellungen manipulativ verwendet werden. Gerade die phänomenologische Methode fördert ein aufmerksames Wahrnehmen und stützt damit eine Haltung der Allparteilichkeit und des Abrückens von verabsolutierenden Äußerungen.

XI.5 Phänomenologische Aspekte des lösungsfokussierten Vorgehens nach Steve de Shazer

Hier beschreibe ich nun das Pendant zum vorherigen Abschnitt: die phänomenologischen Aspekte der dem Konstruktivismus zugeordneten lösungsfokussierten Kurztherapie.

XI.5.1 Urteilsenthaltsamkeit bei der Therapeutin

Nachdem ich bisher auf die konstruktivistischen Aspekte der Aufstellungsarbeit eingegangen bin, möchte ich mich nun den phänomenologischen Aspekten konstruktivistisch-systemischer Verfahren zuwenden und diese am Beispiel der lösungsfokussierten Kurztherapie von Steve de Shazer und Insoo Kim Berg aufzeigen.

Die Grundhaltung der phänomenologischen Methode von Edmund Husserl ist das Ausüben von Epoché, der so genannten „Einklammerung" der Wirklichkeit (vgl. Husserl 1950, S. 204). Darunter ist das Betrachten von Gegenständen unter Absehung von ihrer Existenzannahme zu verstehen. Verena Mayer weist in ihrem Habilitationsvortrag (1998) darauf hin, dass Gedankenexperimente implizit eine Haltung von Epoché voraussetzen. Sie betont:

> „Es hat hier keinen Sinn, von ‚Übereinstimmung mit der Wirklichkeit' zu sprechen, und ein korrespondenztheoretischer Wahrheitsbegriff ist unter epoché unbrauchbar. Das bedeutet für Husserl aber auch, dass Logik in der phänomenologischen Einstellung nur im Sinne einer Konsequenzlogik oder Logik der Widerspruchslosigkeit betrieben werden kann."

Auf die Therapie übertragen, können wir diese Haltung in der **Neutralität** oder besser der **Allparteilichkeit** der Therapeutin wieder finden, die alle systemischen Therapieformen kennzeichnet. Die Parteinahme der Therapeutin bedeutet eine Bewertung und damit eine Aussage im Sinne von „Dies ist richtig" und „Das ist falsch", was mit einer phänomenologischen Einstellung nicht verträglich ist. Dieses Abrücken vom Gegenstand der Untersuchung erlaubt erst eine wissenschaftliche Betrachtung, denn nur so kann uns der Gegenstand als reines Phänomen entgegentreten (und Husserl möchte seine phänomenologische Methode als wissenschaftliche Methode verstanden wissen).

Die Forderung nach Epoché finden wir in der lösungsfokussierten Kurztherapie in dem Grundsatz: **Die Klientin ist die Expertin**. Hier muss die Therapeutin ihr Urteil bezüglich ihrer eigenen Bewertung von Fortschritt zurückstellen. Weiter sollte die Therapeutin nach Steve de Shazer immer „einen Schritt hinter der Klientin" sein; das heißt auch, die Therapeutin sollte lieber mehr fragen und sich „dumm" stellen, als zu früh zu meinen, sie wisse, worum es der Klientin geht.

Zu einer Betrachtung unter Epoché gehört auch eine Haltung der Absichtslosigkeit, denn jede Absicht setzt bereits einen Wert und damit ein „richtig" und „falsch" voraus. Die **Absichtslosigkeit** betrifft hier die Inhalte und natürlich nicht das Gerichtetsein auf den Gegenstand des Gesprächs. Diese Absichtslosigkeit zeigt sich in der lösungsfokussierten Kurztherapie darin, dass die Klientin ihr Ziel festlegt und die Therapeutin ihr nur durch Fragen behilflich ist, ihr Ziel zu finden bzw. die Konsequenzen ihrer Zielvorstellungen zu berücksichtigen.

Zu dieser Haltung der Absichtslosigkeit trägt auch noch die Einführung von Fragen nach **„besser" anstelle von „gut"** bei. „Wir können verstehen, was ‚besser' heißt, ohne zu wissen was ‚gut' heißt", sagt Steve de Shazer. So kommen wir aus dem Dilemma der Bewertung heraus. Wir können so in Richtung Fortschritt arbeiten, ohne Werte festlegen zu müssen und sogar ohne zu wissen, was für die Klientin „gut" heißt. Mit der Einführung von Skalen hat Steve de Shazer eine Methode entwickelt, mit deren Hilfe ein „besser" anschaulich dargestellt werden kann, ohne dass ein Wissen darüber, was „gut" heißt, vorausgesetzt wäre.

Einen weiteren Hinweis auf eine Haltung von Epoché finden wir auch im **Umgang mit dem so genannten Widerstand**. (Wenn ich hier von Widerstand spreche, meine ich Widerstand im Interaktionsprozess zwischen Therapeut und Klientin und natürlich nicht Widerstände in Bezug auf die Zielerreichung, also die Hindernisse auf dem Weg zur Lösung.)

Widerstand bei der Klientin weist aus lösungsfokussierter Sicht auf einen Fehler der Therapeutin hin (de Shazer: „... resistance is therapist's error"). Wenn die Therapeutin eine Handlung der Klientin als Widerstand deutet, so legt sie damit implizit Werte fest und enthält sich nicht mehr des Urteils. In der lösungsfokussierten Kurztherapie hat die Therapeutin die Führung in Hinblick auf die Fragetechnik; bezüglich der Inhalte ist jedoch die Klientin die Expertin. So kann die Therapeutin in eine Richtung führen, die nicht inhaltlich festliegt (und damit erzeugt sie auch keinen Widerstand in der Klientin, da diese ja selber die Zielrichtung mit Inhalten belegt). Tritt Widerstand auf, so kann dies dahin gehend gedeutet werden, dass die Therapeutin der Klientin etwas nahe legt (sie übt also keine Epoché aus), oder dies kann als zu schnelles Vorangehen der Therapeutin interpretiert werden. In beiden Fällen ist es wichtig, dass die Therapeutin diesen Widerstand als einen Hinweis versteht, in welcher Weise sie das eigene Verhalten zu ändern hat.

Wir sehen, dass hier die Grundhaltung der lösungsfokussierten Vorgehensweise ganz im Sinn der phänomenologischen Methode ist.

XI.5.2 Eidetische Variation in der Wunderfrage

Die eidetische Variation dient dazu, die Abhängigkeitsbeziehungen zwischen den Teilen des untersuchten Gegenstandes festzustellen und Invarianten herauszukristallisieren. Diese Invarianten bilden nach Husserl das Wesen des Gegenstandes.

Erinnern Sie sich an den Vergleich zwischen der Wesensschau bei Husserl und dem Sprachspiel bei Wittgenstein. Bei der eidetischen Variation gibt es gewisse Analogien zu Wittgensteins Vergleich der Sprachhandlungen. Der dabei ablaufende *Prozess* ist ein ähnlicher. In beiden Fällen geht es um das Finden der Invarianten zum Zwecke eines besseren Erkennens des zu untersuchenden Gegenstandes. Sehen wir uns unter diesem Blickwinkel die Wunderfrage im lösungsfokussierten Interview an.

Die Wunderfrage beginnt mit einer Einbettung in den Alltag:

„Stellen Sie sich vor, Sie gehen am Ende dieser Therapiestunde nach Hause, — essen dort noch zu Abend, — vielleicht setzen Sie sich anschließend noch mit Ihrer Familie zusammen, — und schließlich werden Sie müde und gehen schlafen — “

Danach wird das Wunder in einer hypothetischen Form eingeführt mit den Worten:

„Und angenommen, — in dieser Nacht geschieht ein Wunder —"

Unter Epoché, unter Ausklammerung einer Existenzannahme, wird hier ein Gedankenexperiment eingeleitet. Danach expliziert die Therapeutin den Gegenstand der Untersuchung:

„Und das Wunder besteht darin, dass Ihr Anliegen, mit dem Sie hierher gekommen sind, gelöst ist — "

Dieser extrem vage Untersuchungsgegenstand wird nun in eine sinnliche Erfahrung übersetzt:

„Woran erkennen Sie morgen früh, wenn Sie aufwachen, dass das Wunder passiert ist?"

Als Antworten können innere Zustände, Verhaltensänderungen und Veränderungen in der Außenwelt genannt werden.

Ziel dieser Frage ist es, dass die Klientin zunächst eine Erfahrung macht und danach mithilfe der therapeutischen Fragen erkennt, was für sie die Lösung ihres Problems heißt. Die unmittelbare Erfahrung wird mithilfe der Fragen in Worte gefasst. Danach wird die Erfahrung der Lösung in verschiedenen Kontexten eidetisch variiert, um festzustellen, was das Wesen, also die invarianten Teile dieser Lösungserfahrung, ist. So fragt die Therapeutin nach der Erfahrung des Wunders nach dem Aufwachen morgens, beim Frühstück mit der Familie, auf dem Weg zur Arbeit, im Beruf, in der Freizeit … Es wird gewissermaßen geklärt, woran die Klientin erkennen kann, *dass* die Lösung eine *Lösung* ist. Die Erkenntnis darüber erleichtert es der Klientin zu erkennen, was sie wirklich will.

Eine weitere eidetische Variationsform besteht im Abklären der von den KlientInnen erwarteten Reaktionen der Umwelt auf das veränderte Verhalten der Klientin nach der Erfahrung der Lösung. Es wird phänomenologisch untersucht, was die Invarianten der Erfahrung einer Lösung unter dem Gesichtspunkt veränderter Umweltreaktionen sind. Für die Klientin kristallisiert sich immer mehr heraus, was für sie das Wesen ihres Wunders ausmacht.

Damit während der Befragung die Klientin bei der Erfahrung der Lösung bleibt, ist es nötig, dass die Therapeutin sie immer wieder daran erinnert, dass wir angenommen haben, dass das Wunder bereits eingetreten ist. Das Wunder wird gewissermaßen zu einem

Anker für die Erfahrung der Lösung. Auf diese Weise (und später durch die Vorschläge für Aufgaben) wird aus der zunächst flüchtigen Erfahrung einer Lösung ein stabilerer Zustand.

XI.5.3 Das lösungsfokussierte Interview als Dekonstruktionsprozess

Diesen gerade eben beschriebenen Prozess phänomenologischer Reduktion und eidetischer Variation können wir auffassen als einen Dekonstruktionsprozess. In einer Als-ob-Vorstellung des Wunders wird eine Situation zunächst konstruiert und danach in einem Reduktionsprozess auf ihre wesentlichen Bestandteile zurückgeführt.

Auch in einem anderen Sinne noch können wir hier von einem Dekonstruktionsprozess sprechen. Die Lösung wird bei Steve de Shazer nämlich nicht gesehen als die Negierung des Problems, sondern als etwas, das auftaucht, wenn das Problem verschwindet. Er verweist dabei manchmal auf einen Gedanken aus Wittgensteins *Tractatus* (6.522):

> „Die Lösung des Problems des Lebens merkt man am Verschwinden dieses Problems. (Ist nicht dies der Grund, warum Menschen, denen der Sinn des Lebens nach langen Zweifeln klar wurde, warum diese dann nicht sagen konnten, worin dieser Sinn bestand.)"

Und Wittgenstein führt fort (6.522):

> „Es gibt allerdings Unaussprechliches. Dies *zeigt* sich, es ist das Mystische."

Das, was sich zeigt, kann sich zeigen aufgrund der Form, der Möglichkeit der Struktur. Die Form selber zeigt sich nur. Das Evidenzerlebnis bei Husserl ist trotz der missverständlichen Benennung als Erlebnis eben gerade kein psychisches Erlebnis, sondern eine Erkenntnis. Und diese Erkenntnis kann eben nur durch den Vollzug zum „Evidenzerlebnis" führen.

Indem sich die Lösung in der Erfahrung des Wunders zeigt, wird keine Lösung konstruiert. „Wunder" wird hier natürlich nicht als ein äußeres Geschehen oder „etwas, das in der Welt um uns passiert", aufgefasst, sondern als ein innerlicher Prozess, der uns die äußere Welt anders wahrnehmen lässt. In diesem Sinne ist das Wunder nicht in der Welt, sondern vollzieht sich in uns (siehe auch II.1.5.9).

Die Wunderfrage hilft uns, etwas klarer zu sehen, so als ob wir aus einem Zustand des Schlafens aufwachten. Die Wunderfrage löst daher einen Dekonstruktionsprozess aus. Also: Die Lösung wird nicht aufgebaut, sondern sie wird deutlich, wenn das Problem verschwindet. Das Problem ist wie ein Nebel vor der Lösung. Sobald sich der Nebel lichtet, wird die Lösung sichtbar. Das Lichten des Nebels entspräche dem Dekonstruktionsprozess. Dieser ähnelt mehr der phänomenologischen Reduktion als einem konstruktivistischen Gestaltungsprozess.

XI.6 Unterschiede von phänomenologischem und konstruktivistischem Ansatz

Auch wenn ich jetzt in den letzten Abschnitten viele Gemeinsamkeiten zwischen phänomenologischem und konstruktivistischem Ansatz beschrieben habe, so lassen sich natürlich auch wieder Unterschiede zwischen beiden Sichtweisen finden. Diese erst machen eine Verbindung beider Methoden interessant, denn hierdurch kommen bei einer Integration zu jeder Methode neue Elemente hinzu, die eine Form von „Beides" im Sinne des Tetralemmas ermöglichen.

XI.6.1 Konstruktion versus Konstitution

Im Konstruktivismus wird eher die Handlung des Wahrnehmenden betont, in der Phänomenologie der Interaktionsprozess zwischen Wahrnehmendem und Wahrgenommenem hervorgehoben. Dadurch erscheint im Konstruktivismus der Wahrnehmende als Konstrukteur seiner Wirklichkeit. Dies wirft die Frage auf, wie Verständigung möglich ist und wie wir bei der Vielzahl der Möglichkeiten zu gleichen Konstruktionen gelangen können.

Auf diese Frage gibt die Phänomenologie eine Antwort, indem sie die Invarianten im Wahrnehmungsprozess, seine Konstituenten, sucht. Das Finden dieser Invarianten ist von einem Evidenzerlebnis begleitet, das, wie zuvor bereits dargelegt, nicht eine einzelne subjektive Erfahrung ist, sondern von jedem nachvollziehbar sein muss. Wir finden hier zu einer Gemeinsamkeit zwischen den Menschen, einer Basis, die den Samen für die Möglichkeit einer Verständigung legt. Die Entdeckung der Art der Konstitution ist aber nicht eine Deutung als Konstruktion. Dennoch werde ich im Folgenden diesen

Unterschied unberücksichtigt lassen, um den Unterschied Konstruktion versus Dekonstruktion besser herausarbeiten zu können.

XI.6.2 Konstruktion versus Dekonstruktion

Während der Konstruktivismus betont, wie wir unsere Welt selber gestalten, wird in der phänomenologischen Reduktion versucht, zu einer nicht mehr hinterfragbaren Basis zu gelangen. Die Phänomenologie setzt gewissermaßen voraus, dass unsere Wahrnehmung „konstruiert" ist, wenn sie dies auch nicht im aktiven Sinne meint, sondern als Konstitution versteht. Diese zeigt sich z. B. in einer natürlichen Stellungnahme zur Welt, die *über* ein Ich geschieht und nicht von einem Ich *gemacht* wird, was eher der konstruktivistischen Sichtweise entspräche. Die Frage, wie wir zu reinen Phänomenen gelangen können, wäre sinnlos, wenn die Phänomene bereits in reiner Form gegeben wären. Darin stimmen Phänomenologie und Konstruktivismus überein.

Der Konstruktivismus erklärt, inwiefern Menschen gleichzeitig in sehr unterschiedlichen Welten leben. Die Phänomenologie erklärt, wie Menschen zu gemeinsamen Erfahrungen finden können, wie Verständigung möglich ist und inwiefern Konstruktionen nicht beliebig sind. Nehmen wir beide Richtungen zusammen, z. B. indem wir iterativ den Konstruktionsaspekt und den Dekonstruktionsaspekt betonen oder im Wahrnehmungsprozess konstruktivistische und dekonstruktivistische Elemente finden, so kommen wir zu einem Bild, das beide Perspektiven enthält und in dem der Interaktionsprozess zwischen beiden Positionen untersucht werden könnte.

Gehen wir noch darüber hinaus, so könnten wir finden, dass es nicht um Konstruktion oder Dekonstruktion geht, sondern vielleicht um ein Nichtanhaften am sinnlichen Wahrnehmungsfluss. Die Systemischen Strukturaufstellungen helfen, an Loyalitäten mit ausgeschlossenen Personen nicht mehr anzuhaften, sondern diese Personen auf andere Weise zu ehren. Die lösungsfokussierte Vorgehensweise löst die problemorientierte Haltung der KlientInnen auf und baut eine neue Einstellung zur Welt auf: die Fokussierung auf Lösungen.

Diese lösungsfokussierte Haltung ist nicht nur auf den therapeutischen Prozess begrenzt, sondern eine Lebensform. Auch im Alltag können wir eine lösungsfokussierte Haltung einnehmen, die hilft, dass Probleme seltener auftauchen und gegebenenfalls schneller verschwinden. Was eine solche Haltung einzunehmen für den Alltag bedeutet und wie wir lernen können, unsere Lebensweise immer lösungsfokussierter zu gestalten, beschreibe ich im nächsten Kapitel.

XII. Lösungsfokussierte Lebensführung

Die lösungsfokussierte Haltung der SFT kann zur Lebenseinstellung werden und sich gleichermaßen im therapeutischen, beratenden oder einem anderen Bereich auswirken. Um wirklich lösungsfokussiert arbeiten zu können, ist es hilfreich, auch im eigenen Leben diese Haltung einzunehmen. Erst so lernen wir zu begreifen, was „lösungsfokussiert" heißt und was dies für verschiedene Kontexte bedeutet. In den nächsten Abschnitten folgen Beispiele und Übungen für den Alltag, die helfen, lösungsfokussierter zu denken und zu handeln.

XII.1 Änderung der eigenen Haltung anstatt der äusseren Welt

Alle Teile der SFT fördern durch ihre Fokussierung auf die Lösung eine neue Einstellung zur Welt. Insbesondere ihr Kernstück, die Wunderfrage, hilft, die Wende von der Problem- zur Lösungsfokussierung zu initiieren. Um die Wunderfrage beantworten zu können, muss die Adressatin dieser Frage aus der Problemhaltung in eine Lösungshaltung wechseln.

Erinnern Sie sich an die in Kapitel II zitierte Stelle bei Wittgenstein (*Tractatus*, 6.43):

„Wenn das gute oder böse Wollen die Welt ändert, so kann es nur die Grenzen der Welt ändern, nicht die Tatsachen; nicht das, was durch die Sprache ausgedrückt werden kann.

Kurz, die Welt muß dann dadurch überhaupt eine andere werden. Sie muß sozusagen als Ganzes abnehmen oder zunehmen.

Die Welt des Glücklichen ist eine andere als die des Unglücklichen."

Für die Adressatin der Wunderfrage verändern sich nicht nur einzelne Aspekte ihrer Welt, sondern ihre Welt ändert sich für sie als

Ganzes. Die Tatsachen der Welt bleiben die gleichen – die Personen, mit denen sie zu tun hat, die räumlichen Gegebenheiten usw. ändern sich nicht, – aber ihre Einstellung zu ihnen kann sich wandeln. In diesem Sinne ändern sich die Grenzen ihrer Welt und damit die Möglichkeiten, die sich für sie eröffnen.

Auf unseren Alltag bezogen, heißt dies, dass wir die Tatsachen anerkennen müssen und sich dadurch unsere Einstellung zu ihnen ändern kann. Auf diese Weise verändern wir unsere Beziehung zum Bestehenden und damit den Raum unserer Möglichkeiten. Die eigentliche Veränderung vollzieht sich also in unserer Haltung zur Welt und verändert nicht die bestehende Welt.

Dieses „Anerkennen, was ist“ ist auch das übergreifende Grundprinzip der Aufstellungsarbeit. Erst die Anerkennung der bestehenden Sachverhalte, z. B. dass wir eine Stelle A haben, dass ein Ereignis B für uns schlimm gewesen ist, dass wir in der Stadt C wohnen, dass die Person D dies oder jenes getan hat usw., ermöglicht es uns, innerlich loszulassen und uns auf etwas Neues hinzubewegen. Die Anerkennung ist hier gewissermaßen das Tor zur Veränderung. Wenn wir anerkennen, was ist, versuchen wir nicht mehr, etwas absichtlich und zwanghaft zu verändern, sondern kommen eher innerlich zur Ruhe. Die Wende zur Lösung ist ein Prozess des Sichöffnens in eine neue Richtung und zunächst nicht ein äußeres Handeln. Die Haltungsänderung kann sich danach natürlich in einem neuen Verhalten zeigen.

Wenn ich mich bereits so verhalte, als ob ich meine Haltung schon geändert hätte, kann dies manchmal auch eine Haltungsänderung zur Folge haben. Dies erleben wir jedoch meist als ein Geschenk und nicht als ein Tun.

Bei der SFT geschieht diese Haltungsänderung vom Problem zur Lösung dadurch, dass die Klientin sich auf die Wunderfrage einlässt, in den SySt durch den Nachvollzug der Rituale, das externalisierte Miterleben von eigenen Beziehungskonstellationen und das Hineintreten in das Lösungsbild. Dieses Sicheinlassen oder Hineintreten beginnt damit, dass wir eine Lösung für möglich halten. Übertragen auf unseren Alltag heißt dies, dass wir in Erwägung ziehen sollten, dass es eine Lösung *geben könnte.* Sie können sich folgende Frage stellen:

„Woran würden Sie merken, dass in diesem Augenblick ein Wunder geschieht und das, worunter Sie gerade leiden, gelöst ist? Was wären erste Anzeichen dafür, dass dieses Wunder eingetreten ist?“

Hierbei ist wichtig, zu beachten, dass dieses Wunder sich in uns vollzieht und nicht darin besteht, dass sich andere Personen, Situationen oder materielle Gegebenheiten ändern. Sie können die Frage für sich auch dahin gehend ändern:

„Unter der Annahme, dass die äußere Welt sich nicht ändert und ein noch viel größeres Wunder eintritt, nämlich dass das Problem für Sie trotzdem gelöst ist, woran würden Sie dies bemerken können? Und wer außer Ihnen selbst würde diese Veränderung bei Ihnen woran bemerken?"

Übung 1

Stellen Sie sich eine der oben genannten Formen der Wunderfrage, sobald Sie etwas als problematisch erleben. Notieren Sie sich Ihre Antworten, und beobachten Sie danach, ob sich für Sie etwas geändert hat und was sich geändert hat.

Und vergessen Sie nicht, dass dies eine schwierige Frage ist. Haben Sie Geduld mit sich, und geben Sie sich Zeit mit der Antwort.

Wenn wir diese Frage an uns stellen, sobald etwas für uns problematisch wird, bleiben wir mit der Möglichkeit von Lösungen verbunden und stürzen nicht in ein „Problemloch". Die Frage wirkt wie eine Musterunterbrechung – in vielerlei Hinsicht:

- eine Unterbrechung der Problemorientierung,
- eine Abwendung von der Hektik des Alltags,
- die Installierung einer neuen Haltung zu uns selbst, nämlich einer Haltung der Geduld und der Akzeptanz,
- wir versetzen uns in die Position anderer und nehmen uns selbst von außen aus verschiedenen Perspektiven wahr (gewissermaßen eine „Aufstellung im Kopf").

Übung 2

Prüfen Sie, wo Sie sich auf einer Skala von 0 bis 10 einordnen würden, wenn

0 dafür steht, „dass Sie nichts bereit sind zu tun" und
10 dafür steht, „dass Sie bereit sind, alles, was jetzt als Vorschlag kommt, für ein momentanes Anliegen von Ihnen zu tun".

Wenn Sie sich bei 8 und höher auf der Skala eingeordnet haben, stellen Sie sich die oben genannten Fragen einmal am Tag, und beobachten Sie, ob dies für Sie einen Unterschied macht.

Haben Sie sich zwischen 6 und 8 auf der Skala eingeordnet, dann stellen Sie sich alle zwei Tage diese Fragen.

Wenn Sie sich unter 6 und über 3 auf der Skala eingeordnet haben, dann machen Sie diese Übung nur zweimal pro Woche.

Prüfen Sie jeweils, ob Sie einen Unterschied beobachten können zwischen den Tagen, an denen Sie sich diese Fragen stellten, und den Tagen, an denen Sie dies nicht taten.

Indem Sie diese Übung 2 durchführen, installieren Sie gewissermaßen eine neue Angewohnheit, die zu einer neuen Gewohnheit werden kann, auf die wir dann in passenden Momenten zurückgreifen können.

XII.2 Wieso die lösungsfokussierte Lebensführung keine Vermeidung von Problemen ist

Ich werde in Seminaren häufig gefragt, ob wir, wenn zu schnell nach Lösungen gesucht wird, nicht vor Schwierigkeiten davonlaufen. Meine Antwort ist: Ganz im Gegenteil,

- wir setzen uns künftigen Schwierigkeiten aus und bleiben nicht in Blockaden stecken,
- wir handeln, anstatt im Grübeln zu verweilen,
- wir erkennen Tatsachen an, anstatt sie zu verleugnen,
- wir nehmen Unterschiede der Verbesserung wahr, anstatt diese als nichtig zu verwerfen,
- wir begegnen Problemen mit einer Haltung, dass sie eine Aufgabe für uns darstellen, anstatt uns zu beklagen,
- wir benennen vergangene Emotionen, Haltungen und Meinungen, so wie wir sie wahrnahmen, anstatt sie auszuschließen.

Die Fokussierung auf Lösungen hilft zu handeln, die Fokussierung auf Probleme hilft, Einsichten in vergangene Zusammenhänge zu gewinnen und Probleme zu analysieren. Da jedoch aus der Erkenntnis dessen, was nicht funktioniert, noch lange nicht folgt, was funktioniert, sind die Einsichten vielleicht interessant, jedoch nicht immer hilfreich für eine Veränderung.

Eine Lösung mag ein Gegenteil von einem Problem sein, aber ist deswegen noch lange nicht das einzige Gegenteil des Problems. Daher können wir aus der Negierung eines Problems noch nicht auf eine bestimmte Lösung schließen. Die Frage

„Angenommen, Ihr Problem wäre gelöst, woran würden Sie das als Erstes bemerken?"

ist eine viel stringentere Form, auf passende Lösungen zu stoßen.

Die Analyse von Problemen ist oft unterhaltsam und interessant. Der beste Weg zu einer lösungsfokussierten Haltung ist, Interesse an

Lösungen zu haben und Probleme im Alltag uninteressant zu finden. Dies gilt nicht für alle Bereiche: Bei Krimis und dem Schreiben von Romanen oder Drehbüchern wäre diese Haltung nicht angesagt. Ein Interesse an Problemen im Alltag kann allzu leicht dazu verleiten, diese gewissermaßen anzuziehen.

Auch hier gilt wieder:

„Gewinne Interesse an Lösungen!"

und nicht:

„Finde Probleme uninteressant!",

denn sonst haben wir eine problemorientierte Haltung im Umgang mit Problemen.

Hilfreiche innerliche Fragen für die Lösungsfokussierung sind:

„Was ist gut, was kann so bleiben?"
„Wofür kann ich dankbar sein?"
„Woran würde ich erkennen, dass die momentane Situation für mich sinnvoll ist?"
„Was war hilfreich dafür, dass etwas besser wurde?"
„Wie habe ich es geschafft, dass ... sich in gewünschter Weise änderte?"
„In welchen Situationen war etwas bereits besser?"
„Wie sind andere erfolgreich? Und was könnte davon für mich passen?"
„Welche verschiedenen Wege gibt es zu einer Lösung?"
„Woran erkenne ich Verbesserungen?"
„Woran merke ich, dass mein Leben wieder einen Sinn hat?"
„Was stärkt mich?"
„Welche Personen, Situationen oder Ereignisse sind für mich hilfreich?"

Übung 3

Lassen Sie den Tag abends noch einmal Revue passieren, und losen Sie zwei der oben genannten Fragen aus, von denen Sie dann eine auswählen können. (Schwindeln beim Losen ist erlaubt.) Notieren Sie sich die Antworten. Arbeiten Sie eine Woche lang mit der gleichen Frage. Danach können Sie wieder neu losen und auswählen.

Wenn Sie dies über einen längeren Zeitraum wiederholen, wird sich ihre Haltung dadurch ändern. Wählen Sie sich für einen längeren Zeitraum zunächst nur eine Frage aus. Später können Sie auch andere Fragen dazunehmen.

Übung 4

Machen Sie von dem, was sich für Sie bewährt hat, mehr.

Übung 5
Machen Sie da etwas anders, wo etwas nicht gelingt oder ungünstige Konsequenzen hat.

Die Übungen helfen, den Blick wieder in die Richtung auf eine Lösung zu wenden.

XII.3 Nicht bewerten und nicht verurteilen

Zur lösungsfokussierten Haltung gehört dazu, dass man „Epoché" übt, das heißt von Urteilen und Bewertungen absieht. Hier sieht man, dass die fünfte, „Nicht-Position" im Tetralemma eine lösungsfokussierte Haltung ist. Diese Haltung ist im Alltag nicht einfach einzunehmen, da wir oft Entscheidungen treffen und handeln müssen. Hierzu ist es notwendig, einen Standpunkt einzunehmen. Was jedoch möglich ist, ist, vorläufig einen Standpunkt einzunehmen und diesen nicht als den einzig möglichen und richtigen zu betrachten. Dadurch können wir für uns Entscheidungen treffen, ohne über andere zu urteilen. Die Veränderung fängt bei uns selbst an. Hierzu ein buddhistische Geschichte (de Mello 1996, p. 41):

Zu einem Schüler, der sich oft über andere beklagte, sagte ein Meister: „Wenn du Frieden finden möchtest, verändere dich selbst, nicht andere Leute. Es ist leichter, deine Füße mit Schuhen zu schützen, als die ganze Welt mit einem Teppich zu bedecken."

Oft ist es schwierig, sich der Urteile zu enthalten, da starke Gefühle uns zum Handeln aufrufen. Wenn eine Handlung jedoch nicht sofort erfolgen muss, kann es hilfreich sein, wenn wir uns folgende Frage stellen:

„In welchem Kontext wäre das Verhalten, das auf mich jetzt abstoßend wirkt oder mich verärgert, sinnvoll?"

In Erwägung zu ziehen, dass der andere nicht aus böser Absicht handelt, sondern es für ihn einen Kontext geben kann, in dem sein Handeln sinnvoll ist, verändert unsere Haltung zu ihm und zu uns selbst. Die Beantwortung dieser Frage ermöglicht es, weniger aus Emotionen zu handeln und mehr aus dem Verständnis für alle Beteiligten. Diese Frage unterstützt es, zu einer Haltung der Allparteilichkeit zu gelangen, auch eigenen Anteilen von uns selbst gegenüber.

Übung 6

Stellen Sie sich die oben genannte Frage, wenn sie auf jemanden treffen, den Sie spontan ablehnen, und beobachten Sie, was sich für Sie dadurch ändert.

Normalerweise identifizieren wir uns mit dem Opfer und können daher auf den Täter schwer Einfluss nehmen, da er uns mit dem Opfer verbündet sieht. Erst eine Haltung der Allparteilichkeit würde es ermöglichen, mit Täter und Opfer gemeinsam in Kontakt zu kommen und vermitteln zu können. Im therapeutischen Kontext ist diese Erfahrung alltäglich, doch im Alltag lassen wir uns leicht durch Emotionen verleiten, unüberlegt zu handeln.

Eine nicht verurteilende Haltung bedeutet auch, über andere nicht schlecht zu reden. Über andere schlecht zu reden hat oft kompensativen Charakter und bringt viele Nachteile mit sich:

- Es verfestigt unsere schlechte Erfahrung mit den anderen,
- legt sie in ihren Handlungen und Haltungen fest,
- es setzt voraus, dass wir die Handlungen anderer einschätzen können und
- dass das Gute im anderen nicht wert ist, auch gewürdigt zu werden.

Verurteilung vermehrt das, was wir damit zu bekämpfen versuchen.

Übung 7

Suchen Sie sich einen Tag in der Woche aus, an dem Sie versuchen, über andere Personen nicht schlecht zu reden. Wenn Ihnen nichts Gutes einfällt, versuchen Sie, über die entsprechende Person neutral zu sprechen oder zu schweigen. Beobachten Sie, ob die Tage, an denen Sie dies versuchen, Unterschiede aufweisen zu den Tagen, an denen Sie diese Übung nicht durchführen.

In der Erziehung bedeutet eine lösungsfokussierte Haltung, dass wir Verbesserungen, Fortschritte und Erfolge wahrnehmen, loben und verstärken. Hinweise auf Fehler wirken oft wie eine Betonung und können das Selbstwertgefühl des anderen beeinträchtigen. Es ist wirksamer, für bestimmte Handlungen Konsequenzen zu setzen, anstatt zu tadeln. Das Setzen von Konsequenzen setzt nicht voraus, dass eine Handlung schlecht ist, sondern zeigt eben nur die Konsequenzen an. Dadurch kann das Dilemma einer Bewertung umgangen werden, und der andere behält die Entscheidung darüber, wie er handelt. Er muss gegebenenfalls nur die Konsequenzen tragen. Ein taoistischer Weiser sagte einmal:

„Es ist alles erlaubt: Der Dieb darf stehlen, der Bestohlene darf ihn anzeigen, die Polizei darf ihn ins Gefängnis werfen und der Richter darf ihn verurteilen. Alles ist erlaubt."

Dieser Umgang mit „schlechtem" Verhalten ist wirksam und vermeidet es, sich über andere zu erheben. Dadurch gerät der andere nicht in einen Streit darüber, ob sein Verhalten in Ordnung ist oder nicht. Denn es geht hier ja nicht um eine Beurteilung des Verhaltens, sondern nur um Konsequenzen, die erfolgen, sobald eine Handlung vollzogen wurde.

Übung 8

Falls Sie Kinder haben oder für andere Menschen in anderer Weise Verantwortung tragen, versuchen Sie, für in Ihren Augen negative Handlungen Konsequenzen zu setzen, anstatt Ihre Kinder zu tadeln oder zu strafen. Beobachten Sie, welche Auswirkungen dies innerhalb von drei Monaten auf das Verhalten Ihrer Kinder hat bzw. auf das Verhalten derjenigen, für die Sie Verantwortung tragen.

Eine nicht urteilende Einstellung ist auch eine Haltung, in der wir eine fragende Sichtweise zur Welt einnehmen, eine Haltung also, in der wir nicht vorgeben zu wissen. Dies mag in unserem Kulturkreis sehr ungewohnt sein, da wir von früh an in der Schule lernen, dass Wissen belohnt und Unwissen bestraft wird. Dies wirkt wie ein Training dazu, vorzugeben, dass wir etwas wissen.

Bei der lösungsfokussierten Haltung müssen wir diese Einstellung wieder aufgeben und den Mut haben zuzugeben, wo wir etwas nicht wissen.

Übung 9

Stellen Sie sich vor, dass Sie von einem fremden Stern kämen und gerade eben in Ihren Körper geschlüpft wären. Wie würde dieser Fremde in Ihrem Körper Ihre Welt erleben? Wie verändert sich für Sie aus seiner Perspektive die Welt? Verbringen Sie einige Stunden in dieser neuen Haltung. Was für einen Unterschied macht diese Vorstellung für Sie in Bezug auf Ihr bisheriges Leben?

Eine Haltung des Nichtwissens ist eine sehr offene Einstellung, die erlaubt, beim schon Vertrauten erneut zu lernen, da alles als neu gesehen und damit auch neu erfahren werden kann. Wir lernen wieder zu staunen.

XII.4 Motivation durch Zielorientierung anstatt durch Leiden

Meist ziehen wir Veränderungen erst in Erwägung, wenn etwas „drückt", etwas fehlt oder wir etwas nicht als stimmig empfinden. Im Allgemeinen sind wir es gewohnt, erst durch Leiden motiviert zu werden, etwas zu verändern. Eine Veränderung gelingt jedoch nur dann, wenn ein positives Ziel vorhanden ist, auf das man sich hinbewegen kann. Solange wir nur das Störende oder Fehlende wahrnehmen, entsteht zwar das Motiv zur Veränderung, aber noch keine Idee davon, was stattdessen da sein soll. Eine problemorientierte Haltung kann helfen, genügend Motivation für eine Veränderung zu schaffen. Manchmal führt sie jedoch auch zur Übermotivation. Noch wesentlicher für eine Veränderung ist jedoch, zu wissen, in welche Richtung die Veränderung gehen soll. Erst durch eine lösungsfokussierte Haltung bekommen wir Ideen für konkrete Veränderungsmöglichkeiten und können eine Veränderung durchführen.

Es stellt sich die Frage, wie es möglich ist, ohne Leidensdruck motiviert zu werden, etwas zu verändern. Sobald wir auf Erfolge und Lösungen achten, kann sich der Wunsch nach mehr Erfolg und Lösungen einstellen und dies dazu motivieren, dass etwas gut bleibt oder noch besser wird. Die Motivation wird auf diese Weise aus der Zielvorstellung gewonnen. Ich kann nach einem „besser" fragen, ohne das Jetzt als „schlecht" einordnen zu müssen. Wir können uns Fragen stellen, wie:

„Woran merke ich, dass ich zufriedener bin?"
„Woran merke ich, dass es mir besser geht?"
„Woran merke ich, dass das Leben für mich sinnvoller wird?"
„Was wäre dann anders?"

Durch solche Fragen lenken wir unser Augenmerk auf Lösungen anstatt auf Probleme und Belastendes. Dies hat den Vorteil, dass wir weniger geschwächt werden und stattdessen uns durch angenehme Vorstellungen motivieren können.

Übung 10

Wählen Sie sich eine aus den oben genannten vier Fragen aus, und stellen Sie sich diese Frage an drei Abenden in der Woche. Notieren Sie sich Ihre Einfälle, und schreiben Sie sich auf, was die Situationen, in denen es Ihnen besser geht (bzw. Sie zufriedener sind oder Ihr Leben Ihnen sinnvoller erscheint), von den Situationen unterscheidet, in denen es Ihnen schlechter geht (bzw. Sie unzufriedener sind oder Ihnen Ihr Leben als sinnlos erscheint). Führen Sie dies über drei Wochen hinweg durch, und beobachten Sie, ob sich Ihr Befinden durch diese Übung verbessert.

Die Übung hilft, dass das, was für uns in unserem Bewusstsein häufig ausgeschlossen ist, nämlich Erfolge und all das für uns meist Selbstverständliche, das unser Leben erleichtert und bereichert, uns wieder neu bewusst wird. Sie erfordert jedoch auch, von unserer Gewohnheit, Probleme zu analysieren und hervorzuheben, Abstand zu nehmen und neue Gewohnheiten zu installieren. Hierfür kann folgende Übung hilfreich sein.

Übung 11

Wenn Sie ein bestimmtes Ziel erreichen wollen, dann notieren Sie sich jeden Abend Ihre Fortschritte auf einer Skala von 0 bis 10, wobei

- 0 für den Zustand steht, bei dem Sie sich entschlossen haben, dieses Ziel zu verfolgen, und
- 10 für die Erreichung des Ziels steht.
- Notieren Sie sich, was hilfreich war, um zu höheren Punktwerten auf der Skala zu gelangen.

Übung 12

Suchen Sie sich Symbole für Ihr „Wunder“ aus, und verwenden Sie sie. Bilden Sie unterstützende Glaubenssätze. Symbole und Glaubenssätze können Sie immer wieder an Ihr „Wunder“ erinnern, sodass es nicht in Vergessenheit gerät.

XII.5 Lösungsfokussierte Haltung in extrem restriktiver und feindlich gesinnter Umwelt

In einem Seminar wurde ich gefragt, ob eine derartige lösungsfokussierte Vorgehensweise nicht auch einen Kontext erfordert, der sie unterstützt, und ob eine destruktive Umgebung nichtverurteilendes Handeln bestraft. Zu dieser Frage fiel mir das Leben von Nelson Mandela ein, der in einer extrem feindlich gesonnenen Umwelt überlebt hat und tief greifende Veränderungen für sein Volk bewirkte. Ich möchte einige Ereignisse aus seinem Leben, wie er sie in seinem Buch *Der lange Weg zur Freihei*t beschreibt, herausgreifen und an diesem Beispiel zeigen, wie selbst unter solchen extremen Bedingungen eine lösungsfokussierte Haltung möglich ist. Dieses

Beispiel illustriert besonders gut, dass eine lösungsfokussierte Haltung auch in extremen Kontexten angewendet werden kann.

Die schlimmsten Jahre für Nelson Mandela waren seine Jahre auf Robben Island, wo er 18 Jahre als politischer Gefangener im Gefängnis verbrachte. Seine Aufenthaltsbedingungen waren extrem hart:

Er lebte in einer drei Schritt langen Einzelzelle mit feuchten Wänden, mit einer Strohmatte, drei dünnen Schlafmatten und einem Sanitäreimer als Toilette. Es bestand ein Verbot von Uhren, damit die Gefangenen ihre zeitliche Orientierung verlieren. Nur alle sechs Monate durfte ein Brief von Angehörigen empfangen werden, der jedoch der Zensur unterworfen war. Manchmal blieb nur noch die Anrede von der Zensur ungetilgt. Ebenso durfte nur alle sechs Monate ein Brief geschrieben werden, der manchmal auch noch unterschlagen wurde.

Afrikaner befanden sich am unteren Ende der Sozialordnung: Sie erhielten nur gekochten Mais und ein Getränk aus Maispulver und ein wenig Hefe. Manchmal gab es mittags ein Stückchen Karotte dazu oder ein Stück Knorpel. Farbige und Inder erhielten bessere Kost und hatten auch mehr Privilegien. Bei Tag und Nacht blieb das Licht in der Zelle an. Nachrichten waren generell verboten. Der Arbeitsplatz war ein Kalksteinbruch, in dem die Gefangenen auch bei größter Hitze und in gleißendem Licht, das ihre Augen tränen ließ, arbeiten mussten. Die Genehmigung von Sonnenbrillen dauerte z. B. drei Jahre. Jahre später gab es für Studierwillige die Erlaubnis, einzelne Bücher für das Studium auf einem langen bürokratischen Weg zu beantragen.

Kleine Vergehen, ein Blick zur Seite, ein offener Knopf, wurden mit Höchststrafen belegt: der Einzelhaft oder dem Entzug von Mahlzeiten. Ab und zu wurden die Gefangenen auch gefoltert.

Es ist allein schon erstaunlich, dass Menschen in einer so feindlichen Umwelt überleben können. Was Nelson Mandela half zu überleben, war seine *Zielorientierung*. Er verlegte seinen Kampf gegen die Apartheid in das Gefängnis. So schreibt er (S. 546):

„Für uns waren solche Kämpfe – um Sonnenbrillen, lange Hosen, Studienprivilegien, gleiche Kost – Zugaben zu dem Kampf, den wir außerhalb des Gefängnisses führten. Der Kampf für verbesserte Bedingungen im Gefängnis war Teil des Kampfes gegen die Apartheid. In diesem Sinne war alles gleich. Wir bekämpften die Ungerechtigkeit, wo immer wir sie antrafen, gleich, wie groß oder klein sie war, und wir bekämpften die Ungerechtigkeit, um unsere Menschlichkeit zu bewahren."

Nelson Mandela gelang es, *kleine Fortschritte zu würdigen* und sie *als Erfolge* zu verbuchen. Dabei utilisierte er die täglichen einschränkenden Bedingungen:

- Da Uhren verboten waren, legte er an seiner Gefängniswand mit Einkerbungen einen Kalender an.
- Frühmorgens mussten die Gefangenen ihre Sanitäreimer reinigen, dabei nahmen die Gefängniswärter Abstand. Diese Zeit nutzten die Gefangenen für Gespräche untereinander, die sonst verboten waren.
- Abends streuten die Gefangenen Sand auf die Korridore, damit die Schritte der Wärter früher gehört und Gespräche miteinander schnell genug abgebrochen werden konnten und auf diese Weise unentdeckt blieben.
- Beim Waschen mit dem eiskalten Wasser sangen die Gefangenen, da die Kälte des Wassers so leichter zu ertragen war.
- Nelson Mandela nutzte jede legale Möglichkeit, um neue entwürdigende Anordnungen zu unterbinden. So gelang es ihm z. B., Fotos in der Gefängniskluft zu verhindern (bis auf eines, dem er zustimmte), indem er darauf bestand, das Ermächtigungsschreiben des Commissioner of Prisons dafür zu sehen, das im Allgemeinen nicht vorhanden war. Die Aufseher kannten meist die Vorschriften nicht und konnten mit überlegenem Wissen eingeschüchtert werden.

Nachrichten und Zeitungen waren für die Gefangenen verboten (ebd., S. 557):

„Zeitungen sind für politische Gefangene kostbarer als Gold oder Edelsteine, und sie begehren sie mehr als Essen oder Tabak; auf Robben Island waren sie die wertvollste Schmuggelware. Neuigkeiten waren das intellektuelle Rohmaterial des Kampfes ... Die Behörden versuchten, uns einen völligen Blackout an Meldungen aufzuerlegen. Sie wollten nicht, daß wir irgend etwas erfuhren, das geeignet sein könnte, unsere Moral aufzurichten oder uns die Gewißheit zu geben, daß draußen noch Menschen an uns dachten."

Trotzdem gaben Mandela und seine Freunde nicht auf, und vertrauten darauf, dass auch *kleine Schritte größere Veränderungen mit sich bringen können:* Als es schließlich erlaubt war zu studieren, nutzten sie diese Gelegenheit, um an Nachrichtenmaterial zu kommen (ebd., S. 555):

„Eines Tages erklärte Mac Maharaj einem Kameraden, der Wirtschaftswissenschaften studierte, er solle die Zeitschrift *The Economist* anfordern. Wir lachten und meinten, er könne genauso gut die Zeitschrift *Time* verlangen, denn *The Economist* sei ebenfalls ein Nachrichtenmagazin. Doch Mac grinste nur und erklärte, die Behörden wußten das nicht; sie würden ein Buch nach seinem Titel beurteilen. Innerhalb eines Monats erhielten wir *The Economist* und verschlangen die Nachrichten, nach denen wir hungerten. Doch die Behörden entdeckten ihren Fehler schon bald und kündigten das Abonnement."

Die lösungsfokussierte Haltung zeigt sich darin, dass Mandela und seine Freunde trotz solcher Rückschläge nicht aufgaben, sondern das Beste aus ihrer Situation machten. So klügelten sie immer wieder von neuem Nachrichtenübermittlungssysteme aus (ebd., S. 565 ff.):

„Wir achteten darauf, wann die Aufseher unaufmerksam waren. Das war etwa während und nach den Mahlzeiten der Fall. Wir halfen uns gegenseitig bei der Essensausgabe, und so arbeiteten wir einen Plan aus, dem zufolge Kameraden aus der allgemeinen Abteilung, die in der Küche arbeiteten, Briefe und Notizen in Plastik einpackten und auf dem Boden der Essenskübel plazierten. Auf gleiche Weise schickten wir Nachrichten zurück, indem wir sie in dieselben Plastikhüllen steckten und sie unter die Berge schmutzigen Geschirrs steckten, die in die Küche zurückgebracht wurden. Wir bemühten uns nach Kräften, auf den Geschirrtabletts Unordnung anzurichten, und verteilten Nahrungsreste über alle Teller. Die Aufseher beschwerten sich sogar über das Durcheinander, doch sie machten sich nie die Mühe, das Geschirr zu untersuchen.

Unsere Toiletten und Duschen grenzten an die Einzelzellen an. Gefangene aus der allgemeinen Abteilung wurden häufig mit Einzelhaft bestraft, und dann benutzten sie dieselben Toilettenanlagen, wenn auch zu unterschiedlichen Zeiten. Mac entwickelte eine Methode, Notizen in Plastik einzupacken und sie dann unter dem Rand der Toilettenschüssel zu befestigen. Er ermunterte unsere politischen Gefangenen in der allgemeinen Abteilung, sich absichtlich verurteilen und in Einzelhaft stecken zu lassen, damit sie an die Mitteilungen herankommen und Antworten schicken könnten. Die Aufseher nahmen nie die Mühe auf sich, die Toiletten zu untersuchen …

Doch bei all diesen erfindungsreichen Methoden war eine der besten Möglichkeiten zugleich auch die einfachste: ins Gefängniskrankenhaus überwiesen zu werden. Die Insel hatte nur ein Krankenhaus, und es war schwierig, uns, wenn wir eingewiesen waren, von den gewöhnlichen Gefangenen abzusondern. Zuweilen hatten die Gefangenen aus verschiedenen Abteilungen sogar dieselben Aufseher, und Männer von Abteilung B und Gefangene von F und G kamen zusammen und tauschten Informationen aus über politische Organisationen,

Streiks, Arbeit nach Vorschrift, was immer die gerade aktuellen Themen im Gefängnis waren."

Diese Schilderung des Kampfes innerhalb der Gefängnismauern zeigt, dass Mandela und seine Freunde auch *zu hohen Opfern bereit* waren, wenn dies ihrem Ziel diente. Bereits an früherer Stelle weist Mandela in seinem Buch auf die Notwendigkeit der Opferbereitschaft und der Bekämpfung der eigenen Angst hin (ebd., S. 194):

„Der ANC ging aus der Kampagne hervor als Organisation mit echter Massenbasis und einer eindrucksvollen Truppe erfahrener Aktivisten, die der Polizei, den Gerichten und Gefängnissen widerstanden hatten. Das Stigma, das gewöhnlich mit Gefängnishaft verbunden ist, war beseitigt. Das war ein wichtiger Fortschritt, denn Angst vor Inhaftierung ist ein schreckliches Hindernis für jeden Freiheitskampf. Seit der Mißachtungskampagne galt es als ehrenhafte Auszeichnung, ins Gefängnis zu gehen."

Um in der lebensfeindlichen Atmosphäre des Gefängnisses überleben zu können, war ein weiterer Schritt, *die Aufseher als Menschen zu betrachten und deren Perspektive zu verstehen.* Die Perspektive des „Gegners" wird uns bewusster und verständlicher, wenn wir im lösungsfokussierten Interview Fragen beantworten, wie z. B.:

„Wer außer Ihnen bemerkt das Wunder?"
„Woran könnten andere bemerken, dass für Sie das Wunder passiert ist?"
„Wie würden andere darauf reagieren?"
„Was würden sie sagen?"
„Was würden sie tun?"
„Und was würden Sie daraufhin tun?"
„Was vermuten Sie, wer daraufhin wie reagiert?"

Diese Fragen können nur beantwortet werden, wenn der oder die Antwortende sich in die Lage ihres Gegenübers versetzt. Eine lösungsfokussierte Haltung erfordert immer auch, dass die Interaktionen mit der Umwelt mitberücksichtigt werden.

Diese Einstellung auf das Gegenüber finden wir auch bei Mandela. Er schreibt dazu (ebd., S. 525, 562):

„Das Problem für jeden Gefangenen, zumal für jeden politischen, besteht darin, wie er das Gefängnis ohne Schaden überleben kann, wie er aus dem Gefängnis unversehrt wieder herauskommt, wie er seine Überzeugungen bewahrt und sogar verstärkt. Die erste Aufgabe besteht darin, genau zu lernen, was man zu tun hat, um zu überleben. Zu diesem Zweck muß man die Absicht des Feindes kennen, ehe man sich eine Strategie aneignet, um diese Absicht zu unterminieren. Zweck des Gefängnisses ist natürlich, den Geist des Gefangenen zu brechen und seine Willenskraft zu vernichten ..."

„Ich habe immer versucht, mich gegenüber den Aufsehern in meinem Block zurückhaltend zu verhalten; Feindseligkeit wäre selbstzerstörerisch gewesen. Es hatte keinen Sinn, unter den Aufsehern einen permanenten Feind zu haben. Es war ANC-Politik, zu versuchen, alle Menschen zu erziehen, selbst unsere Feinde:

Wir glaubten, daß alle Menschen, selbst Gefängnisaufseher, fähig wären, sich zu ändern, und wir taten unser Bestes, um Einfluß auf sie zu nehmen. Im allgemeinen behandelten wir die Aufseher, wie sie uns behandelten."

Mandela leitete Kameraden an, sich mit bestimmten Aufsehern anzufreunden. Dies war nicht einfach, „denn sie fanden im Allgemeinen den Gedanken, einem schwarzen Mann gegenüber höflich zu sein, abstoßend", (ebd., S. 563). Mandela ermutigte seine Kameraden, den Aufsehern gegenüber Freundlichkeiten zu erweisen (ebd.):

„Eines Tages bat der Aufseher diesen Kameraden um seine Jacke, damit er sie auf den Boden legen und darauf Platz nehmen könne. Obwohl ich wußte, daß es dem Kameraden gegen den Strich ging, nickte ich ihm zu, einzuwilligen.

Einige Tage später nahmen wir im Unterstand unser Mittagessen ein, als der besagte Aufseher vorüberging. Er hatte noch ein Sandwich bei sich. Er warf es ins Gras neben uns und sagte: ‚Hier'. Das war seine Art, Freundschaft zu zeigen."

Das Dilemma, die eigene Würde zu untergraben und das Sandwich aufzuheben, war weniger wichtig als das Ziel, den Aufseher zum Freund zu machen, daher ermutigte Mandela seinen Kameraden, das Sandwich aufzuheben (ebd., S. 564):

„Die besagte Strategie hatte Erfolg, denn der besagte Aufseher wurde uns gegenüber weniger wachsam. Er stellte uns sogar Fragen nach dem ANC. Ein Mann, der für den Gefängnisdienst arbeitet, hat wahrscheinlich zwangsläufig durch die Regierungspropaganda eine Gehirnwäsche erhalten ... Doch wenn wir ihm in aller Ruhe unsere nichtrassistische Haltung oder unseren Wunsch nach Gleichberechtigung oder unsere Pläne für die Neuverteilung des Reichtums erklärten, dann kratzte er sich am Kopf und meinte: ‚Das macht verdammt mehr Sinn als das, was die Nats (Nationalisten) sagen.'"

Dies ist ein sehr schönes Beispiel dafür, wie Feinde zu Freunden werden können, wenn wir sie achten. Dieses Beispiel zeigt jedoch auch, welche Hürden der Selbstüberwindung und des Hintanstellens der eigenen Würde zwischendurch dazu nötig sind. Auch wenn der langjährige Gefängnisaufenthalt Nelson Mandelas ein sehr extremes Beispiel ist, so zeigt es doch, dass eine lösungsfokussierte Haltung selbst unter Extrembedingungen nicht versagt und eben auch nicht eine Haltung ist, alles durch eine rosarote Brille zu sehen.

Zum Ausklang

Ein Wunder ist etwas über alle Maßen Erstaunliches, während das, woran wir erkennen, dass es eingetreten ist, meistens etwas ganz Einfaches und Alltägliches ist. So verbinden sich in der lösungsfokussierten Arbeit das Überraschende und das gegebene Alltägliche in der Fähigkeit, etwas als neu zu sehen.

Systemische Aufstellungen hören nicht auf, uns zu berühren und zu erstaunen, während die Wahrnehmungsformen, die sie ermöglichen, ganz einfach da und alltäglich gegeben sind. So verbinden sich in der Aufstellungsarbeit das unbegreiflich Neue und das immer schon Gegebene in uns.

Wie könnte es uns da noch wundern, dass die Vermählung der lösungsfokussierten und der Aufstellungsarbeit auf erstaunliche Weise Überraschendes und Vertrautes zusammen schauen lassen? Und wie könnte es uns andererseits *nicht* wundern – denn diese Art Wunder werden nicht alt, da sie alltäglich sind.

Literatur

Andersen, H. u. H. Goolishian (1992): Der Klient ist der Experte. Ein therapeutischer Ansatz des Nicht-Wissens. *Zeitschrift für systemische Therapie* 10 (3): 176–189.

Andreas, C. u. T. Andreas (1995): Der Weg zur inneren Quelle. Core-Transformation in der Praxis. Paderborn (Junfermann).

Bandler, R. u. J. Grinder (1998): Metasprache und Psychotherapie. Die Struktur der Magie I, Paderborn (Junfermann).

Bateson, G. (1984): Geist und Natur. Eine notwendige Einheit. Frankfurt a. M. (Suhrkamp).

Bateson, G. (1985): Ökologie des Geistes. Anthropologische, psychologische, biologische und epistemologische Perspektiven. Frankfurt a. M. (Suhrkamp).

Boscolo, L., G. Checchin u. L. Hoffman u. P. Penn (1990): Familientherapie – Systemtherapie, das Mailänder Modell. Theorie, Praxis und Konversationen. Dortmund (modernes lernen).

Boscolo, L. u. P. Bertrando (1994): Die Zeit der Zeiten. Eine neue Perspektive in systemischer Therapie und Konsultation. Heidelberg (Carl-Auer-Systeme).

Boszormenyi-Nagi, I. (1987): Foundations of Contextual Therapy. Collected Papers of I. Boszormenyi-Nagy. New York (Brunner & Mazel).

Boszormenyi-Nagi, I. und G. Spark (1973): Unsichtbare Bindungen. Die Dynamik familiärer Systeme. Stuttgart (Klett-Cotta).

Brunner, E. J. (1990): Von der Familientherapie zur systemischen Perspektive. Berlin (Springer).

Bryant, M. (1993): The World's Greatest Cat Cartoons. New York (Exley).

Buber, M. (1992): Das dialogische Prinzip. Gerlingen (Lambert & Schneider).

Checchin, G. (1988): Zum gegenwärtigen Stand von Hypothetisieren, Zirkularität und Neutralität. Eine Einladung zur Neugier. *Familiendynamik* 13: 190–203.

Chomsky, N. (1965): Aspekts of the Theory of Syntax. Cambridge, MA (M. I. T. Press).

Drees, A. (1995): Freie Phantasien in der Psychotherapie und in Balint-Gruppen. Göttingen/Zürich (Vandenhoeck & Ruprecht).

Ende, M. (1973): Momo. Stuttgart (Thienemann).

Erickson, M. H., E. L. Rossi u. S. L. Rossi (1978): Hypnose. München (Pfeiffer).

Erickson, M. H. (1998): Förderung des objektiven Denkens und neuer Bezugsrahmen durch Pseudoorientierung in der Zeit. In: E. L. Rossi (Hrsg.): Gesam-

melte Schriften von Milton H. Erickson, Bd. 6: Innovative Hypnotherapie II. Heidelberg (Carl-Auer-Systene), S. 178–181.
Essen, S. (1990): Vom Problemsystem zum Ressourcensystem. In: E. J. Brunner (Hrsg.): Von der Familientherapie zur systemischen Perspektive. Berlin et al. (Springer).
Fiddy, R. (1990): The Fanatic's Guide to Cats. New York (Exley).
Fischer, H. R. (1991): Sprache und Lebensform – Wittgenstein über Freud und die Geisteskrankheit. Heidelberg (Carl-Auer-Systeme).
Fischer, H. R. (1995): Die Wirklichkeit des Konstruktivismus. Zur Auseinandersetzung um ein neues Paradigma. Heidelberg (Carl-Auer-Systeme).
Förster, H. Von (1985): Entdecken oder Erfinden. Wie läßt sich Verstehen verstehen? In: H. Gumin u. A. Mohler (Hrsg.): Einführung in den Konstruktivismus. München (Oldenbourg).
Gendlin, E. T. (1993): Die umfassende Rolle des Körpergefühls im Denken und Sprechen. *Deutsche Zeitschrift für Philosophie* 41: 693–706.
Gilligan, S. G. (1991): Therapeutische Trance. Das Prinzip Kooperation in der Ericksonschen Hypnotherapie. Heidelberg (Carl-Auer-Systeme).
Gilligan, S. G. (1999): Liebe dich selbst wie deinen Nächsten. Die Psychotherapie der Selbstbeziehung. Heidelberg (Carl-Auer-Systeme).
Glasersfeld, E. von (1985): Konstruktion der Wirklichkeit und des Begriffs der Objektivität. In: H. Gumin u. A. Mohler (Hrsg.): Einführung in den Konstruktivismus. München (Oldenbourg).
Grawe, K. v. (1998): Psychologische Therapie. Göttingen (Hogrefe).
Grinder, J. u. R. Bandler (1989): Kommunikation und Veränderung. Die Struktur der Magie II. Paderborn (Junfermann).
Gumin, H. u. H. Meier (1992): Einführung in den Konstruktivismus, Bd. 5. München (Piper).
Hellinger, B. (1995): Ordnungen der Liebe. Heidelberg (Carl-Auer-Systeme).
Hellinger, B. (1997): Die Mitte fühlt sich leicht an. Vorträge und Geschichten. München (Kösel).
Hellinger, B. (1997): Familien-Stellen mit Kranken. Dokumentation eines Kurses. Heidelberg (Carl-Auer-Systeme).
Hellinger, B. (1997): Schicksalsbindungen bei Krebs. Ein Kurs für Betroffene, ihre Angehörigen und Therapeuten. Heidelberg (Carl-Auer-Systeme).
Hellinger, B. (1997): Verdichtetes. Heidelberg (Carl-Auer-Systeme).
Hellinger, B. (1998): Haltet mich, daß ich am Leben bleibe. Lösungen für Adoptierte. Heidelberg (Carl-Auer-Systeme).
Hellinger, B. (1998): In der Seele an die Liebe rühren. Familien-Stellen mit Eltern und Pflegeeltern von behinderten Kindern. Heidelberg (Carl-Auer-Systeme).
Hellinger, B. (1998): Wo Schicksal wirkt und Demut heilt. Ein Kurs für Kranke. Heidelberg (Carl-Auer-Systeme).
Hellinger, B. u. G. ten Hövel (1997): Anerkennen, was ist. München (Kösel).
Husserl, E. (1950): Husserliana. Gesammelte Werke. Bd. 2: Die Idee der Phänomenologie. Fünf Vorlesungen. Dordrecht u. a. (Kluwer).

Husserl, E. (1950): Husserliana. Gesammelte Werke. Bd. 3: Ideen zu einer reinen Phänomenologie und phänomenologischen Philosophie. Dordrecht u. a. (Kluwer).
Husserl, E. (1968): Logische Untersuchungen, Bd. 2. Tübingen (Niemeyer).
Husserl, E. (1985): Die phänomenologische Methode. Ausgewählte Texte I. Stuttgart (Philipp Reclam).
Husserl., E. (1986): Phänomenologie der Lebenswelt. Ausgewählte Texte II. Stuttgart (Philipp Reclam).
Husserl, E. (1992): Formale und transzendentale Logik. In: Gesammelte Schriften 7. Hamburg (Felix Meiner).
Isert, B. u. K. Rentel (2000): Die Wurzeln der Zukunft. Paderborn (Junfermann).
James, T. u. W. Woodsmall (1992): Time Line. NLP Konzepte zur Grundstruktur der Persönlichkeit, Paderborn (Junfermann).
Jong, P. De u. I. Kim Berg (1998): Lösungen (er-)finden. Das Werkstattbuch der lösungsorientierten Kurztherapie. Dortmund (modernes lernen).
Kim Berg, I. (1992): Familien-Zusammenhalt(en). Dortmund (modernes lernen).
Kim Berg, I. u. S. D. Miller (1993): Kurzzeittherapie bei Alkoholpoblemen. Heidelberg (Carl-Auer-Systene).
Kim Berg, I. u. S. D. Miller (1997): Die Wunder-Methode. Ein völlig neuer Ansatz bei Alkohol-Problemen. Dortmund (modernes lernen).
Lauterbach, M. u. E. Pfäfflin (1998): Familienaufstellung und Psychodrama. In: G. Weber (Hrsg.): Praxis des Familien-Stellens. Heidelberg (Carl-Auer-Systeme).
Ludewig, K. (1992): Systemische Therapie. Stuttgart (Klett-Cotta).
Mandela, N. (1998): Der lange Weg zur Freiheit. Frankfurt a. M. (Fischer).
Mayer, V. (1998): unveröffentl. Habilitationsvortrag an der Ludwig-Maximilians-Universität München.
Mello, A. de (1996): One Minute Wisdom. Anand, Gujarat, India (X. Diaz del Rio S. J., Gujarat sahitya prakash).
Mello, A. de (1998): Zeiten des Glücks. Freiburg/Basel/Wien (Herder).
Miller, G. (1997): Becoming Miracle Workers. New York (Aldine de Gruyter).
Milz, H. u. M. Varga von Kibéd (1998): Körpererfahrungen – Anregungen zur Selbstheilung. Zürich (Walter).
Molzberger, P. (1993): Synergetische Zusammenarbeit – ein Schwimmkurs für Führungskräfte (Reihe Edition, Nr. 3). München (Graphic-Consult).
Moreno, J. L. (1991): Die Grundlagen der Soziometrie. Opladen (Westdeutscher Verlag).
O'Hanlon, W. H. (1991): Eckpfeiler. Hamburg (ISKO).
O'Hanlon, W. H. u. A. L. Hexum (1994): Milton H. Ericksons gesammelte Fälle. Stuttgart (Klett-Cotta).
Peirce, C. S. (1983): Phänomen und Logik der Zeichen. Frankfurt a. M. (Suhrkamp).
Poppe, T. (1990): Der Löwe in uns allen. Die Tierfabel als Spiegel der Seele. Reinbek bei Hamburg (Rowohlt).
Prechtl, P. (1998): Edmund Husserl. Zur Einführung. Hamburg (Junius).
Prekop, J. u. B. Hellinger (1998): Wenn ihr wüßtet, wie ich euch liebe. München (Kösel).

Satir, V. (1996): Kommunikation, Selbstwert, Kongruenz. Konzepte und Perspektiven familientherapeutischer Praxis. Paderborn (Junfermann).
Satir, V., J. Barmer u. J. Gerber (Hrsg.): Das Satir-Modell. Familientherapie und ihre Weiterentwicklung. Paderborn (Junfermann).
Schlippe, A. von u. J. Schweitzer (1996): Lehrbuch der systemischen Therapie und Beratung. Göttingen (Vandenhoek & Ruprecht).
Schmidt, G. (1985): Systemische Familientherapie als zirkuläre Hypnotherapie. *Familiendynamik* 10: 241–264.
Schuon, F. (1981): Von der inneren Einheit der Religionen. Interlaken (Ansata).
Shazer, S. de (1992): Das Spiel mit Unterschieden. Wie therapeutische Lösungen lösen. Heidelberg (Carl-Auer-System).
Shazer, S. de (1995): Wege der erfolgreichen Kurztherapie. Stuttgart (Klett-Cotta)
Shazer, S. de (1995): Der Dreh. Überraschende Wendungen und Lösungen in der Kurztherapie. Heidelberg (Carl-Auer-Systeme).
Shazer, S. de (1996): „… Worte waren ursprünglich Zauber." Lösungsorientierte Therapie in Theorie und Praxis. Dortmund (modernes lernen).
Shazer, S. de (1997): Muster familientherapeutischer Kurzzeit-Therapie. Paderborn (Junfermann).
Sheldrake, R. (1984): Das schöpferische Universum. Die Theorie des morphogenetischen Feldes. München (Meyster).
Sheldrake, R. (1997): Sieben Experimente, die die Welt verändern könnten. München (Goldmann).
Simon, F. B. (1997): Unterschiede, die Unterschiede machen. Berlin (Springer).
Singer, L. (Hrsg.) (1999): Des Rabbis Rat. Gütersloh (Gütersloher Verlag).
Sparrer, I. (1987): Grammatik der Körpersprache. Ludwig-Maximilians-Universität München, Fakultät für Psychologie (unveröffentlichte Diplomarbeit).
Sparrer, I. (1997): Modifikationen der Grundprinzipien der Systemischen Familienaufstellungen beim Übergang zu Systemischen Strukturaufstellungen. *Hypnose und Kogition* 4 (1/2).
Sparrer, I. (1998): Aspekte des Systemischen – Wie systemisch ist die Aufstellungsarbeit? *Praxis der Systemaufstellung* 2: 19–24.
Sparrer, I. (1998): Lösungsaufstellung, Neunfelderaufstellung und Zielannäherungsaufstellung: drei Formen der Verbindung von systemischer Aufstellungsarbeit und de Shazers lösungsorientierter Kurztherapie. In: G. Weber (Hrsg.): Praxis des Familien-Stellens. Heidelberg (Carl-Auer-Systeme), S. 360–364.
Sparrer, I. (1998): Lösungsorientierte Kurztherapie und Strukturaufstellungsarbeit als zwei Formen der systemischen Therapie. In: J. Bley u. L. Lewitan (Hrsg.): Leitfaden Psychotherapie in München. München (Goldschmidt).
Sparrer, I. (1999): Heilsame Rituale und systemische Resonanz. In: W. Scheiblich (Hrsg.): Bilder, Symbole, Rituale. Freiburg i. Br. (Lamberus).
Sparrer, I. (1999): Systemische Strukturaufstellungen zu psychosomatischen Erkrankungen. *Praxis der Systemaufstellung* 2: 30–37.
Sparrer, I. (2000): Die Organisationsstrukturaufstellung und andere Systemische Strukturaufstellungen für Fragestellungen im Organisationsbereich. *Praxis der Systemaufstellung* 1.

Sparrer, I. (2000): Vom Familienstellen zur Organisationsaufstellung – zur Anwendung Systemischer Strukturaufstellungen im Organisationsbereich. In: G. Weber (Hrsg.): Praxis der Organisationsaufstellungen. Heidelberg (Carl-Auer-Systeme).

Sparrer, I. (2000): Lösungsfokussierte Systemische Strukturaufstellungen – Aufstellung als Gespräch und Gespräch als Aufstellung. *Praxis der Systemaufstellung* 2.

Sparrer, I. (2001): Konstruktivistische Aspekte der Phänomenologie und phänomenologische Aspekte des Konstruktivismus. In: G. Weber (Hrsg.): Derselbe Wind läßt viele Drachen steigen. Heidelberg (Carl-Auer-Systeme).

Sparrer, I. u. M. Varga von Kibéd (1995): Systemische Familientherapie: Strukturaufstellungsarbeit. In: B. Schwertfeger u. K. Koch (Hrsg.): Der Therapieführer. München (Heyne), S. 243–349.

Sparrer, I. u. M. Varga von Kibéd (1996): Theorie und Praxis der Systemischen Strukturaufstellungen (zwei Videokassetten). Dortmund (VCR).

Sparrer, I. u. M. Varga von Kibéd (1998): Wie Systeme Systeme wahrnehmen: Körperliche Selbstwahrnehmungen bei Systemischen Strukuraufstellungen. In: H. Milz u. M. Varga von Kibéd (Hrsg.): Körpererfahrungen – Anregungen zur Selbstheilung. Zürich (Walter), S. 114–141.

Sparrer, I. u. M. Varga von Kibéd (1998): Vom Familien-Stellen zur Systemischen Strukturaufstellungsarbeit. In: G. Weber (Hrsg.): Praxis des Familien-Stellens. Heidelberg (Carl-Auer-Systeme), S. 394–404.

Sparrer, I. u. M. Varga von Kibéd (2000): Aufstellungen lesen lernen. Teil I: Die Tetralemmaaufstellung, Teil II: Interventionstypen und Grundprinzipien der Systemischen Strukturaufstellungen, Teil III: Interview vor der Aufstellungsarbeit und Demonstration einer Aufstellung, Teil IV: Aufstellung zum Organisationskontext, Teil V: Das Experiment, Teil VI: Aufstellungen als tranverbale Methode und die Aufstellung zum ausgeblendeten Thema. Teil VII: Von der Schuld zu den Schulden, Teil VIII: Demonstration mit Ebenenwechsel und Utilisation der Hilflosigkeit (acht Videokassetten). Dortmund (Video-Cooperative-Ruhr).

Sparrer, I. u. M. Varga von Kibéd (2000): Tetralemmaarbeit als eine Form Systemischer Strukturaufstellungen. In: H. Döring-Meijer (Hrsg.): Die entdeckte Wirklichkeit. Paderborn (Junfermann Verlag), S. 49–76.

Sparrer, I. u. M. Varga von Kibéd (2001): Systemische Strukturaufstellungen: Simulation von Systemen. *Lernende Organisation 4:* 6–14.

Sparrer, I. u. M. Varga von Kibéd (2001): Systemische Strukturaufstellungen. Osnabrück 2001. Teil 1: Repräsentierende Wahrnehmung und Zielannäherungsaufstellung; Teil 2: Von der heilsamen Wirkung der „Kraftquellen" in der „Glaubenspolaritätenaufstellung", der Grammatik der „Systemischen Strukturaufstellungen"... und dem Umgang mit abwesenden Krokodilen, second Edition [2 Videobänder]. Dortmund (Video-Cooperative-Ruhr).

Sparrer, I. u. M. Varga von Kibéd (2001): Beziehungsmuster in Organisationen wahrnehmen und verändern [6 Videokassetten]. Müllheim (Auditorium Netzwerk).

Sparrer, I. u. M. Varga von Kibéd (2002): Aufstellungsarbeit als Hebel zur Veränderung von Systemen. Bd. 1: Zur körperlichen Wirkung von Sprache.

Aufstellung eines Konflikts mit detaillierter Interventionsplanung; Bd. 2: Schichtenweiser Aufbau einer Organisationsstrukturaufstellung; Bd. 3: Vom Problem- zum Lösungsbild; Bd. 4: Arbeit mit der kataleptischen Hand und die schriftliche Aufstellung; Bd. 5: Lösungsfokussierte Systemische Strukturaufstellungen: Wunder müssen schon wahrgenommen werden, bevor sie Wirklichkeit werden; Bd. 6: Die Basis der Systemischen Strukturaufstellungen. Eine Aufstellung mit Kombination verschiedener Aufstellungsformen; Bd. 7: Die Aufstellung ohne Aufsteller; Bd. 8: Die versehentliche Aufstellung und deren Auflösung; Bd. 9: Zwei Aufstellungen zu körperlichen Anliegen; Bd. 10: Die optimale Nutzung des ersten Aufstellungsbildes; Bd. 11: Umgang mit Opfer-Täter-Dynamiken. Aufstellungen mit systemischer Gestik; Bd. 12: Demonstration einer Organisationsstrukuraufstellung und einer Familienstrukturaufstellung; Bd. 13: Demonstration einer Aufstellung des ausgeblendeten Themas und einer partiellen Familienstrukturaufstellung [13 Videokassetten]. Dortmund (Video-Cooperative-Ruhr)

Spencer-Brown, G. (1994): Laws of Form. Portland, OR (Cognizer Co.).

Stahl, T. (1988): Triffst Du 'nen Frosch unterwegs ... NLP für die Praxis. Paderborn (Junfermann).

Sturm, H. P. (1996): Weder Sein noch Nichtsein. Der Urteilsvierkant (catuscoti) und seine Korollarien im östlichen und westlichen Denken. Würzburg (Ergon).

Ule, A. (1997): Operationen und Regeln bei Wittgenstein. München (Peter Lang).

Varga v. Kibéd, M. (1989): Wittgenstein und Spencer Brown. In: P. Weingartner u. G. Schurz (Hrsg.): Philosophie der Naturwissenschaften. Akten des 13. Internationalen Wittgenstein-Symposiums, Kirchberg 1988. Wien (Hölder-Pichler-Tempsky), S. 402–406.

Varga v. Kibéd, M. (1990): Aspekte der Negation in der buddhistischen und formalen Logik. *Synthesis Philosophica* 10: 581–593.

Varga v. Kibéd, (1997): Wiedererkennen als Kontrolle und als Quelle von Vergangenheit und Identiät. In: J. Steinbrenner u. U. Winko (Hrsg.): Bilder in der Philosophie und in anderen Künsten und Wissenschaften. Paderborn et al. (Schöningh), S. 99–112.

Varga v. Kibéd, M. (1998): Bemerkungen über philosophische Grundlagen und methodische Voraussetzungen der systemischen Aufstellungsarbeit. In: G. Weber (Hrsg.): Praxis des Familien-Stellens. Heidelberg (Carl-Auer-Systeme), S. 51–60.

Varga v. Kibéd, M. (1998): Die gemeinsame Form von Zeichen, Unterscheidungen und Paradoxien. Vortrag vom 1. Weltkongreß der Psychotherapie in Wien 1996 (Tonbandkassette). Münsterschwarzach (Vier Türme).

Varga v. Kibéd, M. (1998): Systemisches Kreativitätstraining: Tetralemmaaufstellungen und Aufstellungsarbeit mit Drehbuchautoren. In: G. Weber (Hrsg.): Praxis des Familien-Stellens. Heidelberg (Carl-Auer-Systeme).

Varga von Kibéd, M. (1998): Die theoretischen Grundlagen systemischen Denkens (Neuaufnahme) [3 Audiokassetten]. Müllheim (Auditorium Netzwerk)

Varga von Kibéd, M. (1998): Geschichten in Systemen: Über die Vergeblichkeit des Versuchs alleine zu ringen. [2 Audiokassetten]. Müllheim (Auditorium Netzwerk).

Varga v. Kibéd, M. (2000): Unterschiede und tiefere Gemeinsamkeiten der Aufstellungsarbeit mit Organisationen und der systemischen Familienaufstellungen. In: G. Weber (Hrsg.): Praxis der Organisationsaufstellungen. Heidelberg (Carl-Auer-Systeme).

Varga von Kibéd, M. (2001): Der sechste Sinn in der systemischen Therapie [2 Videokassetten]. Eröffnungsvortrag des Osnabrücker Symposiums 2001. Dortmund (Video-Cooperative-Ruhr).

Varga v. Kibéd, M. u. Insa Sparrer (2000): Ganz im Gegenteil. Tetralemmaarbeit und andere Grundformen Systemischer Strukturaufstellungen – für Querdenker und solche, die es werden wollen. Heidelberg (Carl-Auer-Systeme), 3., überarb. u. erw. Aufl. 2002.

Waldenfels, B. (Hrsg.) (1993): Edmund Husserl: Arbeit an den Phänomenen. Ausgewählte Schriften. Frankfurt a. M. (Fischer).

Walter, J. u. J. E. Peller (1995): Lösungsorientierte Kurztherapie. Dortmund (modernes lernen).

Watzlawick, P. (1974): Lösungen. Göttingen (Huber).

Watzlawick, P. (1976): Wie wirklich ist die Wirklichkeit? München (Piper).

Watzlawick, P. u. G. Nardone (1994): Irrwege, Umwege und Auswege. Zur Therapie versuchter Lösungen. Göttingen (Huber).

Watzlawick, P., J. H. Beavin u. D. D. Jackson (1996): Menschliche Kommunikation. Göttingen (Huber).

Weber, G. (Hrsg.) (1997): Zweierlei Glück. Die systemische Psychotherapie Bert Hellingers. Heidelberg (Carl-Auer-Systeme), 10. Aufl.

Weber, G. (Hrsg.) (1998): Praxis des Familien-Stellens. Beiträge zu systemischen Lösungen nach Bert Hellinger. Heidelberg (Carl-Auer-Systeme).

Weber, G. (Hrsg.) (2000): Praxis der Organisationsaufstellungen. Heidelberg (Carl-Auer-Systeme).

Weber, G. u. B. Gross (1998): Organisationsaufstellungen. In: Weber G. (Hrsg.): Praxis des Familien-Stellens. Heidelberg (Carl-Auer-Systeme), S. 405–420.

Weiss, T. u. G. Haertel-Weiss (1991): Familientherapie ohne Familie. Kurztherapie mit Einzelpatienten. München (Piper).

Wiest, F. u. M. Varga von Kibéd (1998): Homöopathische Systemaufstellungen. In: G. Weber (Hrsg.): Praxis des Familien-Stellens. Heidelberg (Carl-Auer-Systeme), S. 446–459.

Wiest, F. u. M. Varga von Kibéd (2000): Homöopathische Systemaufstellungen. Anwendung und Analogien zu Organisationsaufstellungen. In: G. Weber (Hrsg.): Praxis der Organisationsaufstellungen. Heidelberg (Carl-Auer-Systeme).

Wilhelm, Richard (Hrsg.) (1956): I Ging. Düsseldorf-Köln (Diederichs), 1956.

Wittgenstein, L. (1989): Tractatus logico-philosophicus. In: Werkausgabe, Bd. 1. Frankfurt a. M. (Suhrkamp).

Wittgenstein, L. (1989a): Philosophische Untersuchungen. In: Werkausgabe, Bd. 1. Frankfurt a. M. (Suhrkamp).

Wuchterl, K. (1999): Methoden der Gegenwartsphilosophie, Bern, Stuttgart, Wien (Paul Haupt, UTB).

Über die Autorin

Insa Sparrer, geb. 1955 in Weiden; Diplompsychologin, studierte in München Psychologie und ist seit 1989 als Pschychologische Psychotherapeutin in freier Praxis tätig (Einzel-, Paar-, Familientherapie, Supervision, Coaching). Aus- und Fortbildungen in Gesprächstherapie, Verhaltenstherapie, Hypnotherapie, Familientherapie und systemischer Therapie.

Schwerpunkt ihrer Arbeit ist es, entgegengesetzte Therapierichtungen in Theorie und Praxis zu verbinden, wie Gesprächs- und Hypnotherapie (klientenzentriert versus strategisch) oder systemisch-konstruktivistische Ansätze und systemisch-phänomenologische Ansätze.

1994 Mitbegründerin des ISAF; 1996 gründete sie zusammen mit Matthias Varga von Kibéd das SySt/Institut für systemische Ausbildung, Fortbildung und Forschung, an dem sie zusammen unter anderem die von ihnen gemeinsam entwickelten Systemischen Strukturaufstellungen lehren.

Insa Sparrer ist Kooperationspartnerin der GC Gesellschaft für Consulting in München, gibt Aus- und Fortbildungsseminare an verschiedenen therapeutischen Fortbildungsinstituten sowie Organisationsberatungsinstituten in Deutschland, Österreich und der Schweiz sowie an der Hochschule für Fernsehen und Film in München.

Für Mitteilungen an die Autorin:

Insa Sparrer
SySt
Akademiestr. 21
80799 München
E-Mail: SySt1@t-online.de
www.syst-strukturaufstellungen.de

Informationen über Publikationen
und Veranstaltungsprogramme:

Galerie Avicenna
Helene Saal
Tel.: (0 89) 28 98-67 67
Fax: (0 89) 28 98-62 73
E-Mail: Avicenna@t-online.de